Nachtrag zu

F. Hohmeister
Kommentar zum Bundesurlaubsgesetz
1. Auflage 1995 · ISBN 3-8005-3024-4

Ergänzungen zur Kommentierung des Bundesurlaubsgesetzes

Stand vom November 1996

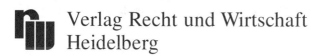

Verlag Recht und Wirtschaft
Heidelberg

Das Werk einschließlich aller seiner Teile ist urheberrechtlich geschützt. Jede Verwertung außerhalb der engen Grenzen des Urheberrechtsgesetzes ist ohne Zustimmung des Verlages unzulässig und strafbar. Das gilt insbesondere für Vervielfältigungen, Bearbeitungen, Übersetzungen, Mikroverfilmungen und die Einspeicherung und Verarbeitung in elektronischen Systemen.

Satz: Typo Design GmbH, 69115 Heidelberg

Druck und Verarbeitung: Druckerei und Buchbinderei Albrecht, 68789 St. Leon-Rot

Printed in Germany

Gesetzliche Neuregelungen

Die Gesetzesänderungen sind kursiv abgedruckt.

1. Bundesurlaubsgesetz

„§ 10 Maßnahmen der medizinischen Vorsorge oder Rehabilitation

(1) Der Arbeitgeber ist berechtigt, von je fünf Tagen, an denen der Arbeitnehmer infolge einer Maßnahme der medizinischen Vorsorge oder Rehabilitation (§ 9 Abs. 1 des Entgeltfortzahlungsgesetzes) an seiner Arbeitsleistung verhindert ist, die ersten zwei Tage auf den Erholungsurlaub anzurechnen. Die angerechneten Tage gelten als Urlaubstage; insoweit besteht kein Anspruch des Arbeitnehmers auf Entgeltfortzahlung im Krankheitsfall. Satz 1 gilt nicht

1. bei Arbeitsunfähigkeit des Arbeitnehmers nach § 3 des Entgeltfortzahlungsgesetzes,

2. für Maßnahmen, deren unmittelbarer Anschluß an eine Krankenhausbehandlung medizinisch notwendig ist (Anschlußrehabilitation); als unmittelbar gilt auch, wenn die Maßnahme innerhalb von 14 Tagen beginnt,

3. für Vorsorgekuren für Mütter nach § 24 des Fünften Buches Sozialgesetzbuch sowie für Müttergenesungskuren nach § 41 des Fünften Buches Sozialgesetzbuch,

4. für Kuren von Beschädigten nach § 11 Abs. 2 des Bundesversorgungsgesetzes.

(2) Durch die Anrechnung nach Absatz 1 dürfen der gesetzliche Jahresurlaub nach § 3 Abs. 1, § 19 des Jugendarbeitsschutzgesetzes und den §§ 53, 54 des Seemannsgesetzes sowie der Zusatzurlaub nach § 47 des Schwerbehindertengesetzes nicht unterschritten werden.

(3) Soweit eine Anrechnung auf den Erholungsurlaub nach Absatz 1 nicht oder nur teilweise möglich ist, weil der Arbeitnehmer den für die Anrechnungsmöglichkeit des Arbeitgebers zur Verfügung stehenden Urlaub ganz oder teilweise bereits erhalten hat, darf der Arbeitgeber eine Anrechnung auf den Urlaub des nächsten Kalenderjahres vornehmen. Die Absätze 1 und 2 gelten entsprechend."

§ 11 Urlaubsentgelt

(1) Das Urlaubsentgelt bemißt sich nach dem durchschnittlichen Arbeitsverdienst, das der Arbeitnehmer in den letzten dreizehn Wochen vor dem Beginn des Urlaubs erhalten hat, *mit Ausnahme des zusätzlich für Überstunden gezahlten Arbeitsverdienstes*. Bei Verdiensterhöhungen nicht nur vorübergehender Natur, die während des Berechnungszeitraums oder des Urlaubs eintreten, ist von dem erhöhten Verdienst auszugehen. Verdienstkürzungen, die im Berechnungszeitraum infolge von Kurzarbeit, Arbeitsausfällen oder unverschuldeter Arbeitsversäumnis eintreten, bleiben für die Berechnung des Urlaubsentgelts außer Betracht. Zum Arbeitsentgelt gehörende Sachbezüge, die während des Urlaubs nicht weitergewährt werden, sind für die Dauer des Urlaubs angemessen in bar abzugelten.

(2) Das Urlaubsentgelt ist vor Antritt des Urlaubs auszuzahlen.

„§ 15 a Überleitungsvorschrift

Befindet sich der Arbeitnehmer am 1. Oktober 1996 in einer Maßnahme der medizinischen Vorsorge oder Rehabilitation, bleiben die bisherigen Vorschriften maßgebend."

2. Entgeltfortzahlungsgesetz

§ 3 Anspruch auf Entgeltfortzahlung im Krankheitsfall

„(1) *Wird ein Arbeitnehmer durch Arbeitsunfähigkeit infolge Krankheit an seiner Arbeitsleistung verhindert, ohne daß ihn ein Verschulden trifft, so hat er Anspruch auf Entgeltfortzahlung im Krankheitsfall durch den Arbeitgeber für die Zeit der Arbeitsunfähigkeit bis zur Dauer von sechs Wochen.*"

Wird der Arbeitnehmer infolge derselben Krankheit erneut arbeitsunfähig, so verliert er wegen der erneuten Arbeitsunfähigkeit den Anspruch nach Satz 1 für einen weiteren Zeitraum von höchstens sechs Wochen nicht, wenn

1. er vor der erneuten Arbeitsunfähigkeit mindestens sechs Monate nicht infolge derselben Krankheit arbeitsunfähig war oder

2. seit Beginn der ersten Arbeitsunfähigkeit infolge derselben Krankheit eine Frist von zwölf Monaten abgelaufen ist.

(2) Als unverschuldete Arbeitsunfähigkeit im Sinne des Absatzes 1 gilt auch eine Arbeitsverhinderung, die infolge einer nicht rechtswidrigen Sterilisation oder eines nicht rechtswidrigen Abbruchs der Schwangerschaft eintritt. Dasselbe gilt für einen Abbruch der Schwangerschaft, wenn die Schwangerschaft innerhalb von zwölf Wochen nach der Empfängnis durch einen Arzt abgebrochen wird, die schwangere Frau den Abbruch verlangt und dem Arzt durch eine Bescheinigung nachgewiesen hat, daß sie sich mindestens drei Tage vor dem Eingriff von einer anerkannten Beratungsstelle hat beraten lassen.

„(3) Der Anspruch nach Absatz 1 entsteht nach vierwöchiger ununterbrochener Dauer des Arbeitsverhältnisses."

§ 4 Höhe des fortzuzahlenden Arbeitsentgelts

„(1) Die Höhe der Entgeltfortzahlung im Krankheitsfall für den in § 3 Abs. 1 bezeichneten Zeitraum beträgt 80 vom Hundert des dem Arbeitnehmer bei der für ihn maßgebenden regelmäßigen Arbeitszeit zustehenden Arbeitsentgelts. Erleidet ein Arbeitnehmer infolge einer den Versicherungsschutz nach § 539 Abs. 1 Nr. 1 oder 11 der Reichsversicherungsordnung begründenden Tätigkeit einen Arbeitsunfall oder eine Berufskrankheit im Sinne des Dritten Buches der Reichsversicherungsordnung, so bemißt sich die Höhe der Entgeltfortzahlung abweichend von Satz 1 nach dem Arbeitsentgelt, das dem Arbeitnehmer bei der für ihn maßgebenden regelmäßigen Arbeitszeit zusteht; dies gilt bei Arbeitsunfällen nur in dem Arbeitsverhältnis, in dem der Arbeitsunfall eingetreten ist."

„(1a) Zum Arbeitsentgelt nach Absatz 1 gehören nicht Leistungen für Aufwendungen des Arbeitnehmers, soweit der Anspruch auf sie im Falle der Arbeitsfähigkeit davon abhängig ist, daß dem Arbeitnehmer entsprechende Aufwendungen tatsächlich entstanden sind, und dem Arbeitnehmer solche Aufwendungen während der Arbeitsunfähigkeit nicht entstehen. Erhält der Arbeitnehmer eine auf das Ergebnis der Arbeit abgestellte Vergütung, so ist der von dem Arbeitnehmer in der für ihn maßgebenden regelmäßigen Arbeitszeit erzielbare Durchschnittsverdienst der Berechnung zugrunde zu legen."

(2) Ist der Arbeitgeber für die Arbeitszeit, die gleichzeitig infolge eines gesetzlichen Feiertages ausgefallen ist, zur Fortzahlung des Arbeitsentgelts nach § 3 verpflichtet, bemißt sich die Höhe des fortzuzahlenden Arbeitsentgelts für diesen Feiertag nach § 2.

(3) Wird in dem Betrieb verkürzt gearbeitet und würde deshalb das Arbeitsentgelt des Arbeitnehmers im Falle seiner Arbeitsfähigkeit gemin-

dert, so ist die verkürzte Arbeitszeit für ihre Dauer als die für den Arbeitnehmer maßgebende regelmäßige Arbeitszeit im Sinne des Absatzes 1 anzusehen. Dies gilt nicht im Falle des § 2 Abs. 2.

(4) Durch Tarifvertrag kann eine von den Absätzen 1, 1a und 3 abweichende Bemessungsgrundlage des fortzuzahlenden Arbeitsentgelts festgelegt werden. Im Geltungsbereich eines solchen Tarifvertrages kann zwischen nichttarifgebundenen Arbeitgebern und Arbeitnehmern die Anwendung der tarifvertraglichen Regelung über die Fortzahlung des Arbeitsentgelts im Krankheitsfalle vereinbart werden.

„§ 4a Anrechnung auf den Erholungsurlaub

(1) Im Falle des § 4 Abs. 1 Satz 1 kann der Arbeitnehmer vom Arbeitgeber spätestens bis zum dritten Arbeitstag nach dem Ende der Arbeitsunfähigkeit verlangen, daß ihm von je fünf Tagen, an denen der Arbeitnehmer infolge Krankheit an seiner Arbeitsleistung verhindert ist, der erste Tag auf den Erholungsurlaub angerechnet wird. Mehrere Zeiträume, in denen der Arbeitnehmer arbeitsunfähig erkrankt ist, werden zusammengerechnet. Die angerechneten Tage gelten als Urlaubstage; insoweit besteht kein Anspruch des Arbeitnehmers nach § 3 Abs. 1 Satz 1. Für die übrigen Tage bemißt sich die Höhe der Entgeltfortzahlung abweichend von § 4 Abs. 1 Satz 1 nach dem Arbeitsentgelt, das dem Arbeitnehmer bei der für ihn maßgebenden regelmäßigen Arbeitszeit zusteht. § 4 Abs. 1a bis 4 sind anzuwenden. § 9 des Bundesurlaubsgesetzes und § 4 Abs. 4 Satz 1 des Tarifvertragsgesetzes sind nicht anzuwenden.

(2) Durch die Anrechnung nach Absatz 1 dürfen der gesetzliche Jahresurlaub nach § 3 des Bundesurlaubsgesetzes, § 19 des Jugendarbeitsschutzgesetzes und den §§ 53, 54 des Seemannsgesetzes sowie der Zusatzurlaub nach § 47 des Schwerbehindertengesetzes nicht unterschritten werden.

(3) Absatz 1 Satz 1 gilt nicht für den Teil des Urlaubs, der aus betrieblichen Gründen für alle Arbeitnehmer oder für bestimmte Gruppen von Arbeitnehmern einheitlich festgelegt ist, und nicht, soweit der Urlaub üblicherweise durch arbeitsfreie Zeiträume als abgegolten gilt."

„§ 4b Kürzung von Sondervergütungen

Eine Vereinbarung über die Kürzung von Leistungen, die der Arbeitgeber zusätzlich zum laufenden Arbeitsentgelt erbringt (Sondervergütungen), ist auch für Zeiten der Arbeitsunfähigkeit infolge Krankheit zulässig. Die Kürzung darf für jeden Tag der Arbeitsunfähigkeit infolge Krankheit ein Viertel des Arbeitsentgelts, das im Jahresdurchschnitt auf einen Arbeitstag entfällt, nicht überschreiten."

§ 9 Maßnahmen der medizinischen Vorsorge und Rehabilitation

(1) Die Vorschriften der §§ *3 bis 4b* und 6 bis 8 gelten entsprechend für die Arbeitsverhinderung infolge einer Maßnahme der medizinischen Vorsorge oder Rehabilitation, die ein Träger der gesetzlichen Renten-, Kranken- oder Unfallversicherung, eine Verwaltungsbehörde der Kriegsopferversorgung oder ein sonstiger Sozialleistungsträger bewilligt hat und die in einer Einrichtung der medizinischen Vorsorge oder Rehabilitation stationär durchgeführt wird. Ist der Arbeitnehmer nicht Mitglied einer gesetzlichen Krankenkasse oder nicht in der gesetzlichen Rentenversicherung versichert, gelten die §§ *3 bis 4b* und 6 bis 8 entsprechend, wenn eine Maßnahme der medizinischen Vorsorge oder Rehabilitation ärztlich verordnet worden ist und stationär in einer Einrichtung der medizinischen Vorsorge oder Rehabilitation oder einer vergleichbaren Einrichtung durchgeführt wird.

„§ 13 Überleitungsvorschrift

Ist der Arbeitnehmer am 1. Oktober 1996 durch Arbeitsunfähigkeit infolge Krankheit an seiner Arbeitsleistung verhindert, bleiben die bisherigen Vorschriften maßgebend."

Ergänzende Kommentierung zum Bundesurlaubsgesetz

A. Vorbemerkungen

Am 13. September 1996 hat der Deutsche Bundestag mit der absoluten Mehrheit seiner Mitglieder das von den Regierungsfraktionen der CDU/CSU und F.D.P. entworfene **Arbeitsrechtliche Beschäftigungsförderungsgesetz** (Arbeitsrechtliches Gesetz zur Förderung von Wachstum und Beschäftigung, BGBl. I 1996, S. 1476 ff.) verabschiedet, das möglicherweise nicht nur wegen seines ungetümen Namens, sondern auch aus inhaltlichen Gründen in den kontroversen Diskussionen während der dem Gesetzgebungsverfahren vorausgegangenen Wochen und Monate „Sparpaket" genannt worden ist. Das Gesetzeswerk, in Kraft seit dem 1.10.1996, ist als sog. **Artikelgesetz** konzipiert, das sich aus dreizehn Artikeln zusammensetzt, von denen elf Artikel bestehende Gesetze ändern bzw. ergänzen (Art. 6 beinhaltet eine Übergangsregelung zum Konkursrecht und Art. 13 regelt das Inkrafttreten). Von solchen Änderungen ist auch das **Bundesurlaubsgesetz** betroffen, und zwar durch Artikel 2 unmittelbar und durch Artikel 3 mittelbar. Während Artikel 2 Arbeitsrechtliches BeschFG § 10 BUrlG (Maßnahmen der medizinischen Vorsorge oder Rehabilitation) unmittelbar ändert, werden § 11 BUrlG (Urlaubsentgelt) und § 15 BUrlG (Änderung und Aufhebung von Gesetzen) unmittelbar ergänzt. In § 11 Abs. 1 wird Satz 1 nach dem Punkt, der durch ein Komma ersetzt worden ist, ergänzt. § 15 BUrlG wird durch einen neuen § 15 a BUrlG (Überleitungsvorschrift) ergänzt. Mittelbare Auswirkungen auf den Erholungsurlaub der Arbeitnehmer hat aber auch Artikel 3 Arbeitsrechtliches BeschFG, der eine Änderung des **Entgeltfortzahlungsgesetzes** beinhaltet. Interessanterweise hat der Gesetzgeber die Vorschrift des § 9 BUrlG (Erkrankung während des Urlaubs) – trotz der Änderungen im Recht der Entgeltfortzahlung im Krankheitsfall – unverändert gelassen und stattdessen in § 4 a Abs. 1 S. 6 EFZG n. F. kurzerhand bestimmt, § 9 BUrlG sei für die Berechnung der Krankenvergütung bzw. deren teilweise Ersetzung durch Urlaubsanrechnung nicht anzuwenden (vgl. hierzu auch unten die nachträgliche Kommentierung zu § 9 BUrlG).

B. Ergänzende Kommentierung zu § 9 BUrlG

Artikel 3 Arbeitsrechtliches BeschFG ändert unter anderem §§ 3 und 4 des Entgeltfortzahlungsgesetzes vom 26.5.1994 (BGBl. I 1994, S. 1014, 1065). Gem. § 4 Abs. 1 S. 1 EFZG n. F. beträgt die **Höhe der Entgeltfortzahlung** statt bisher 100 % seit dem 1.10.1996 lediglich noch 80 % des dem Arbeitnehmer bei der für ihn maßgebenden regelmäßigen Arbeitszeit zustehenden Arbeitsentgelts.

Ausgenommen von dieser Reduzierung der Krankenvergütung sind gemäß § 4 Abs. 1 S. 2 EFZG n. F. **Arbeitsunfälle** und **Berufskrankheiten**. Bei Arbeitsunfällen greift der Ausschluß der Reduzierung allerdings nur für dasjenige Arbeitsverhältnis ein, in dem der Arbeitsunfall eingetreten ist (§ 4 Abs. 1 Satz 2 2. Halbsatz EFZG n. F.). Diese Regelung stand noch nicht im Gesetzesentwurf der Bundestagsfraktionen von CDU/CSU und F.D.P. und ist vom Gesetzgeber relativ spät in die endgültige Gesetzesfassung eingefügt worden.

Zwecks Vermeidung eines teilweisen Entgeltausfalls kann der Arbeitnehmer nunmehr wahlweise vom Arbeitgeber verlangen, daß ihm für fünf Krankheitstage ein Urlaubstag angerechnet wird (zur Kritik dieses gesetzgeberischen Vorhabens vgl. näher im folgenden unter B, 1). Um dieses rechtliche Novum durchzusetzen, hat der Gesetzgeber das Entgeltfortzahlungsgesetz durch **§ 4 a EFZG** ergänzt.

I. § 4a Abs. 1 EFZG n. F. bestimmt, daß der Arbeitnehmer vom Arbeitgeber spätestens bis zum dritten Arbeitstag nach dem Ende der Arbeitsunfähigkeit verlangen kann, daß ihm von je fünf Tagen, an denen der Arbeitnehmer infolge Krankheit an seiner Arbeitsleistung verhindert war, der erste Tag auf den Erholungsurlaub angerechnet wird.

Arbeitstage sind alle Kalendertage, an denen eine Arbeitspflicht des Arbeitnehmers bestand. Damit wird auch in diesem Zusammenhang die Unterscheidung zwischen **Werk**tagen und **Arbeits**tagen relevant, wie dies insbesondere auch im Bereich der Urlaubsdauer bzw. der Höhe der Urlaubsvergütung bei Teilzeitbeschäftigten eine Rolle spielt (vgl. hierzu die Kommentierung zu § 3 Rn. 38 ff.). Werktage sind nach § 3 Abs. 2 BUrlG alle Kalendertage, die nicht Sonn- oder gesetzliche Feiertage sind. Arbeitstage stellen demgegenüber nur diejenigen Kalendertage dar, an denen für den Arbeitnehmer eine Arbeitspflicht bestand (vgl. hierzu näher die Kommentierung zu § 3 Rn. 44 ff.). Anrechenbar sind damit bei Teilzeitbeschäftigten und denjenigen Arbeitnehmern, bei denen die regelmäßige Arbeitszeit nicht auf alle Kalendertage einer Woche verteilt ist, nur die **Arbeits**tage.

Ausreichend ist es, wenn der Arbeitnehmer sein Verlangen auf Anrechnung des Urlaubs im Sinne von § 4 a Abs. 1 EFZG n. F. bis 24 Uhr des dritten Arbeitstages nach dem Ende der Arbeitsunfähigkeit gegenüber dem Arbeitgeber vorbringt. Aufgrund des eindeutigen Gesetzeswortlautes, der nicht von **Werk**tagen oder **Kalender**tagen, sondern ausdrücklich von **Arbeits**tagen spricht, sind auch hier wiederum nur diejenigen Kalendertage gemeint, an denen für den Arbeitnehmer eine Arbeitspflicht bestanden hat. Endet also die Arbeitsunfähigkeit in einem Zeitraum, in den arbeitsfreie Werktage fallen, beginnt der Dreitageszeitraum erst mit dem ersten Arbeitstag des Arbeitnehmers zu laufen. Entsprechendes hat zu gelten, wenn in den Lauf der Dreitagesfrist arbeitsfreie Tage fallen. Hier tritt eine **Hemmung** der Frist ein.

Bei Ermittlung der fünf Arbeitstage, an denen der Arbeitnehmer wegen krankheitsbedingter Arbeitsunfähigkeit an der Erbringung seiner Arbeitsleistung verhindert war, sind mehrere Zeiträume, in denen der Arbeitnehmer arbeitsunfähig erkrankt war, zusammenzurechnen. Damit wird man davon ausgehen müssen, daß ein **Zeitraum von fünf Tagen** krankheitsbedingter Arbeitsunfähigkeit, der auf einen Tag Urlaub angerechnet werden kann, die **unterste Grenze** bildet, und daß der Arbeitnehmer nicht etwa verlangen kann, daß ihm beispielsweise ein Tag Krankheit mit einem Fünftel Urlaubstag angerechnet wird. Die angerechneten Tage gelten in diesem Fall als Urlaubstage, weshalb für diese Zeit auch kein Anspruch des Arbeitnehmers aus § 3 Abs. 1 S. 1 EFZG auf Krankenvergütung (Entgeltfortzahlung), sondern aus § 11 BUrlG auf Urlaubsvergütung (Urlaubsentgelt) besteht (wegen der Höhe des

Urlaubsentgelts vgl. die nachträgliche Kommentierung unter D zu § 11 BUrlG).

Macht der Arbeitnehmer von diesem ihm neu eröffneten **Wahlrecht** gegenüber dem Arbeitgeber Gebrauch, erhält er für die übrigen, nicht auf den Urlaub angerechneten Krankheitstage die bisherige Krankenvergütung in nicht reduzierter Höhe, also Entgeltfortzahlung in Höhe von 100 %. Dies bringt der Gesetzgeber mit dem neuen § 4 a Abs. 1 S. 4 und 5 EFZG zum Ausdruck: *„Für die übrigen Tage bemißt sich die Höhe der Entgeltfortzahlung abweichend von § 4 Abs. 1 Satz 1 nach dem Arbeitsentgelt, das dem Arbeitnehmer bei der für ihn maßgebenden Arbeitszeit zusteht. § 4 Abs. 1a bis 4 sind anzuwenden".* Diese Regelung ist vom Gesetzgeber im Laufe des Gesetzgebungsverfahrens ebenfalls relativ spät in die endgültige Gesetzesfassung aufgenommen worden. Im Gesetzesentwurf der Regierungsfraktionen von CDU/CSU und F.D.P. war noch vorgesehen, trotz Ausübung des Wahlrechts auf Anrechnung eines Urlaubstages für die übrigen vier Tage ebenfalls nur die auf 80 % reduzierte Krankenvergütung zu gewähren. Der Entwurf zum Arbeitsrechtlichen Beschäftigungsförderungsgesetz vom 10.5.1996 (BTDs. 13/4612, S. 5) hatte nämlich noch die Aufnahme eines neuen § 4 Abs. 1a S. 4 und 5 EFZG vorgesehen, der folgenden Wortlaut hatte: *„Die Höhe der Entgeltfortzahlung für die übrigen Tage bemißt sich nach dem Arbeitsentgelt, das dem Arbeitnehmer für die für ihn maßgebende regelmäßige Arbeitszeit zusteht. Absatz 1 Satz 1 und 2 ist anzuwenden".*

Fraglich ist, ob für den Arbeitnehmer die Ausübung seines Wahlrechts auf Anrechnung von Krankheitstagen auf den Erholungsurlaub tatsächlich zu einer Vermeidung eines Entgeltausfalls führt, wie dies offensichtlich die Gesetzesverfasser vor Augen hatten (vgl. BTDs. 13/4612 vom 10.5.1996, B 2, S. 2). Der mögliche Vorteil des Arbeitnehmers bei einer Anrechnung bestünde darin, daß er am ersten Tag des Fünftageszeitraumes des § 4 a Abs. 1 Satz 1 EFZG n. F. statt der auf 80 % reduzierten Krankenvergütung Urlaubsentgelt nach Maßgabe des § 11 Abs. 1 BUrlG erhielte. Diese geht bekanntlich von 100 % des in dem Dreizehnwochenzeitraum vor Urlaubsantritt verdienten Arbeitsentgelts mit den in § 11 Abs. 1 BUrlG genannten Modifikationen aus (vgl. zum modifizierten Referenzprinzip des § 11 BUrlG die dortige Kommentierung). Allerdings verliert der Arbeitnehmer für diesen ersten Tag seinen Urlaubs**freistellungs**anspruch – also einen Urlaubstag – gegenüber dem Arbeitgeber. Für die restlichen vier Tage erhält der Arbeitnehmer zwar 100 % seines Arbeitsverdienstes als Krankenvergütung; jedoch kann es im Einzelfall durchaus vorkommen, daß – eben wegen der Modifizierungen des § 11 Abs. 1 BUrlG – der Urlaubsentgeltanspruch niedriger als der auf 80 % reduzierte Anspruch auf Entgeltfortzahlung ist. Dem Arbeitnehmer ist daher anzuraten, genau zu prüfen, ob eine Urlaubsanrechnung für ihn im Einzelfall tatsächlich günstiger als die Inkaufnahme der auf 80 % reduzierten Krankenvergütung ist. Die Alternative zu einer solchen Reduzierung wäre nämlich, statt einer im Fünftageszeitraum auf 80 % reduzierten Entgeltfortzahlung am ersten Tag des Fünftageszeitraumes 100 % Urlaubsentgelt, also 20 % mehr zu erhalten, dafür aber einen ganzen Tag Urlaub einzubüßen. Ob sich dies für den Arbeitnehmer „rechnet", ist Frage des Einzelfalls.

Im übrigen bestehen erhebliche **dogmatische Bedenken** gegen die Neuregelung: § 9 BUrlG schlichtweg für nicht anwendbar zu erklären, wie dies durch § 4 a Abs. 1 S. 6 EFZG n. F. geschieht, bringt das gesamte bisherige Verständnis von Wesen sowie Sinn und Zweck des Erholungsurlaubs ins Wanken. Urlaub im Sinne des BUrlG bedeutet eine unbedingte Freistellung des Arbeitnehmers von seinen Pflichten zur Arbeitsleistung, was insbesondere bedeutet, daß der Arbeitnehmer über seinen Urlaub frei verfügen kann (vgl. hierzu die Kommentierung in den Vorbemerkungen Rn. 3 f. mit den dortigen weiteren Nachweisen). Der Urlaub setzt insbesondere voraus, daß der Arbeitnehmer überhaupt in der Lage ist, sich zu erholen. Ist er aber arbeitsunfähig erkrankt, ist er hierzu regelmäßig nicht in der Lage (vgl. die Kommentierung zu § 9 Rn. 1). Der Gesetzgeber hat diesen grundsätzlichen rechtssystematischen Widerspruch möglicherweise erkannt, ohne ihn auflösen zu können (oder zu wollen). Stattdessen wurde mit einem „Federstrich" § 9 BUrlG für nicht anwendbar erklärt. Diese Vorgehensweise des Gesetzgebers, bei fehlenden Möglichkeiten zur Herbeiführung rechtlichen Gleichklangs kurzerhand eine entgegenstehende gesetzliche Vorschrift nur in diesem einen Fall für unanwendbar zu erklären, muß als willkürlich bezeichnet werden und steht einem rechtsstaatlichen Gemeinwesen sicherlich nicht gut zu Gesicht (in diesem Sinne wohl auch *Leinemann*, BB 1996, 1381 ff. (1383), der dem Gesetz den Charakter einer „Notverordnung" beimißt).

II. § 4 a Abs. 2 EFZG n. F. bestimmt, daß durch die Anrechnung von Krankheitstagen auf den Urlaub der gesetzliche Jahresurlaub des Arbeitnehmers nach § 3 BUrlG, § 19 JArbSchG und §§ 53, 54 SeemannsG sowie der Zusatzurlaub für Schwerbehinderte nach § 47 SchwbG nicht unterschritten werden darf. Mit dieser Regelung stellt der Gesetzgeber klar, daß sich eine eventuelle Anrechnung nur auf einzel- oder tarifvertraglichen **Mehrurlaub** des Arbeitnehmers beziehen darf. Die Vorschrift des § 4 a Abs. 1 EFZG wirkt sich damit für diejenigen Arbeitnehmer nicht aus, die ohnehin nur einen Anspruch auf den gesetzlichen Mindesturlaub von 24 Werktagen (§ 3 Abs. 1 BUrlG) haben (vgl. die Kommentierung zu § 3 Rn. 1 ff.). Fernerhin entfällt ein Wahlrecht zur Anrechnung von Krankheitstagen auf den gesetzlichen Urlaub bei den Jugendlichen (vgl. die Kommentierung zu § 3 Rn. 4 ff.), bei den Seeleuten (vgl. die Kommentierung zu § 3 Rn. 27 ff.) und beim Zusatzurlaub für Schwerbehinderte (vgl. die Kommentierung zu § 3 Rn. 17 ff.). Diese Neuregelung begegnet erheblichen **verfassungsrechtlichen Bedenken**. Einerseits greift sie unmittelbar – soweit es um tariflichen Mehrurlaub geht – schon deshalb in die Tarifautonomie ein – und verstößt damit gegen Art. 9 Abs. 3 GG –, weil der Gesetzgeber nicht berechtigt ist, in entstandene tarifliche Ansprüche mindernd einzugreifen. Andererseits verstößt sie aber auch gegen § 4 TVG – und führt auch deshalb zu einer Verletzung der durch das Grundgesetz gewährleisteten Tarifautonomie –, weil gemäß § 4 Abs. 3 und 4 TVG ein tarifgebundener Arbeitnehmer nicht auf seinen tariflichen Mehrurlaub verzichten kann, wenn nicht eine vorherige Zustimmung der Tarifvertragsparteien vorliegt. Die Koalitionsfraktionen hatten dieses Problem wohl zunächst nicht erkannt, denn im Gesetzesentwurf fand sich die letztlich in das Gesetz aufgenommene Regelung des § 4 a Abs. 1 S. 6 2. HS EFZG n. F. ebenfalls noch nicht. Nach dieser gesetzlichen Neuvorschrift findet § 4 Abs. 4 Satz 1 TVG im Rahmen der Anrechnung von Krankheitstagen auf den Urlaub des Arbeitnehmers keine Anwendung. Auch insoweit gilt die schon oben unter B, l. zur Nichtanwendbarkeit von § 9 BUrlG vorgebrachte Kritik.

Auch führt § 4 b EFZG n. F. nicht zu einer anderen rechtlichen Einschätzung. In dieser neuen Vorschrift ist geregelt, daß eine *„Vereinbarung über die Kürzung von Leistungen, die der Arbeitgeber zusätzlich zum laufenden Arbeitsentgelt erbringt (Sondervergütungen), ... auch für Zeiten der Arbeitsunfähigkeit infolge Krankheit"* zulässig ist. Einerseits handelt es sich beim tariflichen Mehrurlaub nicht um eine Leistung, die der Arbeitgeber „zusätzlich zum laufenden Arbeitsentgelt" erbringt, sondern um eine außerhalb des vertraglichen Synallagmas stehende Leistungspflicht des Arbeitgebers, die lediglich über die gesetzlichen Mindestanforderungen (§ 3 BUrlG) hinausgeht; andererseits sind in § 4 b EFZG n. F. tarifliche Ansprüche und die Vorschrift des § 4 TVG gar nicht erwähnt.

III. § 4 a Abs. 3 EFZG n. F. bestimmt, daß das Wahlrecht des Arbeitnehmers nach § 4 a Abs. 1 EFZG n. F. dann nicht besteht, wenn der Urlaub ganz oder zum Teil aus betrieblichen Gründen für alle Arbeitnehmer oder für bestimmte Gruppen von Arbeitnehmern einheitlich festgelegt ist (zur Anordnung von Betriebsferien/urlaub vgl. die Kommentierung zu § 7 Rn. 13), und wenn der Urlaub üblicherweise durch arbeitsfreie Zeiträume als abgegolten gilt. „Üblicherweise" bedeutet auch, daß eine Abgeltung des Urlaubs durch arbeitsfreie Zeiten aufgrund einer im Betrieb des Arbeitgebers herrschenden **betrieblichen Übung** erfolgt.

Diese Vorschrift soll gewährleisten, daß Urlaubsregelungen, die anstelle einer individuellen Vereinbarung mit dem einzelnen Arbeitnehmer auf betrieblicher Ebene erfolgen, nicht durch die Anrechnungsbefugnis des § 4 a Abs. 1 Satz 1 EFZG n. F. ausgehöhlt werden, was ansonsten zu erheblichen Störungen im betrieblichen Arbeitsablauf führen könnte. Entsprechendes gilt für die Fälle, in denen der Urlaub durch sonstige arbeitsfreie Zeiträume als abgegolten gilt (§ 4 a Abs. 3 2. Alt. EFZG n. F.).

IV. Das Entgeltfortzahlungsgesetz ist schließlich um eine **Überleitungsvorschrift** mit dem neuen § 13 ergänzt worden, wonach die bisherigen Vorschriften dann weiterhin maßgebend sind, wenn der Arbeitnehmer am 1.10.1996 durch Arbeitsunfähigkeit infolge Krankheit an seiner Arbeitsleistung verhindert war.

C. Ergänzende Kommentierung zu § 10 BUrlG

Artikel 2 Arbeitsrechtliches BeschFG ändert unter anderem § 10 BUrlG. Nach der bisherigen Fassung dieser Vorschrift durften **Maßnahmen der medizinischen Vorsorge oder Rehabilitation** nicht auf den Urlaub angerechnet werden, soweit ein Anspruch auf Fortzahlung des Arbeitsentgelts nach den gesetzlichen Vorschriften über die Entgeltfortzahlung im Krankheitsfall bestand, was sich nach § 9 EFZG iVm. §§ 3, 4 und 6 bis 8 EFZG richtet.

I. § 10 BUrlG ist mit der Maßgabe neu gefaßt worden, daß der Arbeitgeber berechtigt ist, von je fünf Tagen, an denen der Arbeitnehmer infolge einer Maßnahme der medizinischen Vorsorge oder Rehabilitation an seiner Arbeitsleistung verhindert ist, die ersten zwei Tage auf den Erholungsurlaub anzurechnen. Auch in diesem Fall gelten die angerechneten Tage – wie bei krankheitsbedingter Arbeitsunfähigkeit nach Ausübung des Wahlrechts im Sinne von § 4 a Abs. 1 Satz 1 EFZG n. F. – als Urlaubstage. Der Arbeitnehmer hat für diesen Zeitraum keinen Anspruch auf Entgeltfortzahlung nach §§ 9, 3, 4 EFZG, sondern auf Urlaubsentgelt gemäß § 11 BUrlG. Damit hat es der Arbeitgeber in der Hand, für jeden Fünftageszeitraum im Sinne von § 10 BUrlG n. F. zwei Tage auf den Urlaub des Arbeitnehmers anzurechnen.

Ähnlich wie bei der oben unter B, 1 bereits dargestellten Anrechnungsbefugnis wegen krankheitsbedingter Arbeitsunfähigkeit beinhaltet auch der neue § 10 Abs. 2 BUrlG eine Regelung, wonach der gesetzliche Mindesturlaub nach §§ 1, 3 Abs. 1 BUrlG, § 19 JArbSchG und §§ 53, 54 SeemannsG sowie der Zusatzurlaub für Schwerbehinderte nach § 47 SchwbG von der Anrechnungs- bzw. Ersetzungsbefugnis des Arbeitgebers ausgenommen ist. Damit unterliegt einer eventuellen Anrechnung lediglich der einzel- oder tarifvertragliche **Mehrurlaub** des Arbeitnehmers, der zusätzlich zum gesetzlichen Urlaub vereinbart worden ist. Dies bedeutet, daß auch § 10 BUrlG n. F. wiederum für all diejenigen Arbeitnehmer keine praktische Relevanz haben wird, die ohnehin nur den gesetzlichen Mindesturlaub von 24 Werktagen beanspruchen können. Fernerhin spielt die Neuregelung keine Rolle für Jugendliche und Seeleute und für den Zusatzurlaub von Schwerbehinderten, soweit der gesetzliche **Mindesturlaub** betroffen ist.

Macht der Arbeitgeber von seiner Anrechnungsbefugnis hinsichtlich des vertraglichen Mehrurlaubsanspruchs Gebrauch, geht der Arbeitnehmer zunächst seines Entgeltfortzahlungsanspruchs für zwei Tage verlustig, an denen er wegen der Teilnahme an einer stationären Maßnahme der medizinischen Vorsorge oder Rehabilitation an der Arbeitsleistung verhindert war. Zudem verliert der Arbeitnehmer die ihm für diese beiden Tage zustehende Befreiung von der Arbeitspflicht gegenüber dem Arbeitgeber. Der Arbeitnehmer erhält stattdessen zwar das Urlaubsentgelt gemäß § 11 BUrlG, ist aber nicht in der Lage, die beiden Tage auch tatsächlich für eine Erholung – also für Urlaub im Rechtssinne – zu verwenden, da er an einer Kurmaßnahme teilnimmt. Zu beachten ist fernerhin, daß auch in diesem Fall das Urlaubsentgelt wegen der aus § 11 Abs. 1 BUrlG folgenden Berechnungsweise (modifiziertes Referenzprinzip) im Einzelfall durchaus einmal geringer als die nach § 4 EFZG zu ermittelnde Krankenvergütung sein kann.

Zwar hat der Gesetzgeber in § 10 Abs. 1 S. 2 1. HS. BUrlG n. F. formuliert, *„die angerechneten Tage* **gelten** *als Urlaub"*, obwohl der Arbeitnehmer weder de jure noch de facto Urlaub in Anspruch nimmt; gleichwohl dürften sich entgegen der grundsätzlich berechtigten Befürchtung von *Leinemann* (BB 1996, 1381 ff. [1382]) keine Schwierigkeiten wegen des Urlaubs**gelds** ergeben. Wenn der Gesetzgeber insoweit eine Ersetzungsbefugnis des Arbeitgebers schafft und dem Arbeitnehmer statt der Krankenvergütung Urlaubsentgelt zuspricht, kann für den Anspruch auf Urlaubsgeld (vgl. hierzu grundsätzlich die Kommentierung zu § 11 Rn. 1) nichts anderes gelten. Der Anspruch auf Urlaubsgeld entsteht damit neben dem Anspruch auf Urlaubsentgelt für die beiden angerechneten Tage, soweit der Arbeitnehmer überhaupt einzel- oder tarifvertraglich einen Anspruch auf Urlaubsgeld hat. Die oben schon unter B, l. im Rahmen der Ausführungen zur krankheitsbedingten Arbeitsunfähigkeit geäußerten verfassungsrechtlichen Bedenken gegenüber der gesetzlichen Neuregelung treffen im Kern auch bei der Neufassung des § 10 BUrlG zu. Auch in diesem Fall ist der Zugriff des Gesetzgebers auf tarifliche Urlaubsansprüche mit § 4 TVG nicht zu vereinbaren, so daß auch hier ein Eingriff des Gesetzgebers in die Tarifautonomie (Art. 9 Abs. 3 GG) vorliegt.

II. Gemäß **§ 10 Abs. 1 S. 2 Nr. 1 bis 4 BUrlG n. F.** ist die Anrechnungsbefugnis des Arbeitgebers nach Abs. 1 Satz 1 in folgenden Fällen ausgeschlossen:

- *§ 10 Abs. 1 Satz 2 Nr. 1:* Bei Arbeitsunfähigkeit des Arbeitnehmers nach § 3 EFZG. In diesem Fall richtet sich das Schicksal des Urlaubs-

anspruchs nach § 4 EFZG, der insoweit lex specialis ist. Hier gilt der neue § 4 EFZG.
- *§ 10 Abs. 1 Satz 2 Nr. 2:* Für Maßnahmen, deren unmittelbarer Anschluß an eine Krankenhausbehandlung medizinisch notwendig ist (Anschlußrehabilitation); als unmittelbar gilt auch, wenn die Maßnahme innerhalb von 14 Tagen beginnt. Die Frage der medizinischen Notwendigkeit wird letztlich vom behandelnden Arzt zu beantworten sein.
- *§ 10 Abs. 1 Satz 2 Nr. 3:* Bei Vorsorgekuren für Mütter nach § 24 SGB V sowie für Müttergenesungskuren nach § 41 SGB V.
- *§ 10 Abs. 1 Satz 2 Nr. 4:* Für Kuren von Beschädigten nach § 11 Abs. 2 Bundesversorgungsgesetz.

Insbesondere in den beiden zuletzt genannten Fällen dürften auf seiten des Gesetzgebers soziale Gesichtspunkte eine besondere Rolle vor der die gesetzliche Neuregelung beherrschenden Sparphobie gespielt haben.

III. Ein absolutes **Novum** stellt bei der Neuregelung des § 10 BUrlG dessen neuer Absatz 3 dar. Danach darf der Arbeitgeber eine Anrechnung auf den Urlaub des nächsten Kalenderjahres vornehmen, soweit eine Anrechnung auf den Erholungsurlaub des laufenden Kalenderjahres nicht oder nur teilweise möglich ist, weil der Arbeitnehmer den für die Anrechnungsmöglichkeit des Arbeitgebers zur Verfügung stehenden Urlaub ganz oder teilweise bereits erhalten hat. Mit dieser Regelung wird erstmalig für den Arbeitgeber ein **Vorgriff** auf den – noch nicht entstandenen (!) – zukünftigen Urlaubsanspruch des Arbeitnehmers für das kommende Jahr ermöglicht. Nach bislang absolut h. M. entspricht das Urlaubsjahr dem Kalenderjahr. Dies folgert die h. M. völlig zu Recht aus § 1 BUrlG (vgl. hierzu die Kommentierung und Nachweise unter § 1 Rn. 4). Auch in diesem Punkt scheint die Vorschrift rechtssystematisch nicht durchdacht. Denn wenn ein Zugriff auf Urlaubsansprüche möglich sein soll, die noch gar nicht entstanden sind, müßte dem Arbeitnehmer prinzipiell auch das Recht eingeräumt werden, im laufenden Urlaubsjahr bei einem Verbrauch seiner Urlaubsansprüche eine Urlaubsfreistellung im Vorgriff auf das nächste Kalenderjahr vom Arbeitgeber zu verlangen (in diesem Sinne auch *Leinemann*, BB 1996 1381 ff. [1382]). § 10 Abs. 3 BUrlG n. F. paßt damit ebenfalls nicht ins System des Urlaubsrechts.

D. Ergänzende Kommentierung zu § 11 BUrlG

Art. 2 Nr. 2 Arbeitsrechtliches BeschFG ändert § 11 Abs. 1 BUrlG. Die Vorschrift regelt das Urlaubsentgelt. § 11 Abs. 1 S. 1 ist durch folgenden Zusatz ergänzt worden: „ *... mit Ausnahme des zusätzlich für Über-*

stunden gezahlten Arbeitsverdienstes". Die Regelung, der das sog. modifizierte Referenzprinzip zugrundeliegt, stellte in ihrer bisherigen Fassung für die Bemessungsgrundlage des Urlaubsentgelts auf den durchschnittlichen Arbeitsverdienst des Arbeitnehmers ab, den er in den letzten dreizehn Wochen (3 Monaten) vor Urlaubsantritt erzielt hat. Dieses Prinzip wird auch nach der Neuregelung grundsätzlich beibehalten, allerdings ein weiteres Mal modifiziert. § 11 Abs. 1 Satz 1 BUrlG n. F. stellt nunmehr ausdrücklich klar, daß der im Bezugszeitraum infolge von **Überstunden** erzielte Arbeitsverdienst des Arbeitnehmers nicht mehr zur Grundlage der Berechnung des Urlaubsentgelts gemacht wird. Nach altem Recht waren Überstundenvergütungen bei Ermittlung des Urlaubsentgelts regelmäßig berücksichtigungspflichtig, sofern sie im Bezugszeitraum angefallen waren, ohne daß es auf eine regelmäßige Zahlung ankam (vgl. die Kommentierung zu § 11 Rn. 33).

Die Neuregelung des § 11 BUrlG ist – zumindest in rechtssystematischer Hinsicht – nicht zu beanstanden. Die Ausnahme der Überstundenvergütungen bei der Berechnung des Urlaubsentgelts stellt eine Modifizierung des Referenzprinzips dar, wie dies beispielsweise auch für die in § 11 Abs. 1 S. 2 bis 4 BUrlG genannten Umstände gilt. Der Unterschied zu den auch schon bislang geltenden Modifizierungen liegt nunmehr darin, daß erstmals eine **Modifizierung zuungunsten des Arbeitnehmers** in die gesetzliche Neuregelung aufgenommen worden ist. Soweit der Arbeitnehmer im Bezugszeitraum Mehrarbeit leistet, die Vergütung hierfür aber erst zu einem späteren Zeitpunkt erhält, der außerhalb des Bezugszeitraums liegt, lag auch schon nach altem Recht kein berücksichtigungspflichtiger Arbeitsverdienst im Sinne von § 11 Abs. 1 BUrlG vor (vgl. die Kommentierung zu § 11 Rn. 22).

E. Ergänzende Kommentierung zu § 15 BUrlG

Art. 2 Nr. 3 Arbeitsrechtliches BeschFG ändert schließlich § 15 BUrlG. Nach § 15 BUrlG ist folgender § 15 a eingefügt worden: *„Befindet sich der Arbeitnehmer am 1.10.1996 in einer Maßnahme der medizinischen Vorsorge oder Rehabilitation, bleiben die bisherigen Vorschriften maßgebend"*. Bei dem neuen § 15 a BUrlG handelt es sich folglich um eine **Überleitungsvorschrift**, die den im Zeitpunkt des Inkrafttretens des Gesetzes in Kur befindlichen Arbeitnehmern einen **Bestandsschutz** hinsichtlich der nach altem Recht erworbenen Ansprüche gegenüber dem Arbeitgeber gewährt.

Taschenkommentare
des
Betriebs-Beraters

Kommentar zum Bundesurlaubsgesetz

von

Dr. jur. Frank Hohmeister

Professor für Wirtschaftsprivat-, Arbeits- und Sozialversicherungsrecht
an der Fachhochschule Würzburg

Verlag Recht und Wirtschaft GmbH
Heidelberg

> **Die Deutsche Bibliothek – CIP-Einheitsaufnahme**
>
> **Hohmeister, Frank:**
> Kommentar zum Bundesurlaubsgesetz / von Frank Hohmeister. –
> Heidelberg: Verl. Recht und Wirtschaft, 1995
>
>   (Taschenkommentare des Betriebs-Beraters)
>   ISBN 3-8005-3024-4

ISBN 3-8005-3024-4

© 1995 Verlag Recht und Wirtschaft GmbH, Heidelberg

Das Werk einschließlich aller seiner Teile ist urheberrechtlich geschützt. Jede Verwertung außerhalb der engen Grenzen des Urheberrechtsgesetzes ist ohne Zustimmung des Verlages unzulässig und strafbar. Das gilt insbesondere für Verfielfältigungen, Bearbeitungen, Übersetzungen, Mikroverfilmungen und die Einspeicherung und Verarbeitung in elektronischen Systemen.

Satz und Datenkonvertierung: H&S Team für Fotosatz GmbH,
68723 Schwetzingen

Druck und Verarbeitung: Wilhelm & Adam, Werbe- und Verlagsdruck GmbH,
63150 Heusenstamm

∞ Gedruckt auf säurefreiem, alterungsbeständigem Papier, herstellt aus chlorfrei gebleichtem Zellstoff (TCF)

Printed in Germany

Vorwort

Der vorliegende Kommentar bietet eine systematische Erläuterung des Bundesurlaubsgesetzes für die (betriebliche) Praxis. Er richtet sich in erster Linie an die beratenden Berufsgruppen in der Rechtsanwaltschaft, den Gewerkschaften und Arbeitgeberverbänden. Zugleich soll der Kommentar aber auch als Leitfaden für all diejenigen dienen, die in der Praxis wie in der Ausbildung mit urlaubsrechtlichen Problemstellungen befaßt sind, so daß das Erläuterungswerk auch Betriebsräten, Richtern der Arbeitsgerichtsbarkeit und Studierenden der Rechts- und Wirtschaftswissenschaften umfassende Orientierungshilfen bietet. Da die höchstrichterliche Rechtsprechung für das Urlaubsrecht von besonderer Bedeutung ist, wurde im Sinne einer praxisgerechten Kommentierung in erster Linie an die Rechtsprechung des Bundesarbeitsgerichts angeknüpft. Gleichzeitig haben allerdings auch vom Bundesarbeitsgericht abweichende Meinungsäußerungen innerhalb der Instanzgerichte und der Literatur mit weitergehenden Hinweisen und Verweisungen Berücksichtigung und Erwähnung gefunden. Für diejenigen Benutzer, die ggf. in einzelne Problematiken tiefer einzudringen gedenken, finden sich zahlreiche Rechtsprechungs- und Literaturnachweise. Die Fundstellen im Text zitieren des öfteren einzelne Entscheidungen, die nur in Auszügen oder gar Leitsätzen veröffentlicht sind. In diesen Fällen wird auf das Entscheidungsverzeichnis verwiesen, aus dem sich weitere Quellennachweise ergeben, in denen die Entscheidungen vollständig abgedruckt sind.

Die mit Wirkung vom 1. Januar 1995 eingetretenen Änderungen des Bundesurlaubsgesetzes, insbesondere die Neuerungen durch das Arbeitszeitrechtsgesetz vom 6. 6. 1994 (BGBl. I S. 1170), die noch als Spätwirkungen der Einheit Deutschlands zu einer weitgehenden Rechtsangleichung urlaubsrechtlicher Bestimmungen in Ost und West geführt haben (vgl. §§ 3 und 12 BUrlG), sind ebenso berücksichtigt wie die Änderungen, die durch das Pflegeversicherungsgesetz vom 26. 5. 1994 (BGBl. I S. 1014) mit Wirkung vom 1. 6. 1994 eingetreten sind (vgl. §§ 7 und 10 BUrlG). Rechtsprechung und Literatur haben bis Mitte April 1995 (Zeitpunkt der Veröffentlichungen) Berücksichtigung gefunden.

Würzburg, im Mai 1995 *Frank Hohmeister*

Inhaltsverzeichnis

	Seite
Vorwort	5
Abkürzungsverzeichnis	9
Gesetzestext	15

Teil A: Kommentierung des Bundesurlaubsgesetzes

Vorbemerkungen		21
§ 1	Urlaubsanspruch	28
§ 2	Geltungsbereich	41
§ 3	Dauer des Urlaubs	48
§ 4	Wartezeit	68
§ 5	Teilurlaub	75
§ 6	Ausschluß von Doppelansprüchen	88
§ 7	Zeitpunkt, Übertragbarkeit und Abgeltung des Urlaubs	97
§ 8	Erwerbstätigkeit während des Urlaubs	136
§ 9	Erkrankung während des Urlaubs	140
§ 10	Maßnahmen der medizinischen Vorsorge und Rehabilitation	150
§ 11	Urlaubsentgelt	155
§ 12	Urlaub im Bereich der Heimarbeit	168
§ 13	Unabdingbarkeit	176
§ 14	Berlin-Klausel (gegenstandslos)	186
§ 15	Änderung und Aufhebung von Gesetzen	187
§ 16	Inkrafttreten	190

Teil B: Anhang

I. Der Bildungsurlaub

1. Allgemeines 191
2. Gesetzliche Regelungen in den einzelnen Bundesländern 192
3. Die wesentlichen Regelungen im AWbG Nordrhein-Westfalen 193

Inhaltsverzeichnis

4. Übersicht zum Bildungsurlaub
in den einzelnen Bundesländern 195

II. Weitere Gesetzestexte

1. Jugendarbeitsschutzgesetz (Auszug) 199
2. Schwerbehindertengesetz (Auszug) 200
3. Arbeitsplatzschutzgesetz (Auszug) 201
4. Seemannsgesetz (Auszug) 202
5. Bundeserziehungsgeldgesetz (Auszug) 205
6. Bildungsurlaubsgesetze der Länder 210
   a) Berliner Bildungsurlaubsgesetz 210
   b) Brandenburgisches Weiterbildungsgesetz 214
   c) Bremisches Bildungsurlaubsgesetz 226
   d) Hamburgisches Bildungsurlaubsgesetz 231
   e) Hessisches Gesetz über den
      Anspruch auf Bildungsurlaub 236
   f) Niedersächsisches Bildungsurlaubsgesetz 241
   g) Nordrheinwestfälisches Arbeitnehmer-
      weiterbildungsgesetz 249
   h) Bildungsfreistellungsgesetz
      von Rheinland-Pfalz 265
   i) Saarländisches Bildungsfreistellungsgesetz 270
   j) Bildungsfreistellungs- und Qualifizierungsgesetz
      von Schleswig-Holstein 287

III. Bundesrahmentarifvertrag für das Baugewerbe (Auszug) 299

IV. Entscheidungsverzeichnis

1. Bundesarbeitsgericht 314
2. Landesarbeitsgerichte 322
3. Arbeitsgerichte 325
4. Bundessozialgericht 325
5. Bundesverfassungsgericht 325

V. Literaturverzeichnis 326

VI. Sachregister 330

Abkürzungsverzeichnis

§	Paragraph
§§	Paragraphen
a. A.	anderer Ansicht
a. F.	alte Fassung
aaO	am angegebenen Ort
Abs.	Absatz
abw.	abweichend
AFG	Arbeitsförderungsgesetz
AG	Aktiengesellschaft
allg. A.	allgemeine Ansicht
allg. M.	allgemeine Meinung
Alt.	Alternative
Anh.	Anhang
Anm.	Anmerkung
AP	Arbeitsrechtliche Praxis (Nachschlagewerk des Bundesarbeitsgerichts)
AR-Blattei	Arbeitsrecht-Blattei, Stuttgart (Entscheidungssammlung)
ArbG	Arbeitsgericht
ArbGG	Arbeitsgerichtsgesetz
ArbPlSchG	Arbeitsplatzschutzgesetz
ArbR-Hdb.	Arbeitsrechts-Handbuch (vgl. auch das Literaturverzeichnis unter Schaub)
ArbZRG	Arbeitszeitrechtsgesetz
ARSt.	Arbeitsrecht in Stichworten (Entscheidungssammlung)
Art.	Artikel
ASiG	Gesetz über Betriebsärzte, Sicherheitsingenieure und andere Fachkräfte für Arbeitssicherheit (Arbeitssicherheitsgesetz)
AuR	Arbeit und Recht (Zeitschrift)
AVG	Angestelltenversicherungsgesetz
AWbG	Nordrheinwestfälisches Arbeitnehmerweiterbildungsgesetz
AZR	Aktenzeichen des Bundesarbeitsgerichts
BAG	Bundesarbeitsgericht
BAGE	Amtliche Entscheidungssammlung des Bundesarbeitsgerichts (Band, Seite)
BAT	Bundesangestelltentarifvertrag
BaWü	Baden-Württemberg
BB	Betriebs-Berater (Zeitschrift)

Abkürzungsverzeichnis

BbgWBG	Brandenburgisches Weiterbildungsgesetz
BBiG	Berufsbildungsgesetz
Bd.	Band
BErzGG	Bundeserziehungsgeldgesetz
BeschFG	Beschäftigungsförderungsgesetz
best.	bestätigend
BetrVG	Betriebsverfassungsgesetz
BfA	Bundesanstalt für Arbeit
BFG	Bildungsfreistellungsgesetz Rheinland-Pfalz
BFQG	Bildungsfreistellungs- und Qualifizierungsgesetz für das Land Schleswig-Holstein
BGB	Bürgerliches Gesetzbuch
BGBl.	Bundesgesetzblatt
Bildg	Bildung
BlnBiUrlG	Berliner Bildungsurlaubsgesetz
BMT-G II	Bundesmanteltarifvertrag für Arbeiter der Gemeinden
BPersVG	Bundespersonalvertretungsgesetz
BrBiUrlG	Bremisches Bildungsurlaubsgesetz
BRTV-Bau	Bundesrahmentarifvertrag für das Baugewerbe vom 3. Februar 1981 mit späteren Änderungen
BSG	Bundessozialgericht
BTDs.	Bundestagsdrucksache
BUrlG	Bundesurlaubsgesetz
BVerfG	Bundesverfassungsgericht
bzw.	beziehungsweise
Ca	Aktenzeichen der Arbeitsgerichte
DB	Der Betrieb (Zeitschrift)
DDR	Deutsche Demokratische Republik
Ders.	Derselbe
EDV	Elektronische Datenverarbeitung
EGBGB	Einführungsgesetz zum Bürgerlichen Gesetzbuch
EignungsübG	Eignungsübungsgesetz
EinigV	Einigungsvertrag zwischen der Bundesrepublik Deutschland und der Deutschen Demokratischen Republik vom 31. August 1990
Entsch.	Entscheidung
EU	Europäische Union
EWG	Europäische Wirtschaftsgemeinschaft
EzA	Entscheidungssammlung zum Arbeitsrecht
f.	folgende

Feiertaglohn-zahlungsG	Feiertaglohnzahlungsgesetz
ff.	fortfolgende
G	Gesetz
GBl. DDR	Gesetzblatt der DDR
gem.	gemäß
GewO	Gewerbeordnung
GG	Grundgesetz
ggf.	gegebenenfalls
GK-BurlG	Gemeinschaftskommentar zum Bundesurlaubsgesetz, zitiert mit dem jeweiligen Bearbeiter (vgl. auch das Literaturverzeichnis unter Gemeinschaftskommentar)
GmbH	Gesellschaft mit beschränkter Haftung
grds.	grundsätzlich
GVBl.	Gesetz- und Verordnungsblatt
HAG	Heimarbeitsgesetz
HbgBiUrlG	Hamburgisches Bildungsurlaubsgesetz
HesBiUrlG	Hessisches Bildungsurlaubsgesetz
HGB	Handelsgesetzbuch
hL	herrschende Lehre
hM	herrschende Meinung
HS	Halbsatz
IAO	Internationale Arbeitsorganisation
idF	in der Fassung
idR	in der Regel
iHv	in Höhe von
incl.	inclusive
iS	im Sinne
iSd	im Sinne der, des
iSv	im Sinne von
iVm	in Verbindung mit
JArbSchG	Jugendarbeitsschutzgesetz
JVA	Justizvollzugsanstalt
KG	Kommanditgesellschaft
KO	Konkursordnung
krit.	kritisch
KrPflG	Krankenpflegegesetz
KSchG	Kündigungsschutzgesetz
LAG	Landesarbeitsgericht

Abkürzungsverzeichnis

LAG.e	Landesarbeitsgerichte
LAGE	Amtliche Entscheidungssammlung der Landesarbeitsgerichte (Band, Seite)
Lit.	Literatur
lit.	litera (lateinisch: Buchstabe)
LJ.	Lebensjahr
LS	Leitsatz
lt.	laut
LV	Landesverfassung(en)
m.	mit
MTB II	Manteltarifvertrag für Arbeiter des Bundes
MTV	Manteltarifvertrag
MTV-Metall NRW	Manteltarifvertrag Metall für das Land Nordrhein-Westfalen
MTV-See	Manteltarifvertrag für die deutsche Seeschifffahrt
MuSchG	Mutterschutzgesetz
mwN	mit weiteren Nachweisen
NBildUG	Niedersächsisches Bildungsurlaubsgesetz
Nds	Niedersachsen
NJW	Neue Juristische Wochenschrift
Nr.	Nummer
NRW	Nordrhein-Westfalen
NWB	Neue Wirtschaftsbriefe (Zeitschrift)
NZA	Neue Zeitschrift für Arbeitsrecht
oHG	offene Handelsgesellschaft
PflegeVG	Pflegeversicherungsgesetz
R	Rückseite
RdA	Recht der Arbeit (Zeitschrift)
Rn.	Randnummer
Rspr.	Rechtsprechung
S.	Satz, Seite
Sa	Aktenzeichen der Landesarbeitsgerichte
SAE	Sammlung arbeitsrechtlicher Entscheidungen
SchlHol	Schleswig-Holstein
SchwBeschG	Schwerbschädigtengesetz
SchwbG	Schwerbehindertengesetz
SeemannsG	Seemannsgesetz
SGB	Sozialgesetzbuch

Abkürzungsverzeichnis

SGG	Sozialgerichtsgesetz
sog.	sogenannt
spät.	späteren
str.	strittig
stRspr	ständige Rechtsprechung
Stuttg.	Stuttgart (LAG Baden-Württemberg, Kammern Stuttgart)
StVollzG	Strafvollzugsgesetz
SWBG	Saarländisches Weiterbildungs- und Bildungsfreistellungsgesetz
teilw.	teilweise
TÜV	Technischer Überwachungsverein
TVAng	Tarifvertrag für die Angestellten der Deutschen Bundespost
TVArb	Tarifvertrag für die Arbeiter der Deutschen Bundespost
TVG	Tarifvertragsgesetz
u.	und
u. a.	unter anderem
u. ä.	und ähnliches
u. U.	unter Umständen
überw. A.	überwiegende Ansicht
überw. M.	überwiegende Meinung
UrlG	Urlaubsgesetz
UrlVO	Verordnung über den Erholungsurlaub der ehemaligen DDR
usw.	und so weiter
v. H.	vom Hundert
VermBG	Vermögensbildungsgesetz
vgl.	vergleiche
VO	Verordnung
Vorbem.	Vorbemerkung(en)
WRV	Weimarer Reichsverfassung
ZAP	Zeitschrift für die Anwaltspraxis
zB	zum Beispiel
ZDG	Zivildienstgesetz
Ziff.	Ziffer(n)
ZIP	Zeitschrift für Wirtschaftsrecht
ZPO	Zivilprozeßordnung
ZTR	Zeitschrift für Tarifrecht
zust.	zustimmend

Gesetzestext

Gesetz über Mindesturlaub für Arbeitnehmer (Bundesurlaubsgesetz)

Vom 8. Januar 1963 (BGBl. I S. 2)
BGBl. III 800–4

Geändert durch Gesetz vom 27. Juli 1969 (BGBl. I S. 946), vom 29. Oktober 1974 (BGBl. I S. 2879), mit Maßgaben für das Gebiet der ehem. DDR durch Anl. I Kap. VIII Sachgeb. A Abschn. III Nr. 5 des Einigungsvertrages vom 31. August 1990 (BGBl. II S. 889), durch Gesetz vom 27. Dezember 1993 (BGBl. I S. 2378), durch Gesetz vom 26. Mai 1994 (BGBl. I S. 1014) sowie durch Gesetz vom 6. Juni 1994 (BGBl. I S. 1170)

§ 1 Urlaubsanspruch

Jeder Arbeitnehmer hat in jedem Kalenderjahr Anspruch auf bezahlten Erholungsurlaub.

§ 2 Geltungsbereich

Arbeitnehmer im Sinne des Gesetzes sind Arbeiter und Angestellte sowie die zu ihrer Berufsausbildung Beschäftigten. Als Arbeitnehmer gelten auch Personen, die wegen ihrer wirtschaftlichen Unselbständigkeit als arbeitnehmerähnliche Personen anzusehen sind; für den Bereich der Heimarbeit gilt § 12.

§ 3 Dauer des Urlaubs

(1) Der Urlaub beträgt jährlich mindestens 24 Werktage.[1]

(2) Als Werktage gelten alle Kalendertage, die nicht Sonn- oder gesetzliche Feiertage sind.

Fassung bis 31. 12. 1994:
§ 3. Dauer des Urlaubs. (1) Der Urlaub beträgt jährlich mindestens 18 Werktage.

---

1 Im Gebiet der ehem. DDR galt bis einschließlich 31. 12. 1994 folgendes:
  a) § 3 Abs. 1 ist in folgender Fassung anzuwenden: „Der Urlaub beträgt jährlich mindestens 20 Arbeitstage. Dabei ist von 5 Arbeitstagen je Woche auszugehen."
  b) Soweit in Rechtsvorschriften der Deutschen Demokratischen Republik ein über 20 Arbeitstage hinausgehender Erholungsurlaub festgelegt ist, gilt dieser bis zum 30. Juni 1991 als vertraglich vereinbarter Erholungsurlaub.
Vgl. Einigungsvertrag vom 31.8.1990 (BGBl. II S. 889, 1020).

Gesetzestext

§ 4 Wartezeit

Der volle Urlaubsanspruch wird erstmalig nach sechsmonatigem Bestehen des Arbeitsverhältnisses erworben.

§ 5 Teilurlaub

(1) Anspruch auf ein Zwölftel des Jahresurlaubs für jeden vollen Monat des Bestehens des Arbeitsverhältnisses hat der Arbeitnehmer
a) für Zeiten eines Kalenderjahres, für die er wegen Nichterfüllung der Wartezeit in diesem Kalenderjahr keinen vollen Urlaubsanspruch erwirbt;
b) wenn er vor erfüllter Wartezeit aus dem Arbeitsverhältnis ausscheidet;
c) wenn er nach erfüllter Wartezeit in der ersten Hälfte eines Kalenderjahres aus dem Arbeitsverhältnis ausscheidet.

(2) Bruchteile von Urlaubstagen, die mindestens einen halben Tag ergeben, sind auf volle Urlaubstage aufzurunden.

(3) Hat der Arbeitnehmer im Falle des Absatzes 1 Buchstabe c bereits Urlaub über den ihm zustehenden Umfang hinaus erhalten, so kann das dafür gezahlte Urlaubsentgelt nicht zurückgefordert werden.

§ 6 Ausschluß von Doppelansprüchen

(1) Der Anspruch auf Urlaub besteht nicht, soweit dem Arbeitnehmer für das laufende Kalenderjahr bereits von einem früheren Arbeitgeber Urlaub gewährt worden ist.

(2) Der Arbeitgeber ist verpflichtet, bei Beendigung des Arbeitsverhältnisses dem Arbeitnehmer eine Bescheinigung über den im laufenden Kalenderjahr gewährten oder abgegoltenen Urlaub auszuhändigen.

§ 7 Zeitpunkt, Übertragbarkeit und Abgeltung des Urlaubs

(1) Bei der zeitlichen Festlegung des Urlaubs sind die Urlaubswünsche des Arbeitnehmers zu berücksichtigen, es sei denn, daß ihrer Berücksichtigung dringende betriebliche Belange oder Urlaubswünsche anderer Arbeitnehmer, die unter sozialen Gesichtspunkten den Vorrang verdienen, entgegenstehen. Der Urlaub ist zu gewähren, wenn der Arbeitnehmer dies im Anschluß an eine Maßnahme der medizinischen Vorsorge oder Rehabilitation verlangt.

(2) Der Urlaub ist zusammenhängend zu gewähren, es sei denn, daß dringende betriebliche oder in der Person des Arbeitnehmers liegende Gründe eine Teilung des Urlaubs erforderlich machen. Kann der Urlaub aus diesen Gründen nicht zusammenhängend gewährt werden, und hat der Arbeitnehmer Anspruch auf Urlaub von mehr als

zwölf Werktagen, so muß einer der Urlaubsteile mindestens zwölf aufeinanderfolgende Werktage umfassen.
(3) Der Urlaub muß im laufenden Kalenderjahr gewährt und genommen werden. Eine Übertragung des Urlaubs auf das nächste Kalenderjahr ist nur statthaft, wenn dringende betriebliche oder in der Person des Arbeitnehmers liegende Gründe dies rechtfertigen. Im Fall der Übertragung muß der Urlaub in den ersten drei Monaten des folgenden Kalenderjahres gewährt und genommen werden. Auf Verlangen des Arbeitnehmers ist ein nach § 5 Abs. 1 Buchstabe a entstehender Teilurlaub jedoch auf das nächste Kalenderjahr zu übertragen.
(4) Kann der Urlaub wegen Beendigung des Arbeitsverhältnisses ganz oder teilweise nicht mehr gewährt werden, so ist er abzugelten.

§ 8 Erwerbstätigkeit während des Urlaubs
Während des Urlaubs darf der Arbeitnehmer keine dem Urlaubszweck widersprechende Erwerbstätigkeit leisten.

§ 9 Erkrankung während des Urlaubs
Erkrankt ein Arbeitnehmer während seines Urlaubs, so werden die durch ärztliches Zeugnis nachgewiesenen Tage der Arbeitsunfähigkeit auf den Jahresurlaub nicht angerechnet.

§ 10
Maßnahmen der medizinischen Vorsorge oder Rehabilitation
Maßnahmen der medizinischen Vorsorge oder Rehabilitation dürfen nicht auf den Urlaub angerechnet werden, soweit ein Anspruch auf Fortzahlung des Arbeitsentgelts nach den gesetzlichen Vorschriften über die Entgeltfortzahlung im Krankheitsfall besteht.

§ 11 Urlaubsentgelt
(1) Das Urlaubsentgelt bemißt sich nach dem durchschnittlichen Arbeitsverdienst, das der Arbeitnehmer in den letzten dreizehn Wochen vor dem Beginn des Urlaubs erhalten hat. Bei Verdiensterhöhungen nicht nur vorübergehender Natur, die während des Berechnungszeitraums oder des Urlaubs eintreten, ist von dem erhöhten Verdienst auszugehen. Verdienstkürzungen, die im Berechnungszeitraum infolge von Kurzarbeit, Arbeitsausfällen oder unverschuldeter Arbeitsversäumnis eintreten, bleiben für die Berechnung des Urlaubsentgelts außer Betracht. Zum Arbeitsentgelt gehörende Sachbezüge, die während des Urlaubs nicht weitergewährt werden, sind für die Dauer des Urlaubs angemessen in bar abzugelten.
(2) Das Urlaubsentgelt ist vor Antritt des Urlaubs auszuzahlen.

Gesetzestext

§ 12 Urlaub im Bereich der Heimarbeit

Für die in Heimarbeit Beschäftigten und die ihnen nach § 1 Abs. 2 Buchstaben a bis c des Heimarbeitsgesetzes [vom 14. März 1951 (BGBl. I S. 191) = gestrichen mit Wirkung ab 1. Januar 1995] Gleichgestellten, für die die Urlaubsregelung nicht ausdrücklich von der Gleichstellung ausgenommen ist, gelten die vorstehenden Bestimmungen mit Ausnahme der §§ 4 bis 6, 7 Abs. 3 und 4 und § 11 nach Maßgabe der folgenden Bestimmungen:

1. Heimarbeiter (§ 1 Abs. 1 Buchstabe a des Heimarbeitsgesetzes) und nach § 1 Abs. 2 Buchstabe a des Heimarbeitsgesetzes Gleichgestellte erhalten von ihrem Auftraggeber oder, falls sie von einem Zwischenmeister beschäftigt werden, von diesem bei Anspruch auf 24 Werktage [bis zum 31. Dezember 1994: 18 Urlaubstage] ein Urlaubsentgelt von 9,1 vom Hundert [bis zum 31. Dezember 1994: 6 $^3/_4$ v. H.], des in der Zeit vom 1. Mai bis zum 30. April des folgenden Jahres oder bis zur Beendigung des Beschäftigungsverhältnisses verdienten Arbeitsentgelts vor Abzug der Steuern und Sozialversicherungsbeiträge ohne Unkostenzuschlag und ohne die für den Lohnausfall an Feiertagen, den Arbeitsausfall infolge Krankheit und den Urlaub zu leistenden Zahlungen.
2. War der Anspruchsberechtigte im Berechnungszeitraum nicht ständig beschäftigt, so brauchen unbeschadet des Anspruches auf Urlaubsentgelt nach Nr. 1 nur soviele Urlaubstage gegeben zu werden, wie durchschnittliche Tagesverdienste, die er in der Regel erzielt hat, in dem Urlaubsentgelt nach Nr. 1 enthalten sind.
3. Das Urlaubsentgelt für die in Nr. 1 bezeichneten Personen soll erst bei der letzten Entgeltzahlung vor Antritt des Urlaubs ausgezahlt werden.
4. Hausgewerbetreibende (§ 1 Abs. 1 Buchstabe b des Heimarbeitsgesetzes) und nach § 1 Abs. 2 Buchstabe b und c des Heimarbeitsgesetzes Gleichgestellte erhalten von ihrem Auftraggeber oder, falls sie von einem Zwischenmeister beschäftigt werden, von diesem als eigenes Urlaubsentgelt und zur Sicherung der Urlaubsansprüche der von ihnen Beschäftigten einen Betrag von 9,1 vom Hundert [bis zum 31. Dezember 1994: 6 $^3/_4$ v. H.] des an sie ausgezahlten Arbeitsentgelts vor Abzug der Steuern und Sozialversicherungsbeiträge ohne Unkostenzuschlag und ohne die für den Lohnausfall an Feiertagen, den Arbeitausfall infolge Krankheit und den Urlaub zu leistenden Zahlungen.
5. Zwischenmeister, die den in Heimarbeit Beschäftigten nach § 1 Abs. 2 Buchstabe d des Heimarbeitsgesetzes gleichgestellt sind, haben gegen ihren Auftraggeber Anspruch auf die von ihnen nach den Nummern 1 und 4 nachweislich zu zahlende Beträge.

6. Die Beträge nach den Nummern 1, 4 und 5 sind gesondert im Entgeltbeleg auszuweisen.
7. Durch Tarifvertrag kann bestimmt werden, daß Heimarbeiter (§ 1 Abs. 1 Buchstabe a des Heimarbeitsgesetzes), die nur für einen Auftraggeber tätig sind und tariflich allgemein wie Betriebsarbeiter behandelt werden, Urlaub nach den allgemeinen Urlaubsbestimmungen erhalten.
8. Auf die in den Nummern 1, 4 und 5 vorgesehenen Beträge finden die §§ 23 bis 25, 27 und 28 und auf die in den Nummern 1 und 4 vorgesehenen Beträge außerdem § 21 Abs. 2 des Heimarbeitsgesetzes entsprechende Anwendung. Für die Urlaubsansprüche der fremden Hilfskräfte der in Nummer 4 genannten Personen gilt § 26 des Heimarbeitsgesetzes entsprechend.

§ 13 Unabdingbarkeit

(1) Von den vorstehenden Vorschriften mit Ausnahme der §§ 1, 2 und 3 Abs. 1 kann in Tarifverträgen abgewichen werden. Die abweichenden Bestimmungen haben zwischen nicht tarifgebundenen Arbeitgebern und Arbeitnehmern Geltung, wenn zwischen diesen die Anwendung der einschlägigen tariflichen Urlaubsregelung vereinbart ist. Im übrigen kann, abgesehen von § 7 Abs. 2 Satz 2, von den Bestimmungen dieses Gesetzes nicht zuungunsten des Arbeitnehmers abgewichen werden.

(2) Für das Baugewerbe oder sonstige Wirtschaftszweige, in denen als Folge häufigen Ortswechsels der von den Betrieben zu leistenden Arbeit Arbeitsverhältnisse von kürzerer Dauer als einem Jahr in erheblichem Umfange üblich sind, kann durch Tarifvertrag von den vorstehenden Vorschriften über die in Abs. 1 Satz 1 vorgesehene Grenze hinaus abgewichen werden, soweit dies zur Sicherung eines zusammenhängenden Jahresurlaubs für alle Arbeitnehmer erforderlich ist. Abs. 1 Satz 2 findet entsprechende Anwendung.

(3) Für den Bereich der Deutsche Bahn Aktiengesellschaft sowie einer gemäß § 2 Abs. 1 und § 3 Abs. 3 des Deutsche Bahn Gründungsgesetzes vom 27. Dezember 1993 (BGBl. I S. 2378, 2386) ausgegliederten Gesellschaft und für den Bereich der Deutschen Bundespost kann von der Vorschrift über das Kalenderjahr als Urlaubsjahr (§ 1) in Tarifverträgen abgewichen werden.

§ 14 Berlin–Klausel

Dieses Gesetz gilt nach Maßgabe des § 13 Abs. 1 des Dritten Überleitungsgesetzes vom 4. Januar 1952 (BGBl. I S. 1) auch im Land Berlin.

§ 15 Änderung und Aufhebung von Gesetzen

(1) Unberührt bleiben die urlaubsrechtlichen Bestimmungen des Arbeitsplatzschutzgesetz vom 30. März 1957 (BGBl. I S. 293), geändert durch Gesetz vom 22. März 1962 (BGBl. I S. 169), des Schwerbeschädigtengesetzes in der Fassung der Bekanntmachung vom 14. August 1961 (BGBl. I S. 1233), des Jugendarbeitsschutzgesetzes vom 9. August 1960 (BGBl. I S. 665), geändert durch Gesetz vom 20. Juli 1962 (BGBl. I S. 449), und des Seemannsgesetzes vom 26. Juli 1957 (BGBl. II S. 713), geändert durch Gesetz vom 25. August 1961 (BGBl. II S. 1391), jedoch wird

a) in § 19 Abs. 6 Satz 2 des Jugendarbeitsschutzgesetzes der Punkt hinter dem letzten Wort durch ein Komma ersetzt und folgender Satzteil angefügt: „und in diesen Fällen eine grobe Verletzung der Treuepflicht aus dem Beschäftigungsverhältnis vorliegt.";

b) § 53 Abs. 2 des Seemannsgesetzes durch folgende Bestimmung ersetzt: „Das Bundesurlaubsgesetz vom 8. Januar 1963 (BGBl. I S. 2) findet auf den Urlaubsanspruch des Besatzungsmitglieds nur insoweit Anwendung, als es Vorschriften über die Mindestdauer des Urlaubs enthält."

(2) Mit dem Inkrafttreten dieses Gesetzes treten die landesrechtlichen Vorschriften über den Erholungsurlaub außer Kraft. In Kraft bleiben jedoch die landesrechtlichen Bestimmungen über den Urlaub für Opfer des Nationalsozialismus und für solche Arbeitnehmer, die geistig oder körperlich in ihrer Erwerbsfähigkeit behindert sind.

§ 16 Inkrafttreten

Dieses Gesetz tritt mit Wirkung vom 1. Januar 1963 in Kraft.

Teil A: Kommentierung des Bundesurlaubsgesetzes

Vorbemerkungen

Jeder Mensch bedarf in regelmäßigen zeitlichen Abständen der Ruhe und 1
Erholung. Für die Gruppe der **Arbeitnehmer**, die aufgrund eines privatrechtlichen Vertrages mit einem Arbeitgeber die Verpflichtung übernommen haben, mittels ihrer Arbeitskraft in persönlicher Abhängigkeit von dem Arbeitgeber für diesen fremdbestimmte Dienste zu verrichten (stRspr des BAG zum Arbeitnehmerbegriff, vgl. statt vieler *BAG* vom 13. 11. 1991, NZA 1992, 1125), gilt dies schon deshalb, weil ohne zwischenzeitliche Erholungsphasen nicht gewährleistet wäre, daß der Arbeitnehmer seine fortlaufend geschuldete Arbeitsleistung ordnungsgemäß gegenüber dem Arbeitgeber erbringen kann. Das Bundesurlaubsgesetz (Mindesturlaubsgesetz für Arbeitnehmer vom 8. Januar 1963, BGBl. I S. 2 mit spät. Änderungen, vgl. den vollen Gesetzestext Seiten 15–20) gewährt daher jedem Arbeitnehmer einen **jährlichen Mindesturlaub**, der weder zur Disposition der Arbeitsvertragsparteien noch der Tarifvertragspartner steht (vgl. § 13 Abs. 1 S. 1 iVm § 3 Abs. 1). Mit dieser **zwingenden gesetzlichen Regelung** soll verhindert werden, daß Arbeitnehmer im Einzelfall keinen oder lediglich einen geringeren Anspruch auf Erholungsurlaub erlangen, als dies nach Auffassung des Bundesgesetzgebers zur Auffrischung der physischen und psychischen Kraftreserven der Arbeitnehmer – unter gesundheitlichen ebenso wie unter rechtlichen Gesichtspunkten – unbedingt erforderlich erscheint (vgl. schon *BAG* vom 20. 4. 1956, BB 1956, 595 f.). Über seinen gesetzlichen Mindesturlaub kann der Arbeitnehmer daher weder durch Erlaßvertrag noch durch ein negatives Schuldanerkenntnis wirksam verfügen (*BAG* vom 31. 5. 1990, BB 1990, 2046).

Wenn auch der jährliche Mindesturlaub in erster Linie dem **Erholungs-** 2
bedürfnis des Arbeitnehmers Rechnung tragen soll, darf gleichwohl nicht verkannt werden, daß der Anspruch des Arbeitnehmers gegen den Arbeitgeber auf Urlaubsgewährung im Einzelfall unabhängig vom Umfang der geleisteten Arbeit und insbesondere von einer konkreten Erholungsbedürftigkeit besteht (*Schaub,* S. 766 ff.). Auch derjenige Arbeitnehmer, der im Urlaubsjahr langfristig erkrankt war (vgl. die Kommentierung zu § 9) und deshalb nur eine geringe oder überhaupt keine Arbeitsleistung erbracht hat, muß keinen Verlust des garantierten Mindesturlaubes befürchten, sofern er seine Arbeitsfähigkeit spätestens bis zum Ablauf des ersten Quartals des Folgejahres wiedererlangt (*BAG* vom 13. 5. 1982, BB 1982, 2111 = DB 1982, 2193 und 2470). Da der

Vorbemerkungen

Urlaubsanspruch nicht von einer konkreten Erholungsbedürftigkeit des Arbeitnehmers abhängig ist, besteht auch keine Verpflichtung, sich während des Urlaubes zu erholen. Der Arbeitnehmer ist sogar berechtigt, in der Urlaubszeit zu arbeiten. Allerdings darf er keine auf Gelderwerb oder den Erwerb geldwerter Güter gerichtete Arbeitstätigkeit ausüben (vgl. die Kommentierung zu § 8), weil dies dem Urlaubszweck widerspräche (hM; vgl. nur *Dersch/Neumann,* § 8 Rn. 5; *Wachter,* AuR 1981, 303). Unerheblich ist dabei, ob die urlaubszweckwidrige Tätigkeit in einem Arbeits- oder sonstigen Vertragsverhältnis ausgeübt wird (*BAG* vom 20. 10. 1983, AP Nr. 5 zu § 47 BAT).

3   Urlaub iSd BUrlG bedeutet eine **unbedingte Freistellung** des Arbeitnehmers von seinen Pflichten zur Arbeitsleistung aus dem Arbeitsvertrag unter **Fortzahlung der Vergütung** durch den Arbeitgeber (*BAG* vom 8. 3. 1984, BB 1984, 1618). Eine vertragliche Regelung, die den während des gesetzlichen Mindesturlaubs weiterbestehenden Vergütungsanspruch des Arbeitnehmers mindert oder aufhebt, ist unwirksam (*BAG* vom 21. 3. 1985, NZA 1986, 25). Der Anspruch des Arbeitnehmers auf Erholungsurlaub dient seinem gesundheitlichen Schutz und der Aufrechterhaltung und Förderung seiner Arbeitskraft und Leistungsfähigkeit. Damit gehört zum **Wesen des Urlaubsanspruchs,** daß der Arbeitnehmer über seinen Urlaub **frei verfügen** kann (vgl. grundlegend *BAG* vom 1. 3. 1962, BB 1962, 598; bestätigend *BAG* vom 8. 3. 1984, BB 1984, 1618; *BAG* vom 7. 11. 1985, DB 1986, 973; vgl. auch *LAG Baden-Württemberg* vom 30. 9. 1969, DB 1969, 2043).

4   Die **ältere Rechtsprechung des BAG** sah in dem Urlaubsanspruch einen zusammengesetzten **Einheitsanspruch,** der aus der Freizeitgewährung einerseits und der Vergütungsfortzahlung andererseits bestünde (*BAG* vom 20. 4. 1956, 595; 22. 6. 1956, BB 1956, 785; 22. 6. 1956, BB 1956, 753; 22. 6. 1956, BB 1956, 785). Die **neuere Rechtsprechung des BAG** (*BAG* vom 8. 3. 1984, BB 1984, 1618) geht rechtsdogmatisch nicht mehr von einem Einheitsanspruch im engeren Sinne aus, sondern sieht in dem Urlaubsanspruch eine echte **vertragliche Leistungspflicht** des Arbeitgebers, die darauf gerichtet sei, den Arbeitnehmer für die Dauer des Urlaubs gegen Fortzahlung der Vergütung von den Arbeitspflichten freizustellen (ebenso *Leinemann,* NZA 1985, 137, 139; zum Theorienstreit vgl. *Leinemann/Linck,* § 1 Rn. 11 ff.; vgl. auch die Kommentierung zu § 1). Die Urlaubsgewährung durch den Arbeitgeber stellt damit nicht etwa eine arbeitgeberseitige Gegenleistung für die Arbeitsleistung des Arbeitnehmers dar; vielmehr handelt es sich bei dem Anspruch des Arbeitnehmers auf Erholungsurlaub um einen originären, außerhalb des vertraglichen Synallagmas stehenden **Erfüllungsanspruch** aus dem Arbeitsvertrag (so auch ausdrücklich *Dersch/Neumann,* § 1 Rn. 65), der den Charakter einer vertraglich gesicherten sozialen Leistung des Arbeitgebers

an den Arbeitnehmer trägt (*Leinemann*, NZA 1985, S. 140). Die Verpflichtung des Arbeitgebers ist damit vertragliche **Nebenpflicht**.

Da die vertragliche Leistungsverpflichtung des Arbeitnehmers zur Arbeit gem. § 613 BGB im Zweifel an seine Person gebunden und nicht übertragbar ist, geht eine verbreitete Ansicht zu Recht davon aus, daß der Urlaubsanspruch und der Anspruch auf Urlaubsabgeltung (vgl. die Kommentierung zu § 7) aufgrund ihrer **persönlichen Natur** unvererblich und nicht abtretbar sind (vgl. zB *Dersch/Neumann*, § 1 Rn. 72; *LAG Schleswig-Holstein/Kiel* vom 16. 7. 1954, AP Nr. 3 zu § 611 BGB Urlaubsrecht; vgl. auch die Kommentierung zu § 1 Rn. 10 ff. nebst den dort angegebenen weiteren Nachweisen).

Vom Erholungsurlaub iSd BUrlG zu unterscheiden sind **sonstige Beurlaubungen**, die keinem Erholungszweck dienen. Hierzu zählen beispielsweise Beurlaubungen aus Gründen in der Person des Arbeitnehmers (Eheschließung, Beerdigung naher Angehöriger, Stellensuche), zwecks Wahrnehmung staatsbürgerlicher Pflichten (Tätigkeit als Schöffe oder Wahlhelfer), oder Beurlaubungen wegen einer Betriebs- und Personalratstätigkeit u. ä. Die genannten Tatbestände stellen Fälle von Dienstbefreiungen aus persönlichen Gründen dar, die nicht auf den Erholungsurlaub angerechnet werden dürfen (*Schaub*, S. 795; vgl. auch die Kommentierung zu § 1), weil sie nicht der Erholung, sondern anderen Zwecken dienen (vgl. auch §§ 616, 629 BGB iVm der arbeitgeberseitigen Fürsorgepflicht sowie §§ 26 ArbGG, 20 SGG, 14 ArbPlatzSchG, 37, 38, 65 BetrVG, 46, 62 BPersVG). Lehnt es der Arbeitgeber ab, dem Arbeitnehmer zum Besuch einer **Bildungsveranstaltung** nach dem Arbeitnehmerweiterbildungsgesetz eine bezahlte Freistellung zu gewähren, bietet er aber gleichzeitig eine unbezahlte Freistellung an, hat der Arbeitnehmer dann keinen Entgeltfortzahlungsanspruch nach dem Arbeitnehmerweiterbildungsgesetz, wenn er ohne weitere Erklärung gleichwohl an der Bildungsveranstaltung teilgenommen hat (*BAG* vom 7. 12. 1993, BB 1994, 643). Entsprechendes hat zu gelten, wenn der Arbeitnehmer eine Bildungsveranstaltung besucht, die von einem nach den Bestimmungen des Arbeitnehmerweiterbildungsgesetzes Nordrhein-Westfalens (AWbG NRW) anerkannten Bildungsträger durchgeführt wird, sofern es der Arbeitnehmer unterlassen hat, sich **vor** der Teilnahme an der Bildungsveranstaltung vom Arbeitgeber eine bezahlte Freistellung bewilligen zu lassen. Das AWbG NRW setzt voraus, daß der Arbeitgeber den Arbeitnehmer zum Zwecke der beruflichen oder politischen Weiterbildung freigestellt hat; ein Selbstbeurlaubungsrecht des Arbeitnehmers ist in jedem Falle ausgeschlossen (*BAG* vom 21. 9. 1993, BB 1993, 2531; zum Bildungsurlaub vgl. Anhang I und den vollständigen Gesetzestext des AWbG NRW in Anhang II 6 g).

Für **unbezahlten Urlaub** bedarf es regelmäßig einer ausdrücklichen Vereinbarung zwischen den Arbeitsvertragsparteien. Der Arbeitsvertrag

Vorbemerkungen

begründet nach heute hM nicht nur ein schuldrechtliches Austauschverhältnis bezüglich der Arbeitsleistung des Arbeitnehmers einerseits und der Zahlung des Arbeitsentgelts durch den Arbeitgeber andererseits; vielmehr ist der Arbeitgeber neben seiner Zahlungsverpflichtung auch verpflichtet, den Arbeitnehmer zu beschäftigen, ihm also im Rahmen des Arbeitsvertrages Arbeit zuzuweisen (*BAG* vom 10. 11. 1955, BB 1956, 241). Die **Beschäftigungspflicht** stellt eine außerhalb des vertraglichen Synallagmas angesiedelte Nebenpflicht des Arbeitgebers aus dem Arbeitsvertrag dar, die aus dem Recht des Arbeitnehmers auf freie Entfaltung seiner Persönlichkeit abgeleitet wird, und die zur Konsequenz hat, daß der Arbeitgeber den Arbeitnehmer nicht einseitig von der Arbeitsleistung entbinden darf, und zwar weder mit noch ohne Bezahlung. Klauseln in Arbeitsverträgen, wonach der Arbeitgeber sich vorbehält, einseitig zu bestimmen, daß und wann der Arbeitnehmer unbezahlten Urlaub erhält, sind deshalb unwirksam.

8 Als **weitere gesetzliche Rechtsgrundlagen** des Urlaubsanspruches kommen neben dem BUrlG in erster Linie für besondere Arbeitnehmergruppen das JArbSchG (§§ 19, 58), SeemannsG (§§ 53 bis 61, 125, 128), SchwbG (§§ 47, 49 Abs. 3 und 4), ArbplatzSchG (§§ 4, 10 und 11), EignungsübG (§ 6 iVm der VO zum EignungsübG vom 15. 2. 1956) sowie das ZDG (§§ 35 Abs. 1, 78) in Betracht. Gem. § 12 gelten für Heimarbeiter besondere Regelungen. Von Bedeutung ist fernerhin das Übereinkommen der IAO Nr. 132 über den bezahlten Jahresurlaub idF vom 24. 6. 1970 (vgl. RdA 1970, 275), wonach ein jährlicher Mindesturlaub für Arbeitnehmer von drei Arbeitswochen zu gewähren ist. Das am 1. 10. 1976 in Kraft getretene Übereinkommen ist von der Bundesrepublik Deutschland mit Gesetz vom 30. April 1975 (BGBl. II, 745) ratifiziert worden. Zu beachten ist des weiteren, daß § 13 BUrlG mit Ausnahme der §§ 1, 2 und 3 Abs. 1 ausdrücklich auch **Abweichungen vom BUrlG** durch **tarifvertragliche** Vereinbarungen zuläßt (Vorrangprinzip), wohingegen in **Individualarbeitsverträgen** nicht von den Mindestvorgaben des Gesetzes – zum Schutze der Arbeitnehmer – abgewichen werden kann (vgl. die Kommentierung zu § 13), was insbesondere auch für die Vereinbarung von **Ausschlußfristen** gilt (*BAG* vom 5. 4. 1984, BB 1984, 1809). Damit steht insbesondere der Anspruch des Arbeitnehmers auf bezahlten Mindesturlaub nicht zur Disposition der Arbeitsvertragsparteien und der Tarifvertragspartner (*BAG* vom 31. 5. 1990, BB 1990, 2046). Zu Recht trägt das BUrlG daher den Namen **Mindesturlaubsgesetz für Arbeitnehmer** (BGBl. I 1963, 2). Vertragliche Abweichungen in Einzelarbeitsverträgen zugunsten des Arbeitnehmers sind demgegenüber zulässig und in der Praxis häufig, zB ein längerer Urlaub als 24 Werktage oder Gewährung eines zusätzlichen Urlaubsgeldes (*BAG* vom 21. 6. 1968, BB 1968, 996). Keine Anwendung findet das BUrlG auf **Nichtarbeitnehmer** (vgl. die Kommentierung zu § 1). So bestehen besondere gesetzliche Regelun-

Vorbemerkungen

gen für Beamte (VO über den Erholungsurlaub der Bundesbeamten und Richter im Bundesdienst), Soldaten (SoldatenurlaubsVO) und Richter sowie Landesbeamte (landesrechtliche Regelungen).

Die gesetzliche Regelung des arbeitnehmerseitigen Anspruchs gegen den Arbeitgeber auf Gewährung von Erholungsurlaub dient nicht nur den individuellen Interessen des einzelnen Arbeitnehmers, sondern soll letztendlich auch gesamtgesellschaftlichen Belangen dadurch Rechnung tragen, daß garantierte Erholungszeiten während des Arbeitsprozesses Fällen von Frühinvaliditäten vorbeugen, die zwangsläufig zu einer finanziellen Belastung des Fiskus bzw. der Versichertengemeinschaft führen müssen. Das BUrlG normiert daher nicht nur den grundsätzlichen Anspruch der Arbeitnehmer auf Erholungsurlaub, sondern regelt auch die **Mindestdauer** des Urlaubs, die **Wartezeit** für den Urlaubsanspruch, den Anspruch auf **Teilurlaub** bei nur teilweise bestehendem Arbeitsverhältnis im Urlaubsjahr, **Zeitpunkt und Übertragbarkeit** des Urlaubs ins Folgejahr sowie **Abgeltung** des Urlaubs bei Beendigung des Arbeitsverhältnisses; fernerhin enthält das BUrlG Vorschriften darüber, welche Konsequenzen **Erkrankungen** sowie **Maßnahmen der medizinischen Vorsorge und Rehabilitation** des Arbeitnehmers während des Urlaubes haben, und wie das **Urlaubsentgelt**, also die vom Arbeitgeber während des Urlaubs fortzuzahlende Arbeitsvergütung, zu berechnen ist und wann deren Fälligkeit eintritt. 9

Mit einer **bundeseinheitlichen** gesetzlichen Urlaubsregelung hat der Gesetzgeber die vor Inkrafttreten des BUrlG bestehende Zersplitterung des Urlaubsrechts infolge verschiedener landesrechtlicher Regelungen beseitigt, aber gleichwohl dem **Primat der Tarifhoheit** hinreichend Rechnung getragen. Insoweit sind die gesamten Urlaubsregelungen im Verhältnis zu einem Tarifvertrag als dispositives Recht ausgestaltet, wenn man einmal von den Regelungen der §§ 1, 2, 3 Abs. 1 absieht, die als **Kernvorschriften des Urlaubsrechts** im Sinne strengen Rechts ausgestaltet und damit absolut unabdingbar sind. Von den genannten Vorschriften kann deshalb – auch in Tarifverträgen – nur zugunsten des Arbeitnehmers abgewichen werden. Ansonsten kann aber durch Tarifvertrag jede andere Regelung des BUrlG auch zuungunsten des Arbeitnehmers abgeändert werden. Damit hat der Tarifvertrag, soweit nicht die §§ 1, 2, 3 Abs. 3 tangiert werden, den absoluten **Vorrang** vor dem Gesetz, und zwar auch dann, wenn er zwischen ansonsten nicht tarifgebundenen Arbeitsvertragsparteien kraft einzelvertraglicher Vereinbarung für anwendbar erklärt worden ist (vgl. § 13 Abs. 1 S. 2 und die Kommentierung zu § 13). 10

Sonderregelungen, die im Zuge der Herstellung der **Einheit Deutschlands** in den neuen Bundesländern und im ehemaligen Ostteil Berlins zunächst Geltung hatten, sind zwischenzeitlich weitgehend beseitigt worden, nachdem mit Wirkung vom 1. 1. 1995 auch die Dauer des 11

Vorbemerkungen

Urlaubs durch eine Änderung von § 3 Abs. 1 für die gesamte Bundesrepublik vereinheitlicht worden ist. Kämpfer gegen den Faschismus und Verfolgte des Faschismus haben allerdings auch weiterhin einen Anspruch auf jährlichen Erholungsurlaub von 27 Arbeitstagen (vgl. die Kommentierungen zu § 3 und § 15).

12 Als Rechtsgrundlage für den Urlaubsanspruch können neben den gesetzlichen auch **vertragliche** Regelungen in Betracht kommen.

13 So können sich Urlaubsregelungen in **Tarifverträgen** befinden. Gem. § 13 Abs. 1 S. 2 können solche tarifvertraglichen Urlaubsregelungen auch dann Anwendung finden, wenn der Tarifvertrag weder allgemeinverbindlich noch kraft Tarifbindung, sondern aufgrund einzelvertraglicher Bezugnahme anwendbar ist. In Tarifverträgen können im Verhältnis zum BUrlG für den Arbeitnehmer günstigere, aber auch ungünstigere Regelungen getroffen werden. Jedoch dürfen im letzteren Fall nicht die Regelungen der §§ 1, 2, 3 Abs. 1 abweichend geregelt werden, wenn dies zu Lasten des Arbeitnehmers Wirkung entfalten würde (vgl. § 13 Abs. 1 S. 1). Tritt der Arbeitgeber im laufenden Kalenderjahr einer Tarifvertragspartei bei, mit der Folge, daß auf das Arbeitsverhältnis des Arbeitnehmers ein Tarifvertrag kraft Tarifgebundenheit gem. § 3 Abs. 1 TVG Anwendung findet, steht dem Arbeitnehmer aufgrund der Regelung des § 4 Abs. 1 TVG ein Anspruch auf den gesamten tariflichen Jahresurlaub zu, soweit die Tarifvertragsparteien insoweit nicht etwas anderes bestimmt haben. Dies gilt jedenfalls dann, wenn im Zeitpunkt der Geltung des Tarifvertrages der dem Arbeitnehmer zustehende Urlaubsanspruch noch erfüllbar ist (*LAG Düsseldorf* vom 12. 6. 1991, BB 1992, 1712). Auch bleiben die Wirkungen eines Tarifvertrages für das Arbeitsverhältnis des Arbeitnehmers dann erhalten, wenn der Arbeitgeber aus der Mitgliedschaft der Tarifvertragspartei ausscheidet, und erst danach der Tarifvertrag sein Ende findet (*BAG* vom 14. 2. 1991, BB 1991, 1418). Wirkt ein Tarifvertrag gem. § 4 Abs. 5 TVG nach, besteht ein Anspruch des tarifgebundenen Arbeitnehmers auch auf solche urlaubsrechtlichen Leistungen des Arbeitgebers, die erst im **Nachwirkungszeitraum** entstehen (*BAG* vom 16. 8. 1990, BB 1991, 762; vgl. auch die Kommentierung zu § 13).

14 Als Rechtsgrundlage für den Erholungsurlaub kommen des weiteren **Betriebsvereinbarungen** in Betracht, die gem. § 77 BetrVG zwischen Arbeitgeber und Betriebsrat beschlossen werden. Betriebsvereinbarungen sind schriftlich abzufassen und vom Betriebsratvorsitzenden und Arbeitgeber zu unterzeichnen. Auf diese Weise finden die in ihr enthaltenen Regelungen unmittelbar Anwendung auf das einzelne Arbeitsverhältnis. Fehlt es an der Schriftform, handelt es sich also um eine sog. **Regelungsabrede**, bedarf diese für ihre Wirksamkeit noch der Einbeziehung in das einzelne Arbeitsverhältnis, was über einen längeren Zeitraum hinweg auch durch **betriebliche Übung** geschehen kann (vgl. *Löwisch,* § 77 Rn. 5).

Schließlich können Arbeitgeber und Arbeitnehmer im **Individual-** **15**
arbeitsvertrag Urlaubsfragen regeln, dürfen aber auch hier nicht von
den Mindestvorgaben des BUrlG abweichen. Enthält ein einzelner
Arbeitsvertrag eine im Verhältnis zum BUrlG für den Arbeitnehmer
ungünstigere Regelung, ist diese gem. § 134 BGB nichtig; in einem
solchen Fall gilt stattdessen das BUrlG.

§ 1
Urlaubsanspruch

Jeder Arbeitnehmer hat in jedem Kalenderjahr Anspruch auf bezahlten Erholungsurlaub.

Übersicht

	Rn.		Rn.
I. Allgemeines	1 – 2	1. Persönliche Gründe	18 – 22
II. Arbeitnehmer	3	2. Betriebliche Gründe	23 – 24
III. Kalenderjahr	4 – 7	3. Gesetzliche Gründe	25 – 30
IV. Erholungsurlaub	8 – 16		
V. Beurlaubung aus sonstigen Gründen	17		

I. Allgemeines

1 § 1 stellt die **gesetzliche Grundlage** des bereits vor Geltung des BUrlG allgemein anerkannten Anspruchs des Arbeitnehmers auf regelmäßige Gewährung von Erholungsurlaub dar (zur Ableitung dieses auch schon vor Inkrafttreten einer bundeseinheitlichen gesetzlichen Urlaubsregelung angenommenen Anspruchs vgl. *Dersch/Neumann,* § 1 Rn. 2 ff.). Der Erholungsurlaub dient der **Regenerierung** der physischen und psychischen Kräfte des Arbeitnehmers von der bereits geleisteten Arbeit im Betrieb genauso wie der **Schaffung neuer Kraftreserven** für die zukünftige Arbeit (*GK-BUrlG/Bleistein,* § 1 Rn. 2). Dabei stellt der Urlaubsanspruch einen einheitlichen Anspruch im Sinne eines Zwangsverbundes dar, wonach der Arbeitnehmer vom Arbeitgeber verlangen kann, daß ihm Freizeit gewährt und gleichzeitig die Arbeitsvergütung fortgezahlt wird (zur Berechnung des Urlaubsentgelts vgl. die Kommentierung zu § 11). Diese rechtsdogmatische Einordnung des Urlaubsanspruchs als **Einheitsanspruch** mit zwei Wesenselementen entspricht der heute hL (vgl. nur *Dersch/Neumann,* § 1 Rn. 68 ff. mwN; einschränkend *GK-BUrlG/Bleistein,* § 1 Rn. 9 f., 12). Auch das BAG vertrat zumindest bis 1978 den Gedanken des einheitlichen Urlaubsanspruchs (zur Problematik der Urlaubsabgeltung, die keinen eigenständigen Anspruch darstelle, sondern nur im Zusammenhang mit bereits erworbenem Naturalurlaub beansprucht werden könne, vgl. schon *BAG* vom 22. 6. 1956, BB 1956, 753, 785 und die Kommentierung zu § 7 Abs. 4).

2 Die **neuere Rechtsprechung des BAG** trennt demgegenüber Freistellung einerseits und Bezahlung andererseits (so auch *Leinemann,* NZA 1985, 137, 139), kommt aber zu ähnlichen Ergebnissen wie die hL und dürfte letztlich zu dieser auch keinen grundlegenden Widerspruch

darstellen (*BAG* vom 8. 3. 1984, BB 1984, 1618), so daß der Streit über die rechtsdogmatische Einordnung des Urlaubsanspruchs eher akademischer Natur und damit nicht sonderlich praxisrelevant sein dürfte (zur Problematik der Pfändbarkeit des Urlaubsanspruchs vgl. die Kommentierung zu § 1 Rn. 11). Für die betriebliche Praxis kann jedenfalls festgestellt werden, daß bloße Freizeitgewährung ohne Fortentrichtung der Arbeitsvergütung durch den Arbeitgeber keinen Erholungsurlaub darstellt und daher auch nicht auf den Urlaubsanspruch des Arbeitnehmers angerechnet werden darf (so jüngst noch *BAG* vom 25. 1. 1994, BB 1994, 1012 f. unter Hinweis auf seine stRspr). Beide Ansprüche sind iS eines einheitlichen Urlaubsanspruches praktisch und rechtlich untrennbar miteinander verbunden (so auch *GK-BUrlG/Bleistein,* § 1 Rn. 12).

II. Arbeitnehmer

Das BUrlG findet nur Anwendung auf **Arbeitnehmer**. Wer zu dieser 3
Personengruppe zählt, wird in § 2 im Rahmen des persönlichen Geltungsbereiches des Gesetzes näher definiert (vgl. die Kommentierung zu § 2). Damit ist die Personengruppe der sog. freien Dienstnehmer, die nicht in einem persönlichen Abhängigkeitsverhältnis zu einem Arbeitgeber steht und von diesem nicht weisungsabhängig ist (mit Ausnahme der arbeitnehmerähnlichen Personen iSv § 2 1. HS), und der Beamten, Richter und Soldaten vom Geltungsbereich des BUrlG ausgeschlossen. Für die genannten Berufsgruppen gelten besondere gesetzliche Regelungen (vgl. Vorbem. Rn. 5). Der Arbeitnehmer ist also der Gläubiger des privatrechtlichen Urlaubsanspruches aus dem Arbeitsvertrag. Schuldner ist demgegenüber der Arbeitgeber (vgl. hierzu *Lepke,* DB 1988, Beilage Nr. 10, S. 2).

III. Kalenderjahr

Das **Urlaubsjahr** entspricht grundsätzlich dem **Kalenderjahr**. Das 4
Urlaubsjahr stellt damit die sich regelmäßig wiederholende Zeitspanne von einem Jahr dar, für die jeweils der Urlaubsanspruch immer wieder neu entsteht. Gem. § 7 Abs. 3 S. 1 ist der Urlaub im jeweiligen Urlaubsjahr, also in der Zeit vom 1. Januar bis zum 31. Dezember abzuwickeln (wegen einer Übertragung des Urlaubs in das Folgejahr vgl. die Kommentierung zu § 7). Diese gesetzliche Regelung ist unabdingbar (so jüngst noch *BAG* vom 31. 5. 1990, BB 1990, 2046) und kann insbesondere auch nicht durch Tarifvertrag geändert werden (vgl. § 13 Abs. 1 S. 1). Eine gesetzliche Ausnahme von dem Grundsatz der Gleichsetzung des Urlaubsjahres mit dem Kalenderjahr sieht § 53 Abs. 1 SeemannsG vor (vgl. die Kommentierung zu § 3 Rn. 27 ff.). Danach entspricht das

§ 1 *Urlaubsanspruch*

Urlaubsjahr nicht dem Kalender-, sondern dem Beschäftigungsjahr beim Reeder. Fernerhin können gem. § 13 Abs. 3 für den Bereich der Deutsche Bahn AG und der drei Postunternehmen Deutsche Post AG, Telekom AG und Postbank AG wegen des besonderen Saisonbetriebes zum Jahresende durch Tarifvertrag abweichende Regelungen hinsichtlich des Urlaubsjahres getroffen werden (vgl. die Kommentierung zu § 13 Rn. 30). Für den Bereich des **öffentlichen Dienstes** gilt ebenfalls die Unabdingbarkeit der gesetzlichen Regelung des § 1.

5 Vom Urlaubsjahr zu unterscheiden ist die **Urlaubsperiode**, also diejenige Zeitspanne, in der der Urlaub seitens des Arbeitgebers zu gewähren und seitens des Arbeitnehmers in Anspruch zu nehmen ist (zur Terminologie vgl. *Dersch/Neumann*, § 1 Rn. 10 f.).

6 Grundsätzlich ist damit der 1. Januar eines Kalenderjahres gleichzeitig auch der **Stichtag**, der für sämtliche Kriterien maßgeblich ist, die Dauer bzw. Höhe und sonstige Voraussetzungen des Urlaubsanspruches beeinflussen können, wie zB Lebensalter und Betriebszugehörigkeit bei erhöhtem einzel- oder tarifvertraglichem Mehrurlaub (vgl. *BAG* vom 29. 11. 1973, BB 1974, 417; *Dersch/Neumann*, § 1 Rn. 22 ff.; *GK-BUrlG/ Bleistein*, § 1 Rn. 16). Soweit eine vom Stichtag des 1. Januar **abweichende Regelung** einen späteren Stichtag vorsieht – zB für die Urlaubsdauer – ist dies regelmäßig als für den Arbeitnehmer günstigere Regelung zulässig. So begegnet insbesondere die tarifliche Regelung des § 48 Abs. 6 BAT keinen rechtlichen Bedenken, wonach für die Berechnung der Urlaubsdauer das Lebensjahr maßgeblich ist, das **im Laufe des Urlaubsjahres** vollendet wird. Damit kommen auch diejenigen Arbeitnehmer in den Genuß eines höheren Urlaubs, die erst nach dem 1. Januar eines Kalenderjahres das für die tarifliche Erhöhung des Urlaubs maßgebliche Lebensalter erreichen. Etwas anderes muß indessen für den **Jugendurlaub** gelten (vgl. die Kommentierung zu § 3). Hier muß es bei dem Stichtag des 1. Januar iSv § 19 JArbSchG verbleiben, weil das Abstellen auf einen späteren Zeitpunkt zum Entstehen des Anspruchs auf **Erwachsenenurlaub** nach dem BUrlG führen würde, der geringer ist als der gesetzliche Mindesturlaubsanspruch für Jugendliche nach dem JArbSchG.

7 Erstmalig entsteht der Urlaubsanspruch nach Erfüllung der **Wartezeit** (vgl. die Kommentierung zu § 4), sodann in den folgenden Urlaubsjahren jeweils am 1. Januar, und zwar in voller Höhe. Sofern also keine betrieblichen Gründe oder in der Person des Arbeitnehmers liegende Belange entgegenstehen, kann der Arbeitnehmer bereits am 1. Januar seinen vollen Jahresurlaub beantragen. Ein solches Begehren des Arbeitnehmers stellt grundsätzlich keinen Rechtsmißbrauch dar (*BAG* vom 16. 10. 1959, BB 1959, 1247). Der volle Urlaubsanspruch entsteht dabei unabhängig vom Umfang der erbrachten Arbeitsleistung (*BAG* vom 7. 11. 1985, DB 1986, 973).

IV. Erholungsurlaub

Der Terminus **Erholungsurlaub** wird vom Gesetz nur in § 1 gebraucht. An allen anderen Stellen im Gesetz wird lediglich von **Urlaub** gesprochen, worunter aber der Erholungsurlaub zu verstehen ist. Beide Begriffe bedeuten also inhaltlich dasselbe. Das BUrlG behandelt durchgängig nur den Anspruch des Arbeitnehmers auf **Erholungs**urlaub und meint damit die völlige und unbedingte Freistellung des Arbeitnehmers von seinen Pflichten zur Arbeitsleistung aus dem Arbeitsvertrag unter Fortzahlung der Arbeitsvergütung. Bei der arbeitgeberseitigen Verpflichtung zur Urlaubsgewährung handelt es sich um eine Nebenpflicht des Arbeitgebers aus dem Arbeitsvertrag, deren Erfüllung dadurch erfolgt, daß eine Hauptpflicht des Arbeitnehmers, nämlich dessen Arbeitspflicht, für die Dauer des Urlaubs ausgeschlossen wird (*BAG* vom 8. 3. 1984, BB 1984, 1618). Der Arbeitgeber muß dem Arbeitnehmer durch Freistellung von der Arbeit die **Möglichkeit der Erholung** gewähren. Zum Wesen des Erholungsurlaubs gehört deshalb, daß der Arbeitnehmer über die Urlaubszeit **frei verfügen** kann. Ist eine freie Verfügbarkeit nicht gewährleistet, handelt es sich nicht um Erholungsurlaub (vgl. grundlegend *BAG* vom 1. 3. 1962, BB 1962, 598 und Vorbem. Rn. 3). Zum Wesen des Erholungsurlaubs gehört es indessen nicht zwingend, daß der Arbeitnehmer sich auch tatsächlich erholt oder gar objektiv erholungsbedürftig ist. Irgendwelche Vorschriften, wie sich der Arbeitnehmer während des Urlaubes zu verhalten habe, kann der Arbeitgeber dem Arbeitnehmer nicht machen. Lediglich eine auf Gelderwerb gerichtete Arbeitstätigkeit ist dem Arbeitnehmer untersagt (vgl. § 8). Das Kriterium der Erholungsbedürftigkeit stellt daher keine Anspruchsvoraussetzung für den Urlaubsanspruch dar (*BAG* vom 24. 8. 1972, BB 1972, 1503).

8

Der volle Urlaubsanspruch steht nicht nur Vollzeitbeschäftigten, sondern auch denjenigen Arbeitnehmern zu, die **teilzeitbeschäftigt** sind. Die Anzahl der geleisteten Arbeitsstunden ist dabei unerheblich (*BAG* vom 14. 2. 1991, BB 1991, 1789). Teilzeitbeschäftigte Arbeitnehmer, die in einem unbefristeten Arbeitsverhältnis stehen, haben deshalb in jedem Kalenderjahr Anspruch auf Erholungsurlaub, der entsprechend ihrer jährlich zu leistenden Arbeit zu vergüten ist (vgl. zum Urlaub studentischer Hilfskräfte als sog. Sitz- und Sonderwachen an einem Universitätsklinikum *BAG* vom 23. 6. 1992, BB 1993, 144 f.; *BAG* vom 19. 1. 1993, BB 1993, 220 [Pressemitteilung 2/93] und BB 1993, 1148 f.; zur Berechnung der Urlaubstage vgl. die Kommentierung zu § 3 und des Urlaubsentgelts die Kommentierung zu § 11).

9

Der Urlaubsanspruch ist im Hinblick auf seinen Erholungszweck an die Person des urlaubsberechtigten Arbeitnehmers gebunden und damit **höchstpersönlicher Natur** (*Schaub*, S. 767; rechtsdogmatische Zweifel werden neuerdings zu Unrecht vom BAG geäußert, vgl. *BAG* vom 11. 1. 1990, DB 1990, 2377). Dies ist folgerichtig, weil die Arbeitspflicht

10

§ 1 *Urlaubsanspruch*

selbst ebenfalls gem. § 613 BGB von dem Arbeitnehmer in Person zu erbringen ist. Daher ist der Urlaubsanspruch auch **nicht vererblich**. Der Anspruch geht mit dem Tode des Erblassers unter und nicht etwa auf seine Erben über, und zwar auch dann nicht, wenn er anerkannt oder rechtshängig geworden ist (hM; vgl. schon *BAG* vom 20. 4. 1956, BB 1956, 595; *BAG* vom 18. 7. 1989, BB 1989, 2335; *LAG Frankfurt/M.* vom 9. 7. 1984, BB 1985, 662; *Dersch/Neumann,* § 1 Rn. 85; *GK-BUrlG/ Bleistein,* § 1 Rn. 66; *Köst,* BB 1956, 567). Dies gilt auch für den Abgeltungsanspruch nach § 7 Abs. 4 (*BAG* vom 18. 7. 1989, aaO; *LAG Frankfurt/M.* vom 9.7.1984, aaO). Vererblichkeit wird hingegen ausdrücklich bejaht für einen Abgeltungsanspruch aus Tarifvertrag, soweit dort die Unvererblichkeit ausgeschlossen wird (*BAG* vom 18. 7. 1989, aaO).

11 Der Urlaubsanspruch insgesamt – also auch der Urlaubs**entgelt**anspruch – ist grundsätzlich **weder pfänd- noch abtretbar**, was sich schon aus § 399 BGB ergibt, wonach eine Forderung nicht abgetreten werden kann, wenn die Leistung an einen anderen als den ursprünglichen Gläubiger nicht ohne Veränderung ihres Inhalts erfolgen kann (so zu Recht auch heute noch ein Großteil der arbeitsrechtlichen Lehre und der Instanzgerichte; vgl. *Dersch/Neumann,* § 1 Rn. 72; *Hueck/Nipperdey,* S. 452; *LAG Schleswig-Holstein/Kiel* vom 16. 7. 1954, AP Nr. 3 zu § 611 BGB Urlaubsrecht; *LAG Bremen* vom 3. 10. 1956, AP Nr. 17 zu § 611 BGB Urlaubsrecht mit zust. Anm. von *Dersch* = DB 1956, 1087*; ArbG Wuppertal* vom 17. 9. 1970, DB 1971, 1773; auch *GK-BUrlG/Bleistein,* § 1 Rn. 70, allerdings nur bezüglich des Freistellungsanspruchs. Der Urlaubsentgeltanspruch wird von Bleistein für übertragbar gehalten, vgl. aaO Rn. 73 ff.; ebenso *Schaub,* S. 789, der den Urlaubs**entgelt**anspruch grds. wie normale Vergütungsansprüche für pfändbar hält, nicht hingegen den Urlaubs**geld**anspruch; *Palandt/Putzo,* § 611 Rn. 126 meinen, der Urlaubsanspruch sei nicht abtretbar und nicht vererblich. Beachte aber auch aaO Rn. 148: Der Urlaubs**abgeltungs**anspruch sei abtretbar und pfändbar wie Arbeitseinkommen, jedoch nicht vererblich; ganz anders hingegen das zivilprozessuale Schrifttum, das mehrheitlich von einer Pfändbarkeit des Urlaubsentgeltanspruchs ausgeht, vgl. insoweit statt vieler *Baumbach/Lauterbach,* § 850a Rn. 4; *Zöller,* § 850a Rn. 3; differenzierend *Siara,* § 1 Rn. 18). Da das BAG in seiner neueren Rechtsprechung (*BAG* vom 8. 3. 1984, BB 1984, 1618) der früher vertretenen Einheitstheorie abgeschworen hat und Urlaub rechtsdogmatisch in erster Linie als Recht auf Freizeit ansieht, müßte unter Zugrundelegung dieser neueren Ansicht des BAG bei der Frage der Übertragbarkeit des Urlaubs- und Urlaubsabgeltungsanspruchs zwischen Freistellung einerseits und Bezahlung andererseits differenziert werden. Dabei geht das BAG wohl nach wie vor davon aus, daß das Urlaubsentgelt nichts anderes darstelle als die Fortzahlung der regulären Arbeitsvergütung während der

Urlaubszeit (so schon *BAG* vom 30. 9. 1965, BB 1456; vgl. auch *BAG* vom 12. 1. 1989, BB 1989, 1698). Damit dürfte dann nach BAG der Urlaub als Freistellungsanspruch nicht übertragbar, der Vergütungsanspruch (Urlaubs**entgelt**anspruch) hingegen im Rahmen der sonstigen gesetzlichen Moglichkeiten abtretbar und pfandbar sein. Das BAG hat zwar die umstrittene Frage der **Abtretbarkeit** und **Pfändbarkeit** des **Urlaubsentgeltanspruchs** auch in seiner Entscheidung vom 11. 1. 1990 (DB 1990, 2377) nicht ausdrücklich entschieden; jedoch stellt das BAG in dem Urteil fest, daß das Urlaubsentgelt Arbeitseinkommen iSv §§ 850 ff. ZPO sei, was darauf schließen lassen dürfte, daß das BAG den Urlaubsentgeltanspruch für grundsätzlich pfändbar hält. Eine klarstellende Entscheidung des BAG steht bislang noch aus (vgl. aus der Literatur nunmehr auch *Leinemann/Linck,* § 1 Rn. 114, die sowohl den Freistellungsanspruch als auch den Vergütungsanspruch für pfändbar halten).

Mit dem Großteil der Lehre und Instanzgerichte (vgl. die Nachweise unter § 1 Rn. 11) ist indessen davon auszugehen, daß auch der Urlaubsentgeltanspruch von seinem Wesen her nicht abtretbar und deshalb unpfändbar ist, weil er nur im Zusammenhang mit dem Anspruch auf Freistellung von der Arbeit geltend gemacht werden kann, mit dem er einen Verbund bildet. Damit erlangt der Entgeltanspruch während des Urlaubs eine **andere rechtliche Qualität** als der eigentliche Vergütungsanspruch. Das Urlaubsentgelt, das im übrigen anders als die Arbeitsvergütung berechnet (§ 11 Abs. 1) und auch vor Urlaubsantritt zu zahlen ist (vgl. § 11 Abs. 2) hat den Charakter einer **zweckgebundenen sozialen vertraglichen Leistung** (*LAG Bremen* vom 3. 10. 1956, DB 1956, 1087; *Leinemann,* NZA 1985, 140; anders *BAG* vom 11. 1. 1990, DB 1990, 2377), so daß sowohl seine Abtretbarkeit als auch seine Pfändbarkeit anderen rechtlichen Kriterien folgen müssen, als dies bei der eigentlichen Arbeitsvergütung der Fall ist. Dies gilt zumindest für das sich auf den gesetzlichen Mindesturlaub beziehende Urlaubsentgelt. Soweit derjenige Teil des Urlaubs betroffen ist, der über den gesetzlichen Mindesturlaub hinausgeht, bestehen keine Bedenken, die Pfändbarkeit nach den für Arbeitseinkommen im übrigen anzuwendenden Vorschriften für zulässig zu erachten. Ein etwaiges zusätzliches **Urlaubsgeld** allerdings – auch wenn es sich hierbei um eine vertragliche zusätzliche Leistung des Arbeitgebers handelt – kann wegen seiner Akzessorietät vom Urlaub selbst nicht anders als das Urlaubsentgelt für den gesetzlichen Mindesturlaub behandelt werden. Im übrigen steht, worauf *Schaub,* S. 789 zutreffend hinweist, die Vorschrift des § 850 a Nr. 2 ZPO eine Pfändbarkeit des Urlaubsgeldes entgegen. Eine Differenzierung zwischen Urlaubsgeld für Mindesturlaub und solchem für Mehrurlaub erscheint nicht praktikabel und ist daher abzulehnen. Damit ist ein vertraglich oder tariflich vereinbartes Urlaubsgeld ebenso unpfändbar wie die Urlaubsvergütung für den gesetzlichen Mindesturlaubsanspruch selbst.

12

§ 1 *Urlaubsanspruch*

13 Auch die **Urlaubsabgeltung**, die gem. § 7 Abs. 4 dann zu zahlen ist, wenn der Urlaub wegen Beendigung des Arbeitsverhältnisses ganz oder teilweise nicht mehr gewährt werden kann (Unmöglichkeit der Freizeitgewährung), ist **nicht übertragbar**. Dies folgt ohne weiteres schon daraus, daß es sich bei der Abgeltung des Urlaubs um ein **Surrogat** des Urlaubsanspruchs handelt (hM; *BAG* vom 22. 6. 1984, BB 1984, 2133; *BAG* vom 7. 3. 1985, BB 1985, 1197; *Schaub*, S. 786; differenzierend *Ostrop*, NZA 1993, 204 ff.). Die Urlaubsabgeltung ist wie das Urlaubsentgelt zweckgebunden und soll dem Arbeitnehmer die Möglichkeit schaffen, nach seinem Ausscheiden aus dem Betrieb unter Verwendung des Abfindungsbetrages Erholung zu finden. Das gilt insbesondere auch dann, wenn der Arbeitnehmer unmittelbar eine neue Arbeit bei einem anderen Arbeitgeber aufnimmt. Denn auch in einem solchen Fall kann der Arbeitnehmer den Erholungsurlaub durchaus zu einem späteren Zeitpunkt in Anspruch nehmen. Damit ist die Urlaubsabgeltung in demselben Rahmen wie das Urlaubsentgelt und das Urlaubsgeld weder abtretbar noch pfändbar (str.; wie hier schon *BAG* vom 12. 2. 1959, BB 1959, 340; vgl. auch *BAG* vom 22. 10. 1991, BB 1992, 1793; *Dersch/Neumann,* § 1 Rn. 73; a. A. *GK-BUrlG/Bleistein,* § 1 Rn. 86 mwN).

14 Eine **Aufrechnung** mit oder gegen den eigentlichen Urlaubsanspruch (Freistellung) ist schon begrifflich nicht möglich, weil es am Tatbestandsmerkmal der Gleichartigkeit iSv § 387 BGB fehlt. Eine Aufrechnung gegen den Urlaubsentgelt-, Urlaubsgeld- und den Abgeltungsanspruch wäre zulässig, soweit diese Ansprüche der Pfändung unterworfen wären (§ 394 S. 1 BGB), was nach der hier vertretenen Auffassung nicht der Fall ist. **Ausnahmen** vom Aufrechnungsverbot sollen indessen zulässig sein, wenn mit einem Anspruch aus **unerlaubter Handlung** aufgerechnet wird (*LAG Bremen* vom 5. 11. 1958, DB 1959, 58).

15 Urlaubsansprüche **verjähren** nach hM in analoger Anwendung von § 196 Nr. 8, 9 BGB in zwei Jahren (vgl. auch die Kommentierung zu § 13). Zwar ist weder der Urlaubsanspruch noch der Urlaubsabgeltungsanspruch in der Verjährungsvorschrift genannt, jedoch geht man zu Recht davon aus, daß alle wiederkehrenden Ansprüche aus dem Arbeitsverhältnis der kurzen Verjährung unterliegen (*Dersch/Neumann,* § 13 Rn. 78; *GK-BUrlG/Bleistein,* § 1 Rn. 145, jeweils mwN). Spricht ein Gericht dem Arbeitnehmer einen strittigen Urlaubsanspruch erst nach Ablauf des Übertragungszeitraumes des § 7 Abs. 3 S. 3 (31. März des auf das Urlaubsjahr folgenden Kalenderjahres) zu, ist dieser **rechtskräftig festgestellte Anspruch** nicht auf das Kalenderjahr beschränkt, in dem das Urteil rechtskräftig wird. Vielmehr gilt für den rechtskräftig festgestellten Urlaubsanspruch die 30-jährige Verjährungsfrist des § 218 Abs. 1 BGB (*LAG Frankfurt/M.* vom 26. 11. 1984, AuR 1985, 291). Auch eine **Verwirkung** von Urlaubsansprüchen ist grundsätzlich möglich (vgl. statt vieler *GK-BUrlG/Bleistein*, § 1 Rn. 98 mwN). Allerdings dürften diese Fragen für die betriebliche Praxis nicht allzu häufig relevant werden, weil der Urlaub ohnehin im Urlaubsjahr, spätestens aber im Übertragungszeitraum gewährt und in Anspruch genommen werden muß, weil er anderenfalls verfällt (hM; vgl. *BAG* vom 28. 11. 1990, BB 1991, 764; siehe auch die Kommentierung zu § 7). Eher denkbar sind Fälle einer Verwirkung des **Abgeltungsanspruches**. Hierzu kann es kommen, wenn keine tariflichen Ausschlußfristen vorhanden sind, die zumeist nach Beendigung des Arbeitsverhältnisses relativ kurze Fristen für die Geltendmachung der Urlaubsabgeltung vorsehen. Solche tariflichen Ausschlußfristen können im übrigen auch für **Urlaubsansprüche** vereinbart werden. In Betriebsvereinbarungen und Einzelarbeitsverträgen sind sie dagegen unzulässig (*BAG* vom 5. 4. 1984, BB 1984, 1809).

Wird das Arbeitsverhältnis nach **Konkurseröffnung** fortgesetzt, stellt 16 der Urlaubsanspruch ebenso wie ein etwaiger Abgeltungsanspruch eine Masseforderung gem. § 59 Abs. 1 Nr. 2 KO dar (hM; vgl. *Dersch/ Neumann*, § 1 Rn. 92; *GK-BUrlG/Bleistein*, § 1 Rn. 156, *Schaub*, S. 772). Fällt die Konkurseröffnung in den Urlaub, ist zu differenzieren: Das Urlaubsentgelt aus den letzten sechs Monaten vor Konkurseröffnung ist Masseschuld gem. § 59 Abs. 1 Nr. 3a KO, nach Konkurseröffnung Masseschuld gem. § 59 Abs. 1 Nr. 2 2. Alt. KO (*BAG* vom 4. 6. 1977, BB 1977, 1351). Dagegen stellen Rückstände auf Urlaubsentgelt und Abgeltung aus einer Zeit von mehr als sechs Monaten vor Konkurseröffnung keine Masseschulden, sondern bis zu einem Rückstand von einem Jahr bevorrechtigte Konkursforderungen gem. § 61 Abs. 1 Nr. 1a KO dar. In diesem Rang stehen auch diejenigen Masseschulden, die an Stelle der Forderungen nach § 59 Abs. 1 Nr. 3 a KO gem. § 141 m Abs. 1 AFG als Konkursausfallgeld vom Arbeitsamt bezahlt werden, und die auf die Bundesanstalt für Arbeit übergehen (§ 59 Abs. 2 KO).

V. Beurlaubung aus sonstigen Gründen

Von dem Begriff des Urlaubes iS eines reinen Erholungsurlaubes sind 17 sonstige Arbeitsbefreiungen zu unterscheiden, die zur besseren inhaltlichen und sprachlichen Unterscheidung **Beurlaubungen** genannt werden sollten (zur Terminologie vgl. *Dersch/Neumann*, § 1 Rn. 34 f.). Derartige Freistellungen des Arbeitnehmers von seiner vertraglichen Verpflichtung zur Arbeitsleistung aus anderen als Erholungsgründen werden vom Geltungsbereich des BUrlG nicht erfaßt. Im folgenden soll eine kurze Darstellung der Fälle von Arbeitsbefreiungen aus sonstigen Gründen zwecks Abgrenzung vom Begriff des Erholungsurlaubs, insbesondere im Hinblick auf die Frage, deren **Anrechnung** darauf, gegeben werden. Eine nähere Abhandlung der übrigen Beurlaubungstatbestände kann jedoch

§ **1** *Urlaubsanspruch*

im Rahmen dieser Kommentierung unterbleiben (vgl. hierzu eingehend *GK-BUrlG/Bleistein*, § 1 Rn. 23 ff.). Unter dem Oberbegriff Beurlaubung werden üblicherweise folgende Arten sonstiger Arbeitsfreistellungen verstanden:

1. Persönliche Gründe

18 Eine gesetzliche Regelung der Beurlaubung aus persönlichen Gründen enthält **§ 616 BGB**. Danach behält der Arbeitnehmer seinen Vergütungsanspruch gegen den Arbeitgeber auch dann, wenn er für einen verhältnismäßig nicht erheblichen Zeitraum durch einen in seiner Person liegenden Grund ohne sein Verschulden an der Arbeitsleistung verhindert ist. Damit ist gleichzeitig gesagt, daß eine Anrechnung der Beurlaubung iSv § 616 Abs. 1 S. 1 BGB auf den Erholungsurlaub nach dem BUrlG nicht erfolgen darf, weil anderenfalls die Vergütungszahlungsverpflichtung des Arbeitgebers für die Zeit der Beurlaubung umgangen würde.

19 Die Arbeitsverhinderung muß ihren Grund in den **persönlichen** Verhältnissen des Arbeitnehmers haben, wobei objektive Gründe (zB Nichterscheinen an der Arbeitsstelle wegen Glatteises) nicht ausreichen (*BAG* vom 8. 12. 1982, BB 1983, 314). Zu den Fällen persönlich bedingter Arbeitsverhinderungen gehören in erster Linie Verhinderungen wegen **Eheschließung** des Arbeitnehmers, **Beerdigung** naher Angehöriger, eigener **Umzug**, dringender **Arztbesuch**, gerichtliche Vorladung als **Zeuge** oder **Partei** usw. (vgl. die umfassenden Beispiele mit Fundstellennachweisen bei *Dersch/Neumann*, § 1 Rn. 37 und *GK-BUrlG/Bleistein*, § 1 Rn. 27). Muß der Arbeitnehmer während der Arbeitszeit einen **Arzt** aufsuchen, weil ihm der Arztbesuch außerhalb der Arbeitszeit nicht möglich ist, fällt dieser Umstand unter § 616 BGB, so daß eine Anrechnung auf den Erholungsurlaub nicht erfolgen darf (*LAG Baden-Württemberg* vom 4. 6. 1964, BB 1964, 1008). Führt der Arbeitnehmer einen **Umzug** jedoch an einem **arbeitsfreien Tag** durch, kommt eine Abgeltung nicht in Betracht. Das **Vorführen des PKW beim TÜV** fällt regelmäßig nicht unter § 616 BGB und ist der privaten Lebensführung im engeren Sinne zuzuordnen (*BAG* vom 8. 12. 1960, BB 1961, 217). Eigene Krankheiten und Kuren des Arbeitnehmers fallen ebenso nicht unter den Begriff der Beurlaubung aus persönlichen Gründen, weil insoweit ein gesonderter Anspruch auf Arbeitsbefreiung – teilweise unter Fortentrichtung der Arbeitsvergütung – besteht. Die Anrechnung auf den Urlaub richtet sich insoweit nach §§ 9, 10 BUrlG. Die gesetzliche Regelung des § 616 BGB hat in einer Vielzahl von Tarifverträgen indessen eine Modifizierung erfahren, zB in § 52 BAT, § 8 MTV für die Arbeitnehmer der Eisen-, Metall-, Elektro- und Zentralheizungsindustrie des Landes NRW. Zur Freistellung des Arbeitnehmers unter Fortzahlung der Vergütung bei der **Erstkommunion eines Kindes** nach § 33 Abs. 2 lit. i) MTB II vgl. *BAG* vom 11. 2. 1993, BB 1993, 1088.

Der Arbeitnehmer darf den persönlichen Grund der Arbeitsverhinderung 20
nicht verschuldet haben. Anderenfalls entfällt der Anspruch auf Fortzahlung der Arbeitsvergütung. Eine Anrechnung auf den Erholungsurlaub kraft entsprechender ausdrücklicher Vereinbarung zwischen Arbeitgeber und Arbeitnehmer ist insoweit allerdings möglich (*Dersch/Neumann*, § 1 Rn. 53 mwN). Von schuldhaftem Handeln des Arbeitnehmers ist dann auszugehen, wenn die Arbeitsverhinderung auf einem groben Abweichen von denjenigen Verhaltensweisen beruht, die ein vernünftiger Arbeitnehmer in seinem eigenen Interesse einhält (*BAG* vom 5. 4. 1962, AP Nr. 28 zu § 63 HGB).

Die Arbeitsverhinderung darf **verhältnismäßig nicht erheblich** sein. 21
Diese Frage ist nach den Umständen des Einzelfalles zu beantworten, wobei die Dauer des Arbeitsvertragverhältnisses in das Verhältnis zur Zeitspanne der Arbeitsverhinderung zu setzen ist. Als **Faustregel** soll gelten: Bei einer Beschäftigung bis zu sechs Monaten ist eine Zeitspanne von drei Tagen nicht erheblich; bei einer Beschäftigungsdauer bis zu einem Jahr sollen eine Woche, bei längerer Beschäftigungsdauer zwei Wochen in Betracht kommen (*Schaub*, S. 721). Andererseits kann auch eine Anlehnung an § 52 Abs. 2 bis 4 BAT erfolgen, der für einzelne Verhinderungsarten zeitliche Arbeitsbefreiungen festlegt. Nach hM entfällt jeglicher Vergütungsanspruch des Arbeitnehmers, wenn die Arbeitsverhinderung verhältnismäßig erheblich ist, so daß der Arbeitgeber in einem solchen Fall auch für die diejenige Zeitspanne keine Arbeitsvergütung zu zahlen braucht, die als verhältnismäßig nicht erheblich anzusehen ist (*BAG* vom 18. 12. 1959, BAGE 8, 314, 322 ff.; differenzierend *Zöllner/Loritz*, § 18 II 3 c, S. 210). In einem solchen Fall können die Arbeitsvertragsparteien regelmäßig eine Anrechnung der Beurlaubung auf den Erholungsurlaub vereinbaren.

Der sog. **Bildungsurlaub** stellt ebenfalls eine Beurlaubung aus persönlichen Gründen dar. Insoweit sei auf die landesgesetzlichen Regelungen in den einzelnen Bundesländern verwiesen (vgl. auch Anhang I). 22

2. Betriebliche Gründe

Betriebliche Gründe für eine Arbeitsverhinderung des Arbeitnehmers 23
aus sonstigen Gründen bestehen bei der sog. **Werksbeurlaubung**. Auch diese Art der Arbeitsfreistellung stellt einen Fall (unbezahlter) Beurlaubung dar, die nicht Erholungsurlaub ist. Eine Werksbeurlaubung wird mit der Belegschaft eines Betriebes insbesondere dann vereinbart, wenn der Betrieb zeitweise ganz oder teilweise stillgelegt wird. In dieser Zeitspanne werden Arbeitsverpflichtung des Arbeitnehmers einerseits und Vergütungszahlungsverpflichtung des Arbeitgebers andererseits – also die wechselseitigen Hauptleistungsverpflichtungen aus dem Arbeitsvertrag – vorübergehend suspendiert, ohne daß es zu einer (rechtlichen)

§ 1 *Urlaubsanspruch*

Beendigung des Arbeitsverhältnisses käme. Der Arbeitgeber kann eine Werksbeurlaubung nicht einseitig kraft Ausübung seines Direktionsrechts anordnen, es sei denn, daß einzel- oder tarifvertraglich etwas anderes vereinbart worden ist (zu der Möglichkeit einer **stillschweigenden Werksbeurlaubung** vgl. *LAG Frankfurt/M.* vom 24. 2. 1949, BB 1949, 576). Die Werksbeurlaubung darf nicht mit den Werks- oder Betriebsferien verwechselt werden. Betriebsferien, die durch Betriebsvereinbarung eingeführt werden können, legen gem. § 87 Abs. 1 Nr. 3 BetrVG den Urlaubszeitpunkt für die gesamte Belegschaft eines Betriebes oder Unternehmens einheitlich fest, stellen also eine Konkretisierung des arbeitgeberseitigen Direktionsrechts dar, mittels dessen Ausübung der Arbeitgeber gem. § 7 den Urlaub gewährt (*BAG* vom 28. 7. 1981, BB 1982, 616).

24 Eine Anrechnung der Werksbeurlaubung auf den Erholungsurlaub erfolgt nicht. Da alle Rechte und Pflichten der Arbeitsvertragsparteien aus dem Arbeitsverhältnis während der Dauer einer wirksamen Werksbeurlaubung ruhen, kann der Anspruch auf Erholungsurlaub während dieses Zeitraumes weder vom Arbeitnehmer geltend gemacht noch vom Arbeitgeber erfüllt werden. Nach Wiederaufnahme der Betriebs- bzw. Arbeitstätigkeit steht dem Arbeitnehmer also derjenige Anteil an seinem Urlaubsanspruch zu, der vor Beginn der Werksbeurlaubung bestanden hat.

3. Gesetzliche Gründe

25 Einige Gesetze sehen Beurlaubungen vor, die den verschiedensten Zwecken, nur eben nicht der Erholung dienen. In diesem Zusammenhang sind zunächst die §§ 37, 38, 65 BetrVG, 46, 62 BPersVG, 26 Abs. 4 SchwbG zu erwähnen, wonach Betriebs- und Personalräte, Aufsichtsräte und Vertrauensleute der Schwerbehinderten Anspruch auf Beurlaubung für die Durchführung ihrer **Sonderaufgaben im Betrieb** haben, was bis zu einer völligen Freistellung von der Arbeitsverpflichtung führen kann (vgl. §§ 38 Abs. 1 BetrVG, 46 Abs. 4 BPersVG). Als ein Fall gesetzlicher Beurlaubung kommt auch die **Ausübung staatsbürgerlicher Rechte und Pflichten** in Betracht. Danach haben Arbeitnehmer einen Anspruch gegen den Arbeitgeber auf Freistellung von der Arbeitsleistung für den Zeitraum einer Tätigkeit als ehrenamtliche Richter (für die Laienrichter in der Arbeits- und Sozialgerichtsbarkeit vgl. zB §§ 26 ArbGG, 20 SGG).

26 Entsprechendes gilt für die Vorbereitung einer Wahl zum Deutschen Bundestag nach Art. 48 GG, in einen Landtag nach den jeweiligen Länderverfassungen (vgl. zB Art. 29 LV BaWü, Art. 17 Nds, Art. 46 NRW, Art. 4 SchlHol) und für die Übernahme kommunalpolitischer Ehrenämter. Soweit nicht die Wahl zum Deutschen Bundestag bzw. zu einem Landesparlament betroffen ist, gilt auch heute noch Art. 160 WRV fort, der jedem Arbeitnehmer das Recht gewährt, von dem Arbeitgeber

Beurlaubung aus sonstigen Gründen § **1**

Freistellung von der Arbeitsleistung zu verlangen, um seine staatsbürgerlichen Rechte auszuüben, und – soweit dadurch der Betrieb nicht erheblich beeinträchtigt wird – diejenige Freizeit zu beanspruchen, die er benötigt, öffentliche Ehrenämter auszuüben (zur Fortgeltung des Art. 160 WRV ohne ausdrückliche Erwähnung der Vorschrift im GG und zum Umfang der arbeitgeberseitigen Verpflichtung vgl. *LAG Düsseldorf* vom 7. 1. 1966, BB 1966, 288 und zur Beurlaubung von Bewerbern um einen Sitz im Deutschen Bundestag gem. Art. 48 GG siehe *Wuttke,* DB 1974, 630).

Weitere Fälle gesetzlicher Beurlaubungen ergeben sich aus dem MuSchG, BErzGG, ArbPlatzSchG. Ob der Arbeitgeber in den genannten Fällen gesetzlicher Beurlaubung verpflichtet ist, die Arbeitsvergütung fortzuzahlen, folgt aus den jeweils einschlägigen Gesetzen. Entsprechende Vergütungsverpflichtungen sehen teilweise auch die Tarifverträge vor. 27

Ebenfalls einen Fall gesetzlicher Beurlaubung enthält § **629 BGB**, wonach dem Arbeitnehmer nach erfolgter Kündigung des Arbeitsverhältnisses angemessene Freizeit zum **Aufsuchen einer neuen Stelle** zu gewähren ist. Auch insoweit darf keine Anrechnung der Beurlaubung auf den Erholungsurlaub oder eine Verrechnung mit etwaiger Urlaubsabgeltung erfolgen. Gewährt der Arbeitgeber eine angemessene Freistellung insoweit nicht, soll der Arbeitnehmer berechtigt sein, sich die Freizeit selbst zu bewilligen (in diesem Sinne muß wohl *BAG* vom 11. 6. 1957, BB 1957, 749 verstanden werden). Diese Auffassung ist allerdings abzulehnen, weil sie zur Anerkennung des Faustrechts führen würde, das einem demokratischen Staatswesen wie der Bundesrepublik Deutschland fremd ist (vgl. auch die Kommentierung zu § 7 Rn. 9 ff.) 28

Im Hinblick auf die für den Erholungsurlaub grundsätzlich interessierende Problematik der **Anrechnung** sonstiger Beurlaubungen kann folgendes festgehalten werden: Das BAG (vgl. grds. *BAG* vom 11. 1. 1966, BB 1966, 369) unterscheidet zwischen denjenigen Fällen, in denen ein unabdingbarer Anspruch auf bezahlte Freizeit aus sonstigen Gründen besteht, und solchen, bei denen ein solcher Anspruch nicht besteht. Nur bei einem unabdingbaren Anspruch auf bezahlte Freizeitgewährung komme eine Anrechnung auf den Erholungsurlaub nicht in Betracht, so daß der Arbeitgeber zur Gewährung von **Nachurlaub** verpflichtet sei, wenn die sonstige Beurlaubung in den Erholungsurlaub falle (vgl. zu diesem Fragenkomplex auch die beiden vom *BAG* entschiedenen Fälle jeweils vom 1. 8. 1963, BB 1963, 1337 und 1339). Die hL differenziert demgegenüber zu Recht danach, ob für die Dauer der Beurlaubung eine Vergütungsverpflichtung des Arbeitgebers besteht, also unabhängig davon, ob der Anspruch des Arbeitnehmers auf die Beurlaubung unabdingbar ist oder nicht. Dies kann insbesondere aufgrund arbeits- oder tarifvertraglicher Regelungen der Fall sein, wenn zB dem Arbeitnehmer wegen bestimmter Ereignisse in bestimmtem Umfange Arbeitsbefreiung unter 29

Fortzahlung der Arbeitsvergütung zusteht. Soweit eine Vergütungsverpflichtung des Arbeitgebers für die Dauer der Beurlaubung besteht, ist eine Anrechung der Freistellung auf den Erholungsurlaub nicht möglich, weil dies der Zahlungsverpflichtung des Arbeitgebers entgegenliefe. Besteht keine solche Vergütungsverpflichtung des Arbeitgebers, steht es den Arbeitsvertragsparteien frei, eine Anrechnung zu **vereinbaren**, was aber ausdrücklich geschehen muß (*Dersch/Neumann,* § 1 Rn. 53 mwN; *GK-BUrlG/Bleistein,* § 1 Rn. 34 ff. [44]; vgl. auch *LAG Baden-Württemberg* vom 27. 6. 1956, BB 1956, 690). Zur Verdeutlichung sei auf folgendes **Beispiel** verwiesen: Besteht für die Dauer einer Werksbeurlaubung, die nicht mit Werksferien verwechselt werden darf, kein Vergütungsanspruch des Arbeitnehmers, können die Arbeitsvertragsparteien vereinbaren, daß die Zeit voll oder teilweise auf den Erholungsurlaub angerechnet wird. Wird per vertraglicher Vereinbarung eine solche Anrechnung vorgenommen, braucht der Arbeitnehmer nicht für den Betrieb zur Verfügung zu stehen. Muß der Arbeitnehmer hingegen bereitstehen, kommt eine Anrechnung auf den Erholungsurlaub nicht in Betracht. Eine **einseitige** Urlaubsanrechnung iS einer arbeitgeberseitigen Direktive ist jedenfalls **unzulässig**.

30 Die Vorschrift des § 1 ist als Kernvorschrift des Urlaubsrechts absolut **unabdingbar** (§ 13 Abs. 1 S. 1).

§ 2
Geltungsbereich

Arbeitnehmer im Sinne des Gesetzes sind Arbeiter und Angestellte sowie die zu ihrer Berufsausbildung Beschäftigten. Als Arbeitnehmer gelten auch Personen, die wegen ihrer wirtschaftlichen Unselbständigkeit als arbeitnehmerähnliche Personen anzusehen sind; für den Bereich der Heimarbeit gilt § 12.

Übersicht

	Rn.		Rn.
I. Räumlicher Geltungsbereich	1 – 3	2. Arbeitnehmer	5 – 13
II. Persönlicher Geltungsbereich	4	3. Arbeitnehmerähnliche	
1. Allgemeines	4	Personen	14 – 16

§ 2 regelt seinem Wortlaut nach lediglich den **persönlichen** Geltungsbereich des BUrlG. Davon zu unterscheiden ist der **räumliche** Geltungsbereich. 1

I. Räumlicher Geltungsbereich

Das BurlG ist auf sämtliche Arbeitsverhältnisse in der Bundesrepublik Deutschland anwendbar. Dies gilt zunächst einmal ohne weiteres für die alten Bundesländer. Durch den **Ersten Vertrag über die Schaffung einer Währungs-, Wirtschafts- und Sozialunion** zwischen der Bundesrepublik Deutschland und der Deutschen Demokratischen Republik vom 18. 5. 1990 (BGBl. II, S. 518; GBl. DDR I Nr. 34, S. 331) und dessen Fortsetzung durch den **Einigungsvertrag** (EinigV) vom 31. 8. 1990 (BGBl. II, S. 885 ff.) ist das BUrlG in seiner Fassung vom 29. 10. 1974 mit Wirkung ab dem 3. 10. 1990 auch in den **fünf neuen Bundesländern** und im ehemaligen Ostberlin in Kraft getreten (EinigV Anlage I Sachgebiet A Arbeitsrechtsordnung Abschnitt III Nr. 5). Einzige Ausnahme war nach Nr. 5a bis zum 31. 12. 1994 eine für das Beitrittsgebiet modifizierte Fassung des § 3. Danach betrug die Urlaubsdauer im Gebiet der ehemaligen DDR und Ostberlins 20 statt 18 Urlaubstage unter Zugrundelegung einer Fünftagewoche statt einer Sechstagewoche (vgl. hierzu im einzelnen die Kommentierung zu § 3). Fernerhin ist in Anlage II Sachgebiet A Arbeitsrechtsordnung Abschnitt III Ziffer 2 bestimmt, daß § 8 der DDR-VO über den Erholungsurlaub vom 28. 9. 1978 (GBl.DDR I Nr. 33 S. 365) zeitlich unbefristet fortgilt, wonach Kämpfer gegen den Faschismus und Verfolgte des Faschismus einen jährlichen Erholungsurlaub von 27 Arbeitstagen beanspruchen können (vgl. die Kommentierung zu § 15). 2

§ 2 *Geltungsbereich*

3 Sofern deutsche Arbeitnehmer im **Ausland** beschäftigt werden, findet das BUrlG dann Anwendung, wenn das Arbeitsverhältnis deutschem Arbeitsrecht unterliegt, was sich in erster Linie nach dem Parteiwillen richtet (*Schaub,* S. 22 ff. [25]). Soweit ein entsprechender Wille nicht feststellbar ist, hat gem. § 30 Abs. 2 EGBGB das Recht desjenigen Staates Anwendung zu finden, in dem der Arbeitnehmer in Erfüllung des Vertrages gewöhnlich seine Arbeit verrichtet, selbst wenn er vorübergehend in einen anderen Staat delegiert worden ist (Nr. 1), oder in dem sich die Niederlassung befindet, die den Arbeitnehmer eingestellt hat, sofern dieser seine Arbeit gewöhnlich nicht in ein und demselben Staat verrichtet (Nr. 2). Etwas anderes gilt nach § 30 Abs. 2 EGBGB nur dann, wenn sich aus den Gesamtumständen des Einzelfalles ergibt, daß das Arbeitsverhältnis engere Verbindungen zu einem anderen Staat aufweist. Dann soll das Recht dieses anderen Staates maßgeblich sein. Im umgekehrten Fall, daß **ausländische Arbeitnehmer** in der Bundesrepublik Deutschland arbeiten, ist für Arbeitnehmer aus Staaten der Europäischen Union das Diskriminierungsverbot in Art. 7 EWG-VO Nr. 1612/68 vom 15. 10. 1968 (BGBl. 1957 II, S. 766 m. spät. Änd.) zu beachten. Danach dürfen Arbeitnehmer aus den Mitgliedstaaten der heutigen EU wegen ihrer Staatsangehörigkeit nicht anders als inländische Arbeitnehmer behandelt werden mit der Folge, daß auch das deutsche Urlaubsrecht anzuwenden ist, sofern es auch für die inländischen Arbeitnehmer gilt (*Dersch/Neumann,* § 2 Rn. 6). Im übrigen ist für ausländische Arbeitnehmer in der Bundesrepublik Deutschland auch auf etwaige vertragliche Vereinbarungen hinsichtlich des anwendbaren Rechts und in Ermangelung einer solchen Vereinbarung auf die Umstände des Einzelfalls abzustellen.

II. Persönlicher Geltungsbereich

1. Allgemeines

4 § 2 erklärt das BUrlG für alle **Arbeitnehmer** anwendbar, ohne zu definieren, wodurch die Arbeitnehmereigenschaft begründet wird. Das Gesetz begnügt sich vielmehr damit, die einzelnen Personengruppen aufzuzählen, die als Arbeitnehmer iS des Urlaubsrechts angesehen werden. Zur Klärung des Arbeitnehmerbegriffes iS des BUrlG muß deshalb auf die von der Rechtsprechung und der Arbeitsrechtswissenschaft geschaffene und allgemein anerkannte Definition des Arbeitnehmers zurückgegriffen werden. Arbeitnehmer ist danach, wer aufgrund privatrechtlichen Vertrages in persönlicher Abhängigkeit von einem anderen – dem Arbeitgeber – für diesen entgeltliche Dienste leistet (*BAG* vom 13. 11. 1991, NZA 1992, 1125; *Schaub,* S. 36 ff.).

2. Arbeitnehmer

Das Erfordernis eines **privatrechtlichen** Vertrages soll die Abgrenzung 5
zum öffentlichen Dienstrecht schaffen. Beamte, Richter und Soldaten, die zu ihren jeweiligen Dienstherrn in einem öffentlich-rechtlichen Dienst- und Treueverhältnis stehen (Art. 33 Abs. 5 GG), fallen nicht in den persönlichen Geltungsbereich des BUrlG. Dagegen ist auf Arbeiter und Angestellte im **öffentlichen Dienst** das BUrlG in vollem Umfange anwendbar. Es handelt sich insoweit um diejenige Personengruppe, die im Gegensatz zu den Beamten, Richtern und Soldaten zu einer juristischen Person des öffentlichen Rechts in einem **privatrechtlichen** Dienstverhältnis steht. In diesem Zusammenhang sind allerdings neben den gesetzlichen Urlaubsregeln die Tarifverträge des öffentlichen Dienstes zu beachten. Da der Dienstvertrag iSv § 611 BGB – und damit auch der Arbeitsvertrag als Unterart des Dienstvertrages – als gegenseitig verpflichtender (synallagmatischer) Vertrag entgeltlicher Natur ist, ist die Bezahlung der geleisteten Dienste wesentliches Merkmal für die Arbeitnehmereigenschaft. Wer unentgeltliche Dienste leistet, ist grundsätzlich nicht Partner eines Arbeitsvertrages, sondern allenfalls eines Auftragsvertrages iSv § 662 BGB. Gleichwohl soll es für den Bereich des Urlaubsrechts nach einer im Schrifttum vertretenen Ansicht nicht zwingend erforderlich sein, daß die Arbeitsleistung gegen Entgelt erbracht wird. Danach könnten folglich auch bei einem unentgeltlichen Dienstverhältnis bei Vorliegen der übrigen Voraussetzungen im Einzefall Urlaubsansprüche entstehen (vgl. *Dersch/Neumann*, § 2 Rn. 50; *GK-BUrlG/Bleistein*, § 2 Rn. 8). Diese Ansicht ist aber abzulehnen, weil Wesenselement der Urlaubsgewährung die Freistellung des Arbeitnehmers unter Fortzahlung der Arbeitsvergütung ist. Bei einem unentgeltlichen Dienstverhältnis wäre die Fortzahlung der Arbeitsvergütung aber gerade nicht gewährleistet, so daß ein Auftragnehmer nach § 662 BGB keine Urlaubsansprüche nach dem BUrlG erlangt. Das Erfordernis der **Dienstleistung** besagt, daß derjenige ebenfalls nicht als Arbeitnehmer iSd BUrlG gilt, der Vertragspartner eines erfolgsbestimmten Werkvertrages gem. § 631 BGB ist (für die Anwendung des Urlaubsrechts in Ausnahmefällen jedoch ein Teil der Literatur, vgl. *Dersch/Neumann*, § 2 Rn. 81 mwN). Arbeitnehmer ist fernerhin auch nur, wer seine Dienste **für einen anderen** schuldet und erbringt. Hier ist das Kriterium der Fremdbestimmtheit der Arbeitsleistung angesprochen. Vom Arbeitnehmerbegriff ausgenommen sind daher all diejenigen, denen der wirtschaftliche Erfolg ihrer Tätigkeit selbst zukommt, zB als Freiberufler oder Partner eines Gesellschaftsvertrages.

Schließlich besagt das wohl wichtigste Kriterium des Arbeitnehmer- 6
begriffes, daß der Arbeitnehmer zum Arbeitgeber in einem **persönlichen Abhängigkeitsverhältnis** stehen muß, kraft dessen er in eine betriebliche Organisation **eingegliedert** und **weisungsgebunden** ist. Mit diesem

§ 2 *Geltungsbereich*

Erfordernis werden die sog. freien Dienstnehmer, die ebenfalls aufgrund eines privatrechtlichen Dienstvertrages nach § 611 BGB entgeltliche Dienste für einen anderen erbringen, von der Arbeitnehmerschaft im engeren Sinne ausgeklammert (zu den arbeitnehmerähnlichen Personen vgl. die Kommentierung zu § 2 Rn. 14 ff.). Der Umfang der Weisungsgebundenheit ist ein wichtiges Indiz für die Eigenschaft als Arbeitnehmer (*BAG* vom 8. 6. 1967, BB 1967, 959). Zur weiteren Klärung im Einzelfall, ob ein persönliches Abhängigkeitsverhältnis gegeben ist oder nicht, kann nach Auffassung des BAG die gesetzliche Regelung in § 84 Abs. 1 S. 2 HGB analog herangezogen werden, die zwar originär den Handelsvertreter betrifft, aber zu Auslegungszwecken auch allgemein im Arbeitsrecht Verwendung finden kann (*BAG* vom 13. 1. 1983, BB 1983, 194).

7   Selbständig ist demnach, wer im wesentlichen frei seine Tätigkeit gestalten und seine Arbeitszeit bestimmen kann. Dies wird in der Regel nicht der Fall sein, wenn der Dienstverpflichtete in einen Betrieb oder eine Verwaltung integriert worden und verpflichtet ist, seine ganze Arbeitskraft einzubringen. Wer also die Möglichkeit der freien Gestaltung der Tätigkeit und freien Bestimmung der Arbeitszeit nicht hat, also weisungsgebunden ist, muß – in der Regel bei Vorliegen auch der übrigen Kriterien – als Arbeitnehmer angesehen werden, auf den das BUrlG Anwendung findet. Hierzu gehören insbesondere nicht „Angestellte" von juristischen Personen, die gleichzeitig die Stellung eines **Organmitgliedes** haben. Entsprechendes gilt für **Geschäftsführer** einer GmbH, und zwar unabhängig davon, ob sie gleichzeitig eine Gesellschafterstellung innehaben oder bloß Fremdgeschäftsführer sind. In den genannten Fällen bestehen freie Dienstverträge, die nicht unter die Geltung des BUrlG fallen (*GK-BUrlG/Bleistein*, § 2 Rn. 21 ff.). Anders verhält es sich dagegen bei sog. **leitenden Angestellten**. Diese fallen unter das BUrlG, weil das Gesetz – anders als zB § 14 KSchG oder § 5 BetrVG – eine abweichende Regelung für diese Arbeitnehmergruppe nicht vorsieht (*Dersch/Neumann*, § 2 Rn. 36; *GK-BUrlG/Bleistein*, § 2 Rn. 22). Maßgeblich für die Eigenschaft als Arbeitnehmer ist dabei immer der **wirkliche Gehalt** der Tätigkeit und nicht etwa die von den Parteien gemeinte rechtliche Einordnung der Rechtsbeziehung als Arbeitsvertrag oder freier Dienstvertrag. Auch die gewählten rechtlichen Formulierungen sind unerheblich. Damit ist der zutreffende Vertragstypus immer aus dem konkreten Geschäftsinhalt abzuleiten (*BAG* vom 21. 9. 1977, BB 1978, 761; vgl. für die versicherungsrechtliche Beurteilung eines Vertragsverhältnisses auch *BSG* vom 14. 5. 1981, BB 1981, 1581). Unerheblich für die Arbeitnehmereigenschaft ist auch, ob die Arbeitsleistung als Voll- oder Teilzeittätigkeit erbracht wird (*BAG* vom 28. 6. 1973, BB 1973, 1356).

8   § 2 unterscheidet bei der Gruppe der Arbeitnehmer zwischen **Arbeitern** und **Angestellten**, für die das BUrlG gleichermaßen Geltung hat. Dabei

Persönlicher Geltungsbereich **§ 2**

kann von dem Grundsatz ausgegangen werden, daß alle Arbeitnehmer, die nicht Angestellte sind, zur Gruppe der Arbeiter zählen (*Brox*, Rn. 21). Wer wiederum Angestellter ist, ergibt sich zunächst einmal aus § 133 Abs. 2 Nr. 1 bis 8 SGB VI (früher: § 3 Abs. 1 Nr. 1 bis 8 AVG) iVm dem als VO zu § 3 Abs. 3 a. F. AVG ergangenen, nicht erschöpfenden Berufsgruppenkatalog, der auch nach Inkrafttreten des Rentenreformgesetzes 1992 weiterhin Geltung hat; hilfsweise kann auf die Art der Tätigkeit zurückgegriffen werden. Es ist heute allgemein anerkannt, daß derjenige Arbeitnehmer Angestellter ist, der kaufmännische, büromäßige oder sonst vorwiegend geistige Arbeit leistet (*Brox*, aaO). Diese heute allgemein übliche Definition der Angestellten wird auch in anderen Arbeitsgesetzen zugrundegelegt, zB in § 6 BetrVG. Die Unterscheidung gewinnt immer mehr an Bedeutungslosigkeit und kann spätestens seit Angleichung beider Berufsgruppen bei den Kündigungsfristen und der Entgeltfortzahlung im Krankheitsfall zumindest für das Gebiet des Individualarbeitsrechts als antiquiert und damit überholt bezeichnet werden.

Ehegatten und **Kinder** des Arbeitgebers können im Einzelfall dessen **9** Arbeitnehmer sein, wenn sie nicht nur nach den familienrechtlichen Vorschriften der §§ 1353 Abs. 1, 1619 BGB tätig sind. Andere **Verwandte** oder **Verlobte** des Arbeitgebers kommen bei Vorliegen der oben genannten Voraussetzungen ohne weiteres als Arbeitnehmer in Betracht, weil diese Personengruppe nicht kraft Gesetzes oder einer familienrechtlichen Beziehung zur Leistung von Diensten verpflichtet ist (vgl. hierzu *Dersch/Neumann*, § 2 Rn. 15 ff.).

Keine Arbeitnehmer sind **Strafgefangene**, weil diese zwangsweise ar- **10** beiten, so daß das Element der Freiwilligkeit fehlt, das dem Vertragsrecht grundsätzlich innewohnt. Anders, wenn der Strafgefangene gem. §§ 39, 42 Abs. 4 StVollzG außerhalb der JVA einem gestatteten freien Arbeitsverhältnis nachgeht, das ein privatrechtliches Arbeitsverhältnis zu einem Arbeitgeber darstellt. Insoweit gilt dann die gesetzliche Urlaubsregelung auch für Strafgefangene, vorbehaltlich einer günstigeren vertraglichen Vereinbarung im Einzelfall (*Dersch/Neumann*, § 2 Rn. 20).

Teilnehmer an Maßnahmen der **Arbeitsbeschaffung** werden gem. § 93 **11** Abs. 2 AFG in einem privatrechtlichen Arbeitsverhältnis tätig.

Die als **Entwicklungshelfer** Beschäftigten sind keine Arbeitnehmer im **12** rechtlichen Sinne, weil diese Personengruppe nach dem Entwicklungshelfergesetz vom 18. 6. 1969 (BGBl. I S. 549) keine Dienste zugunsten des Trägers der Entwicklungshilfe erbringt. Allerdings muß der Träger der Entwicklungshilfe gem. § 4 Ziff. Entwicklungshelfergesetz vertraglich die Pflichten des Arbeitgebers aus dem BUrlG übernehmen, so daß das Gesetz im Ergebnis auch auf die Entwicklungshelfer anwendbar ist.

§ 2 *Geltungsbereich*

13 Den **zu ihrer Berufsausbildung Beschäftigten** wird von § 2 ausdrücklich die Arbeitnehmereigenschaft iS des Urlaubsrechts zuerkannt. Diese Erwähnung dürfte in erster Linie deklaratorische Bedeutung haben und der Klarstellung dienen, weil auch die zu ihrer Berufsausbildung Beschäftigten ohne weiteres Arbeitnehmer sind. Richtiger Ansicht nach ist auch das Berufsausbildungsverhältnis ein Arbeitverhältnis, dem nicht etwa ein Sonderstatus zukommt (so schon *BAG* vom 29. 10. 1957, AP Nr. 10 zu § 611 BGB Lehrverhältnis). Es handelt sich bei dieser Personengruppe um **Auszubildende** iSv §§ 3 ff. BBiG, **Volontäre** gem. § 19 BBiG, **Lernschwestern** gem. §§ 12 bis 21 KrPflG, **Umschüler** und solche, die eine **berufliche Fortbildung** absolvieren, sofern keine Schule besucht wird, und ggf. auch sog. **Praktikanten**, die entweder in einem Arbeits- oder Ausbildungsverhältnis stehen. Unerheblich ist bei den in einem Arbeitsverhältnis stehenden Praktikanten – ebenso wie bei allen anderen Arbeitnehmern auch – , ob sie vollzeit- oder teilzeitbeschäftigt oder als Aushilfe in Ferienarbeit oder einer Nebenbeschäftigung tätig sind. Auch in solchen Fällen findet das BUrlG Anwendung (vgl. *BAG* vom 23. 6. 1992, BB 1993, 144 f.: Urlaubsanspruch einer studentischen Aushilfskraft).

3. Arbeitnehmerähnliche Personen

14 **Arbeitnehmerähnliche Personen** werden vom BUrlG den Arbeitnehmern gleichgestellt. Diese Gleichstellung gilt aber nicht für das gesamte Arbeitsrecht, sondern nur kraft ausdrücklicher gesetzlicher Anordnung (vgl. zB § 5 Abs. 1 S. 2 2. HS ArbGG; keine Gleichstellung dagegen in § 622 BGB). Unter arbeitnehmerähnlichen Personen sind gemäß der Gesetzesformulierung in § 5 Abs. 1 S. 2 2. HS ArbGG sonstige Personen zu verstehen, die wegen ihrer wirtschaftlichen Unselbständigkeit als arbeitnehmerähnlich anzusehen sind. Die Bedeutung liegt bei der **wirtschaftlichen** Unselbständigkeit (vgl. *BAG* vom 13. 12. 1962, BAGE 63, 310; *BAG* vom 8. 6. 1967, BB 1967, 959). Zu dieser Personengruppe zählen diejenigen Dienstnehmer, die – ohne in einem Arbeitsverhältnis zu stehen – für Rechnung anderer Personen Dienste leisten, von denen sie zwar nicht persönlich, aber wirtschaftlich abhängig sind. Hierher gehören idR Handelsvertreter iSv § 92 a HGB (sog. Einfirmenvertreter), Heimarbeiter (vgl. aber für diese die Sonderegelung in § 12) und freie Mitarbeiter, die über einen längeren Zeitraum ausschließlich für einen bestimmten Dienstgeber tätig und deshalb von diesem wirtschaftlich abhängig sind (weitere Fälle aus der Rspr. vgl. bei *GK-BUrlG/Bleistein,* § 2 Rn. 56 und *Dersch/Neumann,* § 2 Rn. 87 f.). Aufgrund der wirtschaftlichen Abhängigkeit von einem Dienstgeber sind die arbeitnehmerähnlichen Personen ebenso wie die Arbeitnehmer **sozial schutzbedürftig,** was die Gleichstellung beider Personengruppen für das Urlaubsrecht rechtfertigt. Arbeitnehmerähnliche Personen bedürfen

nach der Vorstellung des Gesetzgebers in gleichem Maße wie Arbeitnehmer des Schutzes ihrer Arbeitskraft durch Erholungsurlaub. Deshalb ist regelmäßig eine weite Auslegung des Begriffes der arbeitnehmerähnlichen Personen im Urlaubsrecht angezeigt (allg. M.; vgl. nur *Dersch/Neumann*, § 2 Rn. 72).

Gem. § 2 S. 2 2. HS sind die in **Heimarbeit** tätigen Personen ebenfalls als arbeitnehmerähnlich iSd Urlaubsrechts einzustufen, für die jedoch abschließend die spezielle urlaubsrechtliche Regelung des § 12 Anwendung findet (vgl. insoweit die Kommentierung zu § 12). Auch für die Dauer eines **faktischen Arbeitsverhältnisses** entsteht ein Urlaubsanspruch, der bei Beendigung ggf. abzugelten ist (*Dersch/Neumann*, § 2 Rn. 14 mwN). **15**

Die Vorschrift des § 2 ist als Kernvorschrift des Urlaubsrechts absolut **unabdingbar** (vgl. § 13 Abs. 1 S. 1). **16**

§ 3
Dauer des Urlaubs

(1) **Der Urlaub beträgt jährlich mindestens 24 Werktage**

(2) **Als Werktage gelten alle Kalendertage, die nicht Sonn- oder gesetzliche Feiertage sind.**

Übersicht

	Rn.		Rn.
I. Mindesturlaubsdauer	1	II. Der Begriff des Werktages	44
1. Allgemeines	1 – 3	1. Allgemeines	44 – 46
2. Besondere Arbeitnehmergruppen	4	2. Sonn- und Feiertage	47 – 49
a) Jugendliche	4 – 7	3. Arbeitsfreie Tage aus bestimmten Anlässen	50 – 57
b) Grundwehr-/ Zivildienstleistende	8 – 16	4. Bisherige Sonderregelungen in den neuen Bundesländern	58 – 60
c) Schwerbehinderte	17 – 26		
d) Seeleute	27 – 34		
e) Erziehungsurlaubsberechtigte	35 – 37		
f) Teilzeitbeschäftigte	38 – 43		

I. Mindesturlaubsdauer

1. Allgemeines

1 Der **Mindesturlaubsanspruch** der unter das BUrlG fallenden Beschäftigten beträgt seit dem 1. 1. 1995 in jedem Kalenderjahr **24 Werktage**. Dieser Anspruch kann weder durch Einzelarbeits- noch durch Tarifvertrag zum Nachteil des Arbeitnehmers abbedungen, insbesondere **nicht verkürzt** werden (vgl. § 13 Abs. 1 S. 1). Regelmäßig sehen Tarifverträge einen höheren Jahresurlaub vor, gestaffelt nach Lebensjahren und Dauer der Betriebszugehörigkeit. Im Jahre 1990 hatte jeder Arbeitnehmer im Bereich der alten Bundesländer statistisch gesehen einen durchschnittlichen Jahresurlaub von 31 Urlaubstagen (zur Entwicklung des tariflichen Urlaubs vgl. *Dersch/Neumann*, § 3 Rn. 2 f.).

2 In den **neuen Bundesländern** und im Gebiet des **ehemaligen Ost-Berlin** galt lt. EinigV (BGBl. II S. 889, 1020 – Anlage I – Sachgebiet A – Abschnitt III – Ziff. 5) bis zum 31. Dezember 1994 eine abweichende Fassung des § 3, wonach der Urlaub jährlich mindestens 20 Arbeitstage

betrug, ausgehend von fünf Arbeitstagen je Woche. Diese Regelung im EinigV stellte nicht nur eine Verbesserung gegenüber § 3 bezüglich der Anzahl der Urlaubstage dar, sondern verbesserte auch die rechtliche Situation der Arbeitnehmer in den neuen Bundesländern und dem ehemaligen Ost-Berlin, insbesondere bezüglich der anzurechnenden Werktage. In den alten Bundesländern galt – und gilt, nunmehr **einheitlich**, immer noch – demgegenüber grundsätzlich die Sechstagewoche. Bis zum 31. Dezember 1994 bestand demzufolge in Ost und West eine unterschiedliche Rechtslage, weil der Mindesturlaub in den neuen Bundesländern die Arbeitnehmer in den neuen Bundesländern besserstellte, weil der Mindesturlaub in den neuen Bundesländern jedenfalls vier Wochen betrug (gegenüber drei Wochen in den alten Ländern, vgl. § 3 Abs. 2). Diese unterschiedliche Rechtslage wurde zum 1. Januar 1995 durch Art. 2 iVm Art. 21 ArbZRG vom 6. 6. 1994 (BGBl. I S. 1170) beseitigt. Ab dem genannten Zeitpunkt beträgt der Mindesturlaubsanspruch für alle Arbeitnehmer einheitlich 24 Werktage bei Geltung der Sechstagewoche (vgl. § 3 Abs. 2). Damit kommen also nunmehr auch die Arbeitnehmer in den alten Bundesländern in den Genuß von vier Wochen Mindesturlaub im Jahr.

Teilt der Arbeitgeber dem Arbeitnehmer in einer Lohnabrechnung die Zahl der noch nicht verbrauchten Urlaubstage mit, wie dies heutzutage häufig bei automatisierten Abrechnungsverfahren geschieht, kann darin ein bestätigendes **Schuldanerkenntnis** mit der rechtlichen Konsequenz zu sehen sein, daß dem Arbeitgeber Einwendungen dahingehend verwehrt sind, er schulde den Urlaub in dieser Höhe nicht (*BAG* vom 10. 3. 1987, BB 1987, 1814). Gibt der Arbeitgeber monatlich mit der Gehaltsabrechnung einen mittels EDV erstellten Abrechnungsbogen heraus, der außer der Gehaltsabrechnung auch sonstige das Arbeitsverhältnis betreffende Daten beinhaltet, wie beispielsweise die über Jahre hinweg nicht gewährten Urlaubstage, kann dies für sich allein allerdings noch nicht als Anerkenntnis des Arbeitgebers gewertet werden, den Urlaub unter Abweichung der gesetzlichen **Bindung an das Urlaubsjahr** zu gewähren (*LAG Köln* vom 9. 10. 1986, LAGE § 7 BUrlG Nr. 15). 3

2. Besondere Arbeitnehmergruppen

a) Jugendliche

Abweichend von § 3 steht **Jugendlichen** bis zur Vollendung des 18. Lebensjahres gem. § 19 Abs. 2 JArbSchG – gestaffelt nach dem Lebensalter – ein Urlaubsanspruch von 25 bis 30 Werktagen zu. Das JArbSchG gilt nach seinem § 1 Abs. 1 für alle Personen, die noch keine achtzehn Jahre alt sind, und die in der Berufsausbildung stehen oder als Arbeitnehmer bzw. Heimarbeiter oder mit sonstigen Dienstleistungen, die der Arbeitsleistung von Arbeitnehmern oder Heimarbeitern ähnlich sind, 4

§ 3 *Dauer des Urlaubs*

oder in einem der Berufsausbildung ähnlichen Ausbildungsverhältnis beschäftigt sind.

5 Der maßgebliche **Stichtag** für die Bestimmung der Dauer des Urlaubs des Jugendlichen ist der 1. Januar eines Kalenderjahres und nicht das Datum des Eintritt in den Betrieb. Für die Anwendung des § 19 JArbSchG als lex specialis gegenüber § 3 und ebenso für die Urlaubsdauer des Jugendlichen kommt es folglich darauf an, daß er zu Beginn des Stichtages eine bestimmte Altergrenze noch nicht überschritten hat. Am 1. Januar Geborene erhalten damit in dem Jahr, in dem sie das 18. Lebensjahr vollenden, nicht mehr den Jugendurlaub, sondern den gesetzlichen Mindesturlaub nach § 3 Abs. 1 iHv 24 Werktagen (zur Berechnung des Alters im einzelnen vgl. *Zmarzlik/Anzinger*, § 19 Rn. 7). Auf diesen Stichtag ist auch dann abzustellen, wenn das Urlaubsjahr gem. § 19 Abs. 4 S. 1 JArbSchG iVm. § 13 Abs. 3 vom Kalenderjahr abweicht. § 19 Abs. 3 S. 1 JArbSchG schreibt als Sollvorschrift vor, daß der Urlaub **Berufsschülern** in der Zeit der Berufsschulferien gewährt wird. Der Arbeitgeber hat diese Vorschrift bei der zeitlichen Festlegung des Urlaubs nach § 7 Abs. 1 zu berücksichtigen.

6 Bewilligt der Arbeitgeber den Urlaub entgegen § 19 Abs. 3 S. 1 JArbSchG nicht in der Zeit der **Berufsschulferien**, muß er gem. § 19 Abs. 3 S. 2 JArbSchG dem Jugendlichen für jeden Berufsschultag, an dem die Berufsschule während des Urlaubs besucht wird, einen weiteren Urlaubstag gewähren. Voraussetzung insoweit ist aber, daß der Jugendliche am Berufsschulunterricht auch tatsächlich teilgenommen hat (*Zmarzlik/Anzinger*, § 19 Rn. 12 ff.).

7 Im übrigen gelten gem. § 19 Abs. 4 S. 1 JArbSchG für den Urlaub Jugendlicher § 3 Abs. 2, §§ 4 bis 12 und § 13 Abs. 3. § 13 Abs. 1 und 2 findet also keine Anwendung, mit der Folge, daß – abgesehen von § 19 Abs. 4 S. 1 JArbSchG iVm § 13 Abs. 3 – nur **zugunsten** des jugendlichen Arbeitnehmers von den gesetzlichen Vorschriften **abgewichen** werden kann. Lediglich für jugendliche Heimarbeiter gilt abweichend von § 12 Nr. 1 die Sonderreglung in § 19 Abs. 4 S. 2 JArbSchG, die für den gesamten persönlichen Geltungsbereich des § 12 Geltung hat. Eine Verkürzung des Urlaubsanspruchs für Jugendliche aus § 19 Abs. 2 JArbSchG ist unter engen Voraussetzungen bei einer Einberufung zum **Grundwehrdienst** gem. § 4 Abs. 4 ArbPlSchG und **Zivildienst** gem. § 4 Abs. 4 ArbPlSchG iVm § 78 Abs. 1 Nr. 1 ZDG sowie bei der Inanspruchnahme von **Erziehungsurlaub** gem. § 17 Abs. 1 S. 1 BErzGG möglich (vgl. hierzu *Zmarzlik/Anzinger*, § 19 Rn. 9b f.).

b) Grundwehr-/Zivildienstleistende

8 Arbeitnehmer, die den **Grundwehrdienst** ableisten, müssen mit Auswirkungen auf den Urlaub rechnen. Gem. § 1 ArbPlSchG (BGBl. I, 425,

Mindesturlaubsdauer § 3

zuletzt geändert durch Gesetz vom 6. 12. 1990 – BGBl. I, 2588) ruht das Arbeitverhältnis während dieser Zeit. Hinsichtlich des Urlaubs ist § 4 **ArbPlSchG** zu beachten, der gem. **§ 78 ZDG** auch bei Ableistung des **Zivildienstes** gilt.

Nach § 4 Abs. 1 ArbPlSchG ist der Arbeitgeber berechtigt, den Erholungsurlaub, der dem Arbeitnehmer für ein Urlaubsjahr aus dem Arbeitsverhältnis zusteht, für jeden vollen Kalendermonat, den der Arbeitnehmer Grundwehr-/Zivildienst leistet, um ein Zwölftel zu **kürzen**. Hierbei handelt es sich um eine **Kannvorschrift**, so daß es dem Arbeitgeber vorbehalten bleibt, ob er die Zwölftelung vornehmen oder dem Arbeitnehmer den vollen Urlaub gewähren will. Bei der Ausübung seines Ermessens hat der Arbeitgeber den **Gleichbehandlungsgrundsatz** zu beachten (*Dersch/Neumann*, Anhang I § 4 ArbPlSchG Rn. 2 mwN). Regelmäßig wird der Arbeitgeber von seiner diesbezüglichen Kürzungsbefugnis Gebrauch machen, weil dem Arbeitnehmer nach § 4 Abs. 6 ArbPlSchG für die Dauer des Grundwehrdienstes ein Urlaubsanspruch nach den Urlaubsvorschriften für Soldaten erwächst. 9

Die Kürzung des Urlaubs ist mit der Maßgabe vorzunehmen, daß zunächst der **Vollurlaub** des Arbeitnehmers ohne Berücksichtigung des Grundwehr-/Zivildienstes in dem betreffenden Urlaubsjahr ermittelt wird; sodann sind die **Zwölftelanteile** für die vollen Kalendermonate des Grundwehr-/Zivildienstes **abzuziehen**. Abzustellen ist dabei jeweils auf das Urlaubsjahr. Wird der Arbeitnehmer zB am 1. Januar eines Kalenderjahres zum Grundwehr-/Zivildienst eingezogen, und dauert dieser das gesamte Kalenderjahr an, steht dem Arbeitnehmer überhaupt kein Erholungsurlaub aus dem Arbeitsverhältnis zu. Beginnt oder endet der Grundwehr-/Zivildienst im Laufe des Kalenderjahres, ist für das betreffende Kalenderjahr die Kürzung zu berechnen. Hierbei ist für die Berechnung derjenige Tag maßgeblich, zu dem der Arbeitnehmer einberufen wird, also nicht der Tag des Dienstantritts (*BAG* vom 14. 11. 1963, BB 1964, 223). Es ist dem Arbeitgeber bei Berechnung der Kürzung verwehrt, Teile von Kalendermonaten, die sich am Anfang oder Ende des Grundwehr-/Zivildienstes ergeben, zu vollen Kalendermonaten zusammenzuziehen. 10

Die Kürzungsbefugnis des Arbeitgebers bezieht sich auf den gesamten dem Arbeitnehmer zustehenden Urlaub, also nicht nur auf den gesetzlichen **Mindesturlaub**, sondern auch auf tariflich oder arbeitsvertraglich vereinbarten **Mehrurlaub** und auf etwaigen sonstigen **Zusatzurlaub** (*Dersch/Neumann*, Anhang I § 4 ArbPlSchG Rn. 7 mwN). 11

Gem. § 4 Abs. 1 S. 2 ist dem Arbeitnehmer der ihm zustehende Urlaub auf Verlangen **regelmäßig vor Beginn** des Grundwehr-/Zivildienstes zu gewähren. Dem Arbeitgeber bleibt allerdings das Direktionsrecht aus § 7 erhalten, den Urlaubszeitpunkt festzulegen. Zu gewährleisten ist jedoch, 12

§ 3 *Dauer des Urlaubs*

daß der Arbeitnehmer den ihm – ggf. gekürzt – zustehenden Urlaub zusammenhängend vor Antritt des Grundwehr-/Zivildienstes in Anspruch nehmen kann. Entgegen § 7 Abs. 1 S. 1 darf der Arbeitgeber den Urlaub nicht wegen dringender betrieblicher Belange verweigern. Er kann allenfalls – wenn betriebliche Belange entgegenstehen – den Urlaub in der Zeit vor dem Grundwehr-/Zivildienst anders legen, zB in der Weise, daß der Urlaub schon eine gewisse Zeit vorher endet. Für diese Ansicht spricht der klare Gesetzeswortlaut des § 4 Abs. 1 S. 2, wonach dem Arbeitnehmer der Urlaub „auf Verlangen" zu gewähren „ist" (wie hier *Dersch/Neumann,* Anhang I § 4 ArbPlSchG Rn. 9). In absoluten **Ausnahmesituationen**, in denen es für den Arbeitgeber völlig unzumutbar wäre, den Urlaub vor Antritt des Grundwehr-/Zivildienstes zu gewähren, wird man ihm das Recht zusprechen müssen, das Urlaubsverlangen des Arbeitnehmers zurückzuweisen und den Urlaub nachzugewähren oder im Falle der zwischenzeitlichen Beendigung des Arbeitsverhältnisses abzugelten (so auch *Dersch/Neumann,* Anhang I § 4 ArbPlSchG Rn. 10 mwN). Dies ergibt sich aus § 4 Abs. 2 und 3 ArbPlSchG, der expressis verbis auch diejenigen Fälle regelt, in denen der Urlaub vor Beginn des Grundwehr-/Zivildienstes nicht mehr abgewickelt werden konnte. Ein solcher Fall kann ausnahmsweise zB dann eintreten, wenn der Arbeitnehmer einen Nachfolger einarbeiten muß, weil ansonsten eine ordnungsgemäße Überleitung der Geschäfte nicht gewährleistet wäre.

13 Die Vorschrift des § 4 Abs. 2 ArbPlSchG, wonach der Arbeitgeber den Resturlaub nach dem Grundwehr-/Zivildienst im laufenden im nächsten Urlaubsjahr zu gewähren hat, wenn der Arbeitnehmer den ihm zustehenden Urlaub – egal aus welchen Gründen – vor seiner Einberufung nicht oder nicht vollständig erhalten hatte, stellt gegenüber § 7 Abs. 3 die speziellere Vorschrift dar. § 4 Abs. 2 ArbPlSchG bedeutet daher gegenüber § 7 Abs. 3 eine **verlängerte Übertragungsmöglichkeit**. Danach ist dem Arbeitnehmer der Urlaub, der ihm im Urlaubsjahr des Beginns des Grundwehr-/Zivildienstes nicht gewährt worden ist, in dem Urlaubsjahr zu gewähren, in dem er aus dem Grundwehr-/Zivildienst zurückkehrt, oder im darauf folgenden Jahr, und zwar ohne die Beschränkung des § 7 Abs. 3 auf das erste Quartal des Folgejahres.

14 Gem. § 4 Abs. 3 ArbPlSchG ist der noch nicht gewährte Urlaub **abzugelten**, wenn das Arbeitsverhältnis während des Grundwehr-/Zivildienstes endet oder im Anschluß daran nicht fortgesetzt wird. Als Beendigungsgründe kommen Aufhebungsverträge, wirksame Befristungen oder Kündigungen nach § 2 ArbPlSchG in Betracht. Die Urlaubsabgeltung ist in diesen Fällen mit Beendigung des Arbeitsverhältnisses fällig, im Falle nicht erfolgter Fortsetzung des Arbeitsverhältnisses also mit dem Ende des Grundwehr-/Zivildienstes.

15 Hatte der Arbeitnehmer vor seiner Einberufung mehr Urlaub erhalten, als ihm nach § 4 Abs. 1 ArbPlSchG zustand, ist der Arbeitgeber gem. § 4

Mindesturlaubsdauer § 3

Abs. 4 ArbPlSchG befugt, denjenigen Teil des Urlaubs, der dem Arbeitnehmer nach Beendigung des Grundwehr-/Zivildienstes zusteht, um den zuviel gewährten Urlaubsanteil zu **kürzen**, was regelmäßig bei dem nächsten Erholungsurlaub zu berücksichtigen sein wird. Diese nachträgliche Kürzungsmöglichkeit besteht insbesondere auch dann, wenn dem Arbeitgeber – in Kenntnis der Kürzungsbefugnis – eine Kürzung auch schon vor Bewilligung des Urlaubs möglich gewesen wäre. Insoweit kann aber ausnahmsweise etwas anderes gelten, wenn sich aus den Gesamtumständen ergibt, daß der Arbeitgeber auf sein Kürzungsrecht verzichten wollte.

Gem. § 4 Abs. 5 ArbPlSchG steht dem Arbeitnehmer der volle Jahresurlaub zu, wenn er zu einer **Wehrübung** einberufen wird. § 4 Abs. 5 S. 2 ArbPlSchG erklärt ausdrücklich § 4 Abs. 1 S. 2 ArbPlSchG für anwendbar, so daß der Arbeitnehmer bei Einberufung zu einer Wehrübung den ihm zustehenden Urlaub vor Beginn der Wehrübung verlangen kann. Wehrübungen von nicht länger als dreitägiger Dauer haben keinen Einfluß auf den Erholungsurlaub (vgl. § 11 ArbPlSchG). **16**

c) Schwerbehinderte

Gem. § 47 SchwbG haben **Schwerbehinderte** einen Anspruch auf einen jährlichen **Zusatzurlaub** von **fünf Arbeitstagen**. Der Anspruch auf fünf Arbeitstage Zusatzurlaub bedeutet für den schwerbehinderten Arbeitnehmer eine Arbeitswoche. Der Begriff des Arbeitstages in § 47 SchwbG ist dabei nicht betriebs-, sondern personenbezogen zu verstehen. Damit kommt es für den Zusatzurlaub nicht auf die regelmäßige betriebliche Arbeitszeit, sondern ausschließlich auf die regelmäßige individuelle Arbeitszeit des Schwerbehinderten an. Arbeitet der Schwerbehinderte also regelmäßig sechs Tage pro Woche, erhält er sechs Tage Zusatzurlaub pro Jahr; arbeitet er nur drei Tage in der Woche, stehen ihm drei Tage Zusatzurlaub im Jahr zu (vgl. § 47 S. 1 2. HS SchwbG). Mit dieser Regelung soll erreicht werden, daß jeder Schwerbehinderte im Urlaubsjahr eine volle Woche Zusatzurlaub erhält (*Neumann/Pahlen*, § 47 Rn. 13; vgl. auch die Kommentierung zu § 3 für die teilzeitbeschäftigten schwerbehinderten Arbeitnehmer). **17**

Der Zusatzurlaub schwerbehinderter Arbeitnehmer gem. § 47 SchwbG ist nach den allgemeinen urlaubsrechtlichen Grundsätzen zu vergüten. Die Berechnung des **Urlaubsentgelts** richtet sich daher nach § 11. Ein Anspruch auf **Urlaubsgeld** für den Zusatzurlaub Schwerbehinderter besteht nur, wenn dies vereinbart worden ist (vgl. auch die Kommentierung zu § 11). Soweit eine tarifliche Regelung für die Urlaubsdauer auf das SchwbG Bezug nimmt und ein zusätzliches Urlaubsgeld vorsieht, das neben dem Urlaubsentgelt zu zahlen ist, kann der Schwerbehinderte auch für den ihm zustehenden Zusatzurlaub Urlaubsgeld beanspruchen. Ist **18**

§ 3 *Dauer des Urlaubs*

allerdings im Tarifvertrag der Anspruch auf zusätzliches Urlaubsgeld auf die **tariflich** festgelegte Urlaubsdauer begrenzt, scheidet ein Anspruch auf Urlaubsgeld für den Zusatzurlaub aus (*BAG* vom 30. 7. 1986, BB 1986, 2337).

19 Unter den Geltungsbereich des § 47 SchwbG fallen gem. § 1 SchwbG alle körperlich, geistig oder seelisch behinderten Personen mit einem **Grad der Behinderung** von mindestens **50 v. H.** Unerheblich für den Anspruch auf Zusatzurlaub ist, ob die Behinderung behördlich anerkannt ist (*Schaub*, S. 1344 ff.), und ob der Arbeitgeber von der Schwerbehinderteneigenschaft des Arbeitnehmers Kenntnis hat (*Neumann/Pahlen*, § 47 Rn. 9). Einem behördlichen Anerkennungsbescheid kommt lediglich deklaratorische Wirkung zu. Im gegenteiligen Fall der Zunahme der Erwerbsfähigkeit erlischt allerdings die Schwerbehinderteneigenschaft nicht automatisch. Insoweit gilt § 38 Abs. 1 2. HS SchwbG, wonach der gesetzliche Schutz Schwerbehinderter erst am Ende des dritten Kalendermonats nach Eintritt der Unanfechtbarkeit des die Verringerung feststellenden Bescheides für den Fall wegfällt, daß sich der Behinderungsgrad auf weniger als 50% verringert. Nicht erforderlich ist, daß der Schwerbehinderte eine Sozialrente bezieht.

20 Der schwerbehinderte Arbeitnehmer muß den Zusatzurlaub gegenüber dem Arbeitgeber **geltend machen**, weil der diesbezügliche Anspruch ansonsten nach Ablauf des Urlaubsjahres erlischt (*BAG* vom 21. 2. 1995, BB 1995, 520; *Schaub*, S. 1345). Hat der Schwerbehinderte den Zusatzurlaub in der vom Gesetz oder einem Tarifvertrag vorgesehenen Weise geltend gemacht, war aber zunächst noch die Schwerbehinderteneigenschaft im Streit, ist der Arbeitgeber zur Nachgewährung des Zusatzurlaubs und im Falle der Beendigung des Arbeitsverhältnisses zur Urlaubsabgeltung verpflichtet. Voraussetzung ist aber, daß der schwerbehinderte Arbeitnehmer den Zusatzurlaub in der erforderlichen Weise beansprucht hat, auch wenn die Schwerbehinderteneigenschaft noch nicht behördlich festgestellt ist, weil der Anspruch auf Zusatzurlaub ansonsten ebenso wie der gesetzliche Mindesturlaub mit Ablauf des Urlaubsjahres erlischt. Eine vorsorgliche Geltendmachung, etwa in der Form der Mitteilung der Antragstellung bei der Behörde, reicht in diesem Zusammenhang nicht aus (*BAG* vom 26. 6. 1986, BB 1986, 2337). Hatte der Schwerbehinderte den Zusatzurlaub beim Arbeitgeber nicht ordnungsgemäß geltend gemacht, wird dieser Mangel nicht durch die nachträgliche und rückwirkende behördliche Feststellung der Schwerbehinderteneigenschaft geheilt.

21 Gem. § 2 Abs. 2 SchwbG haben **Gleichgestellte** keinen Anspruch auf Zusatzurlaub (*Dersch/Neumann*, § 15 Rn. 27 und Anh. II Rn. 10; *Neumann/Pahlen*, § 47 Rn. 4). Zwar können solche Personen, die weniger als 50%, jedoch mindestens 30% erwerbsgemindert sind, auf Antrag vom Arbeitsamt Schwerbehinderten gleichgestellt werden; allerdings hat

Mindesturlaubsdauer § 3

diese Gleichstellung nach der ausdrücklichen Regelung des § 2 Abs. 2 SchwbG keine Auswirkungen auf den Zusatzurlaub nach § 47 SchwbG. Auch derjenige Personenkreis, dessen Einstellung auf Pflichtarbeitsplätze für Schwerbehinderte angerechnet wird (zB Inhaber von Bergmannsversorgungsscheinen, vgl. § 9 Abs. 4 SchwbG), hat keinen Anspruch auf Zusatzurlaub. Der Zusatzurlaub Schwerbehinderter unterliegt sowohl in seiner Entstehung als auch in seinem Wegfall grundsätzlich den entsprechenden gesetzlichen Vorschriften über den Erholungsurlaub nach dem BUrlG (*Neumann/Pahlen*, § 47 Rn. 10). Insbesondere läßt § 49 SchwbG den Zusatzanspruch ausdrücklich auch für Schwerbehinderte entstehen, die in **Heimarbeit** tätig sind.

Tritt die Schwerbehinderteneigenschaft im laufenden Urlaubsjahr ein **22** oder wird der Schutz nach § 39 SchwbG zeitweilig entzogen, kann es zu einer entsprechenden **Minderung des Zusatzurlaubes** kommen (wegen der grundsätzlichen Problematik des Teilurlaubs vgl. die Kommentierung zu § 5). In einem solchen Fall entsteht der **Grund**urlaub allerdings in voller Höhe.

Der Zusatzurlaub für schwerbehinderte Arbeitnehmer nach § 47 SchwbG **23** ist vom Grundurlaub **akzessorisch**. Dies bedeutet zunächst, daß der Zusatzurlaub nur insoweit entsteht, als dem Schwerbehinderten ein Grundurlaubsanspruch erwachsen ist. Damit ist Voraussetzung für den vollen Anspruch auf Zusatzurlaub u. a. der Ablauf der Wartezeit nach § 4. Geltung hat dies auch für die Gewährung von Teilurlaub nach § 5 mit der Folge, daß bei Teilgrundurlaub auch nur ein anteiliger Zusatzurlaub nach § 47 SchwbG erwächst (*BAG* vom 18. 10. 1957, BB 1957, 1221). Hierbei ist von dem Gesamturlaubsanspruch des Schwerbehinderten auszugehen. Grund- und Zusatzurlaub werden deshalb zusammengezählt, um davon nach dem Zwölftelungsprinzip (vgl. hierzu die Kommentierung zu § 5) den Teilurlaubsanspruch zu errechnen (*GK-BUrlG/Bleistein*, § 47 SchwbG Rn. 17). Das BAG hat zur Frage der **Zwölftelung** iS eines **Teilzusatzurlaubes** jüngst in vier Revisionsverfahren entschieden, daß der Anspruch auf vollen Zusatzurlaub mit der Schwerbehinderung entsteht, ohne daß es darauf ankäme, zu welchem Zeitpunkt die Schwerbehinderteneigenschaft von der zuständigen Behörde festgestellt worden ist. Nach der Rechtsprechung des BAG ergänzt der Zusatzurlaub nach § 47 SchwbG den gesetzlichen oder tariflichen Anspruch auf Erholungsurlaub, mit der Konsequenz, daß eine **Zwölftelung** als Teilzusatzurlaub nur im **Ein- und Austrittjahr** in Betracht kommt (*BAG* jeweils vom 21. 2. 1995, BB 1995, 520).

Eine **Besonderheit** ist gem. § 47 S. 1 2. HS SchwbG für **teilzeit- 24 beschäftigte** Schwerbehinderte zu beachten. Nach dieser gesetzlichen Vorschrift erhöht oder vermindert sich der Zusatzurlaub entsprechend, wenn sich die regelmäßige Arbeitszeit des Schwerbehinderten auf mehr oder weniger als fünf Arbeitstage pro Kalenderwoche verteilt. Dies hat

§ 3 *Dauer des Urlaubs*

bei der Urlaubsberechnung zur Folge, daß zunächst der Anspruch des Schwerbehinderten auf gesetzlichen Grundurlaub ermittelt wird; sodann muß der anteilige Zusatzurlaub getrennt errechnet und zum Grundurlaub addiert werden. Auch der Gesamturlaubsanspruch eines **teilzeitbeschäftigten** schwerbehinderten Arbeitnehmers, dessen Arbeitsverhältnis unter den Geltungsbereich des **BAT** fällt, ist umfangmäßig ebenfalls getrennt nach tariflichem Grundurlaub und gesetzlichem Zusatzurlaub zu ermitteln. Ergeben sich bei der Berechnung des Zusatzurlaubes nach § 47 SchwbG **Bruchteile** eines Urlaubstages, ist weder eine Auf- noch eine Abrundung auf volle Urlaubstage vorzunehmen, es sei denn, die Voraussetzungen des § 5 Abs. 1 lit. a) bis c) lägen vor (*BAG* vom 31. 5. 1990, BB 1990, 2408; vgl. auch *BAG* vom 22. 10. 1991, BB 1992, 1215).

25 Der gesetzliche Zusatzurlaub Schwerbehinderter nach § 47 SchwbG ist zum Nachteil des schwerbehinderten Arbeitnehmers **nicht abänderbar**. Auch den Tarifvertragsparteien fehlt die Befugnis, § 47 SchwbG zu ändern, weil der Umfang des gesetzlichen Zusatzurlaubes nach § 47 SchwbG – ebenso wie der Umfang des gesetzlichen Mindesturlaubes nach § 3 – **zwingendes Recht** darstellt, das der Dispositionsbefugnis der Arbeits- bzw. Tarifvertragsparteien entzogen ist (*BAG* vom 8. 3. 1994, BB 1994, 649, 1224). Damit bleibt insbesondere der gesetzliche Zusatzurlaub nach § 47 SchwbG von einer tarifvertraglichen Zwölftelungsregelung (in Anlehnung an die gesetzlichen Vorschriften über den Teilurlaub nach § 5) unberührt. Entsprechende tarifvertragliche Normen – wie etwa § 48 BAT – beinhalten also lediglich eine Regelung für den **tariflichen** Zusatzurlaub. Demgemäß ist der Zusatzurlaub eines schwerbehinderten Arbeitnehmers, auf dessen Arbeitsverhältnis zB der BAT oder der BMT-G II anzuwenden ist, ausschließlich nach § 47 SchwbG zu berechnen. Hierbei sind Bruchteile der nach § 47 SchwbG ermittelten Urlaubstage nur dann aufzurunden, wenn die Voraussetzungen von § 5 Abs. 1 lit. a) bis c) vorliegen. Dies bedeutet gleichzeitig, daß eine Abrundung nicht stattfindet, sondern daß Bruchteile von Urlaubstagen, die weniger als $^1/_2$ betragen, anteilig zu gewähren sind (*BAG* vom 22. 10. 1991, BB 1992, 1215; vgl. auch *BAG* vom 31. 5. 1990, BB 1990, 2408).

26 In **Bayern** haben private Arbeitgeber sowie Gemeinden (Gemeindeverbände) und sonstige Körperschaften des öffentlichen Rechts gegen das Land einen Anspruch auf Erstattung derjenigen zusätzlichen Lohn- und Gehaltsaufwendungen, die dem Arbeitgeber für den Zusatzurlaub Schwerbehinderter entstehen, soweit der Arbeitgeber schwerbehinderte Arbeitnehmer über den in § 5 SchwbG genannten Pflichtsatz hinaus beschäftigt (Gesetz über die Erstattung der Kosten des Schwerbeschädigtenurlaubs vom 18. 5. 1951 m. spät. Änderungen, GVBl. 1951, 51; 1954, 309; 1971, 198).

d) Seeleute

Der Urlaub der **Seeleute** ist in §§ 53 ff. SeemannG (BGBl. II, 713) geregelt. Für Seeleute findet das BUrlG mit Ausnahme der Vorschriften über den gesetzlichen Mindesturlaub keine Anwendung, es sei denn, das SeemannG hätte keine Regelungen getroffen. Dann gilt nach § 15 Abs. 1 das BUrlG subsidiär (zur Konkurrenz der gesetzlichen Vorschriften vgl. *BAG* vom 24. 8. 1989, DB 1990, 1666). Zu dem Personenkreis der Seeleute (Besatzungsmitglieder) zählen Schiffsoffiziere, sonstige Angestellte, Schiffsleute und gem. § 78 SeemannG die Kapitäne (mit der Ausnahmeregelung des § 61 SeemannG betreffend den Landgang). 27

Gem. § 53 SeemannG hat das Besatzungsmitglied für jedes **Beschäftigungsjahr** Anspruch auf bezahlten Urlaub. Das Urlaubsjahr für Seeleute ist damit in Abweichung von § 1 nicht das Kalenderjahr, sondern das Beschäftigungsjahr beim Reeder. **Stichtag** für dessen Beginn ist der **Beginn des Heuerverhältnisses**. Demgemäß sind Urlaubsansprüche der Seeleute nach dem SeemannG während des Beschäftigungsjahrs zu erfüllen; nach dessen Ablauf erlöschen sie. Eine Übertragung des Urlaubs, also eine Urlaubsgewährung nach Ablauf des Beschäftigungsjahres, kommt nur bei Vorliegen der in § 55 SeemannG genannten betrieblichen Gründe in Betracht (*BAG* vom 19. 1. 1993, BB 1993, 1368). 28

Bezüglich der **Urlaubsdauer** bestimmt § 54 SeemannG, daß der Urlaub **angemessen** sein muß. Da § 53 Abs. 2 SemmannG zugleich § 3 für anwendbar erklärt, haben Seeleute aber in jedem Fall Anspruch auf einen jährlichen Mindesturlaub von 24 Werktagen. Bei der Festsetzung des Urlaubs ist die Dauer der Beschäftigung bei demselben Reeder zu berücksichtigen. Für **jugendliche** Seeleute sieht § 54 Abs. 2 eine vom Lebensalter abhängige Staffelung hinsichtlich des Mindesturlaubs vor. Auch insoweit wird an das Beschäftigungsjahr, nicht an das Kalenderjahr angeknüpft. Gem § 8 SeemannG gilt als Jugendlicher, wer das 14., aber noch nicht das 18. Lebensjahr vollendet hat. 29

Die **Urlaubsgewährung** erfolgt gem. § 55 Abs. 1 SeemannG durch den Reeder oder Kapitän. Diese haben die Wünsche des Arbeitnehmers „tunlichst" zu berücksichtigen. Hiermit wird zum Ausdruck gebracht, daß für die Urlaubsbestimmung zunächst allein das Direktionsrecht des Reeders maßgeblich ist, das lediglich durch solche Wünsche des Arbeitnehmers eingeschränkt wird, die nach den betrieblichen Belangen Berücksichtigung finden können. Entgegen § 7 hat damit das Besatzungsmitglied keine bestimmten Ansprüche auf Festlegung des Urlaubs (*Dersch/Neumann,* Anhang VI § 55 SeemannG Rn. 16). Der Urlaub ist im Geltungsbereich des Grundgesetzes zu gewähren, wenn nicht auf Verlangen des Arbeitnehmers etwas anderes vereinbart worden ist. Der Urlaub ist weiterhin nach Möglichkeit zusammenhängend und bis zum Schluß des Beschäftigungsjahres zu bewilligen. Sofern betriebliche Gründe, 30

§ 3 *Dauer des Urlaubs*

insbesondere längere Schiffsreisen es erfordern, kann der Urlaub für zwei Beschäftigungsjahre zusammen gegeben werden. Hierunter sind auch mehrere ununterbrochene aufeinanderfolgende Reisen des Schiffs zu verstehen. In einem solchen Fall kann der Urlaub sowohl im voraus im ersten Beschäftigungsjahr gewährt oder aber auch in das zweite Beschäftigungsjahr übertragen werden (*Dersch/Neumann,* Anhang VI § 55 SeemannG Rn. 20 f. mwN).

31 Diese Möglichkeit der Zusammenfassung von Urlaubsansprüchen gem. § 55 Abs. 2 SeemannG stellt eine vom BUrlG abweichende besondere Form der **Urlaubsübertragung** dar. Eine weitere vom BUrlG abweichende Möglichkeit der Übertragung ergibt sich aus § 55 Abs. 3 SeemannG. Danach ist dem Besatzungsmitglied nach zweijähriger, Jugendlichen schon nach einjähriger Abwesenheit vom letzten Hafen im Geltungsbereich des Grundgesetzes auf Verlangen der bis dahin erworbene Urlaub zu gewähren. Diese Fristen können bis zu drei Monaten überschritten werden, wenn das Schiff innerhalb dieser Zeit einen europäischen Hafen anläuft. Die Befristungs- und Übertragungsbestimmungen des BUrlG sind damit auf Heuerverhältnisse nicht anwendbar. Urlaubsansprüche nach dem MTV-See vom 17. 4. 1986 sind demgegenüber nicht befristet und können auch noch nach Ablauf des Beschäftigungsjahres durchgesetzt werden. Nach dem MTV-See verlängert sich das Heuerverhältnis eines Seemanns von selbst um die Zeit des noch nicht gewährten Urlaubs, allerdings längstens bis zu dem Zeitpunkt, zu dem der Seemann ein Studium oder einen Schulbesuch antritt oder ein neues Heuer- oder anderweitiges Arbeitsverhältnis eingeht (*BAG* vom 19. 1. 1993, BB 1993, 1368).

32 Eine Besonderheit enthält das SeemannG auch hinsichtlich der **Berechnung des Urlaubsentgelts**. Gem. § 57 SeemannG ist als Urlaubsentgelt die Heuer fortzuzahlen, so daß der Arbeitnehmer denjenigen Betrag während des Urlaubs erhält, den er auch bei Weiterarbeit bezogen hätte. Im Gegensatz zu § 11 gilt somit das **Lohnausfallprinzip**. Abweichungen hiervon, insbesondere eine Berechnung der Urlaubsvergütung nach der Bezugsmethode, sind unzulässig und können auch nicht durch Tarifvertrag vereinbart werden (*Dersch/Neumann,* Anhang VI SeemannG § 58 Rn. 36).

33 Die **Urlaubsabgeltung** ist gem. § 60 SeemannG in Anlehnung an § 7 Abs. 4 geregelt. Abweichend hiervon ist aber weiterhin erforderlich, daß eine Verlängerung des Heuerverhältnisses wegen Eingehung eines neuen Heuer- oder sonstigen Arbeitsverhältnisses nicht erfolgen kann.

34 Der **Landgang** nach § 61 SeemannG stellt eine besondere Art des Urlaubsanspruchs dar. Nach dieser Vorschrift hat das Besatzungsmitglied außerhalb der Hafenarbeitszeit Anspruch auf Landgang, soweit die Sicherheit des Schiffs und seine Abfahrtszeit es zulassen. Hiermit ist diejenige Freizeit gemeint, die auch jeder andere Arbeitnehmer nach Erfüllung seiner Arbeitspflicht erhält. Der Anspruch aus § 61 SeemannG besteht daher neben dem eigentlichen Anspruch auf Erholungsurlaub (*Dersch/Neumann*, Anhang VI § 61 SeemannG Rn. 56).

e) Erziehungsurlaubsberechtigte

Gem. § 15 Abs. 1 BErzGG haben Arbeitnehmer Anspruch auf **Erzie-** 35 **hungsurlaub**, wenn sie einen Anspruch auf Erziehungsgeld haben oder nur deshalb nicht haben, weil die Voraussetzungen nach § 1 Abs. 1 S. 2 BErzGG nicht vorliegen oder das Einkommen die Einkommensgrenze gem. § 6 BErzGG übersteigt. Die Rechtsgrundlage des Erziehungsurlaubs ist das Bundeserziehungsgeldgesetz vom 6. 12. 1985 (BGBl. I 1985, 2154) in der ab 1. 1. 1994 geltenden Fassung. **Der Erziehungsurlaub ist kein Erholungsurlaub.** Gleichwohl kann er Einfluß auf den Erholungsurlaub haben. Gem. § 17 BErzGG ist der Arbeitgeber berechtigt, den Erholungsurlaub, der dem Arbeitnehmer für das Urlaubsjahr aus dem Arbeitsverhältnis zusteht, für jeden vollen Kalendermonat, für den der Arbeitnehmer Erziehungsurlaub nimmt, um ein Zwölftel zu kürzen (§ 17 Abs. 1 S. 1 BErzGG). Nach § 17 Abs. 1 S. 2 BErzGG gilt dies dann nicht, wenn der Arbeitnehmer während des Erziehungsurlaubs **Teilzeitarbeit** leistet.

Der Arbeitgeber ist indessen nicht verpflichtet, dem Arbeitnehmer **vor** 36 Antritt des Erziehungsurlaubs mitzuteilen, daß er den Erholungsurlaub nach § 17 Abs. 1 S. 1 BErzGG anteilig kürzen will. Will der Arbeitgeber seine diesbezügliche Kürzungsbefugnis ausüben, ist lediglich eine empfangsbedürftige rechtsgeschäftliche Erklärung erforderlich, um den Anspruch auf Erholungsurlaub herabzusetzen. Insbesondere ist es ausreichend, daß dem Arbeitnehmer nur der gekürzte Urlaub gewährt wird oder ihm erkennbar ist, daß der Arbeitgeber von seiner Kürzungsmöglichkeit Gebrauch machen will. Weitere Voraussetzungen für eine Kürzung des Urlaubs bzw. – als dessen Surrogat – der Urlaubsabgeltung sind nicht gegeben; insbesondere ist die Wirksamkeit der Kürzungserklärung nicht darauf beschränkt, daß sie **vor** Antritt des Erziehungsurlaubs abgegeben wird (*BAG* vom 28. 7. 1992, BB 1992, 1562; vgl. auch die Kommentierung zu § 7).

Hatte der Arbeitnehmer den ihm zustehenden Urlaub vor dem Beginn des 37 Erziehungsurlaubs nicht oder nicht vollständig erhalten, muß der Arbeitgeber den **Resturlaub** nach dem Erziehungsurlaub im laufenden oder im nächsten Urlaubsjahr gewähren (§ 17 Abs. 2 BErzGG). Nicht gewährter Urlaub ist im Falle der Beendigung des Arbeitsverhältnisses abzugelten (§ 17 Abs. 3 BErzGG). Sofern der Arbeitnehmer vor Beginn des Erziehungsurlaubs **mehr Urlaub** erhalten hatte, als ihm nach § 17 BErzGG zustand, kann der Arbeitgeber den Urlaub, der dem Arbeitnehmer nach dem Ende des Erziehungsurlaubs zusteht, um die zuviel gewährten

Urlaubstage kürzen. Die Regelung des § 17 BErzGG ist an die Vorschrift des § 4 ArbPlSchG angelehnt, so daß auf die insoweitige Kommentierung zu § 3 verwiesen werden kann.

f) Teilzeitbeschäftigte

38 Ein **Teilzeitarbeitnehmer** hat denselben Urlaubsanspruch wie ein Vollzeitarbeitnehmer. Damit erlangen auch teilzeitbeschäftigte Arbeitnehmer einen jährlichen Mindesturlaubsanspruch von 24 Werktagen, also vier Wochen. Teilzeitbeschäftigte müssen sich jedoch auch diejenigen Werktage auf den Urlaub anrechnen lassen, an denen sie nicht arbeiten (*BAG* vom 27. 1. 1987, BB 1987, 1672; *BAG* vom 14. 1. 1992, BB 1992, 995; *BAG* vom 19. 4. 1994, BB 1994, 1569 f.). Um die „echten" Urlaubstage eines teilzeitbeschäftigten Arbeitnehmers zu ermitteln, muß daher die Anzahl der von ihm geleisteten Arbeitstage zu den Arbeitstagen der Vollzeitarbeitnehmer in Relation gesetzt werden (zur Berechnungsweise vgl. auch die folgende Rn.). Dies stellt letztlich eine Problematik der Errechnung des Urlaubsentgelts dar (vgl. hierzu des weiteren die Kommentierung zu § 11).

39 Enthält ein Tarif- oder Arbeitsvertrag keine Regelungen zur Ermittlung der „echten" Urlaubstage eines teilzeitbeschäftigten Arbeitnehmers, sind die für die vollzeitbeschäftigten Arbeitnehmer maßgebenden Arbeitstage und die Arbeitstage, an denen der teilzeitbeschäftigte Arbeitnehmer arbeitet, rechnerisch zueinander in **Relation** zu setzen (vgl. *BAG* vom 22. 10. 1991, DB 1993, 841 f.). Arbeiten beispielsweise die vollzeitbeschäftigten Arbeitnehmer eines Betriebes an sechs Tagen in der Woche und der teilzeitbeschäftigte Arbeitnehmer nur an zwei Tagen pro Woche, beträgt sein Urlaubsanspruch bei 30 Werktagen im Jahr 30 : 6 x 2 = 10 Urlaubstage. Bei einer geringeren Anzahl von Arbeitstagen pro Woche bei den vollzeitbeschäftigten Arbeitnehmern wäre mit dem entsprechenden Divisor zu rechnen.

40 Soweit sich bei dieser Ermittlung **Bruchteile von Arbeitstagen** ergeben, hat der Arbeitnehmer einen Anspruch auf Urlaubsgewährung in diesem Umfange, es sei denn, daß der Tarifvertrag etwas anderes vorschreibt (*BAG* vom 14. 2. 1991, BB 1991, 1789; zum Urlaubsanspruch einer teilzeitmäßig unbefristet beschäftigten studentischen Aushilfskraft vgl. *BAG* vom 23. 6. 1992, BB 1993, 144 f.). Die Tarifvertragsparteien sind dabei nicht gehindert, für **tarifliche** Urlaubsansprüche Abrundungsregelungen für Bruchteile von Urlaubstagen zu vereinbaren, soweit davon nicht der gesetzliche Mindesturlaub berührt wird (*BAG* vom 22. 10. 1991, DB 1993, 841 f.).

41 Der in **Werk**tagen vereinbarte vertragliche oder tarifliche Urlaubsanspruch eines **Vollzeit**arbeitnehmers, der im Rahmen eines **rollierenden betrieblichen Freizeitsystems** nicht an allen Werktagen in der Woche arbeitet, ist ebenfalls in **Arbeits**tage umzurechnen. Enthält der Tarifvertrag keine Umrechnungsregelung, sind die Arbeitstage zu den Werktagen rechnerisch zueinander in Relation zu setzen (*BAG* vom 14. 2. 1991, BB 1991, 1789; bestätigt von *BAG* vom 14. 1. 1992, BB 1992, 995; vgl. hierzu auch die eingehende Darstellung bei *GK-BUrlG/Bleistein*, § 3 Rn. 41 ff.), so daß letztlich eine Durchschnittverhältnisrechnung wie bei den Teilzeitbeschäftigten vorzunehmen ist (vgl. auch *Danne,* DB 1990, 1965 ff.). Insoweit hat das BAG auch jüngst – für den Bereich der nordrhein-westfälischen Metallindustrie – wieder entschieden, daß dann, wenn die wöchentliche Arbeitszeit eines Arbeitnehmers nicht auf fünf Kalendertage in der Woche verteilt ist, der tarifliche Urlaubsanspruch entsprechend der Arbeitsverpflichtung für die Woche umzurechnen ist. Ist darüber hinaus in einem **Schichtplan** bestimmt, daß die regelmäßige wöchentliche Arbeitszeit im Durchschnitt erst nach zwanzig Wochen erreicht wird, ist für die Umrechnung des nach Arbeitstagen bemessenen Urlaubsanspruches auf diesen Zeitraum abzustellen (*BAG* vom 3. 5. 1994, BB 1995, 311).

Sieht eine Betriebsvereinbarung für langjährig beschäftigte Arbeitneh- **42** mer zusätzlich zu dem in Werktagen bemessenen Tarifurlaub und unter Bezugnahme auf diesen einen **Treueurlaub** von drei Tagen vor, ist von einer Bemessung dieses Zusatzurlaubes ebenfalls nach Werktagen auszugehen. Dies hat zur Folge, daß dann, wenn die Arbeitszeit des Arbeitnehmers nicht auf alle Werktage der Woche verteilt ist, sowohl Grund- wie Mehrurlaub in Arbeitstage umzurechnen sind, wobei die Berechnung getrennt nach Grund- und Mehrurlaub zu erfolgen hat (*BAG* vom 19. 4. 1994, DB 1994, 2241).

Soweit die regelmäßige Arbeitszeit des Arbeitnehmers auf einen **Zeit-** **43** **raum** verteilt ist, der mit einer **Kalenderwoche nicht übereinstimmt**, muß für die Umrechnung eines nach Werktagen bemessenen Urlaubsanspruches auf längere Zeitabschnitte als eine Woche, ggf. auf ein ganzes Kalenderjahr abgestellt werden (*BAG* vom 27. 1. 1987, BB 1987, 1672; bestätigt und fortgeführt von *BAG* vom 22. 10. 1991, DB 1993, 841 f.).

II. Der Begriff des Werktages

1. Allgemeines

Gem. § 3 Abs. 1 wird der Urlaub nach **Werktagen** bemessen. Nach § 3 **44** Abs. 2 sind Werktage alle Kalendertage, die nicht Sonntage oder gesetzliche Feiertage sind (zu den gesetzlichen Feiertagen in den alten und neuen Bundesländern vgl. § 3 Rn. 47). Sinn und Zweck der gesetzlichen Regelung in § 3 Abs. 2 ist es, klarzustellen, daß Samstage urlaubsrechtlich als Werktage gelten, und zwar ungeachtet der Frage, ob der

§ 3 *Dauer des Urlaubs*

Samstag arbeitsfrei ist oder nicht (*BAG* vom 7. 2. 1963, BB 1963, 516, 603; *Dersch/Neumann,* § 3 Rn. 20; *GK-BUrlG/Bleistein,* § 3 Rn. 5 und 32). Dies hat zur Konsequenz, daß immer dann, wenn innerhalb der sechstägigen Arbeitswoche Werktage arbeitsfrei sind, wie beispielsweise heutzutage fast regelmäßig der Samstag, zwecks Berechnung des Mindesturlaubsanspruches die Arbeitstage rechnerisch so in Relation zu den Urlaubstagen gesetzt werden müssen, daß die Gesamtdauer des Urlaubs durch die Zahl sechs dividiert und sodann mit derjenigen Zahl der Tage einer Woche multipliziert wird, an denen tatsächlich gearbeitet wird (*BAG* vom 27. 1. 1987, BB 1987, 1672; vgl. auch *Schaub,* S. 772 ff.). Für diejenigen Arbeitnehmer, die an Samstagen arbeitsfrei haben, für die aber keine vertragliche Urlaubsregelung vereinbart worden ist, bedeutet dies, daß die vom Gesetz vorgeschriebenen 24 **Werk**tage lediglich 20 **Urlaub**stage (24 Werktage : 6 x 5 = 20 Urlaubstage), also vier Wochen bedeuten. Aus Arbeitnehmersicht empfiehlt es sich daher immer – ungeachtet der Höhe des jährlichen Erholungsurlaubs – vertraglich zu vereinbaren, daß der arbeitsfreie Samstag oder ein sonstiger arbeitsfreier Tag in der Woche nicht als Werktag im urlaubsrechtlichen Sinne zu betrachten ist. Dann kommt eine Anrechnung des arbeitsfreien Tages auf den Urlaub kraft arbeitsvertraglicher Vereinbarung nicht in Betracht (*BAG* vom 1. 8. 1966, BB 1966, 1229; *GK-BUrlG/Bleistein,* § 3 Rn. 33). Die Mehrzahl der Tarifverträge, die ohnehin einen über den Mindesturlaub von 24 Werktagen hinausgehenden Urlaubsanspruch vorsehen, enthalten regelmäßig entsprechende Regelungen (vgl. *BAG* vom 29. 1. 1970, BB 1970, 708).

45 Der Arbeitgeber ist nicht befugt, sein Direktionsrecht auf Urlaubsbestimmung (vgl. näher § 7) so auszuüben, daß der rechtliche Urlaubsbeginn bei einem Arbeitsverhältnis, in dem der Samstag arbeitsfrei ist und zudem kraft vertraglicher Vereinbarung nicht als Werktag iSv § 3 Abs. 2 zählt, auf einen arbeitsfreien Samstag gelegt wird. Ansonsten könnte der Arbeitgeber beispielsweise bei einem Arbeitnehmer, der 24 Werktage als „echte" Urlaubstage (also 4 Wochen und 4 Tage) beanspruchen kann, bewirken, daß der Arbeitnehmer in der vierten Urlaubswoche seine Arbeit einen Tag früher, nämlich am Freitag wieder aufnehmen müßte. Eine solche Verhaltensweise des Arbeitgebers verstieße regelmäßig gegen seine Fürsorgepflicht und damit gegen § 242 BGB und würde zu einer Verkürzung des gesetzlichen Mindesturlaubes führen (*GK-BUrlG/Bleistein,* § 3 Rn. 35). Zulässig und üblich ist es demgegenüber, den Urlaubsbeginn auf den Montag zu legen, so daß der vorhergehende arbeitsfreie Samstag de facto zum ersten Urlaubstag wird (*Dersch/Neumann,* § 3 Rn. 33).

46 Allerdings kann für den über den gesetzlichen Mindesturlaub hinausgehenden **tariflichen Mehrurlaub** vereinbart werden, daß arbeitsfreie Tage angerechnet werden (*BAG* vom 17. 11. 1983, AP Nr. 13 zu § 13

BUrlG). Insoweit steht das BAG auf dem Standpunkt, daß für den über den gesetzlichen Urlaubsanspruch hinausgehenden Mehrurlaub die Schutzvorschriften des BUrlG grundsätzlich nicht eingreifen (vgl. *BAG* vom 3. 10. 1972, BB 1973, 89; diese Entscheidung bezog sich allerdings gerade auf eine Ausnahmesituation). Das Ausgeführte gilt grundsätzlich auch für **Betriebsvereinbarungen** (*LAG Hamm* vom 8. 8. 1979, DB 1979, 2236) und für die Parteien des **Einzelarbeitsvertrages** (*GK-BUrlG/Bleistein,* § 3 Rn. 61). Soweit kollektive oder individuelle arbeitsvertragliche Urlaubsregelungen über den gesetzlichen Mindesturlaub hinaus vereinbart werden, findet der **Grundsatz der Vertragsfreiheit** Anwendung, so daß Mehrurlaub an gewisse, für den Arbeitnehmer ungünstigere Bedingungen (zB gewisse Dauer der Betriebszugehörigkeit; Rückzahlungsklauseln bei Ausscheiden im Urlaubsjahr) geknüpft werden kann (*Dersch/Neumann,* § 3 Rn. 7 ff.), denn der unabdingbare gesetzliche Mindesturlaub wird hierdurch nicht tangiert (vgl. auch *LAG Düsseldorf* vom 9. 11. 1979, BB 1980, 728). Ansonsten, insbesondere bei fehlenden vertraglichen Vereinbarungen, ist der Mehrurlaub vom Grundurlaub **akzessorisch** und teilt dessen Schicksal (*BAG* vom 21. 6. 1968, BB 1968, 996). Damit finden die im Gesetz normierten Grundsätze des Urlaubsrechts auch auf Urlaubsbestandteile Anwendung, die auf Tarifvertrag, Betriebsvereinbarung oder Individualarbeitsvertrag fußen, soweit nicht etwas abweichendes vereinbart worden ist (*BAG* vom 3. 10. 1972, BB 1973, 89). Es gelten also auch insoweit die Grundsätze über Sonn- und gesetzlichen Feiertage (§ 3), die Wartezeit (vgl. § 4), die Zwölftelung (vgl. § 5) usw. (*BAG* vom 21. 6. 1968, BB 1968, 996). Auch kann Mehrurlaub grundsätzlich nur zur Entstehung gelangen, wenn auch der Grundurlaubsanspruch überhaupt entstanden ist (*GK-BUrlG/Bleistein,* § 3 Rn. 68).

2. Sonn- und Feiertage

Sonn- und gesetzliche Feiertage sind nicht auf den Urlaub anzurechnen. 47
Wochenfeiertage, die in den Urlaub fallen, werden deshalb bei der Urlaubsdauer nicht mitgerechnet und sind als Urlaubstage **nachzugewähren** (*Gumpert,* BB 1956, 244). Damit dürfen Feiertage nicht auf den Urlaub angerechnet werden, soweit es sich um bundes- oder landesgesetzlich anerkannte Feiertage handelt (vgl. zu den gesetzlichen Feiertagen die Zusammenstellungen bei *GK-BUrlG/Bleistein,* § 3 Rn. 31 und *Helml,* § 2 S. 60). Insoweit wird zukünftig allerdings zu berücksichtigen sein, daß im Zuge der seit 1. 1. 1995 eingeführten **Pflegeversicherung** eine Streichung von Feiertagen möglich ist. Insbesondere der bislang bundeseinheitlich geregelte Buß- und Bettag wird gegenwärtig von der Mehrzahl der Bundesländer zu einem sog. geschützten Feiertag umgewandelt. Dies wird zur Folge haben, daß der Buß- und Bettag zwar kein bundeseinheitlicher Feiertag mehr wäre, der Arbeitnehmer jedoch eine

Freistellung von der Arbeit verlangen könnte, allerdings einen entsprechenden Abzug von der Arbeitsvergütung hinnehmen müßte (vgl. auch § 3 Rn. 50 für Mariä Himmelfahrt in Bayern).

48 Wochenfeiertage dürfen auch dann nicht auf den Urlaub angerechnet werden, wenn sie ansonsten arbeitsfrei wären, wie beispielsweise bei einem **arbeitsfreien Samstag**. Auch in einem solchen Fall handelt es sich um einen gesetzlichen Feiertag, der nach dem ausdrücklichen Wortlaut des Gesetzes in § 3 Abs. 2 nicht auf den Urlaub anzurechnen ist (*BAG* vom 8. 2. 1963, BB 1963, 603; *BAG* vom 4. 7. 1963, BB 1963, 1260). Der Arbeitgeber ist auch nicht berechtigt, den sich insoweit für den Arbeitnehmer zusätzlich ergebenden Urlaubstag auf einen anderen arbeitsfreien Samstag zu legen und damit als abgegolten zu betrachten (*BAG* vom 7. 2. 1963, BB 1963, 603 f.). Die hierbei eintretende Möglichkeit der Bevorteilung des beurlaubten Arbeitnehmers gegenüber demjenigen Kollegen, der samstags zu arbeiten hat, ist in Kauf zu nehmen. Der Grund für die Nichtanrechnung des auf einen arbeitsfreien Samstag fallenden Feiertages liegt darin, daß der Arbeitnehmer an einem Feiertag nicht wie an einem gewöhnlichen Samstag eine Vielzahl persönlicher Dinge verrichten kann, da beispielsweise die meisten Geschäfte geschlossen halten (*BAG* vom 8. 2. 1963, BB 1963, 603). Völlig unberücksichtigungsfähig ist indessen der Wochenfeiertag im Urlaubsrecht nicht. Regelt ein Tarifvertrag, daß einem Arbeitnehmer für einen angebrochenen Beschäftigungsmonat ein Urlaubsanspruch dann zusteht, wenn er über die Hälfte des Monats hinaus gearbeitet hat, zählen Feiertage mit (*BAG* vom 3. 6. 1960, BB 1960, 781). Ansonsten sind die regulären Wochenfeiertage gem. § 1 FeiertagslohnzahlungsG nach dem Lohnausfallprinzip zu bezahlen und nicht etwa wie Urlaubstage zu vergüten.

49 Bei Arbeitsverhältnissen mit **Auslandsberührung** richtet sich die Frage, welches Feiertagsrecht anzuwenden ist, nach dem **interlokalen Privatrecht**. Maßgeblich ist damit vorbehaltlich einer abweichenden vertraglichen Regelung der **Sitz des Arbeitsverhältnisses**, der regelmäßig mit dem Betriebsstättensitz identisch ist. Wird der Arbeitnehmer häufiger an verschiedenen Orten eingesetzt, besteht der **Schwerpunkt** seines Arbeitsverhältnisses ebenfalls am Sitz des Betriebes (*Dersch/Neumann*, § 3 Rn. 25 ff.).

3. Arbeitsfreie Tage aus bestimmten Anlässen

50 Arbeitsfreie Tage aus bestimmten und besonderen Anlässen heraus, die der gesamten Belegschaft – sei es auch nur aufgrund einer betrieblichen Übung – gewährt werden (zB bei **Volksfesten** wie Rosenmontag im Rheinland oder dem Oktoberfest in München), dürfen nicht auf den

Urlaub angerechnet werden (*LAG Düsseldorf* vom 3. 9. 1993, NZA 1994, 696 ff.). Entsprechendes gilt bei **Firmenjubiläen** (str.; wie hier *Dersch/ Neumann,* § 3 Rn. 37; a. A. *GK-BUrlG/Bleistein,* § 3 Rn. 10) und für solche **religiösen Feiertage**, an denen die Arbeitnehmer lediglich das Recht haben, von der Arbeit fernzubleiben (zB Maria Himmelfahrt in Bayern). Auch bei letzteren darf eine Urlaubsanrechnung nicht erfolgen, jedoch muß der Arbeitnehmer hier im Falle seines Nichterscheinens zur Arbeit eine entsprechende Kürzung seiner Arbeitsvergütung in Kauf nehmen (*Dersch/Neumann,* aaO).

Sofern die Nichtanrechnung von Arbeitsfreistellungen, insbesondere an Tagen mit regionalem Brauchtum, auf eine **betriebliche Übung** gestützt wird, ist allerdings im Einzelfall genau festzustellen, ob eine regelmäßige Wiederholung bestimmter Verhaltensweisen des Arbeitgebers vorliegt, aus denen der Arbeitnehmer schließen darf, ihm solle seitens des Arbeitgebers eine Leistung bzw. Vergünstigung **auf Dauer** eingeräumt werden. An einem entsprechenden **Vertrauenstatbestand** auf seiten des Arbeitnehmers fehlt es regelmäßig, wenn der Arbeitgeber einen entsprechenden **Vorbehalt** erklärt hat, wonach aus der Stetigkeit seines Verhaltens keine Bindung für die Zukunft entstehe. In welcher Form der Vorbehalt erklärt wird – etwa generell durch Aushang oder Rundschreiben im Betrieb oder individuell durch Erklärung gegenüber dem einzelnen Arbeitnehmer –, ist nicht entscheidend; erforderlich ist lediglich, daß der Vorbehalt klar und unmißverständlich kundgetan wird (*BAG* vom 12. 1. 1994, BB 1994, 724). **51**

Ein rechtlich geschütztes Vertrauen des Arbeitnehmers in eine dauerhafte Verpflichtung des Arbeitgebers, künftig stets an **Heiligabend** Arbeitsbefreiung zu gewähren, entsteht insbesondere dann nicht, wenn die Maßnahme von Jahr zu Jahr neu unter dem Vorbehalt angekündigt wird, daß diese Regelung nur für das laufende Jahr gelte (vgl. *BAG* vom 6. 9. 1994, BB 1994, 2493). Entsprechendes hat für **Silvester** und **Rosenmontag** zu gelten. Gewährt der Arbeitgeber der Belegschaft seines Betriebes an Heilig Abend und Silvester ab 12 Uhr eine bezahlte Freistellung von der Arbeit, haben **teilzeitbeschäftigte** Arbeitnehmer, deren tägliche Arbeitszeit spätestens um 12 Uhr endet, keinen Anspruch auf Freistellung. Eine an bestimmten Tagen vor 12 Uhr gewährte Freistellung ist einer ab dieser Uhrzeit gewährten Freistellung nicht gleichzusetzen (*BAG* vom 26. 5. 1993, BB 1993, 2451). **52**

Der Arbeitgeber ist nicht befugt, die Anrechnung derjenigen Zeit, in der ein **Betriebsausflug** stattfindet, auf den Urlaub anzurechnen, und zwar unabhängig davon, ob dies durch vorherige oder nachträgliche Erklärung geschieht, und ob die teilnehmenden und/oder nicht teilnehmenden Arbeitnehmer betroffen sind (*GK-BUrlG/Bleistein,* § 3 Rn. 10). Eine nachträgliche Urlaubsbestimmung ist ohnehin unzulässig (vgl. näher hierzu die Kommentierung zu § 7). Es ist daher **53** unzulässig, wenn der Arbeitgeber vor dem Betriebsausflug gegenüber der Belegschaft kundtut, er werde allen nicht teilnehmenden Arbeitnehmern diesen Tag auf den Erholungsurlaub anrechnen (*BAG* vom 4. 12. 1970, BB 1971, 220).

54 Tage der **gesetzlichen, tariflichen** oder **persönlichen Arbeitsbefreiung** (Musterung, Hochzeit, Trauerfall), die in die Urlaubszeit fallen, dürfen ebenfalls nicht auf den Urlaub angerechnet werden. Soweit eine Vergütungspflicht besteht, bleibt diese bestehen. Bei Einführung rechtmäßiger **Kurzarbeit** während des Urlaubs, durch die ganze Arbeitstage ausfallen, können diese Werktage allerdings auf den Urlaub angerechnet werden. Es erfolgt hierbei also eine Gleichsetzung mit den Werktagen, nicht etwa mit Sonn- oder Feiertagen (hM; vgl. statt vieler *Dersch/ Neumann*, § 3 Rn. 48 mwN).

55 Bei **Teilzeitbeschäftigung** werden nicht nur diejenigen Werktage auf den Urlaub angerechnet, an denen der Arbeitnehmer normalerweise arbeitet, sondern alle Werktage, also auch die regulär arbeitsfreien (hM; vgl. statt vieler *Dersch/Neumann*, § 3 Rn 49 mwN).

56 Streiktage sind nicht auf den Erholungsurlaub anrechenbar und dürfen vom Arbeitgeber nicht von den Urlaubstagen abgezogen werden. Während eines Streiks ruhen die wechselseitigen Pflichten der Parteien aus dem Arbeitsvertrag, so daß eine Abwicklung von Urlaubsansprüchen während dieser Zeit nicht in Betracht kommt (*BAG* vom 15. 6. 1964, BB 1964, 760). Ein einmal vom Arbeitgeber bewilligter Urlaub bleibt jedoch bestehen, so daß eine Unterbrechung während eines Streiks nicht eintritt. Der Arbeitgeber ist in diesem Fall zur Fortzahlung des Urlaubsentgelts verpflichtet (*BAG* vom 9. 2. 1982, BB 1982, 993).

57 Stellt der Arbeitgeber den Arbeitnehmer unter **Abrufbereitschaft** von der Arbeit frei, mindert dies ebenfalls nicht den Urlaubsanspruch, weil die jederzeitige Dienstbereitschaft mit dem Wesen des Erholungsurlaubs unvereinbar ist (hM; vgl. *Dersch/Neumann*, § 1 Rn. 54; *GK-BUrlG/Bleistein*, § 3 Rn. 19; *LAG Baden-Württemberg* vom 27. 6. 1956, BB 1956, 691). Dies gilt insbesondere für Zeiten der **Werksbeurlaubung** (vgl. die Kommentierung zu § 1), wenn die Arbeitnehmer nicht völlig freigestellt sind, sondern sich jederzeit zum Einsatz bereithalten müssen (*LAG Bremen* vom 15. 1. 1964, BB 1964, 390). Die Dauer einer Werksbeurlaubung kann nur in der Form einer rechtmäßigen Anordnung von **Betriebsferien** auf den Urlaub angerechnet werden. **Krankheitstage** des Arbeitnehmers, an denen ärztlicherseits **Arbeitsunfähigkeit** attestiert ist, können nicht auf den Urlaub angerechnet werden, auch soweit der Urlaub bereits bewilligt worden ist (vgl. hierzu die Kommentierung zu § 9).

4. Bisherige Sonderregelungen in den neuen Bundesländern

Im Gebiet der fünf **neuen Bundesländer** und des **ehemaligen Ost-Berlin** 58
galt bis zum 31. 12. 1994 eine modifizierte Fassung von § 3. Danach
bestand für das Beitrittsgebiet ein Anspruch auf 20 Arbeitstage Grundurlaub unter Zugrundelegung einer Fünftagewoche. Rechtsgrundlage
insoweit war der Einigungsvertrag zwischen der Bundesrepublik Deutschland und der Deutschen Demokratischen Republik vom 31. 8. 1990
(BGBl. II S. 889, 1020 – Anlage I – Sachgebiet A – Abschnitt III – Ziff. 5).
Dies bedeutete für die Arbeitnehmer in Ostdeutschland, daß in jedem
Falle ein gesetzlicher Mindesturlaub von vier Wochen im Urlaubsjahr
bestand, auch wenn an sechs Tagen in der Woche gearbeitet wurde. In
einem solchen Fall war die Arbeitswoche nicht mit sechs Urlaubstagen
auf den Urlaub anzurechnen, weil als Werktage lediglich die Zeit von
Montag bis Freitag gezählt wurde (§ 2 der VO über den Erholungsurlaub
vom 28. 9. 1978 idF vom 18. 12. 1980 – GBl. DDR I Nr. 35, S. 365).
Wegen der Nichtanrechnung von Sonn- und gesetzlichen Feiertagen galt
aber auch insoweit schon § 3 Abs. 2 ohne Einschränkungen (vgl. hierzu
GK-BUrlG/Bleistein, § 3 Rn. 76 ff.).

Seit dem 1. 1. 1995 ist durch eine Änderung von § 3 Abs. 1 der 59
Mindesturlaub für alle Arbeitnehmer in Ost und West gleichermaßen auf
24 Werktage erhöht worden. Die Regelung des § 3 Abs. 2 blieb davon
unberührt. Damit beträgt der gesetzliche Mindesturlaub nunmehr bundeseinheitlich vier Wochen (vgl. oben § 3 Rn. 5).

Die Regelung des § 3 Abs. 1 ist als Kernvorschrift des Urlaubsrechts 60
absolut **unabdingbar** (§ 13 Abs. 1 S. 1; vgl. auch oben § 3 Rn. 1).

§ 4
Wartezeit

Der volle Urlaubsanspruch wird erstmalig nach sechsmonatigem Bestehen des Arbeitsverhältnisses erworben.

Übersicht

	Rn.		Rn.
I. Sinn und Zweck der Wartezeit	1 – 6	III. Unterbrechung der Wartezeit	12 – 16
II. Dauer und Berechnung der Wartezeit	7 – 11		

I. Sinn und Zweck der Wartezeit

1 Die Entstehung des vollen Urlaubsanspruchs wird von der Erfüllung einer **Wartezeit** abhängig gemacht. Abweichungen hiervon bestehen lediglich nach §§ 12, 13 Abs. 2 und den Regelungen des SeemannsG. Für Jugendliche verweist § 19 Abs. 4 S. 1 JArbSchG ausdrücklich auf § 4. Im übrigen entspricht die Erfüllung einer Wartezeit gängiger Tarifpraxis. Sinn und Zweck der Wartezeit bestehen in erster Linie darin, daß bei einer nur kurzen rechtlichen Bindung des Arbeitnehmers an den Arbeitgeber kein Erfordernis für die Inanspruchnahme von Erholungsurlaub bestehen soll (*GK-BUrlG/Bleistein,* § 4 Rn. 1).

2 Dem ist zuzustimmen, weil der Urlaub nicht Gegenleistung des Arbeitgebers für geleistete Dienste des Arbeitnehmers ist, sondern aus der arbeitgeberseitigen **Fürsorgepflicht** entspringt, mit dem Ziel der Erhaltung und Regenerierung der Gesundheit und damit letztlich der Arbeitskraft des Arbeitnehmers. Mit dieser eher soziologischen Begründung des Urlaubsanspruchs ist weiter zu folgern, daß das Arbeitsverhältnis für die Rechtfertigung eines Urlaubsanspruches eine gewisse Zeit bestanden haben muß, den das Gesetz in § 4 mit **sechs Monaten** bemißt. Das zweite häufig angeführte Argument für die Begründung der Wartezeit, diese solle verhindern, daß der Arbeitnehmer bei einem Wechsel seines Arbeitsverhältnisses im laufenden Urlaubsjahr mehrere volle Erholungsurlaube erhält (so zB *Dersch/Neumann,* § 4 Rn. 2; *Schaub,* S. 768), dürfte demgegenüber in den Hintergrund treten, weil die **Vermeidung von Doppelurlaubsansprüchen** über § 6 sichergestellt ist (vgl. hierzu die Kommentierung zu § 6).

3 Die Wartezeit darf **nicht** im Sinne einer **Sperrfrist** verstanden werden, die nicht in das Urlaubsjahr eingerechnet werden dürfte (*ArbG Hagen* vom 20. 7. 1973, DB 1973, 1808). Vielmehr ist die Wartezeit **Teil des Urlaubsjahres** und somit in die Urlaubsberechnung mit einzubeziehen, und zwar auch dann, wenn ihr Ablauf erst in das nächste Urlaubsjahr fällt

(*BAG* vom 18. 6. 1980, BB 1980, 1691; *Dersch/Neumann*, § 3 Rn. 9; *GK-BUrlG/Bleistein*, § 4 Rn. 4; *Schaub*, S. 768). Rechtlich stellt sich der während der Wartezeit entstehende Urlaubsteil als **Anwartschaft** auf den Vollurlaub dar (vgl. hierzu *BAG* vom 4. 10. 1963, BB 1963, 1218; a. A. *Leinemann/Linck*, § 4 Rn. 2). Bei einem Ausscheiden des Arbeitnehmers aus dem Arbeitsverhältnis vor Ablauf der Wartezeit wandelt sich das Anwartschaftsrecht in ein Vollrecht um mit der Maßgabe, daß der entstandene Urlaubsteil unter den Voraussetzungen des § 5 Abs. 1 lit. b) als **Teilurlaub** zu gewähren ist (in diesem Sinne auch *GK-BUrlG/Bleistein*, § 4 Rn. 5; vgl. hierzu weiter die Kommentierung zu § 5).

Abweichungen von der Wartezeit sind nur begrenzt zulässig. Von den Voraussetzungen der Wartezeit kann gem. § 13 Abs. 1 durch Einzelarbeitsvertrag oder Betriebsvereinbarung lediglich zugunsten des Arbeitnehmers abgewichen werden. Dies hat grundsätzlich zur Folge, daß lediglich eine Verkürzung oder gar ein gänzlicher Wegfall, nicht aber eine Verlängerung der Wartezeit vereinbart werden kann (*Dersch/Neumann*, § 4 Rn. 10). Tarifverträge können jedoch auch eine ungünstigere Regelung, insbesondere eine Verlängerung der Wartezeit für den Arbeitnehmer vorsehen, wenn damit nur nicht der unabdingbare Urlaubsanspruch selbst tangiert wird. Unzulässig wären daher Regelungen in Tarifverträgen, wonach die Wartezeit in jedem Urlaubsjahr neu zu erfüllen sei (*Dersch/Neumann*, § 4 Rn. 11). Teilweise wird in der Literatur sogar – aber wohl zu weitgehend – die Auffassung vertreten, daß schon die Verlängerung der Wartezeit bis zu 9 Monaten ein unzulässiges Tangieren des gesetzlichen Mindesturlaubsanspruches aus § 3 Abs. 1 bedeute und deshalb auch nicht in Tarifverträgen vereinbart werden dürfe (in diesem Sinne zB *Dersch/Neumann*, § 4 Rn. 11). Die gesetzlich vorgesehene Wartezeit ist Voraussetzung nur für den unabdingbaren Mindesturlaub des § 3 Abs. 1. Einzelvertraglicher oder tariflicher Mehrurlaub kann hingegen auch von weiteren Voraussetzungen, insbesondere einer längeren Wartezeit abhängig gemacht werden (allg. M.; vgl. *Dersch/Neumann*, § 4 Rn. 13; *GK-BUrlG/Bleistein*, § 4 Rn. 58). 4

Nach dem eindeutigen Gesetzeswortlaut ist die Wartezeit **nur einmal zurückzulegen** und nicht etwa in jedem Urlaubsjahr erneut zu erfüllen. Derjenige Arbeitnehmer, der die Wartezeit erstmalig erfüllt hat, erwirbt damit seinen vollen Urlaubsanspruch bereits am 1. Januar des folgenden Urlaubsjahres (hM; vgl. statt vieler *Dersch/Neumann*, § 4 Rn. 15 f. mwN). Da ab dem 2. Urlaubsjahr schon mit dem 1. Januar der volle Urlaubsanspruch entsteht, der bei einem Ausscheiden des Arbeitnehmers aus dem Arbeitsverhältnis bis einschließlich zum 30. 6. eines Urlaubsjahres unter den Voraussetzungen des § 5 Abs. 1 lit. c) im Sinne einer Zwölftelung schrumpft (vgl. näher hierzu die Kommentierung zu § 5), stellt es **keinen Rechtsmißbrauch** dar, wenn der Arbeitnehmer unmittelbar nach Beginn des Urlaubsjahres bereits den vollen Urlaub beansprucht 5 (vgl. *BAG* vom 16. 10. 1959, BB 1959, 1247 für die Geltendmachung des vollen Urlaubs 1 ¹/₂ Monate nach dem Stichtag). Die Wartezeit muß nicht innerhalb eines Urlaubsjahres erfüllt werden. Die Wartezeit eines am 1. Oktober eingetretenen Arbeitnehmers läuft damit am 31. März des Folgejahres ab und muß nicht etwa im neuen Urlaubsjahr erneut begonnen werden (hM; *BAG* vom 26. 1. 1967, AP Nr. 1 zu § 4 BUrlG m. zust. Anm. *Meisel* (Nr. 3); *Dersch/Neumann*, § 4 Rn. 18; *GK-BUrlG/Bleistein*, § 4 Rn. 8).

6 Der **volle** Urlaubsanspruch **nach** Erfüllung der Wartezeit entsteht auch dann, wenn der Arbeitnehmer im Eintrittsjahr nicht während des ganzen Urlaubsjahres beschäftigt war. Tritt der Arbeitnehmer beispielsweise mit Beginn des 1. März eines Kalenderjahres in das Arbeitsverhältnis ein, läuft die Wartezeit am 31. August desselben Jahres ab, so daß er nach Ablauf der Wartezeit am 1. September den vollen Urlaubsanspruch erwirbt. Eine Kürzung dieses Vollurlaubes kommt – auch bei einem Ausscheiden des Arbeitnehmers aus dem Arbeitsverhältnis am 1. September oder später – nicht in Betracht, weil eine solche Kürzung, die zu einem Teilurlaub führen würde, von § 5 nicht vorgesehen ist, der den Teilurlaub abschließend regelt. Insbesondere § 5 Abs. 1 lit. b) schreibt ausdrücklich vor, daß eine zu Teilurlaub führende Zwölftelung des Vollurlaubs nur dann zu erfolgen hat, wenn der Arbeitnehmer **vor** erfüllter Wartezeit aus dem Arbeitsverhältnis ausscheidet (vgl. zur Problematik des Teilurlaubs die Kommentierung zu § 5).

II. Dauer und Berechnung der Wartezeit

7 Die **Wartezeit** beträgt **sechs Monate**, wobei es sich nicht unbedingt um Kalendermonate handeln muß. Vielmehr läuft die Wartezeit ab dem Tage, an dem der Arbeitnehmer seine Arbeitstätigkeit vertragsgemäß aufnimmt oder bei Verhinderung hätte aufnehmen müssen. Dies gilt auch dann, wenn der Beginn oder das Ende des Arbeitsverhältnisses ein Sonn- oder gesetzlicher Feiertag ist, wie zB in der Praxis häufig der 1. Januar als Beginn des Arbeitsverhältnisses (*Dersch/Neumann*, § 4 Rn. 23 mwN). Der Zeitpunkt des Abschlusses des Arbeitsvertrages ist insoweit unerheblich (*Dersch/Neumann*, § 4 Rn. 19; *GK-BUrlG/Bleistein*, § 4 Rn. 12). Maßgeblich ist allein der sechsmonatige **rechtliche** Bestand des Arbeitsverhältnisses. Ob der Arbeitnehmer während der Dauer des rechtlichen Bestandes des Arbeitsverhältnisses auch **tatsächlich** gearbeitet hat, ist ebenfalls nicht ausschlaggebend. **Krankheitszeiten** oder sonstige Zeiträume von **Arbeitsverhinderungen** haben deshalb auf den Lauf der Wartezeit keinen Einfluß (überw. A.; vgl. *Dersch/Neumann*, § 4 Rn. 30 f.; *Gaul*, NJW 1965, 98; *GK-BUrlG/Bleistein*, § 4 Rn. 22; *Hueck/Nipperdey*, S. 438; *Schaub*, S. 768).

Dauer und Berechnung der Wartezeit § 4

Die Wartezeit stellt eine **Frist** iSd §§ 187 ff. BGB dar. Regelmäßig findet 8
bezüglich des Beginns dieser Frist § 187 Abs. 2 BGB Anwendung. Der
Tag der Arbeitsaufnahme zählt also bei Berechnung der Wartezeit bereits
mit. Ist der Arbeitnehmer zum Arbeitsbeginn am 1. Oktober eingestellt,
wird dieser Tag in die Fristenberechnung bereits mit einbezogen, so daß
Tag des Fristablaufs der 31. März des Folgejahres wäre. Für das Ende der
Frist findet also § 188 Abs. 2 BGB Anwendung. Fristablauf tritt damit
regelmäßig mit Ablauf desjenigen Tages des letzten Monats ein, der dem
Tag vorhergeht, der durch seine Zahl dem Anfangstag der Wartezeit
entspricht (hM; vgl. *BAG* vom 2. 11. 1978, BB 1979, 1038). Etwas
anderes soll dann gelten, wenn der Arbeitnehmer nicht zum Beginn eines
Arbeitstages, sondern erst im Laufe eines Arbeitstages eingestellt wird.
Wird also zwischen den Arbeitsvertragsparteien vereinbart, daß der
Arbeitnehmer am 1. Oktober um 12 Uhr seinen Dienst anzutreten hat,
soll § 187 Abs. 1 BGB Anwendung finden und der Tag der Arbeitsaufnahme bei Berechnung der Wartezeit nicht mitzählen (*Dersch/Neumann*, § 4
Rn. 20, 22; a. A. *LAG Frankfurt* vom 18. 8. 1964, DB 1965, 1863: Tag der
Arbeitsaufnahme zähle immer mit). Die Wartezeit des § 4 liefe im obigen
Beispiel also erst am 1. April des Folgejahres ab.

Bei **arbeitnehmerähnlichen Personen** tritt bei Berechnung der Warte- 9
zeit an die Stelle des Arbeitsverhältnisses das entsprechende Rechtsverhältnis, das der vertraglichen Beziehung zugrundeliegt. Bei **Auszubildenden** ist dies das Berufsausbildungsverhältnis.

Auf die Wartezeit sind Zeiten **anzurechnen**, die der Arbeitnehmer in 10
einem **Rechtsverhältnis zu demselben Arbeitgeber** erbracht hat, aus
dem ein Urlaubsanspruch erwachsen konnte. Wechselt der Arbeitnehmer
vom Arbeiter- in das Angestelltenverhältnis über oder wird ein freier
Mitarbeiter in ein Arbeitsverhältnis übernommen, ist dies ohne Einfluß
auf die Wartezeit, was insbesondere auch bedeutet, daß sie in einem
solchen Fall nicht nochmals zurückgelegt werden muß (*GK-BUrlG/
Bleistein,* § 4 Rn. 15). Schließt sich an einen **befristeten Arbeitsvertrag**
unmittelbar ein weiterer Arbeitsvertrag an, ist aufgrund einer wirtschaftlich-soziologischen Betrachtungsweise von einem einheitlichen Arbeitsverhältnis auszugehen, so daß die Wartezeit nicht erneut zurückgelegt
werden muß und die bereits abgelaufene Wartezeit in vollem Umfange in
Anrechnung zu bringen ist. Entsprechendes gilt bei befristeten Probe-
und Aushilfsarbeitsverhältnissen, die in einen unbefristeten Arbeitsvertrag münden (wie hier *GK-BUrlG/Bleistein,* § 4 Rn. 45). **Nicht
berücksichtigt** werden jedoch Zeiten eines **Werkvertrages** oder eines
Auftragvertrages, weil insoweit schon grundsätzlich kein Urlaubsanspruch entstehen kann. In die Wartezeit ist ebenfalls die **Ausbildungszeit
einzubeziehen**. Wird der Auszubildende ohne längere Unterbrechung in
ein reguläres Arbeitsverhältnis übernommen, ist ebenfalls keine neue
Wartezeit zu absolvieren. Scheidet der Auszubildende hingegen zunächst

§ 4 *Wartezeit*

aus dem Arbeitsverhältnis aus und wird zu einem späteren Zeitpunkt wieder eingestellt, ist die Wartezeit erneut zurückzulegen. Eine nur **kurze Unterbrechung** schadet allerdings nicht (str.; wie hier *Dersch/ Neumann,* § 4 Rn. 43 ff; a. A. *GK-BUrlG/Bleistein,* § 4 Rn. 15, 38 ff.: Dauer der Unterbrechung ohne Belang). Ob eine Unterbrechung kurz ist, ist Frage des Einzelfalles und nach Abwägung aller wesentlichen Umstände zu entscheiden (*Dersch/Neumann,* § 4 Rn. 44).

11 Werden aufgrund Gesetzes oder Tarifvertrages **Vordienstzeiten** für die Berechnung der Urlaubsdauer vorgeschrieben, sind diese Vordienstzeiten nicht auf die Wartezeit anzurechnen. Eine Berücksichtigung finden die Vordienstzeiten lediglich für die Dauer der Betriebszugehörigkeit (*Dersch/Neumann,* § 4 Rn. 29; *GK-BUrlG/Bleistein,* § 4 Rn. 16).

III. Unterbrechung der Wartezeit

12 Grundsätzlich führt eine **rechtliche Unterbrechung des Arbeitsverhältnisses** auch zu einer Unterbrechung der Wartezeit. Unerheblich sind tatsächliche Unterbrechungen, zB Krankheitszeiten.

13 Nur **kurzfristige** Unterbrechungen des Arbeitsverhältnisses, die es noch als Einheit erscheinen lassen, haben auf den Lauf der Wartezeit keinen Einfluß (str.; wie hier *Dersch/Neumann,* § 4 Rn. 43 ff. mwN; a. A. *GK-BUrlG/Bleistein,* § 4 Rn. 38 ff., der sich in erster Linie auf den Gesetzeswortlaut stützt). Dies ergibt sich aus der **Entstehungsgeschichte des Gesetzes,** während der Gesetzeswortlaut, der das ununterbrochene Bestehen des Arbeitsverhältnisses voraussetzt, wohl eher auf redaktionellen Ungenauigkeiten beruhen dürfte (zur Entstehungsgeschichte des § 4 vgl. *Dersch/Neumann,* § 4, Rn. 41). Wann kurzfristige Unterbrechungen vorliegen, ist Frage des Einzelfalles, die an Hand von § 616 Abs. 1 BGB gelöst werden sollte. Feste Fristen gibt es insoweit nicht. Sofern also die Unterbrechung eine nicht erhebliche Zeit im Sinne dieser Vorschrift bedeutet, ist sie für den Lauf der Wartezeit unbeachtlich. Hierbei kann die **Gesamtdauer des Arbeitsverhältnisses** von Relevanz sein. Ein Vergleich der bisherigen mit der noch künftigen Dauer des Arbeitsverhältnisses wird idR klären können, ob die Unterbrechung (relativ) kurz und damit unbeachtlich ist. Von Bedeutung kann des weiteren die Frage sein, in wessen **Interesse** und auf wessen **Veranlassung** eine Unterbrechung überhaupt erfolgt. Letztlich werden hier die gleichen Grundsätze anzuwenden sein, die für eine Unterbrechung der Wartezeit iSv § 1 Abs. 1 KSchG gelten. Maßgeblich ist also, ob ein **enger sachlicher Zusammenhang** zwischen den Arbeitsverhältnissen besteht, wovon bei einer Dauer von einem Monat regelmäßig auszugehen sein dürfte. Selbst eine Unterbrechung von zwei Monaten hat das BAG noch als unschädlich

angesehen und einen engen sachlichen Zusammenhang zwischen den Arbeitsverhältnissen bejaht (*BAG* vom 10. 5. 1989, BB 1989, 2403). Dagegen soll eine viermonatige Unterbrechung, wie sie exemplarisch in § 1 Abs. 1 S. 1 Nr. 1 BSchFG genannt wird, regelmäßig keinen engen sachlichen Zusammenhang mehr darstellen und deshalb eine neue Wartezeit auslösen (*BAG* vom 18. 1. 1979, BB 1979, 1505).

Demgegenüber wirken sich **längerfristige Unterbrechungen** des Arbeitsverhältnisses auf die Wartezeit aus. Ob eine solche Unterbrechung der Wartezeit im Sinne einer **Hemmung** lediglich dazu führt, daß sie hinausgeschoben wird, oder wieder von vorne zu laufen beginnt, also eine **echte Unterbrechung** im rechtstechnischen Sinne darstellt, ist ebenfalls Frage des Einzelfalls. Eine Unterbrechung im engeren Sinne und damit ein Neubeginn der Wartezeit wird insbesondere dann bejaht, wenn zwischen den unterbrochenen Teilen des Arbeitsverhältnisses keine Verbindung mehr besteht. Dies soll dann der Fall sein, wenn der Arbeitnehmer während der Unterbrechung ein anderes Arbeitsverhältnis aufgenommen hatte, so daß die Wartezeit dann erneut abzuleisten wäre. Ansonsten wird man eine berücksichtigungsfähige Unterbrechung der Wartezeit iS einer Hemmung werten müssen (vgl. *Dersch/Neumann*, § 4, Rn. 52; a. A. *GK-BUrlG/Bleistein*, § 4 Rn. 49: grds. treten die Wirkungen einer Unterbrechung und nicht die einer Hemmung ein). **14**

Das **Ruhen des Arbeitsverhältnisses** unterbricht das Arbeitsverhältnis in rechtlicher Hinsicht nicht, denn das Arbeitsverhältnis besteht in seinen Grundfesten rechtlich fort. Ruhenszeiten sind daher auf die Wartezeit anzurechnen (str.; wie hier *Dersch/Neumann*, § 4 Rn. 38; a. A. *GK-BUrlG/Bleistein*, § 4 Rn. 34 ff., der die Unterbrechung der Wartezeit hier allerdings im Sinne einer Hemmung versteht). **Wehrdienst** und **Wehrübungen** sind somit Zeiten, die auf die Wartezeit angerechnet werden müssen, weil gem. § 1 Abs. 1 ArbPlSchG das Arbeitsverhältnis während der Dauer der Einberufung lediglich ruht, im Rechtssinne aber fortbesteht. Die gegenteilige Meinung, die eine Anrechnung auf die Wartezeit ablehnt (*GK-BUrlG/Bleistein*, aaO), verkennt die gesetzlichen Vorschriften der §§ 6, 10 ArbPlSchG, wonach dem Arbeitnehmer im Anschluß an den Grundwehrdienst bzw. eine Wehrübung keine Nachteile in beruflicher und betrieblicher Hinsicht entstehen dürfen. Zeiten von **Mutterschafts- und Erziehungsurlaub** führen ebenfalls zu keiner Unterbrechung des Arbeitsverhältnisses und haben daher auch keinen Einfluß auf die Wartezeit, die also weiterläuft (allg. M.; vgl. *Dersch/Neumann*, § 4 Rn. 38; *GK-BUrlG/Bleistein*, § 4 Rn. 37; *Zmarzlik/Zipperer/Viethen*, § 15 BErzGG, Rn. 54). Auch während eines **Streiks** sowie einer suspendierenden **Aussperrung** besteht das Arbeitsverhältnis fort, so daß die Wartezeit nicht unterbrochen wird, und zwar unabhängig davon, ob es sich um einen rechtmäßigen oder einen sog. wilden Streik handelt (allg. M.; vgl. *GK-BUrlG/Bleistein*, § 4 Rn. 24; *Hueck/Nipperdey*, S. 438 **15**

§ 4 *Wartezeit*

[Anm. 36 ff.].; wohl auch *Dersch/Neumann*, § 4 Rn. 40; zu dem Ausnahmefall einer lösenden Aussperrung vgl. *GK-BUrlG/Bleistein*, § 1 Anm. 149 ff. und § 4 Rn. 27).

16 Da es für die Erfüllung der Wartezeit nur auf den rechtlichen Bestand des Arbeitsverhältnisses ankommt, ohne daß das Gesetz darauf abstellt, ob dies auch bei demselben Arbeitgeber zu erfolgen hätte, berührt eine **Betriebsnachfolge** gem. § 613 a BGB den Lauf der Wartezeit nicht. Dies gilt auch bei einem **Wechsel der Rechtsform** des Unternehmens (zB Umwandlung einer AG in eine GmbH oder umgekehrt, einer Einzelhandelsfirma in eine oHG oder KG, einer Personenhandelsgesellschaft in eine Kapitalgesellschaft). Auch der **Übergang** des Betriebs auf einen anderen Arbeitgeber durch rechtsgeschäftliche **Veräußerung** oder auf eine Erbengemeinschaft im Wege der **Erbfolge** hat keinen Einfluß auf die Wartezeit und führt somit zu keiner Unterbrechung (zum Betriebsübergang vgl. *BAG* vom 22. 5. 1985, BB 1986, 193). Schließlich hat entsprechendes auch für den Fall des **Konkurses** zu gelten. Solange der Konkursverwalter von seiner Kündigungsmöglichkeit nach § 22 KO keinen Gebrauch gemacht hat, besteht das Arbeitsverhältnis rechtlich ununterbrochen fort, so daß auch die Wartezeit weiterläuft.

§ 5
Teilurlaub

(1) Anspruch auf ein Zwölftel des Jahresurlaubs für jeden vollen Monat des Bestehens des Arbeitsverhältnisses hat der Arbeitnehmer
a) für Zeiten eines Kalenderjahres, für die er wegen Nichterfüllung der Wartezeit in diesem Kalenderjahr keinen vollen Urlaubsanspruch erwirbt;
b) wenn er vor erfüllter Wartezeit aus dem Arbeitsverhältnis ausscheidet;
c) wenn er nach erfüllter Wartezeit in der ersten Hälfte eines Kalenderjahres aus dem Arbeitsverhältnis ausscheidet.

(2) Bruchteile von Urlaubstagen, die mindestens einen halben Tag ergeben, sind auf volle Urlaubstage aufzurunden.

(3) Hat der Arbeitnehmer im Falle des Absatzes 1 Buchstabe c) bereits Urlaub über den ihm zustehenden Umfang hinaus erhalten, so kann das dafür gezahlte Urlaubsentgelt nicht zurückgefordert werden.

Übersicht

	Rn.		Rn.
I. Das sog. Zwölftelungsprinzip	1 – 6	4. Abändernde Regelungen	17
1. Nichterfüllung der Wartezeit gem. § 5 Abs. 1 lit. a)	7 – 8	II. Bruchteile von Urlaubstagen	18 – 21
2. Ausscheiden vor erfüllter Wartezeit gem. § 5 Abs. 1 lit. b)	9 – 10	III. Verbot der Rückforderung zuviel gezahlten Urlaubsentgelts	22 – 27
3. Ausscheiden nach erfüllter Wartezeit in der ersten Hälfte eines Kalenderjahres gem. § 5 Abs. 1 lit. c)	11 – 16		

I. Das sog. Zwölftelungsprinzip

Anspruch auf **Vollurlaub** ist ein **Grundsatz** des Urlaubsrechts, von dem das Gesetz nur **drei Ausnahmen** zuläßt, die in § 5 Abs. 1 lit. a) bis c) **abschließend** geregelt sind (*GK-BUrlG/Bachmann*, § 5 Rn. 1 mwN). § 5 Abs. 1 lit. a) bis c) enthält eine **enumerative Aufzählung** derjenigen Fälle, in denen der Arbeitnehmer nicht seinen vollen Urlaub beanspruchen, sondern lediglich einen **Teilurlaub** bzw. einen **gekürzten Vollurlaub** geltend machen kann. Darüber hinausgehend erfolgt keine analoge Anwendung von § 5 Abs. 1 auf ähnliche Fallgestaltungen (*BAG* vom 22. 2. 1966, BB 1966, 535; *Schaub*, S. 775 f.). Dies hat zur Konsequenz, daß der Arbeitnehmer in allen sonstigen, nicht in § 5 Abs. 1 lit. a) bis c) geregelten Fällen immer einen Anspruch auf Vollurlaub erlangt, sofern nur die Voraussetzungen für die Entstehung eines Urlaubsanspruches im übrigen vorliegen.

1

§ 5 *Teilurlaub*

2 Das Gesetz regelt in § 5 den **Teilurlaub in zwei Varianten.** § 5 Abs. 1 lit. a) und b) beziehen sich auf den **Teilurlaub im eigentlichen Sinne,** während § 5 Abs. 1 lit. c) den Teilurlaub in Form des **gekürzten Vollurlaubs** behandelt. Anspruch auf echten Teilurlaub hat der Arbeitnehmer dann, wenn der volle Jahresurlaub noch nicht zur Entstehung gelangt ist, und zwar in denjenigen Fällen, in denen die Wartezeit noch nicht abgelaufen ist. In diesen Fällen ist zugunsten des Arbeitnehmers zunächst lediglich ein **Anwartschaftsrecht** auf Vollurlaub entstanden. Während Buchstabe a) den Fall regelt, daß der Arbeitnehmer im Kalenderjahr so spät in das Arbeitsverhältnis eingetreten ist, daß er die Wartezeit nicht mehr erfüllen kann, nämlich **im Laufe** des 1. Juli (§ 187 Abs. 1 BGB) oder später, regelt Buchstabe b) den Fall, daß der Arbeitnehmer vor Ablauf der Wartezeit schon wieder aus dem Arbeitsverhältnis ausgeschieden ist. Buchstabe c) hingegen betrifft den Fall, daß der Arbeitnehmer nach erfüllter Wartezeit, also regelmäßig ab dem zweiten Beschäftigungsjahr, in der ersten Hälfte des Kalenderjahres aus dem Arbeitsverhältnis ausscheidet. In einem solchen Fall ist der volle Jahresurlaub schon am 1. Januar des Kalenderjahres entstanden (vgl. die Kommentierung zu § 4), wird aber bei einem Ausscheiden bis incl. zum 30. Juni entsprechend der Beschäftigungsdauer wieder gekürzt.

3 Maßgeblich für die Dauer des Arbeitsverhältnisses ist – wie bei § 4 – der **rechtliche** Bestand des Arbeitsverhältnisses, so daß es auf etwaige tatsächliche Arbeitsverhinderungen grundsätzlich nicht ankommt (überw. M.; vgl. *BAG* vom 26. 5. 1988, BB 1989, 288; *Dersch/Neumann,* § 5 Rn. 21; *GK-BUrlG/Bachmann,* § 5 Rn. 2). Anknüpfungspunkt für die **Berechnung** des Teilurlaubs sind die vollen Monate des Bestehens des Arbeitsverhältnisses. Damit stellt das Gesetz klar, daß jeweils der **Beschäftigungsmonat,** nicht etwa der Kalendermonat maßgeblich ist. Für die Fristenberechnung sind regelmäßig die §§ 187 Abs. 2, 188 Abs. 2 BGB anzuwenden. Damit endet der Beschäftigungsmonat mit dem Ablauf desjenigen Tages des folgenden Monats, der dem Tag vorhergeht, der durch seine Zahl dem Anfangstag des Beginns des Arbeitsverhältnisses entspricht. Hat das Arbeitsverhältnis zB am 1. März begonnen, endet der Beschäftigungsmonat am 31. März. Etwas anderes soll gelten, wenn der Beginn des Arbeitsverhältnisses im Laufe des Tages liegt. In einem solchen Fall findet § 187 Abs. 1 BGB Anwendung, so daß der erste Tag des Vertragsverhältnisses nicht mitgerechnet wird. Der Beschäftigungsmonat endet dann mit Ablauf desjenigen Tages des folgenden Monats, der von seiner Zahl her dem Anfangstag des Beginns des Arbeitsverhältnisses entspricht. Vereinbaren etwa die Arbeitsvertragsparteien als Beginn des Arbeitsverhältnisses den 1. März um 12 Uhr, endet der Beschäftigungsmonat am 1. April (vgl. hierzu *BAG* vom 26. 1. 1967, AP Nr. 1 zu § 4 BUrlG; *Dersch/Neumann,* § 5 Rn. 14).

Das sog. Zwölftelungsprinzip § 5

Das Abstellen auf den Beschäftigungsmonat kann im Einzelfall dazu 4
führen, daß dem Arbeitnehmer möglicherweise nur wenige Arbeitsstunden fehlen, ihm aber gleichwohl kein voller Monat angerechnet wird. Der Beschäftigungsmonat kann in einem solchen Fall nicht durch **Aufrundung** zu einem vollen Monat werden. War ein Arbeitnehmer befristet für die Dauer von zwei Kalendermonaten in der Zeit von Montag, dem 28. 7. 1986 bis Freitag, dem 26. 9. 1986 eingestellt, hat er gleichwohl nur einen Anspruch auf Teilurlaub in Höhe eines Zwölftels des Vollurlaubs, weil nur der Monat August 1986 als voller Beschäftigungsmonat zählt (*BAG* vom 26. 1. 1989, BB 1989, 2189). Eine Aufrundung kann nach dem eindeutigen Gesetzeswortlaut auch dann nicht erfolgen, wenn das Arbeitsverhältnis einen Tag später beginnt oder früher endet, weil der fehlende Tag ein Sonn- oder Feiertag, oder ein Werktag war, an dem für den Arbeitnehmer keine Arbeitspflicht bestand (*BAG* vom 26. 1. 1989, aaO; *GK-BUrlG/Bachmann*, § 5 Rn. 8; a. A. ein Großteil der Literatur, der die Rechtsprechung des BAG als zu formalistisch ablehnt und in einem solchen Fall die Berufung des Arbeitgebers auf den fehlenden Feiertag als rechtsmißbräuchlich ansieht, vgl. statt vieler *Dersch/Neumann*, § 5 Rn. 16. Seine insoweit anderslautende Rechtsprechung, vgl. noch *BAG* vom 22. 2. 1966, BB 1966, 535, hat das BAG mit der Entscheidung vom 26. 1. 1989, aaO, ausdrücklich aufgegeben).

Aus dem Erfordernis heraus, daß gem. § 5 Abs. 1 ein Teilurlaubsanspruch 5
nur für jeden vollen Monat des Bestehens des Arbeitsverhältnisses entsteht, ist zu schlußfolgern, daß der **Mindestteilurlaubsanspruch** ein Zwölftel des vollen Urlaubsanspruchs beträgt. Dies bedeutet, daß derjenige Arbeitnehmer, der vor Ablauf eines Beschäftigungsmonats aus dem Arbeitsverhältnis ausscheidet, keinerlei Anspruch auf Teilurlaub hat (hM; vgl. zB *Dersch/Neumann*, § 5 Rn. 8, allerdings krit. mit der Anregung, daß eine Aufrundung in denjenigen Fällen angemessen wäre, in denen ein Monat zur Hälfte verbracht worden ist). Damit kann ein Anspruch auf Teilurlaub nach § 5 immer nur dann entstehen, wenn das Arbeitsverhältnis **mindestens einen Beschäftigungsmonat** bestanden hat. Kürzere Beschäftigungszeiten lassen demgemäß einen Urlaubsanspruch nicht entstehen.

Volle Monate der Dauer des Arbeitsverhältnisses ergeben sich auch bei 6
Teilzeitarbeitsverträgen. Dabei ist unerheblich, wieviel Stunden im Monat zu arbeiten sind. Dies wirkt sich lediglich bei der Berechnung des Urlaubsentgelts aus (vgl. die Kommentierung zu § 11). Entsprechendes gilt für **Aushilfsarbeitsverhältnisse**. Daher haben auch Arbeitnehmer, die nur während der Ferien tätig sind (zB Werkstudenten), nach einem Beschäftigungsmonat bei Ausscheiden aus dem Arbeitsverhältnis einen Anspruch auf Urlaubsabgeltung. Etwas anderes gilt bei sog. **Eintagsarbeitsverhältnissen** (*BAG* vom 7. 12. 1962, BB 1963, 271). Ist der Arbeitnehmer nicht verpflichtet, seine Arbeitskraft für einen im voraus

festgelegten Zeitraum bzw. Termin zur Verfügung zu stellen, sondern geht dem jeweiligen Arbeitsabruf eine von Fall zu Fall neu abzuschließende vertragliche Vereinbarung voraus, handelt es sich nicht um ein Teilzeit-, sondern um ein Eintagsarbeitsverhältnis. In einem Eintagsarbeitsverhältnis kann der Arbeitnehmer weder die Wartezeit für den Voll- noch für den Teilurlaub erfüllen, mit der Konsequenz, daß ihm kein Urlaubsanspruch zusteht (*ArbG Duisburg* vom 9. 7. 1987, NZA 1988, 808; *LAG Frankfurt/M.* vom 4. 10. 1991, NZA 1992, 692: studentische Sitzwachen im Krankenhaus).

1. Nichterfüllung der Wartezeit gem. § 5 Abs. 1 lit. a)

7 Echter Teilurlaub wird für jeden vollen Monat des rechtlichen Bestandes des Arbeitsverhältnisses gewährt, und zwar in der Weise, daß der Jahresurlaub **gezwölftet** wird, wenn der Arbeitnehmer gem. § 5 Abs. 1 lit a) wegen **Nichterfüllung der Wartezeit** iSv § 4 keinen vollen Urlaubsanspruch im Kalenderjahr erwerben kann (hM; vgl. *BAG* vom 26. 1. 1967, AP Nr. 1 zu § 4 BUrlG; *Dersch/Neumann,* § 5 Rn. 22; *GK-BUrlG/ Bachmann,* § 5 Rn. 9 mwN). Von dieser Vorschrift sind diejenigen Fälle erfaßt, in denen das Arbeitsverhältnis **nach Beginn des 1. Juli** des Kalenderjahres – also im Laufe des 1. Juli oder später – angefangen hat, weil für solche Arbeitnehmer die Wartezeit frühestens am 1. Januar des Folgejahres enden kann. Wird ein Arbeitsverhältnis im Laufe des 1. Juli angetreten, gilt § 187 Abs. 1 BGB, so daß dieser Tag bei der Fristenberechnung nicht mitgezählt wird, mit der rechtlichen Konsequenz, daß die Wartezeit erst am 1. Januar des Folgejahres abläuft (*Dersch/Neumann,* § 5 Rn. 22). Der Arbeitnehmer hat hier also lediglich einen Teilurlaubsanspruch gem. § 5 Abs. 1 lit. a) für das Eintrittsjahr erlangt (wegen einer Übertragung dieses Teilurlaubsanspruchs in das Folgejahr vgl. die Kommentierung zu § 7).

8 Wird das Arbeitsverhältnis hingegen **vor oder spätestens mit Beginn des 1. Juli** eines Kalenderjahres begonnen, kann die Wartezeit noch im laufenden Kalenderjahr erfüllt werden, so daß der volle Urlaubsanspruch entsteht, also ein Fall des § 5 Abs. 1 lit. a) nicht vorliegt (hM; vgl. *GK-BUrlG/Bachmann,* § 5 Rn. 9 mwN).

2. Ausscheiden vor erfüllter Wartezeit gem. § 5 Abs. 1 lit. b)

9 Echter Teilurlaub im Sinne einer Zwölftelung entsteht gem. § 5 Abs. 1 lit. b) auch dann, wenn der Arbeitnehmer **vor erfüllter Wartezeit** aus dem Arbeitsverhältnis **ausscheidet**. Bei einem Ausscheiden unter gleichzeitiger Erfüllung der Wartezeit erwirbt der Arbeitnehmer nach dem eindeutigen Gesetzeswortlaut den vollen Urlaubsanspruch, es sei denn, es läge ein Fall des im folgenden noch zu besprechenden § 5 Abs. 1 lit. c) vor

Das sog. Zwölftelungsprinzip **§ 5**

(Ausscheiden des Arbeitnehmers in der ersten Hälfte des Kalenderjahres, vgl. *Dersch/Neumann,* § 5 Rn. 24). Damit hat also nur derjenige Arbeitnehmer einen Anspruch auf Teilurlaub nach § 5 Abs. 1 lit. b), dessen Arbeitsverhältnis weniger als sechs Monate gewährt hat. Hat das Arbeitsverhältnis sechs Monate oder länger gedauert, kann der Arbeitnehmer demgegenüber seinen vollen Jahresurlaub beanspruchen (*BAG* vom 26. 1. 1967, AP Nr. 1 zu § 4 BUrlG; *Dersch/Neumann,* § 5 Rn. 24; *GK-BUrlG/Bachmann,* § 5 Rn. 13 mwN). Tritt zB der Arbeitnehmer am 1. März in die Dienste des Arbeitgebers ein, und scheidet er mit Ablauf des 31. August wieder aus, hat er einen vollen Urlaubsanspruch erworben. Wird dem Arbeitnehmer hingegen im Laufe des 31. August seitens des Arbeitgebers wirksam fristlos gekündigt, ist die Wartezeit von sechs Monaten nicht erfüllt, so daß nur ein Teilurlaubsanspruch entsteht (vgl. hierzu auch *Dersch/Neumann,* § 5 Rn. 24).

Die eigentliche **Entstehung** der (echten) Teilurlaubsansprüche gem. **10**
Buchstaben a) und b) ist im Gesetz nicht ausdrücklich geregelt. Richtig dürfte es sein, von einem Erwachsen des Anspruchs bereits nach dem ersten vollen Monat des Arbeitsverhältnisses auszugehen. Zwar vergrößert sich der Anspruch dann kontinuierlich mit jedem weiteren vollen Monat des rechtlichen Bestandes des Arbeitsverhältnisses; allerdings braucht der Teilurlaub erst dann gewährt zu werden, wenn feststeht, daß ein Vollurlaubsanspruch nicht mehr entstehen wird (*BAG* vom 10. 3. 1966, BB 1966, 580). Dies stellt letztlich eine Frage der **Fälligkeit** dar (ebenso *Dersch/Neumann,* § 5 Rn. 11 und § 7 Rn. 1 ff.; a. A. *GK-BUrlG/ Bachmann,* § 5 Rn. 11). Der Teilurlaubsanspruch entsteht also schon nach Ablauf des ersten Beschäftigungsmonats, wird aber erst zu einem späteren Zeitpunkt fällig.

3. Ausscheiden nach erfüllter Wartezeit in der ersten Hälfte eines Kalenderjahres gem. § 5 Abs. 1 lit c)

Gem. § 5 Abs. 1 lit. c) hat der Arbeitnehmer Anspruch auf ein Zwölftel des **11**
Jahresurlaubs für jeden vollen Monat des Bestehens des Arbeitsverhältnisses, wenn er nach erfüllter Wartezeit in der ersten Hälfte eines Kalenderjahres (bis einschließlich 30. Juni) aus dem Arbeitsverhältnis ausscheidet. Bei diesem Anspruch handelt es sich dogmatisch nicht um einen Teilurlaubsanspruch im engeren Sinne, sondern vielmehr um einen **gekürzten Vollurlaub**. Bei einem Ausscheiden aus dem Arbeitsverhältnis nach erfüllter Wartezeit in der ersten Hälfte eines Kalenderjahres im zweiten oder einem späteren Beschäftigungsjahr ist bereits mit dem 1. Januar der volle Urlaubsanspruch entstanden (vgl. die Kommentierung zu § 4), der jedoch wegen der ausdrücklichen gesetzlichen Anordnung in § 5 Abs. 1 lit. c) anteilig gekürzt wird. Damit steht der bereits am 1. Januar entstandene volle Urlaubsanspruch gem. § 5 Abs. 1 lit. c) unter der **auflösenden**

§ 5 Teilurlaub

Bedingung, daß das Arbeitsverhältnis in der ersten Hälfte eines Kalenderjahres beendet wird. Bei Eintritt der Bedingung (Ausscheiden aus dem Arbeitsverhältnis in der ersten Jahreshälfte) erwächst dem Arbeitnehmer für die Dauer des Arbeitsverhältnisses im Austrittsjahr ein nach dem Prinzip der Zwölftelung gekürzter Vollurlaubsanspruch. Von seiner **Rechtsnatur** her ist § 5 Abs. 1 lit. c) deshalb nicht etwa Anspruchsgrundlage für den gekürzten, sondern vielmehr **Ausschlußtatbestand** gegenüber dem vollen Urlaubsanspruch (überw. A.; *BAG* vom 18. 6. 1980, BB 1980, 1691; *Dersch/Neumann*, § 5 Rn. 13; *GK-BUrlG/Bachmann*, § 5 Rn. 19 mwN). **Klassischer Anwendungsfall** wäre die Situation, daß der Arbeitnehmer im Eintrittsjahr die Wartezeit erfüllt hat, und sodann in der ersten Hälfte eines der auf das Eintrittsjahr folgenden Jahre ausscheidet. Das BAG spricht in diesem Zusammenhang recht anschaulich von einer nachträglichen „Schrumpfung" des zunächst erworbenen vollen Urlaubsanspruchs (*BAG* vom 26. 4. 1960, BB 1960, 782).

12 § 5 Abs. 1 lit. c) betrifft des weiteren aber auch diejenigen Fälle, in denen die **Wartezeit erst während der ersten Hälfte des Folgejahres abläuft**. Beginnt das Arbeitsverhältnis am 1. August, endet die Wartezeit am 31. Januar des folgenden Kalenderjahres. Scheidet der Arbeitnehmer am 15. Januar wieder aus dem Arbeitsverhältnis aus, hat er lediglich einen (echten) Teilurlaubsanspruch nach § 5 Abs. 1 lit. b) erworben, weil er vor erfüllter Wartezeit aus dem Arbeitsverhältnis ausgeschieden ist. Er kann mithin fünf Zwölftel seines Jahresurlaubes beanspruchen. Erfolgt das Ausscheiden aus dem Arbeitsverhältnis in diesem Fall jedoch zum Ende des 31. Januar, richtet sich die Gewährung des Urlaubs und damit die Zwölftelung nach § 5 Abs. 1 lit. c). Zwar fallen in einem solchen Fall das Ende der Wartezeit und das Ausscheiden zeitlich zusammen, so daß eigentlich der volle Urlaubsanspruch entstanden wäre, allerdings erfolgt das Ausscheiden gleichzeitig in der ersten Hälfte des Kalenderjahres, was eine Zwölftelung zur Konsequenz hat. Die Zwölftelung betrifft in den genannten Beispielen dann auch denjenigen Urlaubsteil aus dem Vorjahr, der wegen Nichterfüllung der Wartezeit zu übertragen war (vgl. hierzu *Dersch/Neumann*, § 5 Rn. 25). In dem Fall, daß der Arbeitnehmer mit Ablauf der Wartezeit gleichzeitig in der ersten Jahreshälfte des folgenden Jahres wieder aus dem Arbeitsverhältnis ausscheidet, stellt der anteilige Urlaubsanspruch des Arbeitnehmers einen **kombinierten Anspruch** aus (echtem) Teilurlaub hinsichtlich des Anteils aus dem Vorjahr und gekürztem Vollurlaub bezüglich des Anteils aus dem Folgejahr dar.

13 Die **erste Jahreshälfte** iSv § 5 Abs. 1 lit. c) dauert vom 1. Januar bis zum **30. Juni 24 Uhr**. Endet das Arbeitsverhältnis mit Ablauf des 30. Juni, stellt dies also ein Ausscheiden in der ersten Jahreshälfte dar. Die **zweite Jahreshälfte** beginnt somit am **1. Juli 0 Uhr** (hM; vgl. *BAG* vom 16. 6. 1966, BB 1966, 983; *Dersch/Neumann*, § 5 Rn. 26; *GK-BUrlG/Bleistein*, § 4 Rn. 17 ff. gegen *GK-BUrlG/Bachmann*, § 5 Rn. 25).

Das sog. Zwölftelungsprinzip § 5

Ein **besonderes Problem** stellt hierbei der Umstand dar, daß der zum Beginn des 1. Januar eines Kalenderjahres eingestellte Arbeitnehmer mit Ablauf des 30. Juni desselben Kalenderjahres wieder aus dem Arbeitsverhältnis ausscheidet. Hier wäre zwar grundsätzlich der volle Jahresurlaubsanspruch nach § 5 Abs. 1 lit. b) entstanden, weil der Arbeitnehmer nicht **vor** erfüllter Wartezeit aus dem Arbeitsverhältnis ausgeschieden wäre. Da aber das Ausscheiden in einem solchen Fall trotz erfüllter Wartezeit noch in die erste Jahreshälfte fiele, wäre der Urlaub gem. § 5 Abs. 1 lit. c) zu zwölfteln. Ein Fall des § 5 Abs. 1 lit. b) liegt nicht vor, weil die Wartezeit mit dem Ausscheiden zusammentrifft. Nach zutreffender Ansicht (vgl. die Nachweise unter § 5 Rn. 9) stellt ein Ausscheiden aus dem Arbeitsverhältnis **mit** Erfüllung der Wartezeit kein Ausscheiden **vor** Erfüllung der Wartezeit dar, so daß nach dem eindeutigen Gesetzeswortlaut in einer solchen Situation § 5 Abs. 1 lit. b) nicht einschlägig ist und deshalb der volle Urlaubsanspruch entsteht. Allerdings bleibt es bei der Zwölftelung, wenn zeitgleiches Zusammentreffen von Erfüllung der Wartezeit und Ausscheiden aus dem Arbeitsverhältnis **mit Ablauf des 30. Juni** und damit **in der ersten Hälfte des Kalenderjahres** erfolgt (hM; vgl. *BAG* vom 31. 5. 1990, BB 1990, 2046; *BAG* vom 25. 2. 1988, BB 1988, 2246; vgl. auch *BAG* vom 3. 11. 1988, BB 1989, 359; *GK-BUrlG/Bleistein*, § 4 Rn. 17 ff.; a. A. *GK-BUrlG/Bachmann*, § 5 Rn. 25; *Gumpert*, BB 1966, 539 ff.;). In diesem Fall stellt § 5 Abs. 1 lit. c) gegenüber § 5 Abs. 1 lit. b) eine **Sondervorschrift** dar, die vorgeht (überw. M.; vgl. *BAG* vom 16. 6. 1966, BB 1966, 983; *Dersch/Neumann*, § 15 Rn. 26 mwN). **Keine Zwölftelung** erfolgt indessen, wenn der Arbeitnehmer nach erfüllter Wartezeit am **1. Juli oder später** aus dem Arbeitsverhältnis ausscheidet. In einem solchen Fall liegt keine Alternative des den Teilurlaub abschließend regelnden § 5 vor, so daß der Arbeitnehmer den vollen Jahresurlaub beanspruchen kann (*Dersch/Neumann*, § 5 Rn. 27 ff.). Dies gilt selbst dann, wenn das Arbeitsverhältnis nur während der Wartezeit bestanden hat, also der am 1. Februar eingestellte Arbeitnehmer beispielsweise mit Ablauf des 31. Juli wieder aussscheidet (*BAG* vom 26. 1. 1967, AP Nr. 1 zu § 4 BUrlG; vgl. auch schon *LAG Düsseldorf* vom 22. 6. 1954, BB 1954, 806).

14

Anspruch auf Teilurlaub haben auch solche Arbeitnehmer, die nur während der Ferien tätig sind (zB Werkstudenten, sonstige Aushilfen), sofern nur das Arbeitsverhältnis mindestens einen Beschäftigungsmonat bestanden hat.

15

Für **jugendliche** Arbeitnehmer übernimmt § 19 JArbSchG die Regelung des § 5 (zum Jugendurlaub vgl. die Kommentierung zu § 3). Damit ist unter Zugrundelegung des erhöhten Jugendurlaubs gem. § 19 Abs. 2 JArbSchG die Zwölftelung wie beim Erwachsenenurlaub vorzunehmen. Eine **abweichende Regelung** sieht § 59 SeemannG vor (Zwölftelung bei Ausscheiden des Arbeitnehmers vor Ablauf des Beschäftigungsjahres,

16

§ 5 *Teilurlaub*

und zwar bis zu den ersten sechs Monaten Berücksichtigung jedes vollen, danach jedes angefangenen Beschäftigungsmonats).

4. Abändernde Regelungen

17 Teilurlaubsvorschriften **abändernde Regelungen**, insbesondere des Zwölftelungsprinzips durch **Einzelarbeitsvertrag** oder **Betriebsvereinbarung** zuungunsten des Arbeitnehmers sind wegen § 13 Abs. 1 S. 3 unzulässig (*BAG* vom 28. 11. 1968, BB 1969, 274). Dagegen kann in einem **Tarifvertrag** von § 5, der in § 13 Abs. 1 S. 1 nicht genannt wird, auch zuungunsten des Arbeitnehmers abgewichen werden (*BAG* vom 10. 2. 1966, BB 1966, 619). Da die **neuere Rechtsprechung des BAG** aber genau zwischen gesetzlichem Urlaub (Mindesturlaub) und tariflichem Urlaub (Mehrurlaub) unterscheidet, kann allerdings nicht ohne weiteres davon ausgegangen werden, daß in Tarifverträgen uneingeschränkt auch zuungunsten des Arbeitnehmers von der Vorschrift des § 5 abgewichen werden darf. So kann nach der Rechtsprechung des BAG auch ein Tarifvertrag für den gesetzlichen Mindesturlaub von 24 Werktagen (§ 3 Abs. 1) keine für den Arbeitnehmer ungünstigere Regelung treffen, was im übrigen auch der Vorschrift des § 13 Abs. 1 S. 1 entspricht, die § 3 Abs. 1 ausdrücklich erwähnt. Beispielsweise kann ein Tarifvertrag keine Zwölftelung des gesetzlichen Urlaubs in der zweiten Jahreshälfte vorschreiben (grundlegend *BAG* vom 8. 3. 1984, BB 1984, 1489; weiterhin *BAG* vom 7. 11. 1985, BB 1986, 1229; *BAG* vom 10. 3. 1987, BB 1987, 1814). Eine allgemeine Ausgleichsregelung in einem außergerichtlichen Vergleich erfaßt insbesondere nicht den Urlaubsanspruch nach § 5 Abs. 1 lit. c) (*BAG* vom 31. 5. 1990, BB 1990, 2046). Etwas anderes hat für den vertraglichen bzw. tariflichen Mehrurlaub zu gelten, der ggf. auch in der zweiten Jahreshälfte gezwölftelt oder sonstwie gekürzt werden kann (*Dersch/Neumann*, § 5 Rn. 33). Vertraglich oder tariflich abweichende Regelungen von § 5 **zugunsten** des Arbeitnehmers sind ohne weiteres zulässig. So könnten die Arbeits- oder Tarifvertragsparteien zB vereinbaren, daß angefangene Monate als volle Monate iSv § 5 gelten (*GK-BUrlG/Bachmann*, § 5 Rn. 28).

II. Bruchteile von Urlaubstagen

18 § 5 Abs. 2 ordnet ausdrücklich an, daß **Bruchteile von Urlaubstagen**, die mindestens einen halben Tag ergeben, auf volle Urlaubstage aufzurunden sind. Die Zwölftelung des Urlaubsanspruchs kann zu Bruchteilen von Urlaubstagen führen. Die Aufrundung hat dabei nicht nur bei der eigentlichen **Urlaubsgewährung**, sondern auch bei der **Urlaubsabgeltung** (vgl. insoweit die Kommentierung zu § 7 Abs. 4) zu erfolgen. Die Urlaubsabgeltung als Surrogat des Naturalurlaubs soll den Arbeit-

Bruchteile von Urlaubstagen § 5

nehmer in die Lage versetzen, das Geld zusammen mit der ggf. zu einem späteren Zeitpunkt ermöglichten Freizeit zu Erholungszwecken zu nutzen, so daß für die Urlaubsabgeltung nichts anderes gelten kann als für den Urlaub selbst (*Dersch/Neumann*, § 5 Rn. 35; *LAG Düsseldorf* vom 11. 3. 1968, BB 1968, 874). Auch soweit der Arbeitnehmer über den gesetzlichen Mindesturlaub hinaus **Mehrurlaub** beanspruchen kann, ist § 5 Abs. 2 im Zweifel anzuwenden (*Dersch/Neumann*, § 5 Rn. 37; *GK-BUrlG/Bachmann*, § 5 Rn. 37, 39). Da die Aufrundungsbestimmung des § 5 Abs. 2 generell für jeden Urlaubsanspruch gilt, sei er gesetzlicher, individualvertraglicher oder kollektiver Natur (Betriebsvereinbarung, Tarifvertrag, vgl. zu letzterem zutreffend *ArbG Darmstadt* vom 10. 10. 1963, BB 1963, 1376), hat eine **Aufrundung insgesamt** zu erfolgen; nicht etwa dürfen in einem solchen Fall die verschiedenen Ansprüche geteilt und differenziert behandelt werden (vgl. auch *Dersch/Neumann*, § 5 aaO). Hat das Arbeitsverhältnis des Arbeitnehmers fünf volle Beschäftigungsmonate bestanden, und scheidet er sodann aus dem Arbeitsverhältnis wieder aus, stehen ihm bei einem jährlichen Urlaubsanspruch von 30 Urlaubstagen rein rechnerisch 30 x 5 : 12 = 12,5 Urlaubstage zu, die nach der gesetzlichen Anordnung des § 5 Abs. 2 auf volle 13 Urlaubstage aufzurunden und ggf. unter den Voraussetzungen des § 7 Abs. 4 abzugelten sind.

Aus der systematischen Stellung des § 5 Abs. 2 innerhalb des BUrlG **19** folgt, daß die Aufrundungsvorschrift nur für Bruchteile eines Urlaubstages gilt, die bei der Berechnung von **Teilurlaub** nach dem Zwölftelungsprinzip gem. § 5 Abs. 1 iVm § 3 entstehen. Fernerhin findet § 5 Abs. 2 Anwendung, wenn der nach § 3 in **Werk**tagen bemessene Urlaub in (echte) **Arbeits**tage umzurechnen ist, also wenn arbeitsfreie Tage berücksichtigt werden müssen. § 5 Abs. 2 findet dagegen **keine Anwendung**, wenn sich bei der Berechnung von **Vollurlaub** Bruchteile eines Urlaubstages ergeben, wie dies bei vertraglichem bzw. tariflichem Mehrurlaub denkbar ist (*BAG* vom 26. 1. 1989, BB 1989, 2189; *BAG* vom 31. 5. 1990, BB 1990, 2408; *GK-BUrlG/Bachmann*, § 5 Rn. 37).

Geringere Bruchteile von Urlaubstagen als einem halben Tag sind **20** weder auf- noch abzurunden, sondern **entsprechend ihrem Umfang** in natura zu gewähren oder nach dem Ausscheiden des Arbeitnehmers aus dem Arbeitsverhältnis abzugelten (*BAG* vom 26. 1. 1989, BB 1989, 2189 unter Aufgabe seiner bisherigen Rechtsprechung in *BAG* vom 28. 11. 1968, BB 1969, 274 und vom 17. 3. 1970, BB 1970, 802), es sei denn, ein Tarifvertrag schließt dies ausdrücklich aus (*BAG* vom 14. 2. 1991, BB 1991, 1789). Hat der Arbeitnehmer beispielsweise einen vertraglichen Jahresurlaubsanspruch von 25 Tagen und war er volle vier Monate beschäftigt, steht ihm bei seinem Ausscheiden aus dem Arbeitsverhältnis ein Anspruch auf Teilurlaub gem. § 5 Abs. 1 lit. b) in Höhe von 25 x 4 : 12 = 8,33 Tagen zu. Auch das Drittel Urlaubstag ist zu berücksich-

§ 5 *Teilurlaub*

tigen und abzugelten, ggf. sogar in natura zu gewähren, was im Einzelfall möglicherweise nach einer Übertragung des Urlaubs in das Folgejahr (vgl. § 7) eintreten kann (BAG vom 26. 1. 1989, BB 1989, 2189; für einen gänzlichen Wegfall der Bruchteile von weniger als einem halben Tag zu Unrecht *GK-BUrlG/Bachmann,* § 5 Rn. 42; *Petersmeier,* BB 1981, 375; differenzierend *Dersch/Neumann,* § 5 Rn. 36: keine anteilige Berücksichtigung solcher Bruchteile beim Naturalurlaub, jedoch beim Urlaubsentgelt).

21 Eine **Abweichung** von § 5 Abs. 2 **zugunsten** des Arbeitnehmers ist ohne weiteres möglich. So können Einzelarbeitsverträge, Betriebsvereinbarungen und Tarifverträge die Aufrundung eines jeden Bruchteiles vorsehen. Eine Abweichung **zuungunsten** des Arbeitnehmers ist wegen § 13 Abs. 1 S. 3 zumindest nicht durch Einzelarbeitsvertrag oder Betriebsvereinbarung möglich. Ob in einem Tarifvertrag von § 5 Abs. 2 auch zuungunsten des Arbeitnehmers abgewichen werden kann, wird nicht einheitlich beantwortet. Richtig dürfte die Auffassung sein, wonach eine ungünstigere tarifliche Regelung zulässig ist, so daß etwa auch jegliche Aufrundung tariflich ausschließbar wäre. Eine solche tarifvertragliche Klausel verstieße nicht gegen die in § 13 Abs. 1 S. 1 genannten Kernvorschriften der §§ 1, 2 und 3 Abs. 1 (in diesem Sinne auch *GK-BUrlG/Bachmann,* § 5 Rn. 44; differenzierend *Dersch/Neumann,* § 5 Rn. 37: zulässig, Bruchteile von einem halben Tag und mehr nicht aufzurunden, aber unzulässig, Bruchteile von weniger als einem halben Tag abzurunden).

III. Verbot der Rückforderung zuviel gezahlten Urlaubsentgelts

22 Für den Fall, daß der Arbeitnehmer gem. **§ 5 Abs. 1 lit. c)** nach erfüllter Wartezeit in der ersten Hälfte eines Kalenderjahres aus dem Arbeitsverhältnis ausscheidet, und er bereits mehr als den ihm zustehenden Zwölftelanteil am Jahresurlaub erhalten hat, kann der Arbeitgeber gem. § 5 Abs. 3 das dafür gezahlte Urlaubsentgelt **nicht zurückfordern**. Die Vorschrift entspricht dem Rechtsgedanken, daß einerseits gewährter Naturalurlaub schon aus der Logik heraus irreversibel ist, und daß andererseits das für die Zeit der Freistellung gezahlte Urlaubsentgelt verbraucht und eine Umwandlung in unbezahlte Freizeit mit dem Urlaubsrecht schlechthin unvereinbar ist.

23 Nach dem eindeutigen Gesetzeswortlaut und dessen Entstehungsgeschichte (vgl. hierzu eingehend *GK-BUrlG/Bachmann,* § 5 Rn. 62) bezieht sich § 5 Abs. 3 nur auf das Ausscheiden des Arbeitnehmers nach erfüllter Wartezeit in der ersten Jahreshälfte nach § 5 Abs. 1 lit. c) und nicht auch auf § 5 Abs. 1 lit. a) und b) bzw. sonstigen überobligationsmäßig gewährten Urlaub. Damit enthält § 5 Abs. 3 als spezielle Vorschrift nach hM **kein generelles Rückzahlungsverbot**, so daß in allen anderen

Fällen, insbesondere nach § 5 Abs. 1 lit. a) und b) ein Rückzahlungsanspruch des Arbeitgebers zumindest nicht gem. § 5 Abs. 3 ausgeschlossen ist. So kann der Arbeitgeber dann, wenn er einem Arbeitnehmer in Erwartung der Erfüllung der Wartezeit nach § 4 schon vor deren Ablauf den vollen Jahresurlaub gewährt hatte, mehr als dem Arbeitnehmer nach § 5 Abs. 1 lit. b) zustand, das gezahlte Urlaubsentgelt grundsätzlich zurückfordern. § 5 Abs. 3 steht in diesem Fall nicht entgegen (*GK-BUrlG/Bleistein*, § 1 Rn. 11 ff.; *GK-BUrlG/Bachmann*, § 5 Rn. 61 ff. mwN; *Leinemann/Linck*, § 5 Rn. 54; a. A. zu Unrecht *Dersch/Neumann*, § 5 Rn. 43, 49 u. 52; *Schaub*, S. 776). Allerdings wird in einem solchen Fall genau zu prüfen sein, ob beispielsweise derjenige Arbeitgeber, der einem Arbeitnehmer trotz nicht erfüllter Wartezeit bereits Urlaub gewährt, nach den Umständen des Einzelfalles damit nicht billigend in Kauf nimmt, daß der Arbeitnehmer vor Ablauf der Wartezeit wieder aus dem Arbeitsverhältnis ausscheiden könnte. In einem solchen Verhalten könnte ein – zumindest stillschweigender – **Verzicht auf Rückforderung** etwaig zuviel gezahlten Urlaubsentgelts zu sehen sein (so auch die überw. M.; vgl. *GK-BUrlG/Bachmann*, § 5 Rn. 50 mwN). Die Beschränkung des § 5 Abs. 3 auf den Fall des § 5 Abs. 1 lit. c) entspricht nicht nur dem klaren Gesetzeswortlaut und seiner Entstehungsgeschichte (*GK-BUrlG/Bachmann*, § 5 Rn. 62), sondern ist auch deshalb gerechtfertigt, weil es sich in systematischer Hinsicht bei Buchstabe c) nicht um einen Teilurlaubsanspruch, sondern um einen gekürzten Vollurlaubsanspruch handelt, der schon zu Beginn des zweiten bzw. jedes späteren Urlaubsjahres in vollem Umfange – wenn auch unter einer auflösenden Bedingung – entsteht. Speziell für diesen besonderen Fall ordnet das Gesetz im Sinne eines Rückforderungsverbotes an, daß der Arbeitnehmer einmal Entstandenes und Verbrauchtes soll behalten dürfen, während dies in anderen Fällen, insbesondere nach Buchstaben a) und b) nicht notwendig ist, weil insoweit fällige Ansprüche auf Gewährung von Teilurlaub vor Ablauf der Wartezeit noch gar nicht bestehen, und eine Rückforderung des Urlaubsentgelts unter den Voraussetzungen der §§ 812 ff. BGB also unproblematisch möglich ist (ähnlich *Gaul*, BB 1965, 869 f.).

Ausnahmen vom Rückzahlungsverbot des § 5 Abs. 3 in Form von **Rückzahlungsklauseln** sind nach Auffassung der Rechtsprechung und dem überwiegenden Schrifttum grundsätzlich zulässig, wobei derartige Vereinbarungen allerdings **eindeutig** und **vor Urlaubsantritt** erfolgt sein müssen (*BAG* vom 27. 11. 1959, BB 1959, 1248; *LAG Düsseldorf* vom 22. 1. 1963, DB 1963, 455; *GK-BUrlG/Bachmann*, § 5 Rn. 49; krit. *Dersch/Neumann*, § 5 Rn. 48 u. 50). Ferner ist § 13 zu beachten. Eine wirksame Rückzahlungsklausel kann darin bestehen, daß der Urlaub in dem Umfange, in dem noch kein Urlaubsanspruch existiert, als **Vorschuß** bewilligt und in Anspruch genommen wird. Dies soll nach den allgemeinen Auslegungskriterien der §§ 133, 157 BGB nichts anderes

24

bedeuten, als daß das Urlaubsentgelt zurückzugewähren ist, soweit der Urlaubsanspruch letztlich nicht entsteht (*BAG* vom 22. 2. 1962, BB 1962, 598; *BAG* vom 15. 3. 1962, BB 1962, 677). Das BAG hat auch eine Vereinbarung für rechtmäßig erachtet, wonach mit jedem Monat nur ein Zwölftel des Jahresurlaubsanspruchs entsteht, und für lediglich vorschußweise gewährten Urlaub das ggf. zuviel gezahlte Urlaubsentgelt zurückgefordert werden kann (*BAG* vom 27. 11. 1959, BB 1959, 1248; vgl. auch *BAG* vom 9. 7. 1964, BB 1964, 1083). Mit der ganz hM ist deshalb davon auszugehen, daß eine Rückzahlungsklausel, die den Arbeitnehmer als verpflichtet ansieht, Urlaubsentgelt zurückzuzahlen, auf das er bis zur Beendigung des Arbeitsverhältnisses keinen Anspruch erworben hatte, wirksam vereinbart werden kann. Insbesondere stellt eine solche Rückzahlungsklausel keine Erschwerung des Kündigungsrechts des Arbeitnehmers und schon gar keine Verletzung seines Grundrechts auf freie Wahl des Arbeitsplatzes gem. Art. 12 GG dar (*GK-BUrlG/ Bachmann*, § 5 Rn. 52 mwN; a. A. *Dersch/Neumann*, § 5 Rn. 50 mwN).

25 **Weitere Ausnahmen** vom Rückzahlungsverbot können darin bestehen, daß sich der Arbeitnehmer den zuviel gewährten Urlaub **treuwidrig erschlichen** hat.

Soweit der Arbeitnehmer unter Verletzung der sich gem. § 242 BGB aus dem Arbeitsvertrag ergebenden Treuepflicht den Arbeitgeber veranlaßt hat, ihm überobligationsmäßig Urlaub zu gewähren, stellt ein solches Verhalten des Arbeitnehmers eine **positive Vertragsverletzung** dar, die den Arbeitgeber zum **Schadensersatz** berechtigt, der darauf gerichtet sein kann, das zuviel gezahlte Urlaubsentgelt von dem Arbeitnehmer zurückzuverlangen. Ein solcher Fall kann bereits dann vorliegen, wenn der Arbeitnehmer vom Arbeitgeber mehr Urlaub verlangt und erhält, als ihm bei einer Beendigung des Arbeitsverhältnisses zustünde, obwohl der Arbeitnehmer zu diesem Zeitpunkt bereits fest entschlossen ist, das Arbeitsverhältnis zu kündigen (vgl. *Schaub*, S. 776). Hier hat der Arbeitgeber gegen den Arbeitnehmer einen Schadensersatzanspruch auf Rückzahlung des zuviel gezahlten Urlaubsentgelts, der sowohl aus positiver Vertragsverletzung als auch aus § 826 BGB hergeleitet werden kann (*GK-BUrlG/Bachmann*, § 5 Rn. 59 mwN). Das gilt gerade und insbesondere auch für die Fälle des § 5 Abs. 1 lit. c), weil das Rückzahlungsverbot des § 5 Abs. 3 herrschender und zutreffender Ansicht nach nicht für Schadensersatzansprüche gilt (*Dersch/Neumann*, § 5 Anm. 51; *GK-BUrlG/Bachmann*, § 5 Rn. 66).

26 Nach hM besteht das Rückzahlungsverbot des § 5 Abs. 3 auch nicht in Fällen **irrtümlicher** Zuvielleistung von Urlaubsentgelt (*Dersch/Neumann*, § 5 Rn. 53; *GK-BUrlG/Bachmann*, § 5 Rn. 64; *Schaub*, S. 776, vgl. auch die Kommentierung zu § 11). Insoweit gelten die allgemeinen Bereicherungsvorschriften der §§ 812 ff. BGB, insbesondere auch die §§ 814, 818 Abs. 3 BGB (*Dersch/Neumann*, § 5 Rn. aaO mwN). In der

betrieblichen Praxis wird dies in aller Regel dazu führen, daß der Arbeitnehmer bei zuviel erhaltenem Urlaub aufgrund eines Irrtums des Arbeitgebers Entreicherung gem. § 818 Abs. 3 BGB geltend machen wird, so daß vielfach eine Rückforderung nur bei Kenntnis des Arbeitnehmers von dem Irrtum oder bei Erschleichen des Urlaubs möglich sein dürfte. Schließlich kann eine **Ausnahme vom Rückzahlungsverbot** darin bestehen, daß die Freizeit, für die Urlaubsentgelt vom Arbeitgeber gezahlt worden ist, vom Arbeitnehmer noch nicht vollständig in Anspruch genommen worden ist. Das Rückzahlungsverbot des § 5 Abs. 3 setzt voraus, daß der Arbeitnehmer Urlaub über den ihm zustehenden Anspruch hinaus **erhalten** hat. Nach hM verlangt § 5 Abs. 3 entsprechend seinem sozialen Schutzzweck, daß der **Urlaub insgesamt** – und zwar sowohl bezüglich der Freistellung als auch der Urlaubsvergütung – **verbraucht** ist (vgl. statt vieler *GK-BUrlG/Bachmann*, § 5 Rn. 65 mwN). Erhalten iSv § 5 Abs. 3 bedeutet nicht Gewährung oder Bewilligung des Urlaubs seitens des Arbeitgebers, sondern vielmehr **Ablauf der Urlaubsfreizeit** (*BAG* vom 7. 5. 1963, BB 1963, 604; zum Rückforderungsverbot vgl. auch *LAG Düsseldorf* vom 7. 5. 1968, BB 1968, 753).

Nach überwiegender und zutreffender Ansicht kann gem. § 13 Abs. 1 **27**
S. 1 durch **Tarifvertrag** von § 5 Abs. 3 abgewichen werden, weil die in dieser Norm genannten Kernvorschriften der §§ 1, 2 und 3 Abs. 1 nicht tangiert werden (*BAG* vom 25. 2. 1965, BB 1965, 543; *GK-BUrlG/ Bachmann*, § 5 Rn. 69 mwN). Daher sieht das BAG aufgrund des **Vorranges des Tarifvertrages** nach § 13 Abs. 1 **tarifliche** Rückzahlungklauseln bei zuviel gewährtem Urlaub als zulässig an (*BAG* vom 25. 2. 1965, aaO; vgl. auch *ArbG Berlin* vom 5. 1. 1977, DB 1977, 1657). Gem. § 13 Abs. 1 S. 3 kann – mit Ausnahme von § 13 Abs. 1 S. 2 – in **Einzelarbeitsverträgen** und **Betriebsvereinbarungen** grundsätzlich nicht von dem Rückzahlungsverbot des § 5 Abs. 3 **zuungunsten** des Arbeitnehmers abgewichen werden (vgl. hierzu und zum Günstigkeitsvergleich *GK-BUrlG/Bachmann*, § 5 Rn. 70 mwN).

§ 6
Ausschluß von Doppelansprüchen

(1) Der Anspruch auf Urlaub besteht nicht, soweit dem Arbeitnehmer für das laufende Kalenderjahr bereits von einem früheren Arbeitgeber Urlaub gewährt worden ist.

(2) Der Arbeitgeber ist verpflichtet, bei Beendigung des Arbeitsverhältnisses dem Arbeitnehmer eine Bescheinigung über den im laufenden Kalenderjahr gewährten oder abgegoltenen Urlaub auszuhändigen.

Übersicht

	Rn.		Rn.
I. Allgemeines	1	III. Urlaubsbescheinigung	17 – 20
II. Anrechnung von Vorurlaub	2 – 16		

I. Allgemeines

1   Die Vorschrift des § 6 Abs. 1 beinhaltet einen **allgemeinen Grundsatz des Urlaubsrechts**, wonach **Doppelansprüche** auf Erholungsurlaub im Urlaubsjahr, das mit dem laufenden Kalenderjahr übereinstimmt (vgl. die Kommentierung zu § 1), **ausgeschlossen** sind (*BAG* vom 6. 11. 1969, BB 1970, 260; *BAG* vom 25. 11. 1982, DB 1983, 1155; vgl. auch *BAG* vom 28. 2. 1991, BB 1991, 1788 [zugleich teilweise Aufgabe von *BAG* vom 25. 11. 1982, DB 1983, 1155]: § 6 Abs. 1 schließe nur Urlaubsansprüche in einem nachfolgenden Arbeitsverhältnis aus. Durch die Regelung werde für den Arbeitgeber des vorangegangenen Arbeitsverhältnisses keine Kürzungsbefugnis eröffnet). **Sinn und Zweck der Regelung** ist es, zu gewährleisten, daß der Arbeitnehmer im Falle eines Arbeitsplatzwechsels pro Urlaubsjahr **nur einen Erholungsurlaub** erhält, und daß sich dieser Urlaub im laufenden Kalenderjahr nicht etwa infolge Arbeitsplatzwechsels erhöht (*Dersch/Neumann*, § 6 Rn. 1; *GK-BUrlG/ Bachmann*, § 6 Rn. 1 mwN). Derjenige Arbeitnehmer beispielsweise, der nach erfüllter Wartezeit in der ersten Hälfte des Kalenderjahres ausscheidet, hätte regulär lediglich einen Anspruch auf **gekürzten** Vollurlaub gem. § 5 Abs. 1 lit. c). Hatte ihm der Arbeitgeber gleichwohl vor Ausscheiden aus dem Arbeitsverhältnis den **vollen** Jahresurlaub bewilligt, den der Arbeitnehmer auch verbraucht hatte, kann der Arbeitgeber wegen § 5 Abs. 3 das zuviel gezahlte Urlaubsentgelt nicht zurückfordern (vgl. auch die Kommentierung zu § 5 Rn. 22 ff.) Hier soll § 6 Abs. 1 verhindern, daß der Arbeitnehmer gegen einen neuen Arbeitgeber nach

Erfüllung der Wartezeit nochmals den vollen Jahresurlaub oder gem. § 5 Abs. 1 einen Teilurlaubsanspruch geltend machen kann. Soweit also der Arbeitnehmer im laufenden Kalenderjahr bereits Urlaub oder Urlaubsabgeltung von einem früheren Arbeitgeber erhalten hat, **entsteht** dieser Anspruch **nicht erneut** gegen einen späteren Arbeitgeber (*GK-BUrlG/ Bachmann*, § 6, aaO). Daher werden Urlaubsabgeltungsansprüche aufgrund eines früheren Arbeitsverhältnisses durch das Entstehen von Urlaubsansprüchen in einem späteren Arbeitsverhältnis nicht berührt. § 6 Abs. 1 will lediglich Ansprüche in einem **nachfolgenden** Arbeitsverhältnis ausschließen. Durch die gesetzliche Regelung wird für den Arbeitgeber des früheren Arbeitsverhältnisses also keine Kürzungsmöglichkeit geschaffen (*BAG* vom 28. 2. 1991, BB 1991, 1788, teilw. gegen die frühere Rspr: vgl. *BAG* vom 25. 11. 1982, DB 1983, 1155; siehe die Kommentierung zu § 7).

II. Anrechnung von Vorurlaub

Durch die **Anrechnung von Vorurlaub** sollen Doppelansprüche des 2
Arbeitnehmers verhindert werden. Es erfolgt nicht nur eine Anrechnung des **gewährten Naturalurlaubs**, sondern auch einer etwaig **gezahlten Urlaubsabgeltung** gem. § 7 Abs. 4, die dann entsprechend derjenigen Tage angerechnet werden muß, für die sie gezahlt worden ist (*BAG* vom 25. 11. 1982, DB 1983, 1155; zur Anrechnungsbefugnis vgl. die Kommentierung zu § 7). Dies folgt nicht nur aus der Überlegung, daß die Urlaubsabgeltung ein Surrogat des Naturalurlaubs darstellt, sondern mittelbar auch aus § 6 Abs. 2, wonach der Arbeitgeber verpflichtet ist, die Urlaubsbescheinigung auch auf eine etwaige Urlaubsabgeltung zu erstrecken (vgl. *GK-BUrlG/Bachmann*, § 6 Rn. 11 mwN; zur Urlaubsbescheinigung vgl. die Kommentierung zu § 6). **Rechtsdogmatisch** handelt es sich bei der Regelung des § 6 Abs. 1 allerdings nicht um eine Anrechnungsproblematik, weil derjenige Teil des Urlaubs, den der Arbeitnehmer im laufenden Urlaubsjahr von einem früheren Arbeitgeber überobligationsmäßig erhalten hat, gegen den neuen Arbeitgeber gar nicht erst zur Entstehung gelangt, so daß es zumindest **problematisch** ist, im Zusammenhang mit § 6 von einer **Anrechnung** zu sprechen (so auch *GK-BUrlG/Bachmann*, § 5 Rn.1 unter Verweis auf *Natzel*, § 6 Rn. 22 ff.). Allerdings hat sich in Rechtsprechung und Schrifttum die Formulierung der Anrechenbarkeit durchgesetzt (vgl. nur *Dersch/ Neumann*, § 6) und soll deshalb auch hier Verwendung finden.

Nach **Wortlaut** sowie **Sinn und Zweck** der Vorschrift entsteht die 3
Anrechnungsproblematik dann nicht, wenn dem Arbeitnehmer lediglich Ansprüche auf Teilurlaub im weiteren Sinne erwachsen. Hat zB der Arbeitnehmer nach § 5 Abs. 1 lediglich teilweise Urlaub für das laufende

§ 6 *Ausschluß von Doppelansprüchen*

Kalenderjahr erhalten, entsteht ein weiterer Urlaubsanspruch gegen den neuen Arbeitgeber nur insoweit, als er den Jahresurlaub, also die Differenz zum Vollurlaub, noch nicht erhalten hat. Aus diesem Grunde findet § 6 in all denjenigen Fällen **keine Anwendung**, in denen dem Arbeitnehmer in jedem der Arbeitsverhältnisse sowieso nur **Teilurlaub** entsprechend der jeweiligen Dauer der Arbeitsverhältnisse bewilligt worden war (hM; vgl. *BAG* vom 23. 9. 1965, AP Nr. 1 zu § 5 BUrlG; *Dersch/ Neumann*, § 6 Rn. 2; *GK-BUrlG/Bachmann*, § 6 Rn. 3 mwN; *Peterek*, DB 1966, 1729). Der Ausschluß von Doppelansprüchen nach § 6 setzt deshalb zwingend die **zeitliche Konkurrenz von Urlaubsansprüchen** voraus (*GK-BUrlG/Bachmann*, § 6 Rn. 2), was bedeutet, daß sich die Urlaubsansprüche aus **zeitlich aufeinanderfolgenden Arbeitsverhältnissen** ganz oder teilweise auf **denselben Zeitraum** beziehen müssen, wie es sich in dem Beispiel oben unter § 6 Rn. 1 darstellt (vgl. hierzu *GK-BUrlG/Bachmann*, § 6 Rn. 2 mwN). Damit ist klargestellt, daß immer dann kein Doppelanspruch vorliegt – und deshalb auch keine Anrechnungsproblematik entsteht –, wenn der Arbeitnehmer nicht hintereinander, sondern gleichzeitig bei mehreren Arbeitgebern beschäftigt ist. In einem solchen Fall einer **zeitgleichen Doppelbeschäftigung** entstehen unabhängig voneinander separate Urlaubsansprüche gegen jeden einzelnen Arbeitgeber, die nicht aufeinander angerechnet werden dürfen (*Dersch/Neumann*, § 6 Rn. 34).

4   Die Anrechnungsproblematik des § 6 entsteht auch dann nicht, wenn **Bruchteile** von Urlaubstagen **aufzurunden** waren (vgl. § 5 Abs. 2), mit der Folge, daß ein insgesamt höherer Urlaubsanspruch entstanden ist. Da die verschiedenen, zeitlich konkurrierenden Arbeitsverhältnisse jeweils für sich isoliert zu betrachten sind, kommt die Anrechnung eines aufgerundeten Urlaubsteils nicht in Betracht, auch wenn dadurch dem Arbeitnehmer im Einzelfall ein Vorteil entsteht (hM; vgl. *Dersch/Neumann*, § 6 Rn. 3; *GK-BUrlG/Bachmann*, § 6 Rn. 4; *Peters*, BB 1966, 1349 ff.; *Schaub*, S. 769; a. A. LAG Düsseldorf vom 11. 3. 1968, BB 1968, 874). Schließlich darf dann keine Anrechnung vorgenommen werden, wenn der Urlaub aus dem **Vorjahr** übertragen oder im **Vorgriff** auf ein späteres Urlaubsjahr gewährt wurde (*GK-BUrlG/Bachmann*, § 6 Rn. 5 ff. mwN). In einem solchen Fall handelt es sich nicht um die von § 6 geregelte Anrechenbarkeit von Doppelansprüchen. Insoweit würden lediglich zwei Urlaubsansprüche, zB aus dem vergangenen und aus dem laufenden Urlaubsjahr in demselben Kalenderjahr erfüllt. Ein Konkurrenzverhältnis iSv § 6 entsteht insoweit also gar nicht.

5   Außer Betracht bleiben muß bei einer Anrechnung **Zusatzurlaub**, der nur in **einem** Arbeitsverhältnis gewährt worden ist (zB der Zusatzurlaub für Schwerbehinderte gem. § 47 SchwbG). Eine Anrechnung darf nur dann stattfinden, wenn der Zusatzurlaub in **beiden** Arbeitsverhältnissen zu gewähren ist.

Unproblematisch sind diejenigen Fälle, in denen dem Arbeitnehmer in 6
den verschiedenen Arbeitsverhältnissen **gleich hoher Urlaub** gewährt
wird. Hier werden die in dem früheren Arbeitsverhältnis schon verbrauchten Urlaubstage auf den weiteren Urlaub angerechnet, so daß der
Arbeitnehmer im Urlaubsjahr summa summarum einen Urlaub in der
ihm zustehenden Gesamthöhe erhält, somit eine Doppelgewährung also
ausgeschlossen ist. Dabei ist nach überwiegender Meinung nur der
gesetzliche **Mindesturlaub**, nicht auch der aufgrund Tarifvertrags, Betriebsvereinbarung oder Einzelarbeitsvertrags gewährte **Mehrurlaub** in
die Anrechnung einzubeziehen. Da § 6 Abs. 1 klarstellen will, daß der
Arbeitnehmer gem. § 1 pro Kalenderjahr einen bezahlten Mindesturlaub
beanspruchen kann, ist die Anrechnungsproblematik strikt auf den **gesetzlichen Mindesturlaub** zu beschränken (vgl. aus dem Schrifttum nur
GK-BUrlG/Bachmann, § 6 Rn. 8 mwN und aus der Rspr. *BAG* vom 6. 11.
1969, BB 1970, 260, wonach der gesetzliche Mindesturlaub gem. §§ 1 ff.
ausgeschlossen ist, soweit dem Arbeitnehmer für das laufende Kalenderjahr schon von einem früheren Arbeitgeber bereits Mindesturlaub iSd
§§ 1 ff. gewährt worden ist; so wohl auch *BAG* vom 25. 6. 1970, AuR
1970, 248). Die Anrechnung von kollektiv- oder einzelvertraglichem
Mehrurlaub auf den gesetzlichen Mindesturlaub gem. §§ 1 ff. erfolgt
also zu Recht nicht, weil dies § 13 Abs. 1 S. 3 widerspräche, wonach
zugunsten des Arbeitnehmers von den Bestimmungen des BUrlG ohne
weiteres abgewichen werden kann (a. A. *Dersch/Neumann,* § 6 Rn. 6
mwN, jedoch nur für den **Mehr**urlaub, nicht für den **Zusatz**urlaub wie
etwa nach § 47 SchwbG; vgl. *Dersch/Neumann,* aaO, § 5 Rn. 11 und zur
sprachlichen Differenzierung die Kommentierung zu § 3). Allerdings
dürfte nicht zu verkennen sein, daß in Tarifverträgen, Betriebsvereinbarungen und Einzelarbeitsverträgen bezüglich des über den gesetzlichen
Mindesturlaub hinausgehenden Mehrurlaubs abweichende Vereinbarungen getroffen werden können, was insbesondere auch mit der Rechtsprechung des BAG in Einklang zu bringen wäre, die zwischen dem gesetzlichen Mindesturlaub einerseits und dem vertraglichen bzw. tariflichen
Mehrurlaub andererseits unterscheidet (seit *BAG* vom 3. 10. 1972, BB
1973, 89; so auch *Dersch/Neumann,* § 6 Rn. 6).

Probleme können diejenigen Fälle aufwerfen, in denen der Urlaub in den 7
verschiedenen Arbeitsverhältnissen **nicht gleich hoch** ist. In einem solchen Fall muß **fiktiv** der gezwölftete Urlaubsanteil errechnet und sodann
ermittelt werden, ob der Arbeitnehmer von dem früheren Arbeitgeber über
diesen fiktiven Anteil hinaus Urlaub für das laufende Kalenderjahr erhalten hat. Ist dies der Fall, wird dieser **überschießende Teil** auf den Urlaubsanspruch gegen den neuen Arbeitgeber angerechnet (vgl. *Schaub,* S. 769 f.).

Stand dem Arbeitnehmer gegenüber dem **früheren** Arbeitgeber ein **hö-** 8
herer Jahresurlaub als im folgenden Arbeitsverhältnis zu, erfolgt eine
Anrechnung nach § 6 Abs. 1 nur insoweit, als der verbrauchte Urlaub den

§ 6 *Ausschluß von Doppelansprüchen*

nach dem Zwölftelungsprinzip zustehenden **fiktiven** Teilurlaub übersteigt (*Dersch/Neumann*, § 6 Rn 7). Zur Veranschaulichung sei folgendes **Beispiel** genannt: Der Arbeitnehmer hat einen vertraglichen Urlaubsanspruch von 32 Tagen. Er wechselt vom 30. September auf den 1. Oktober in ein neues Arbeitsverhältnis über, in dem er lediglich Anspruch auf 24 Urlaubstage hat. Im Zeitpunkt des Ausscheidens mit Ablauf des 30. September waren dem Arbeitnehmer bereits 29 Urlaubstage gewährt bzw. abgegolten worden. Nach dem Zwölftelungsprinzip hätte der Arbeitnehmer gegen den füheren Arbeitgeber bei Ausscheiden aus dem Arbeitsverhältnis einen fiktiven Anspruch auf 32 : 12 x 9 = 24 Urlaubstage erworben. Den über den tatsächlich erhaltenen Urlaub in Höhe von 29 Tagen überschießenden Teil von 5 Tagen muß sich der Arbeitnehmer auf den gem. § 5 Abs. 1 lit. a) von dem neuen Arbeitgeber zu gewährenden anteiligen Urlaub anrechnen lassen, der in Höhe von 24 : 12 x 3 = 6 Tagen ensteht. Die überschießenden fünf Tage aus dem ersten Arbeitsverhältnis sind so zu behandeln, als wären sie auf die Zeit des letzten Jahresquartals bei dem neuen Arbeitgeber im voraus gewährt worden (*BAG* vom 6. 11. 1969, BB 1970, 260; *BAG* vom 25. 6. 1970, AuR 1970, 248). Damit kann der Arbeitnehmer in dem beschriebenen Beispielfall von dem neuen Arbeitgeber noch restlichen anteiligen Urlaub in Höhe von einem Tag (6 Tage minus 5 Tage) für das laufende Kalenderjahr verlangen (§ 5 Abs. 1 lit. a) iVm § 6 Abs. 1).

9   Ergibt sich für den Arbeitnehmer in dem **neuen** Arbeitsverhältnis ein **höherer** Jahresurlaubsanspruch als in dem alten, muß er sich ebenfalls gem. § 6 Abs. 1 anrechnen lassen, was er von dem früheren Arbeitgeber über den fiktiv zustehenden Teilurlaub hinaus tatsächlich an Urlaub erhalten hat. Zur Verdeutlichung sei das in Rn. 8 angeführte **Beispiel** mit folgender Modifikation **fortgeschrieben**: Der Arbeitnehmer hatte in dem früheren Arbeitsverhältnis einen Anspruch auf Jahresurlaub in Höhe von 24 Urlaubstagen, die er im Zeitpunkt seines Ausscheidens aus dem Arbeitsverhältnis auch voll erhalten hatte. In dem neuen Arbeitsverhältnis stand ihm demgegenüber ein Anspruch von 32 Urlaubstagen zu. Nach dem Zwölftelungsprinzip hätte ihm bei Beendigung des früheren Arbeitsverhältnisses mit Ablauf des 30. September fiktiv ein Teilurlaub für das laufende Kalenderjahr in Höhe von 24 : 12 x 9 = 18 Tagen zugestanden. Da der Arbeitnehmer allerdings bereits 24 Urlaubstage erhalten hatte, muß er sich den überschießenden Teil von 6 Tagen auf den Teilurlaubsanspruch bei dem neuen Arbeitgeber anrechnen lassen, der 32 : 12 x 3 = 8 Tage beträgt, so daß gegen den neuen Arbeitgeber noch restlich 2 Tage (8 Tage minus 6 Tage) anteiliger Urlaub gem. § 5 Abs. 1 lit. a) iVm § 6 Abs. 1 bestehen. An diesem Beispiel wird deutlich, daß einerseits der neue Arbeitgeber nicht jeglichen Urlaub mit dem Argument verweigern kann, der Jahresurlaub sei dem Arbeitnehmer bei seinem Ausscheiden aus dem früheren Arbeitsverhältnis bereits in vollem

Anrechnung von Vorurlaub **§ 6**

Umfange von seinem bisherigen Arbeitgeber gewährt worden, und daß andererseits der Arbeitnehmer nicht acht Urlaubstage von dem neuen Arbeitgeber mit der Begründung beanspruchen kann, erst dann habe er die Grenze von 32 Tagen Urlaub in dem neuen Arbeitsverhältnis erreicht (vgl. hierzu auch *Dersch/Neumann,* § 6 Rn. 8).

Wird der Urlaub in den verschiedenen Arbeitsverhältnissen **aufgrund** 10 **verschiedener Bemessungsgrundlagen** (Kalendertage, Werktage, echte Arbeitstage) gewährt, muß zunächst eine **einheitliche Bezugsgröße** ermittelt werden. Dies bedeutet, daß die konkurrierenden Urlaubsansprüche auf einen Nenner gebracht werden müssen, wie dies auch bei Ermittlung der Urlaubstage im Falle von arbeitsfreien Werktagen (vgl. die Kommentierung zu § 3) zu erfolgen hat (*Dersch/Neumann,* § 6 Rn. 9; *GK-BUrlG/Bachmann,* § 6 Rn. 13 und 20 mwN).

Das Gesetz regelt nicht die Problematik, wie sich bei **Stellenwechsel** 11 mehrere Urlaubsansprüche gegen mehrere Arbeitgeber zueinander verhalten, wenn ein Urlaub **nicht** gewährt bzw. abgegolten worden ist (eingehend zum Streitstand insoweit *Dersch/Neumann,* § 6 Rn. 20 ff. und *GK-BUrlG/Bachmann,* § 6 Rn. 45 ff. mwN).

Die frühere Rechtsprechung des BAG (vor allem *BAG* vom 25. 11. 1982, 12 DB 1983, 1155) und ein Teil der Literatur (vgl. *Dersch/Neumann,* § 6 Rn. 25 ff. mwN; *Schaub,* S. 770) gehen davon aus, daß dann, wenn der Arbeitnehmer von seinem früheren Arbeitgeber weder Naturalurlaub noch Urlaubsabgeltung erhalten hat, und ihm gegen den neuen Arbeitgeber im Zeitpunkt der (gerichtlichen) Geltendmachung des Abgeltungsanspruchs gegen den früheren Arbeitgeber ein **Freizeitanspruch** zusteht, dieser dem **Abgeltungsanspruch** gegen den früheren Arbeitgeber vorgeht. Dies hätte zur Konsequenz, daß der frühere Arbeitgeber den Arbeitnehmer (im Prozeß) auf den Naturalurlaubsanspruch gegen den neuen Arbeitgeber **verweisen** könnte (vgl. auch *BAG* vom 5. 11. 1970, BB 1971, 220). Begründet wird dies damit, daß der Naturalurlaub in Verbindung mit der Fortzahlung der Urlaubsvergütung der eigentliche Sinn und Zweck jeglicher gesetzlicher Urlaubsregelung sei, wohingegen der Urlaubsabgeltung als Surrogat des Urlaubs nur subsidiäre Bedeutung zukomme (vgl. auch *BAG* vom 30. 11. 1961, BB 1962, 222). Weitere zwingende Folge dieser Rechtsprechung war, daß in der beschriebenen Fallkonstellation der zweite Arbeitgeber den Arbeitnehmer wegen des Vorranges des Freizeitanspruchs gegenüber der Abgeltung nicht auf den bestehenden Abgeltungsanspruch gegen den ersten Arbeitgeber verweisen konnte, und zwar auch dann nicht, wenn der Arbeitnehmer gegen den neuen Arbeitgeber lediglich einen Anspruch auf Teilurlaub hatte (vgl. *BAG* vom 25. 11. 1982, DB 1983, 1155; *LAG Düsseldorf* vom 7. 6. 1968, DB 1968, 1912; *Dersch/Neumann,* aaO; *Schaub,* S. 770; a. A. *GK-BUrlG/Bachmann,* § 6 Rn. 56 ff.; *Leinemann,* NZA 1985, 137, 143; auch *ArbG Wilhelmshaven* vom 9. 6. 1959, BB 1959, 813, das für ein Wahlrecht plädiert).

§ 6 *Ausschluß von Doppelansprüchen*

13 Diese **Rechtsprechung** hat das **BAG** zwischenzeitlich zu Recht **teilweise aufgegeben.** In einer jüngeren Entscheidung (*BAG* vom 28. 2. 1991, BB 1991, 1788) geht das BAG nunmehr davon aus, daß Urlaubsabgeltungsansprüche aufgrund eines früheren Arbeitsverhältnisses durch das Entstehen von Urlaubsansprüchen in einem späteren Arbeitsverhältnis nicht berührt werden. Vielmehr schließe § 6 Abs. 1 nur Urlaubsansprüche in einem **nachfolgenden** Arbeitsverhältnis aus. Durch die Regelung des § 6 werde für den Arbeitgeber des vorangegangenen Arbeitsverhältnisses keine Kürzungsmöglichkeit eröffnet.

14 Welche rechtlichen Möglichkeiten dem Arbeitnehmer zustehen, wenn er gegen verschiedene Arbeitgeber lediglich **Abgeltungsansprüche** erlangt hat, ist in Rechtsprechung und Schrifttum äußerst umstritten. Das **BAG** wendet zutreffenderweise § **420 BGB** an, so daß der Arbeitnehmer von jedem Arbeitgeber die anteilige, der geleisteten Arbeit entsprechende Abgeltungssumme verlangen kann (*BAG* vom 5. 12. 1957, BB 1958, 157; ebenso *LAG Niedersachsen* vom 19. 10. 1959, BB 1960, 825; *Trappe*, BB 1963, 45 ff.; nicht ganz eindeutig die spätere Entscheidung des *BAG* vom 17. 2. 1966, AP Nr. 2 zu § 5 BUrlG = BB 1966, 452, die im Ergebnis dahin tendiert, daß der Arbeitnehmer jeden Arbeitgeber voll in Anspruch nehmen kann, vgl. Ziff. 1a der Gründe). In der **Literatur** wird teilweise von einem echten **Gesamtschuldverhältnis** gem. § **421 BGB** zwischen den verschiedenen Arbeitgebern ausgegangen, so daß der Arbeitnehmer jeden Arbeitgeber nach seiner Wahl voll auf die Urlaubsabgeltung in Anspruch nehmen könnte. Der **Ausgleich unter den Arbeitgebern** soll dann nach § **426 BGB** stattfinden (*Dersch/Neumann*, § 6 Rn. 28 ff.; *Schaub*, S. 770). Andere gehen ebenfalls von einem **Wahlrecht** des Arbeitnehmers aus, **verneinen** aber das Vorliegen eines **Gesamtschuldverhältnisses** und damit auch den internen Ausgleich unter den Arbeitgebern nach § 426 BGB (*GK-BUrlG/Bachmann*, § 6 Rn. 62 ff., *Natzel*, § 6 Rn. 28 f.). **Vorzug** verdient die **Ansicht des BAG**, wonach der Arbeitnehmer einen anteiligen Abgeltungsanspruch jeweils entsprechend der Höhe der erbrachten Arbeitsleistung hat. Diese Auffassung wird am ehesten der Überlegung gerecht, daß die Urlaubsabgeltung Surrogat des Urlaubes ist (so im übrigen auch ausdrücklich *Schaub*, S. 786 unter Hinweis auf *BAG* vom 28. 6. 1984, 2133 und *BAG* vom 7. 3. 1985, BB 1985, 1197), und daß dann das Verhältnis der Abgeltungsansprüche zueinander nicht anders beurteilt werden kann als das Verhältnis der Urlaubsansprüche selbst.

15 Aufgrund der **Privatautonomie** können die Arbeitgeber untereinander etwas **anderes vereinbaren**, insbesondere auch eine Ausgleichspflicht. Dem kann sich der Arbeitnehmer regelmäßig nicht widersetzen (allg. M.; vgl. *Dersch/Neumann*, § 6 Rn. 33; *GK-BUrlG/Bachmann*, § 6 Rn. 65; *Natzel*, § 6 Rn. 70; *Schaub*, S. 770).

Die Urlaubsbescheinigung § 6

Die Anrechnungsproblematik nach § 6 entsteht nicht, wenn der Arbeitnehmer aus dem Arbeitsverhältnis ohne Inanspruchnahme des Urlaubs ausgeschieden ist und im Anschluß daran bei **demselben** Arbeitgeber erneut ein Arbeitsverhältnis eingeht. Dies ergibt sich schon aus dem Gesetzeswortlaut des § 6 Abs. 1, wonach der Anspruch auf Urlaub dann nicht besteht, wenn dem Arbeitnehmer für das laufende Kalenderjahr bereits von einem **früheren** Arbeitgeber Urlaub gewährt worden ist. Liegt also Personenidentität hinsichtlich der Arbeitgeber verschiedener Arbeitsverhältnisse vor, entsteht der Urlaubsanspruch in einem im Anschluß an ein früheres Arbeitsverhältnis neu eingegangenen Arbeitsverhältnis entsprechend den hierfür anzuwendenden Regelungen (*BAG* vom 25. 11. 1982, DB 1983, 1155). 16

III. Die Urlaubsbescheinigung

Gem. § 6 Abs. 2 ist der Arbeitgeber verpflichtet, dem Arbeitnehmer bei Beendigung des Arbeitsverhältnisses eine Bescheinigung über den im laufenden Kalenderjahr gewährten oder abgegoltenen Urlaub auszuhändigen. Auf diese **Urlaubsbescheinigung** hat der Arbeitnehmer einen vor den Arbeitsgerichten **einklagbaren Anspruch**, der gem. § 888 ZPO **vollstreckt** werden kann (hM; vgl. *Dersch/Neumann*, § 6 Rn. 15 mwN). **Sinn und Zweck** der Urlaubsbescheinigung ist es, dem neuen Arbeitgeber eine geeignete **Beurteilungsgrundlage** dafür zu verschaffen, in welchem Umfang dem Arbeitnehmer in dem neuen Arbeitsverhältnis ein Urlaubsanspruch erwächst. Daher muß die Bescheinigung neben dem gewährten oder abgegoltenen Urlaub auch die Gesamtdauer des Urlaubsanspruchs beinhalten, weil es dem neuen Arbeitgeber ansonsten nicht möglich wäre, eine etwaige Anrechnung zu ermitteln (allg. M.; vgl. *Dersch/Neumann*, § 6 Rn. 16; *GK-BUrlG/Bachmann*, § 6 Rn. 30; *Peters*, BB 1968, 1349). Der neue Arbeitgeber kann die Vorlage der Urlaubsbescheinigung bei Einstellung des Arbeitnehmers verlangen (ganz hM; vgl. statt aller *Dersch/Neumann*, § 6 Rn. 14) und die Gewährung von Urlaub solange **einredeweise zurückhalten**, bis sie vorgelegt oder der im früheren Arbeitsverhältnis gewährte Urlaub auf andere geeignete Weise nachgewiesen worden ist (*Dersch/Neumann*, § 6 Rn. 14 mwN; *Schaub*, S. 770). Die **Darlegungs- und Beweislast** für eine frühere Urlaubsgewährung trifft indessen den neuen Arbeitgeber (*Schaub*, S. 770). 17

Der frühere Arbeitgeber kann sich gegenüber dem Arbeitnehmer aus den Grundsätzen über die positive Vertragsverletzung **schadensersatzpflichtig** machen, wenn er schuldhaft die Urlaubsbescheinigung nicht ordnungsgemäß erteilt, und der Arbeitnehmer deshalb seinen Urlaubsanspruch gegen den neuen Arbeitgeber nicht geltend machen kann (*GK-BUrlG/Bachmann*, § 6 Rn. 41). 18

§ 6 *Ausschluß von Doppelansprüchen*

19 Eine Urlaubsbescheinigung darf nicht mit einem **Arbeitszeugnis** verbunden werden (*GK-BUrlG/Bachmann*, § 6 Rn. 34; *Schaub*, S. 770). Der Arbeitnehmer hat deshalb gem. § 6 Abs. 2 in jedem Fall einen Anspruch auf eine **gesonderte Urkunde**, auf die aber wegen der Ähnlichkeit zum Arbeitszeugnis das Zeugnisrecht entsprechend angewandt werden kann (*GK-BUrlG/Bachmann*, § 6 Rn. 37). Die überwiegende Meinung geht demgegenüber davon aus, daß eine Urlaubsbescheinigung zwar mit einem einfachen Zeugnis, nicht aber mit einem qualifizierten Zeugnis verbunden werden könne (*Dersch/Neumann*, § 6 Rn. 17). Diese Ansicht überzeugt jedoch nicht. Arbeitszeugnis und Urlaubsbescheinigung haben zum einen verschiedene gesetzliche Grundlagen (vgl. §§ 630 BGB, 73 HGB, 113 GewO, 8 BBiG für das Zeugnis und § 6 Abs. 2 BUrlG für die Urlaubsbescheinigung). Des weiteren macht eine Differenzierung zwischen einfachem und qualifiziertem Zeugnis keinen Sinn. Auch in einem einfachen Zeugnis würden sich Angaben über gewährten Urlaub störend auswirken (ebenso *Dersch/Neumann*, § 6 Rn. 17).

20 Der neue Arbeitgeber ist berechtigt, bei Nichtvorlage der Urlaubsbescheinigung durch den Arbeitnehmer bzw. bei Zweifeln hinsichtlich ihrer Richtigkeit bei dem früheren Arbeitgeber eine entsprechende **Auskunft** einzuholen. Der frühere Arbeitgeber ist insoweit **gegenüber dem Arbeitnehmer** verpflichtet, dem neuen Arbeitgeber die verlangte Auskunft zu erteilen. Jedoch besteht **kein Auskunftsanspruch** des neuen Arbeitgebers **aus eigenem Recht** (hM; vgl. statt aller *GK-BUrlG/Bachmann*, § 6 Rn. 42).

§ 7
Zeitpunkt, Übertragbarkeit und Abgeltung des Urlaubs

(1) Bei der zeitlichen Festlegung des Urlaubs sind die Urlaubswünsche des Arbeitnehmers zu berücksichtigen, es sei denn, daß ihrer Berücksichtigung dringende betriebliche Belange oder Urlaubswünsche anderer Arbeitnehmer, die unter sozialen Gesichtspunkten den Vorrang verdienen, entgegenstehen. Der Urlaub ist zu gewähren, wenn der Arbeitnehmer dies im Anschluß an eine Maßnahme der medizinischen Vorsorge oder Rehabilitation verlangt.

(2) Der Urlaub ist zusammenhängend zu gewähren, es sei denn, daß dringende betriebliche oder in der Person des Arbeitnehmers liegende Gründe eine Teilung des Urlaubs erforderlich machen. Kann der Urlaub aus diesen Gründen nicht zusammenhängend gewährt werden, und hat der Arbeitnehmer Anspruch auf Urlaub von mehr als zwölf Werktagen, so muß einer der Urlaubsteile mindestens zwölf aufeinanderfolgende Werktage umfassen.

(3) Der Urlaub muß im laufenden Kalenderjahr gewährt und genommen werden. Eine Übertragung des Urlaubs auf das nächste Kalenderjahr ist nur statthaft, wenn dringende betriebliche oder in der Person des Arbeitnehmers liegende Gründe dies rechtfertigen. Im Fall der Übertragung muß der Urlaub in den ersten drei Monaten des folgenden Kalenderjahres gewährt und genommen werden. Auf Verlangen des Arbeitnehmers ist ein nach § 5 Abs. 1 Buchstabe a) entstehender Teilurlaub jedoch auf das nächste Kalenderjahr zu übertragen.

(4) Kann der Urlaub wegen Beendigung des Arbeitsverhältnisses ganz oder teilweise nicht mehr gewährt werden, so ist er abzugelten.

Übersicht

	Rn.		Rn.
I. Die zeitliche Festlegung des Urlaubs durch den Arbeitgeber	1	II. Aufteilung des Urlaubs	36
1. Allgemeines	2 – 25	1. Mindestens zwölf zusammenhängende Werktage	37 – 40
2. Dringende betriebliche Belange	26 – 27	2. Dringende betriebliche Gründe	41 – 43
3. Vorrangige Urlaubswünsche anderer Arbeitnehmer	28 – 29	3. In der Person des Arbeitnehmers liegende Gründe	44 – 45
4. Durchsetzung des Urlaubsanspruchs	30 – 35		

§ 7 *Zeitpunkt, Übertragbarkeit und Abgeltung des Urlaubs*

	Rn.		Rn.
III. Übertragung des Urlaubs	46	5. Ausnahme von der Stichtagsregelung	
1. Allgemeines	46 – 54		
2. Dringende betriebliche Gründe	55 – 56	gem. § 7 Abs. 3 S. 4	62 – 63
		IV. Urlaubsabgeltung	64 – 88
3. In der Person des Arbeitnehmers liegendeGründe	57 – 58	V. Urlaub bei Beendigung des Arbeitsverhältnisses	89 – 102
4. Übertragung in das erste Quartal des Folgejahres	59 – 61		

I. Die zeitliche Festlegung des Urlaubs durch den Arbeitgeber

1 § 7 enthält die **Grundsätze der Urlaubsgewährung**. Hierzu zählen auch die Problematiken der **Urlaubsübertragung** und der **Urlaubsabgeltung**.

1. Allgemeines

2 Der Urlaubsanspruch des Arbeitnehmers aus § 1 besteht aus den beiden Wesenselementen der Befreiung von der Arbeitsleistung einerseits und der Bezahlung der Freistellung andererseits (vgl. bereits die Kommentierung unter den Vorbemerkungen und zu § 1). Der Inhalt des **Freizeitelementes** ist hinsichtlich seiner **Rechtsnatur** umstritten. Das BAG (*BAG* vom 25. 2. 1988, BB 1988, 2246) geht ebenso wie ein beachtlicher Teil des Schrifttums (vgl. zB *Bickel,* SAE 1975, 88 mwN) davon aus, der Arbeitnehmer habe einen Anspruch auf Urlaubsgewährung durch Freistellung von der Arbeitspflicht, und zwar mittels einer entsprechenden **Willenserklärung des Arbeitgebers**. Ein anderer Teil der Literatur (*Boewer,* DB 1970, 632; *Lepke,* DB 1988, Beilage Nr. 10, S. 3) meint demgegenüber, einer auf Freistellung von der Arbeitspflicht gerichteten Willenserklärung des Arbeitgebers bedürfe es nicht, weil der Arbeitnehmer gem. §§ 1 ff. schon von Gesetzes wegen während des Urlaubs von der Arbeitspflicht befreit sei, so daß es lediglich der **zeitlichen Festlegung** des Urlaubs iSv § 7 durch den Arbeitgeber bedürfe (zu der rechtsdogmatischen Unterscheidung zwischen Gewährung des geschuldeten Urlaubs und seiner zeitlichen Bestimmung vgl. näher *Hiekel,* NZA 1990, Beilage Nr. 2, S. 33; *Künzl,* BB 1991, 1630 ff.;). Dieser Meinungsstreit ist nur vordergründig akademischer Natur und lediglich scheinbar ohne praktische Relevanz. Bei der Problematik der **gerichtlichen Durchsetzung** des Urlaubsanspruchs und der **richtigen Klageart** (vgl. hierzu eingehend die Kommentierung zu § 7) ist es nämlich von entscheidender Bedeutung, welche Rechtsnatur man dem Inhalt des Freizeitelements des Urlaubsanspruchs beimißt. Richtigerweise ist der Freistellungsanspruch des Arbeitnehmers aus § 1 als Anspruch auf **Gewährung der Freizeit** durch den Arbeitgeber und nicht nur auf zeitliche Festlegung aufzufassen (so auch *Dersch/Neumann*, § 7 Rn. 22; *GK-BUrlG/Bachmann*, § 7 Rn. 1). Dies folgt schon – worauf *GK-BUrlG/Bachmann*, aaO, zutreffend hinweist – aus Wortlaut sowie Sinn und Zweck der §§ 1, 4, 5 Abs. 1 und 6 Abs. 1, in denen ausdrücklich vom **Urlaubsanspruch** die Rede ist, und aus §§ 6, 7 Abs. 2, Abs. 3 S. 1 und Abs. 4, die expressis verbis die Urlaubs**gewährung** erwähnen. Die hieraus zu ziehende Konsequenz ist, daß der Arbeitnehmer entgegen der oben genannten Mindermeinung in der Literatur nicht schon von Gesetzes wegen während des Urlaubs von der Arbeitspflicht befreit ist, sondern daß § 1 einen Anspruch des Arbeitnehmers auf Urlaubsgewährung iS einer **Freistellungserklärung** des Arbeitgebers begründet. Gleichzeitig hat der Arbeitgeber die Urlaubszeit zu **bestimmen**, indem er den Urlaub gem. § 1 Abs. 1 **festlegt**. Beides – Urlaubsgewährung und zeitliche Festlegung – fallen zwar in der betrieblichen Praxis regelmäßig zusammen, sind aber rechtsdogmatisch iS der vorstehenden Erläuterungen zu trennen. Gem. § 7 Abs. 1 hat der Arbeitgeber bei der zeitlichen Festlegung des Urlaubs die **Urlaubswünsche des Arbeitnehmers** unter gleichzeitiger Abwägung mit den betrieblichen Belangen und den Urlaubswünschen anderer Arbeitnehmer zu berücksichtigen. Damit steht das **Recht zur zeitlichen Festlegung des Urlaubs dem Arbeitgeber**, nicht etwa dem Arbeitnehmer zu. Auch bedarf es keiner Vereinbarung über die zeitliche Lage des Urlaubs (ganz hM; vgl. nur *GK-BUrlG/Bachmann*, § 7 Rn. 2 mwN).

Über die **Rechtsnatur** des arbeitgeberseitigen zeitlichen **Festlegungsrechts** herrscht in Rechtsprechung und Schrifttum ebenfalls ein Meinungsstreit. Die ganz **hL** geht von einem **Gestaltungsrecht des Arbeitgebers** iS eines Leistungsbestimmungsrechts aus, wobei ein Teil der Literatur diesem Gestaltungsrecht die Qualität einer **Direktionsbefugnis** beimißt (*Dersch/Neumann*, § 7 Rn. 6 mwN), während andere hierin ein **sonstiges Leistungsbestimmungsrecht** des Arbeitgebers zur zeitlichen Bestimmung seiner Urlaubsschuld erblicken (*GK-BUrlG/ Bachmann*, § 7 Rn. 4). Die **ältere Rechtsprechung des BAG** (*BAG* vom 14. 5. 1964, AP Nr. 94 zu § 611 BGB Urlaubsrecht) sah das Recht des Arbeitgebers zur zeitlichen Festlegung des Urlaubs gegenüber dem Arbeitnehmer als Teil des arbeitgeberseitigen **Direktionsrechts** an, während das BAG in seiner **neueren Rechtsprechung** unter Aufgabe seines bisherigen Standpunktes die Ansicht vertritt, eine Weisungsbefugnis des Arbeitgebers sei abzulehnen, vielmehr sei die zeitliche Lage des **Urlaubs primär vom Arbeitnehmer zu bestimmen**, wobei der Arbeitgeber allerdings ein Leistungsverweigerungsrecht bei dringenden betrieblichen Gründen oder entgegenstehenden Urlaubswünschen anderer Arbeitnehmer geltend machen könne (*BAG* vom 18. 12. 1986, BB 1987, 1044; ebenso *Leinemann/Linck*, § 7 Rn. 59 ff.). Diese neuere Rechtsprechung des BAG ist sowohl bei den Instanzgerichten (*LAG Düsseldorf* vom 5. 9. 1991, BB 1992, 143) als auch seitens der Literatur (*Dersch/*

3

Neumann, § 7 Rn. 6; *GK BUrlG/Bachmann,* § 7 Rn. 4) mit Recht überwiegend auf Ablehnung gestoßen. Sie widerspricht nicht nur dem eindeutigen Gesetzeswortlaut, sondern auch dem Willen des Gesetzgebers, der von einem arbeitgeberseitigen Direktionsrecht ausgegangen ist (vgl. hierzu ausführlich *GK-BUrlG/Bachmann,* § 7 Rn. 4 mwN). Mit Beantwortung dieses wiederum nur vordergründig rechtsdogmatischen, in Wirklichkeit aber aus den oben genannten prozessualen Gründen durchaus praktischen Problems ist jedoch noch nicht die Frage geklärt, ob der Arbeitgeber auch von sich aus **verpflichtet** ist, den Urlaub festzulegen, ohne daß ein entsprechendes Urlaubsverlangen des Arbeitnehmers vorgelegen hat.

4   Die **Urlaubsgewährung** erfolgt gem. § 7 richtigerweise im Wege der Ausübung des **Direktionsrechts** durch den Arbeitgeber. Die Urlaubswünsche des Arbeitnehmers stellen dabei lediglich Anregungen an den Arbeitgeber dar, das Direktionsrecht in einer bestimmten, für den Arbeitnehmer günstigen Weise auszuüben. Der Arbeitgeber muß dieser Anregung indessen nicht zwingend Folge leisten. Vielmehr hat der Arbeitgeber bei der Urlaubsfestlegung gem. § 315 BGB nach billigem Ermessen zu entscheiden, weil er mit Ausübung seines Direktionsrechts einseitig seine Leistungspflicht aus dem Arbeitsvertrag auf Urlaubsgewährung konkretisiert; denn indem der Arbeitnehmer gegenüber dem Arbeitgeber seinen Urlaubswunsch vorträgt, begehrt er eine Freistellung von der Arbeitspflicht für die Dauer des Erholungsurlaubs. Wenn der Arbeitgeber dem nachkommt, erfüllt er eine vertragliche Leistungsverpflichtung gegenüber dem Arbeitnehmer. Insoweit findet § 315 BGB Anwendung. Im Prozeß ist es deshalb auch Aufgabe des Arbeitgebers, darzulegen und zu beweisen, daß dem Urlaubswunsch des Arbeitnehmers aus betrieblichen oder sonstigen Gründen nicht Rechnung getragen werden konnte (*Dersch/Neumann,* § 7 Rn. 10; zur gerichtlichen Durchsetzung des Urlaubsanspruchs vgl. die Kommentierung zu § 7). Nach der stRspr des BAG (*BAG* vom 13. 5. 1982, BB 1982, 2111; *BAG* vom 8. 3. 1984, BB 1984, 1618; *BAG* vom 19. 4. 1994, BB 1994, 1569 f.) wird Urlaub durch die Befreiung des Arbeitnehmers von seinen vertraglichen Arbeitspflichten gewährt, so daß der Arbeitnehmer Urlaub dadurch erhält, daß er zu Zeiten, an denen er zur Arbeit verpflichtet ist, freigestellt wird. Damit kann dem Arbeitnehmer also für Zeiträume, in denen eine vertragliche Arbeitspflicht nicht bestanden hat, kein Urlaub gewährt werden (*BAG* vom 19. 4. 1994, BB 1994, 1569 [1570]; vgl. auch die Kommentierung zu § 11).

5   Mit **Erfüllung** des Urlaubsanspruchs erlischt er gem. § 362 BGB. Die Erfüllungs**handlung** des Arbeitgebers besteht zunächst in der Bestimmung des Urlaubs, also in seiner zeitlichen Festlegung. Zur Erfüllungs**wirkung** muß allerdings noch die tatsächliche Inanspruchnahme des Urlaubs durch den Arbeitnehmer hinzukommen (*Dersch/Neumann,* § 7 Rn. 2).

Die zeitliche Festlegung des Urlaubs durch den Arbeitgeber § 7

Der Urlaubsanspruch des Arbeitnehmers kann auch dadurch erfüllt werden, daß der Arbeitgeber den Arbeitnehmer **bei gekündigtem Arbeitsverhältnis** bis zu dessen Beendigung unter Anrechnung auf den Urlaub von der Arbeit freistellt, und zwar selbst dann, wenn dies zur Arbeitsvermittlung durch das Arbeitsamt geschieht (*BAG* vom 18. 12. 1986, AP Nr. 19 zu § 11 BUrlG). Daß die Freistellung des Arbeitnehmers unter Anrechnung auf den Urlaub erfolge, muß allerdings aus dem entsprechenden Bekunden des Arbeitgebers unzweifelhaft hervorgehen. Eine Freistellung des Arbeitnehmers ohne Anrechnungsbestimmung reicht hingegen zur Urlaubsfestlegung nicht aus. Deshalb handelt auch der Arbeitnehmer nicht rechtsmißbräuchlich, wenn er nachträglich vom Arbeitgeber Urlaubsabgeltung verlangt, obwohl in einem gerichtlichen Vergleich zur Beendigung des Kündigungsschutzverfahrens zwischen den Parteien vereinbart worden war, daß der Arbeitgeber den Arbeitnehmer für die Dauer der Kündigungsfrist von der Arbeitsleistung freistelle, ohne daß gleichzeitig auch eine Festlegung des Resturlaubs während der Kündigungsfrist erfolgt war.

6

Zwischen dem **Entstehen** des Urlaubsanspruchs einerseits und seiner **Fälligkeit** andererseits ist zu unterscheiden. Auch nach dem Entstehen des Urlaubsanspruchs ist dieser solange noch nicht fällig geworden, bis nicht der Arbeitgeber von seinem aus § 7 folgenden Bestimmungsrecht Gebrauch gemacht hat. Erst die Ausübung des arbeitgeberseitigen Direktionsrechts auf Urlaubsbestimmung führt die Fälligkeit des Urlaubsanspruchs herbei (so auch zu Recht *Dersch/Neumann*, § 7 Rn. 3; anders die wohl überw. M.: *BAG* vom 18. 12. 1986, BB 1987, 1044).

7

Dies gilt auch bei **Betriebsnachfolge**. War die Fälligkeit des Urlaubsanspruchs bis zum Wechsel des Betriebsinhabers noch nicht herbeigeführt, muß der neue Betriebsinhaber den Urlaub bestimmen. War die Fälligkeit noch von dem alten Betriebsinhaber herbeigeführt worden, muß der neue Betriebsinhaber den bewilligten Urlaub „übernehmen" (*Dersch/Neumann*, § 7 Rn. 4).

8

Keinesfalls hat der Arbeitnehmer das Recht, den Urlaub **eigenmächtig** anzutreten. Der Arbeitnehmer hat **kein Recht auf Selbstbeurlaubung**. Angesichts des umfassenden Systems gerichtlichen Rechtsschutzes innerhalb der Rechtsordnung der Bundesrepublik Deutschland ist ein Selbstbeurlaubungsrecht des Arbeitnehmers grundsätzlich abzulehnen. Nimmt sich der Arbeitnehmer gegen den Willen des Arbeitgebers den Urlaub gleichwohl, riskiert er nach überwiegender und zutreffender Meinung eine **fristlose Kündigung** (so schon *BAG* vom 26. 4. 1960, AP Nr. 58 zu § 611 BGB Urlaubsrecht und jüngst *BAG* vom 20. 1. 1994, BB 1994, 868 [LS] = DB 1994, 1042 f.; einschränkend *LAG Berlin* vom 5. 12. 1994, DB 1995, 679. Lehnt der Arbeitgeber die Gewährung von Erholungsurlaub ab und tritt der Arbeitnehmer gleichwohl trotz

9

101

§ 7 *Zeitpunkt, Übertragbarkeit und Abgeltung des Urlaubs*

entsprechender Abmahnungen den Urlaub an, so ist **in der Regel** jedenfalls eine **fristgerechte** Kündigung sozial gerechtfertigt iSv § 1 Abs. 2 KSchG; *Dersch/Neumann*, § 7 Rn. 3; *GK-BUrlG/Bachmann*, § 7 Rn. 71 ff.; einschränkend zu Unrecht *LAG Köln* vom 29. 3. 1994, BB 1994, 1504, wonach eine Kündigung zwar grundsätzlich gerechtfertigt sein könne, wenn der Arbeitnehmer seinen Urlaub eigenmächtig antrete; jedoch sei in diesem Zusammenhang zu berücksichtigen, ob der beantragte, aber nicht bewilligte Urlaub zu Recht vom Arbeitgeber abgelehnt worden war). Lehnt der Arbeitgeber die Freistellung des Arbeitnehmers nach dem Arbeitnehmerweiterbildungsgesetz NRW ab und nimmt der Arbeitnehmer dennoch an der angekündigten Schulungsveranstaltung teil, handelt es sich dabei ebenfalls um eine pflichtwidrige Selbstbeurlaubung des Arbeitnehmers (*BAG* vom 25. 10. 1994, BB 1995, 156 [LS] = BB 1995, 258 f.). Auch in einem solchen Fall kommt eine außerordentliche arbeitgeberseitige Kündigung des Arbeitsverhältnisses in Betracht, nicht aber eine nachträgliche Bezeichnung der Fehlzeit als Erholungsurlaub (*BAG* vom 25. 10. 1994, aaO).

10 Einen Grund zur **außerordentlichen Kündigung** kann auch die Erklärung des Arbeitnehmers darstellen, er werde krank, wenn der Arbeitgeber ihm den im bisherigen Umfang bewilligten Urlaub nicht verlängere, obwohl der Arbeitnehmer im Zeitpunkt dieser Ankündigung nicht erkrankt war und sich aufgrund bestimmter Beschwerden auch noch nicht krank fühlen konnte. Ein solches Verhalten des Arbeitnehmers ist ohne Rücksicht darauf, ob der Arbeitnehmer später tatsächlich erkrankt, schon an sich geeignet, einen wichtigen Grund zur außerordentlichen Kündigung darzustellen (*BAG* vom 5. 11. 1992, BB 1993, 434). Im Falle einer fristlosen Kündigung soll die zweiwöchige Ausschlußfrist des § 626 Abs. 2 BGB erst mit dem Ende des unberechtigt angetretenen Urlaubs zu laufen beginnen (*LAG Düsseldorf* vom 29. 4. 1981, DB 1981, 1731). Im Streitfall ist der Arbeitnehmer also auf den **Rechtsweg** angewiesen (*GK-BUrlG/Bachmann*, § 7 Rn. 59 ff., 73), wobei er ggf. auch im Wege der einstweiligen Verfügung vorgehen kann (str.; so aber richtigerweise zB *Schaub*, S. 772).

11 Nach einer Entscheidung des *LAG Rheinland-Pfalz* vom 25. 1. 1991 (BB 1991, 1050) soll allerdings ein Recht des Arbeitnehmers zur **Selbstbeurlaubung** ausnahmsweise dann zulässig sein, wenn sich der Arbeitgeber unberechtigterweise weigere, den Urlaub zu gewähren, hieraus der Verlust des Urlaubs drohe, und der Arbeitnehmer keine anderen Möglichkeiten zur Verwirklichung seines Urlaubsanspruches als durch Selbstbeurlaubung habe. Diese Ansicht ist jedoch abzulehnen. Der Verlust des Urlaubsanspruches droht regelmäßig auch nicht bei einer ungerechtfertigten Ablehnung des Urlaubsbegehrens durch den Arbeitgeber, weil sich in einem solchen Fall der Anspruch auf Urlaubsgewährung in Form eines **Schadensersatzanspruches**, der gem. § 249 S. 1 BGB in erster Linie auf **Naturalrestitution** gerichtet ist, über das Ende des Urlaubsjahres und sogar über den Übertragungszeitpunkt hinaus fortsetzt (*BAG* vom 7. 11. 1985, BB 1986, 735), und weil der Arbeitnehmer diesen Anspruch ohne weiteres gerichtlich durchsetzen kann, ggf. auch mittels einer einstweiligen Verfügung (vgl. die Kommentierung zu § 7 Rn. 10), so daß es einer Selbstbeurlaubung schlechterdings nicht bedarf (vgl. auch *GK-BUrlG/Bachmann,* § 7 Rn. 72 f.). Gewährt also der Arbeitgeber dem Arbeitnehmer vor Ablauf des Urlaubsjahres bzw. des Übertragungszeitraumes den Urlaub nicht, obwohl der Arbeitnehmer den Urlaub **rechtzeitig verlangt** hatte und es dem Arbeitgeber **möglich** war, den Urlaub zu bewilligen, tritt nach Zeitablauf an die Stelle des Anspruchs auf Naturalurlaub **als Schadensersatzanspruch ein Urlaubsanspruch in gleicher Höhe** (*BAG* vom 5. 9. 1985, AP Nr. 1 zu § 1 BUrlG Treueurlaub; *BAG* vom 7. 11. 1985, BB 1986, 735). Dieser Schadensersatzanspruch setzt sich dann über das Ende des Kalenderjahres und ggf. sogar über den Übertragungszeitpunkt hinaus fort (*BAG* vom 7. 11. 1985, BB 1986, 735; *BAG* vom 17. 1. 1995, BB 1995, 259). Im übrigen käme eine Berechtigung des Arbeitnehmers zur Selbstbeurlaubung einer unerlaubten Selbsthilfe und damit der Gewährung des Faustrechts gleich, das einem rechtsstaatlichen Gemeinwesen fremd ist (so auch *Lepke,* DB 1988, Beilage Nr. 10, S. 3).

Grundsätzlich erfolgt die Festlegung des Urlaubs durch **Erklärung** des Arbeitgebers gegenüber dem Arbeitnehmer. Diese Erklärung kann **ausdrücklich oder stillschweigend** erfolgen, zB in der Weise, daß der Arbeitgeber einer Eintragung des Arbeitnehmers in eine **Urlaubsliste** nicht widerspricht (überw. M.; vgl. *Dersch/Neumann,* § 7 Rn. 20; *LAG Düsseldorf* vom 8. 5. 1970, DB 1970, 1136; a. A. aber *LAG Düsseldorf* vom 21. 3. 1968, BB 1986, 872 und wohl auch *GK-BUrlG/Bachmann,* § 7 Rn. 7). Erforderlich ist aber jedenfalls, daß die zur Erfüllung des Urlaubsanspruchs notwendige Freistellungserklärung des Arbeitgebers **hinreichend deutlich** erkennen läßt, daß eine Befreiung von der Arbeitspflicht zu Erholungszwecken erfolgt (*BAG* vom 25. 1. 1994, BB 1994, 1012 f.). 12

Der Arbeitgeber kann sein Direktionsrecht auch in der Weise ausüben, daß er **Betriebsferien** anordnet. Dies bedeutet, daß er den Erholungsurlaub für die gesamte Belegschaft seines Betriebes oder Unternehmens auf einen einheitlichen Zeitraum festlegt. Hierbei darf der Arbeitgeber durchaus betriebliche Interessen (Rohstoff-, Auftragsmangel) berücksichtigen, ist aber gleichzeitig verpflichtet, die persönlichen Interessen der Beschäftigten angemessen zu wahren (*Schaub,* S. 777). Die Anordnung von Betriebsferien, die in verfaßten Betrieben dem **Mitbestimmungsrecht des Betriebsrats** unterliegt (*Löwisch,* § 87 Rn. 61), kann auch **für mehrere Jahre** erfolgen (*BAG* vom 28. 7. 1981, BB 1982, 616). Bei der Anordnung von Betriebsferien steht für die gesamte Belegschaft 13 der Urlaubszeitpunkt einheitlich fest. Arbeitnehmer, die noch keinen vollen Urlaubsanspruch haben, weil etwa die Wartezeit nach § 4 bei Beginn der Betriebsferien noch nicht abgelaufen ist, müssen während der Betriebsferien beschäftigt werden (zB mit Wartungs- oder Unterhaltungsarbeiten), weil der Arbeitgeber ansonsten in **Annahmeverzug** gerät. Entsprechendes gilt, wenn bei Festlegung des Betriebsurlaubs der Urlaub des Arbeitnehmers bereits ganz oder teilweise abgewickelt war. Demjenigen Arbeitnehmer, der während der Dauer von Betriebsferien **arbeitsunfähig erkrankt** ist (vgl. die Kommentierung zu § 9), nach den Vorschriften des **MuSchG** nicht beschäftigt werden darf, oder aber erst **nach den Betriebsferien in ein Arbeitsverhältnis eingetreten** ist, muß der Urlaub zu einem anderen Zeitpunkt nachgewährt werden *(Dersch/ Neumann,* § 7 Rn. 34 f. mwN). Nimmt der Arbeitnehmer in seiner Eigenschaft als **Betriebsratsmitglied** während des Betriebsurlaubs an einer **Schulungsveranstaltung** nach § 37 Abs. 7 BetrVG teil, ist der Urlaubsanspruch für die Dauer der Schulung nicht erfüllbar. Der Arbeitgeber muß den Urlaub deshalb insoweit **nachgewähren** (*LAG Frankfurt/ M.* vom 12. 7. 1989, LAGE § 37 BetrVG 1972 Nr. 31).

14 Nach Auffassung des BAG (*BAG* vom 9. 8. 1994, BB 1995, 103) soll allerdings keine Verpflichtung des Arbeitgebers bestehen, den Urlaub anderweitig neu festzusetzen, wenn er zu Beginn des Urlaubsjahres den Erholungsurlaub zeitlich festgelegt hatte, die Arbeitnehmerin aber danach schwanger wird und ihr die Beschäftigung aus diesem Grunde für die vorgesehene Urlaubszeit verboten ist. Insoweit vertritt das BAG die Ansicht, mit der Festlegung des Urlaubszeitraumes gemäß den Wünschen der Arbeitnehmerin habe der Arbeitgeber als Schuldner des Urlaubsanspruches das Erforderliche nach § 7 Abs. 1 getan. Werde die Freistellung nachträglich unmöglich, werde der Arbeitgeber von der Freistellungsverpflichtung nach § 275 BGB frei, soweit die Unmöglichkeit nicht auf krankheitsbedingter Arbeitsunfähigkeit iSv § 9 beruhe (*BAG* vom 9. 8. 1994, BB 1995, 103). Diese Auffassung ist allerdings bedenklich, weil der Arbeitgeber grundsätzlich nicht in der Lage ist, seine Freistellungsverpflichtung zur Urlaubsgewährung ggü. dem Arbeitnehmer für Zeiträume zu erfüllen, in denen eine Arbeitspflicht nicht bestand (in diesem Sinne auch *Dersch/Neumann,* § 7 Rn. 35 für die Anordnung von Betriebsferien). Daher wird man – entgegen der Ansicht des BAG – den Arbeitgeber in diesem Fall als zur Nachgewährung des Urlaubs verpflichtet ansehen müssen.

15 Die Festlegung des Urlaubs seitens des Arbeitgebers muß grundsätzlich **vor** Urlaubsantritt erfolgen (*BAG* vom 28. 2. 1991, BB 1991, 1788). Erklärt der Arbeitgeber während eines **Beschäftigungsverbotes** gegenüber dem Arbeitnehmer, daß er ihn von der Arbeitsleistung **freistelle**, weil er eine anderweitige Arbeitstätigkeit momentan nicht anbieten könne, liegt darin keine Urlaubsfestlegung des Arbeitgebers. Vielmehr beinhaltet eine solche arbeitgeberseitge Erklärung einen **Verzicht** auf die Arbeitsleistung des Arbeitnehmers. Eine Urlaubsgewährung setzt in jedem Falle voraus, daß der Arbeitgeber dem Arbeitnehmer hinreichend deutlich macht, daß er ihn von der Arbeitspflicht befreie, **um ihm Urlaub zu gewähren**. Eine **nachträgliche** Anrechnung von Zeiten der Nichtbeschäftigung auf den Urlaub ist somit in jedem Falle unzulässig (*BAG* vom 25. 1. 1994, BB 1994, 1012 f.; *BAG* vom 25. 10. 1994, BB 1995, 258 LS 2). Das gilt selbst dann, wenn sich der Arbeitnehmer eigenmächtig und damit pflichtwidrig selbst beurlaubt hatte. Auch in einem solchen Fall ist der Arbeitgeber nicht berechtigt, die Fehlzeit nachträglich als gewährten Erholungsurlaub zu bezeichnen und die Erfüllung des vollen Jahresurlaubs zu verweigern (*BAG* vom 25. 10. 1994, BB 1995, 156 = BB 1995, 258).

Hatte der Arbeitgeber vor der Urlaubsfreistellung gegenüber dem Arbeitnehmer einen Vorbehalt dahingehend erklärt, nach Gewährung eines bezahlten **Sonderurlaubs** iSv § 50 Abs. 1 BAT diese Freistellung ggf. mit tariflichem **Erholungsurlaub** zu verrechnen, ist dies unwirksam (*BAG* vom 1. 10. 1991, NZA 1992, 1078). Insbesondere ist es auch nicht möglich, Tage, an denen der Arbeitnehmer nicht gearbeitet hat, nachträglich durch Vereinbarung auf den Urlaub anzurechnen. Erst recht gilt dies für einseitige Maßnahmen der Arbeitsvertragsparteien (hM; vgl. nur *Dersch/Neumann*, § 3 Anm. 40 ff.). **16**

Hat der Arbeitgeber mit einem türkischen Arbeitnehmer, der seinen verkürzten **Wehrdienst in der Türkei** abzuleisten hat, vereinbart, daß der Arbeitnehmer von seiner Arbeitsleistung ohne Fortzahlung der Vergütung freigestellt werde, ist der Arbeitgeber nicht berechtigt, für den Freistellungszeitraum den Urlaub zu verkürzen (*BAG* vom 30. 7. 1986, BB 1986, 2200). Jedoch ist der Vorbehalt des Arbeitgebers berechtigt, freiwillig gewährten zusätzlichen **Treueurlaub** entsprechend der Anhebung tariflicher Urlaubsansprüche zu kürzen, wenn und soweit der Treueurlaub an die Höhe des tariflichen Erholungsurlaubes gebunden war und sich der Gesamturlaubsanspruch des Arbeitnehmers im Ergebnis nicht verringert. Der Arbeitnehmer hat in einem solchen Fall einen von der (unveränderten) Höhe des tariflichen Urlaubsanspruches abhängigen Anspruch auf Treueurlaub erworben. Daher ist die teilweise Anrechnung übertariflichen Treueurlaubs auf die Erhöhung tariflichen Erholungsurlaubs rechtlich unbedenklich, weil es sich beim Treueurlaub um keine selbständige Leistung neben der tariflich festgelegten (Gesamt)-leistung handelt (*BAG* vom 26. 5. 1992, BB 1992, 1214; vgl. aber auch die ältere Rspr. des *BAG* vom 5. 9. 1985, BB 1986, 667 und BAGE 49, 299). **17**

Der Arbeitgeber ist indessen nicht verpflichtet, der Arbeitnehmerin vor Antritt des **Erziehungsurlaubs** mitzuteilen, daß er den Erholungsurlaub nach § 17 Abs. 1 S. 1 BErzGG anteilig zu kürzen beabsichtigt. Will der **18**

Arbeitgeber seine diesbezügliche Kürzungsbefugnis ausüben, ist lediglich eine empfangsbedürftige rechtsgeschäftliche Erklärung erforderlich, um den Anspruch auf Erholungsurlaub herabzusetzen. Insbesondere ist es ausreichend, daß der Arbeitnehmerin nur der gekürzte Urlaub gewährt wird oder ihr erkennbar ist, daß der Arbeitgeber von seiner Kürzungsmöglichkeit Gebrauch machen will. Weitere Voraussetzungen für eine Kürzung des Urlaubs bzw. – als dessen Surrogat – der Urlaubsabgeltung sind nicht gegeben; insbesondere ist die Wirksamkeit der Kürzungserklärung nicht darauf beschränkt, daß sie **vor** Antritt des Erziehungsurlaubs abgegeben wird (*BAG* vom 28. 7. 1992, BB 1992, 1562; vgl. zum Erziehungurlaub auch die Kommentierung zu § 3).

19 Nach hM ist es jedoch zulässig, den Urlaub in eine Zeit innerhalb des laufenden Urlaubsjahres zu legen, in der ein Urlaubsanspruch noch nicht entstanden ist. Auf diese Weise kann der Arbeitgeber seine Urlaubsschuld quasi **vorschußweise** erfüllen (*GK-BUrlG/Bachmann*, § 7 Rn. 33 mwN). Da die Übertragungsgründe in § 7 allerdings abschließend geregelt sind, kommt ein Vorgriff auf den Urlaub des folgenden Kalenderjahres nicht in Betracht (*GK-BUrlG/Bachmann*, § 7 Rn. 33 und 111).

20 Die **Fälligkeit** des Urlaubsanspruchs soll nach überwiegender Meinung zeitgleich mit dem Zeitpunkt seiner Entstehung eintreten (*BAG* vom 18. 12. 1986, BB 1987, 1044; a. A. zu Recht *Dersch/Neumann*, § 7 Rn. 2 ff. mwN: Der Urlaubsanspruch werde erst mit dem Tage fällig, von dem ab der Arbeitnehmer der Arbeit fernbleiben dürfe. Dies sei regelmäßig der Zeitpunkt, den der Arbeitgeber im Rahmen seines Direktionsrechts nach § 7 bestimmt habe).

21 Das Recht des Arbeitgebers zur einseitigen zeitlichen Bestimmung des Urlaubs ist grundsätzlich **abdingbar**. Von der Vorschrift des § 7 Abs. 1 kann nach überwiegender Meinung gem. § 13 Abs. 1 insoweit abgewichen werden, als Erholungsurlaub durch Tarifvertrag, Betriebsvereinbarung und Einzelarbeitsvertrag zeitlich festgelegt werden kann (vgl. statt vieler *GK-BUrlG/Bachmann*, § 7 Rn. 8 mwN).

22 Die **Befugnis** des Arbeitgebers, gem. § 7 Abs. 1 den Urlaub zeitlich festzulegen, besagt nichts darüber, ob zugleich auch eine entsprechende **Verpflichtung** zur Urlaubsbestimmung besteht. Diese Problematik kann im Einzelfall dann relevant werden, wenn es der Arbeitnehmer **verabsäumt** hat, den Urlaub im Urlaubsjahr so rechtzeitig geltend zu machen, daß er noch vollständig abgewickelt werden kann. Für den **Regelfall**, daß **keine Übertragungsgründe** gem. § 3 Abs. 3 S. 2 vorliegen, entspricht es der hM, daß der Arbeitgeber nicht verpflichtet ist, dem Arbeitnehmer den Urlaub von sich aus zu offerieren. Dies hat insbesondere zur Konsequenz, daß der Arbeitgeber dann keinen Schadensersatz schuldet, wenn der Arbeitnehmer den Urlaub nicht rechtzeitig verlangt hat (*BAG* vom 23. 6. 1992, BB 1993, 144 f. [145 zu II der Gründe]; *LAG*

Köln vom 28. 11. 1990, LAGE § 7 BUrlG Nr. 24; *Leinemann/Linck,* § 7 Rn. 145). Für den Arbeitnehmer kann sein Versäumnis also dazu führen, daß der Urlaub mit Ablauf des Urlaubsjahres **verfällt,** wenn er den Urlaub nicht geltend gemacht, der Arbeitgeber daher auch keinen Urlaub von sich aus festgelegt hat, und keiner der Übertragungsgrunde des § 7 Abs. 3 S. 2 vorliegt (*BAG* vom 26. 6. 1969, AP Nr. 1 zu § 7 BUrlG Urlaubsjahr; *BAG* vom 13. 11. 1969, BB 1970, 259; *BAG* vom 13. 11. 1986, NZA 1987, 390 [LS 3]; *LAG Düsseldorf* vom 20. 12. 1966, DB 1967, 88; *Treutler,* BB 1985, 594 f.; nicht ganz eindeutig *Dersch/Neumann,* § 7 Rn. 22 und Rn. 70; a. A. zu Unrecht *GK-BUrlG/Bachmann,* § 7 Rn. 9: Die Verpflichtung zur zeitlichen Festlegung des Urlaubs setze ein Verlangen des Arbeitnehmers nicht voraus; abzulehnen ebenso *ArbG Freiburg* vom 14. 8. 1984, NZA 1985, 27). Liegen allerdings **ausnahmsweise** die **Übertragungsvoraussetzungen des § 7 Abs. 3 S. 2** vor, ist es zumindest umstritten, ob ein rechtzeitiges Urlaubsverlangen des Arbeitnehmers notwendig ist, um seinen Urlaubsanspruch vor dem Verfall nach Ablauf des Urlaubsjahres zu retten (vgl. zur Übertragung des Urlaubs die Kommentierung zu § 7 Rn. 46 ff.).

Sobald der Urlaub vom Arbeitgeber einmal zeitlich festgelegt worden ist, **23** kommt eine einseitige **Änderung** grundsätzlich nicht mehr in Betracht (*BAG* vom 31. 5. 1988, BB 1988, 2466; *BAG* vom 29. 1. 1960, BB 1960, 782; zur nachträglichen Abänderung von bereits erteiltem Erholungsurlaub vgl. eingehend *Lepke,* DB 1990, S. 1131 ff.). Ein einmal bewilligter Urlaub wird insbesondere auch nicht dadurch widerrufen, daß der Arbeitgeber die Belegschaft des Betriebes für einen Zeitraum **aussperrt,** in den der bewilligte Urlaub des Arbeitnehmers ganz oder teilweise fällt (*BAG* vom 31. 5. 1988, BB 1988, 2466). Möglich ist natürlich jederzeit eine einverständliche Abänderung des Urlaubszeitpunkts zwischen den Arbeitsvertragsparteien (*BAG* vom 29. 1. 1960, aaO). Hierbei ist aber zu berücksichtigen, daß Freizeit keinesfalls nachträglich als Urlaub deklariert werden kann. In **Ausnahmefällen** ist es allerdings möglich, daß zwingende Gründe auch eine einseitige Abänderung des Urlaubszeitpunktes rechtfertigen können (*BAG* vom 12. 10. 1961, AP Nr. 84 zu § 611 BGB Urlaubsrecht). Insoweit ist denkbar, daß Abänderungswünsche sowohl vom Arbeitgeber als auch vom Arbeitnehmer vorgetragen werden. In **Notfällen** ist der Arbeitnehmer sogar verpflichtet, einen einmal angetretenen Urlaub nach Aufforderung durch den Arbeitgeber **abzubrechen.** Von solchen Notsituationen kann jedoch nur dann ausgegangen werden, wenn **Gefahr im Verzuge** vorliegt, die eine Ausweichmöglichkeit nicht zuläßt. Plötzlich eintretender unvorhergesehener Arbeitsanfall reicht grundsätzlich nicht aus. Die mit einem vorzeitigen Urlaubsabbruch verbundenen Kosten hat der Arbeitgeber dem Arbeitnehmer zu erstatten (*Dersch/Neumann,* § 7 Rn. 38). Dementsprechend kann sich auch der Arbeitnehmer von einem einmal verbindlich festgelegten

§ 7 *Zeitpunkt, Übertragbarkeit und Abgeltung des Urlaubs*

Urlaubstermin nur in Ausnahmefällen lösen. Dies ist insbesondere dann der Fall, wenn der Arbeitnehmer wegen einer **Erkrankung** gehindert ist, den Urlaub anzutreten. Dem Arbeitnehmer steht dann kein automatischer Anspruch auf Verlängerung des Urlaubs zu. Vielmehr muß der Urlaub vom Arbeitgeber neu bestimmt werden.

24 Der **Arbeitgeber** kann auch dann den Urlaub einseitig verlegen, wenn keine entsprechende Vereinbarung mit dem Arbeitnehmer zustandekommt, sofern ein **Notfall** vorliegt. Hierbei muß es sich um zwingende Notwendigkeiten handeln, die anders als durch Urlaubsverlegung nicht zu beheben sind. Plötzlicher Arbeitsanfall allein reicht auch insoweit nicht aus (*Dersch/Neumann*, § 7 Rn. 38 mwN). Unter der Voraussetzung des Vorliegens eines Notfalls kann der Arbeitgeber sogar berechtigt sein, den Arbeitnehmer aus dem Urlaub **zurückzurufen** (*Dersch/Neumann*, § 7 Rn. 38). Sofern der Arbeitgeber danach ausnahmsweise berechtigt ist, einen bereits festgelegten Urlaub zu widerrufen, hat er auch in diesem Fall dem Arbeitnehmer nutzlos aufgewandte **Kosten** (Stornokosten, Rücktrittsgebühren) zu **ersetzen**, nicht jedoch Kosten für Dinge, die zwar im Hinblick auf den Urlaub angeschafft worden sind, die aber gleichwohl für den Arbeitnehmer noch von Wert sind, wie etwa Campingsachen oder Skier (*ArbG Hamburg* vom 22. 2. 1960, BB 1960, 1098).

25 Auch dem **Arbeitnehmer** kann in Notfällen ebenso wie dem Arbeitgeber das Recht zustehen, die Änderung des Urlaubszeitpunktes zu verlangen. Insoweit muß der Arbeitnehmer versuchen, mit dem Arbeitgeber eine entsprechende Vereinbarung herbeizuführen. Zu einer einseitigen Änderung des Urlaubszeitpunktes ist der Arbeitnehmer nicht berechtigt, weil die zeitliche Festlegung des Urlaubs nach zutreffender Meinung (vgl. die Kommentierung zu § 7 Rn. 1) Sache des Arbeitgebers ist. Ggf. muß der Arbeitnehmer gerichtliche Hilfe in Anspruch nehmen. Zwingende Notwendigkeiten auf seiten des Arbeitnehmers, die diesen zu einer Änderung des Urlaubszeitpunktes berechtigen, können zB darin bestehen, daß der Arbeitnehmer vor oder während des Urlaubs **arbeitsunfähig erkrankt** (vgl. hierzu die Kommentierung zu § 9). In einem solchen Fall muß der Urlaub vom Arbeitgeber neu festgelegt werden (*Dersch/Neumann*, § 7 Rn. 40).

2. Dringende betriebliche Belange

26 Bei der Festlegung des Urlaubs durch den Arbeitgeber hat dieser gem. § 7 Abs. 1 die **Urlaubswünsche** des Arbeitnehmers zu berücksichtigen. Nach der neueren Rechtsprechung des BAG (*BAG* vom 18. 12. 1986, BB 1987, 1044) bestimme der Arbeitnehmer den Urlaub, indem er dessen Erfüllung verlange, demgegenüber der Arbeitgeber allenfalls ein Zurückbehaltungsrecht habe (vgl. hierzu schon die Kommentierung zu § 7

Die zeitliche Festlegung des Urlaubs durch den Arbeitgeber § 7

Rn. 1), so daß § 315 BGB weder unmittelbar noch mittelbar Anwendung finden könne. Die Festlegung des Urlaubs sei vielmehr die Konkretisierung der dem Arbeitgeber obliegenden Erfüllungspflicht zur Urlaubsgewährung. Dieser Verpflichtung könne sich der Arbeitgeber nur dann entziehen, wenn ihm ein entsprechendes Gegenrecht zustehe, was aus der Formulierung in § 7 Abs. 1 „es sei denn" abgeleitet werden könne. Diese Rspr. ist aus den oben unter § 7 Rn. 1 dargelegten Gründen mit der Mehrheit der in der Literatur vertretenen Stimmen allerdings abzulehnen. Richtigerweise steht das Bestimmungsrecht des Arbeitgebers zur zeitlichen Lage des Urlaubs in dessen **Direktionsbefugnis**, bei deren Ausübung der Arbeitgeber § 315 BGB zu beachten hat. Danach steht dem Arbeitgeber bei der zeitlichen Bestimmung des Urlaubs ein billiges **Ermessen** zu. Urlaubswünsche des Arbeitnehmers müssen einmal dann zurücktreten, wenn ihnen **dringende betriebliche Belange** entgegenstehen. Dies sind in erster Linie Umstände der betrieblichen Organisation (Betriebsurlaub), des technischen Arbeitsablaufs (betriebliche Störungen, wie hoher Krankenstand), hohe Auftragslage u.ä. Diese betrieblichen Belange sind dann berücksichtigungsfähig, wenn das Eingehen auf die Urlaubswünsche des Arbeitnehmers zu **erheblichen betriebswirtschaftlichen Erschwerungen** führen würde (*GK-BUrlG/Bachmann*, § 7 Rn. 14 mwN).

Der Arbeitgeber muß insoweit eine **Abwägung der beiderseitigen** 27 **Interessen** vornehmen. Überwiegt keine der Interessen, ist den Urlaubswünschen des Arbeitnehmers der Vorrang einzuräumen. Entscheidend sind letztlich die Umstände des Einzelfalles (vgl. *GK-BUrlG/Bachmann*, § 7 Rn. 15 ff. mwN). Die Einzelfallabwägung kann auch ergeben, daß trotz des Bestehens dringender betrieblicher Belange die Urlaubswünsche des Arbeitnehmers den Vorrang verdienen, zB für den Fall, daß der Arbeitnehmer zwingend auf die Schulferien angewiesen ist, weil er nicht nur schulpflichtige Kinder, sondern auch einen Ehepartner hat, der Lehrer ist (*ArbG Berlin* vom 13. 6. 1988, DB 1988, 2316). In diesem Zusammenhang hat der Arbeitgeber auch Berücksichtigung auf ein weiteres Arbeitsverhältnis des Arbeitnehmers zu nehmen. Ist der Arbeitnehmer zB in mehreren Arbeitsverhältnissen **teilzeitbeschäftigt**, gebietet es das arbeitgeberseitige Direktionsrecht auf Urlaubsbestimmung, den Urlaub des Arbeitnehmers mit den sich aus weiteren Arbeitsverhältnissen ergebenden Urlaubsansprüchen abzustimmen. Dies führt im Ergebnis dazu, daß der Arbeitnehmer in aller Regel einen Anspruch darauf hat, daß der Urlaub so gewährt wird, daß bei mehreren Beschäftigungen die Urlaube gleichzeitig genommen werden können. Andererseits ist es auch denkbar, daß in einer solchen Situation die betrieblichen Belange den Vorzug verdienen, wenn beispielsweise keine Vertretungsmöglichkeit für den Arbeitnehmer besteht, und wenn dringende terminliche Dinge im Betrieb zu erledigen sind. Auf diese Weise kann es auch zu einer **teilweisen** Bewilligung des Urlaubs kommen, wobei allerdings zu beachten ist, daß dem Arbeitnehmer gem. § 7 Abs. 2 S. 2 zumindest zwölf aneinanderhängende Urlaubstage zur Verfügung stehen müssen, sofern sein Urlaubsanspruch diese Dauer übersteigt.

3. Vorrangige Urlaubswünsche anderer Arbeitnehmer

28 Den Urlaubswünschen des Arbeitnehmers können gem. § 7 Abs. 1 auch **Urlaubswünsche anderer Arbeitnehmer** entgegenstehen, die unter sozialen Gesichtspunkten den Vorrang verdienen. Eine solche Konkurrenzsituation kann allerdings nur dann auftreten, wenn der gleichzeitigen Erfüllung dieser Urlaubswünsche dringende betriebliche Belange iSv § 7 Abs. 1 entgegenstehen. Ansonsten ist der Arbeitgeber natürlich gehalten, den Urlaubswünschen aller Arbeitnehmer Rechnung zu tragen (*GK-BUrlG/Bachmann*, § 7 Rn. 18). Bei einer Konkurrenz von Urlaubsansprüchen mehrerer Arbeitnehmer hat der Arbeitgeber eine **Interessenabwägung unter sozialen Gesichtspunkten** vorzunehmen. Zu berücksichtigen sind hierbei insbesondere Alter der Arbeitnehmer, Dauer deren Betriebszugehörigkeit, Zahl und Schulpflicht der Kinder, Berufstätigkeit des Ehepartners usw. (*Dersch/Neumann*, § 7 Rn. 16 f.).

29 Nach dem mit Wirkung vom 1. Juni 1994 durch das PflegeVG vom 26. Mai 1994 (BGBl. I S. 1014) in § 7 Abs. 1 neu eingefügten Satz 2 muß der Arbeitgeber dem Arbeitnehmer den Urlaub gewähren, wenn dies der Arbeitnehmer im Anschluß an eine **Maßnahme der medizinischen Vorsorge oder Rehabilitation** (vgl. hierzu den ebenfalls neu gefaßten § 10) verlangt. Allerdings besteht dieser Urlaubsanspruch nur dann, wenn ausreichend (Rest)urlaub zur Verfügung steht. Ein diesbezügliches Begehren des Arbeitnehmers hat **absolute Priorität**, so daß betriebliche Belange und Urlaubswünsche anderer Arbeitnehmer zurückstehen müssen (vgl. auch die Kommentierung zu § 10).

4. Durchsetzung des Urlaubsanspruchs

30 Die fehlende Berechtigung des Arbeitnehmers, den Urlaub eigenmächtig anzutreten, führt zu der Frage, welche Möglichkeiten der Arbeitnehmer hat, den Urlaub zu erzwingen, sofern sich der Arbeitgeber weigert, den Urlaub zu gewähren. In verfaßten Betrieben kann der Arbeitnehmer zunächst versuchen, den **Betriebsrat** einzuschalten. Wenn sich der Arbeitgeber weigert, den Urlaub zu gewähren und/oder zeitlich festzulegen oder dem Urlaubswunsch des Arbeitnehmers zu entsprechen, kann sich der Arbeitnehmer zwecks Vermittlung gem. §§ 75 Abs. 1, 85 Abs. 1 BetrVG an den Betriebsrat wenden. Gem. § 87 Abs. 1 Nr. 5 BetrVG hat der Betriebsrat ein **Mitbestimmungsrecht** u. a. dann, wenn hinsichtlich der Festsetzung der zeitlichen Lage des Urlaubs zwischen Arbeitgeber

und beteiligtem Arbeitnehmer kein Einverständnis erzielt werden kann (vgl. *Löwisch*, § 87 Rn. 63). Fernerhin umfaßt die Vorschrift des § 87 Abs. 1 Nr. 5 BetrVG ein Mitbestimmungsrecht des Betriebsrats beim Aufstellen allgemeiner **Urlaubsgrundsätze** und des **Urlaubsplans**. Allgemeine Urlaubsgrundsätze iSv § 87 Abs. 1 Nr. 5 BetrVG sind solche Richtlinien, nach denen generell die zeitliche Lage des Urlaubs im Betrieb bestimmt werden muß. Der Urlaubsplan iSv § 87 Abs. 1 Nr. 5 BetrVG beinhaltet die konkrete Urlaubsplanung im jeweiligen Kalenderjahr (*Löwisch,* § 87 Rn. 61 f.). Mitbestimmungspflichtig ist auch eine Vereinbarung zwischen Arbeitgeber und einer Vielzahl von Arbeitnehmern über unbezahlten Urlaub, der grundsätzlich nicht unter das BUrlG fällt. Entsprechendes gilt für den Bildungsurlaub und den zB einem ausländischen Arbeitnehmer im Anschluß an den bezahlten Erholungsurlaub gewährten unbezahlten Sonderurlaub (*Löwisch,* § 87 Rn. 60 mwN). Kein Mitbestimmungsrecht des Betriebsrats besteht indessen hinsichtlich der Fragen der Anrechnung von Maßnahmen der medizinischen Vorsorge und Rehabilitation auf den Urlaub (vgl. § 10), der Umrechnung von Werktagen in Arbeitstage bei Teilzeitarbeit und der Urlaubsabgeltung (*Löwisch,* § 87 Rn. 64 mwN).

Kommt der Arbeitgeber trotz entsprechender Aufforderungen durch den Arbeitnehmer seiner Verpflichtung zur Urlaubsbestimmung nicht nach, muß der Arbeitnehmer notfalls **gerichtliche Hilfe** in Anspruch nehmen. Zuständig ist gem. § 2 Abs. 1 Nr. 3a ArbGG das Arbeitsgericht (vgl. auch § 2 Abs. 1 Nr. 7, 8 und § 5 ArbGG). **31**

Allgemein wird die Zulässigkeit einer **Feststellungsklage** während des laufenden Urlaubsjahres bejaht, wenn der Streit sich **grundsätzlich** um das Recht auf Urlaub überhaupt bzw. um dessen Umfang, und nicht nur um die zeitliche Lage des Urlaubs bzw. um seine Bewilligung dreht (*BAG* vom 5. 11. 1964, BB 1965, 333, 334). Dies kann zB der Fall sein, wenn während des laufenden Urlaubsjahres zwischen den Arbeitsvertragsparteien Streit darüber entsteht, wieviel Tage Urlaub dem Arbeitnehmer überhaupt zustehen, ohne daß der Arbeitnehmer in der konkreten Situation bereits den Urlaub gewährt haben möchte. Insoweit wird der Arbeitnehmer regelmäßig ein Feststellungsinteresse iSv § 256 ZPO dahingehend geltend machen können, daß durch gerichtliches Feststellungsurteil der Streit grundsätzlich geklärt wird, damit nicht später, wenn der Arbeitnehmer den Urlaub beanspruchen will, eine gerichtliche Auseinandersetzung über die Dauer des Urlaubs erfolgen muß, die mit an Sicherheit grenzender Wahrscheinlichkeit länger als der Urlaub selbst währen würde, wenn man einmal von der Ausnahmesituation des vorläufigen Rechtsschutzes im Wege einstweiliger Verfügung absieht. Der Antrag einer Feststellungklage könnte lauten: *Es wird festgestellt, daß dem Kläger ein jährlicher Urlaubsanspruch von 30 Werktagen zusteht.* **32**

§ 7 *Zeitpunkt, Übertragbarkeit und Abgeltung des Urlaubs*

33 Soweit es um die **zeitliche Lage** des Urlaubs geht, besteht in Rspr. und Schrifttum ein Meinungsstreit über die richtige Klageart. Das **BAG**, das in dem Urlaubsanspruch einen Nebenanspruch des Arbeitnehmers auf Freistellung von der Arbeitspflicht unter Fortzahlung der Bezüge für die Dauer des Urlaubs sieht, demgegenüber der Arbeitgeber lediglich das Leistungsverweigerungsrecht aus § 7 Abs. 1 geltend machen könne (vgl. die Kommentierung zu § 7 Rn. 1), läßt eine **Leistungsklage** auf Verurteilung des Arbeitgebers zur Urlaubsgewährung einschließlich der zeitlichen Festlegung des Urlaubs zu (*BAG* vom 18. 12. 1986, BB 1987, 1044). Dies ist aus der Sichtweise des BAG zur Rechtsnatur von Freistellungs- und Zahlungselement des Urlaubsanspruchs (vgl. hierzu die Kommentierung oben zu § 7 Rn. 1 ff.) auch nur folgerichtig. Danach kann der Arbeitnehmer die Bewilligung von Urlaub für **einen bestimmten Zeitraum** beantragen und ein obsiegendes Urteil gem. **§ 894 ZPO vollstrecken**. Mit der Rechtskraft der gerichtlichen Entscheidung gilt dann die entsprechende Willenserklärung des Arbeitgebers auf Bewilligung des Urlaubs für den ausgeurteilten Zeitraum als abgegeben. Allerdings ist bzw. wird die Klage unzulässig, soweit der von dem klagenden Arbeitnehmer genannte Urlaubstermin bereits verstrichen ist. Das BAG läßt des weiteren eine **zeitlich unbestimmte Leistungsklage** zu, wonach der Arbeitnehmer beantragen könne, Urlaubstage in einer bestimmten Höhe zu bewilligen, ohne einen bestimmten Zeitraum zu benennen. Der Antrag einer unbestimmten Leistungsklage könnte zB lauten: *Der Beklagte wird verurteilt, dem Kläger 30 Werktage Urlaub zu gewähren.* Der Antrag einer bestimmten Leistungsklage könnte beispielsweise wie folgt gefaßt werden: *Der Beklagte wird verurteilt, dem Kläger in der Zeit vom 2. 1. 1995 bis 10. 2. 1995 Urlaub zu gewähren.*

34 Die Zulässigkeit einer **Gestaltungsklage** wird vom BAG demgegenüber ausdrücklich verneint (*BAG* vom 18. 12. 1986, BB 1987, 1044). Diese Ansicht des BAG ist allerdings aus den oben unter § 7 Rn. 1 ff. dargelegten Gründen abzulehnen. Richtiger Auffassung nach liegt es in der Direktionsbefugnis des Arbeitgebers, die zeitliche Lage des Urlaubs gem. § 7 Abs. 1 zu bestimmen. Diese Direktionsbefugnis hat der Arbeitgeber gem. **§ 315 Abs. 3 S. 2 BGB** nach billigem Ermessen als **Gestaltungsrecht** auszuüben. Demgemäß ist in Übereinstimmung mit der hL (vgl. statt vieler *GK-BUrlG/Bachmann*, § 7 Rn. 65 mwN) und einem beachtlichen Teil der Instanzgerichte (*LAG Hamm* vom 19. 5. 1976, DB 1976, 1726; *LAG Köln* vom 7. 9 1983, DB 1985, 182 f.) davon auszugehen, daß der Arbeitnehmer gem. § 315 Abs. 3 S. 2 BGB Gestaltungsklage auf zeitliche Festlegung des Urlaubs erheben muß, sofern der Arbeitgeber zwar bereit ist, den Urlaub dem Grunde nach zu gewähren, jedoch Streit über die zeitliche Lage des Urlaubs besteht. Der Antrag einer Gestaltungsklage könnte zB lauten: *Es wird beantragt zu erkennen, daß der Urlaub des Klägers aus dem Arbeitsverhältnis bei dem Beklagten in der Zeit vom 2. 1. 1995 bis 10. 2. 1995*

festgelegt wird. Die Gestaltungswirkung eines solchen Gestaltungsurteils tritt mit seiner Rechtskraft ein (*Thomas/Putzo,* § 253 Vorbem. Rn. 6). Allerdings kann der Arbeitnehmer in dem Fall, daß der Arbeitgeber sich grundsätzlich weigert, den Urlaub zu bewilligen – wenn also nicht bloß die zeitliche Lage des Urlaubs umstritten ist – auch nach der hier vertretenen Auffassung und in Übereinstimmung mit der Rechtsprechung des BAG (vgl. *BAG* vom 18. 12. 1986, BB 1987, 1044) eine Leistungsklage auf Verurteilung des Arbeitgebers zur Urlaubsgewährung ohne zeitliche Festlegung des Urlaubs erheben, wobei die Vollstreckung nach § 894 ZPO erfolgt (wie hier *GK-BUrlG/Bachmann,* § 7 Rn. 64 mwN). Sind sowohl der Anspruch auf Urlaubsgewährung als auch die zeitliche Festlegung des Urlaubs im Streit, empfiehlt es sich, sowohl Leistungs- als auch Gestaltungsklage zu erheben und beide Klageanträge im Wege objektiver Klagehäufung miteinander zu verbinden (ebenso *GK-BUrlG/Bachmann,* § 7 Rn. 64; *Künzl,* BB 1991, 1630, *Natzel,* § 7 Rn. 68). Hierbei sind an die Fassung des Klageantrages keine allzu strengen Anforderungen zu stellen. Es reicht aus, wenn sich im Wege der Auslegung ergibt, daß der Arbeitnehmer sowohl Urlaubsgewährung als auch die zeitliche Festlegung des Urlaubs begehrt (so auch *GK-BUrlG/Bachmann,* § 7 Rn. 66). Die Klageanträge bei objektiver Klagehäufung könnten wie folgt gefaßt werden: *(1) Der Beklagte wird verurteilt, dem Kläger 30 Werktage Urlaub zu bewilligen. (2) Dieser Urlaub des Klägers wird in der Zeit vom 2. 1. 1995 bis 10. 2. 1995 festgelegt.*
Die Fassung der Klageanträge in einem solchen Fall iS einer objektiven Klagehäufung ist die rechtliche prozessuale Konsequenz aus der Auffassung, daß es sich bei der Urlaubsgewährung einerseits und der zeitlichen Festlegung des Urlaubs andererseits in Übereinstimmung mit der hM rechtsdogmatisch um zwei verschiedene Elemente eines einheitlichen Urlaubsanspruches handelt (vgl. hierzu eingehend die Kommentierung zu § 7 Rn. 2 ff.).

Eine **einstweilige Verfügung** kann als Maßnahme vorläufigen Rechtsschutzes (§ 940 ZPO) zulässig sein, wenn anderenfalls der Verlust des Urlaubsanspruchs in dem betreffenden Urlaubsjahr eintreten würde (so die wohl überw. M.; vgl. *BAG* vom 31. 1. 1985, AP Nr. 6 zu § 8a MuSchG 1968 unter A III b der Gründe; *LAG Baden-Württemberg* vom 29. 10. 1968, BB 1968, 1330; *LAG Hamm* vom 19. 6. 1970, BB 1970, 885; *Dersch/Neumann,* § 7 Rn. 54; *GK-BUrlG/Bachmann,* § 7 Rn. 69; *Schaub,* S. 771 f.). Zwar darf in dem summarischen Eilverfahren der einstweiligen Verfügung grundsätzlich keine Vorwegnahme der Hauptsache erfolgen, jedoch wird der Arbeitnehmer regelmäßig in einem Urteilsverfahren eine rechtzeitige Festlegung des Urlaubszeitpunkts durch das Gericht wegen der üblichen Verfahrensdauer nicht erreichen können, so daß bei einem Streit zwischen Arbeitnehmer und Arbeitgeber über den Urlaubszeitpunkt in aller Regel eine **Ausnahmesituation** gegeben sein wird, die 35 bei Meidung eines erheblichen Schadens (Verlust des Naturalurlaubsanspruchs für einen konkreten Zeitraum) eine gewisse Vorwegnahme der Hauptsache rechtfertigen wird (vgl. auch *BAG* vom 18. 12. 1986, BB 1987, 1044).

II. Aufteilung des Urlaubs

36 Gem. § 7 Abs. 2 ist der Urlaub **zusammenhängend** zu gewähren, es sei denn, zwingende betriebliche Belange oder Gründe, die in der Person des Arbeitnehmers liegen, machten eine Teilung des Urlaubs erforderlich.

1. Mindestens zwölf zusammenhängende Werktage

37 In jedem Fall muß gewährleistet sein, daß der Arbeitnehmer **mindestens zwölf aufeinanderfolgende Werktage** Urlaub in Anspruch nehmen kann. Diese gesetzliche Vorschrift hat zur Folge, daß ein Urlaub von weniger als zwei Wochen weder einseitig von dem Arbeitnehmer verlangt, noch von dem Arbeitgeber festgelegt werden kann. Dies gilt insbesondere auch dann, wenn Urlaub aus dem vorangegangenen Urlaubsjahr nach § 7 Abs. 3 übertragen worden ist und erst im folgenden Jahr gewährt wird (überw. M.; vgl. *Dersch/Neumann*, § 7 Rn. 57; teilw. a. A. *GK-BUrlG/Bachmann*, § 7 Rn. 92 f., der zwischen dem übertragenen Urlaub nach § 7 Abs. 3 S. 2 und 3 und S. 4 unterscheidet). Sinn und Zweck dieser gesetzlichen Regelung ist es, dem Erholungsbedürfnis des Arbeitnehmers in ausreichendem Maße Rechnung zu tragen, weil nur bei einer gewissen zusammenhängenden Urlaubszeit überhaupt eine Erholung eintreten kann. Die **Unteilbarkeit des Urlaubs** ist daher ein **gefestigter Grundsatz des Urlaubsrechts** (vgl. auch *Dersch/Neumann*, § 7 Rn. 55).

38 Allerdings ist es im Arbeitsleben heutzutage schon fast zur Regel geworden, daß der einzelne Arbeitnehmer den ihm zustehenden Jahreserholungsurlaub nicht an einem Stück in Anspruch nimmt, sondern eine Aufteilung, zB in Sommer- und Winterurlaub begehrt. Diesen, in der Person des Arbeitnehmers liegenden Gründen hat der Arbeitgeber regelmäßig zu entsprechen, wenn nicht betriebliche Gründe entgegenstehen. Die Vorschrift des § 7 Abs. 2 S. 2 ist trotz ihres strengen Charakters **nicht per se unabdingbar**. Da § 7 Abs. 2 S. 2 in § 13 Abs. 1 ausdrücklich von der Unabdingbarkeit ausgenommen wird, ist nach richtiger Auffassung davon auszugehen, daß nicht nur in Tarifverträgen, sondern auch in Betriebsvereinbarungen und Einzelarbeitsverträgen eine anderweitige Urlaubsaufteilung vorgenommen werden kann, wovon in der Praxis auch reger Gebrauch gemacht wird (so auch *Dersch/Neumann*, § 7 Rn. 61).

Aufteilung des Urlaubs **§ 7**

Die praktische Bedeutung der Regelung des § 7 Abs. 2 S. 2 besteht daher 39
in erster Linie darin, daß weder der Arbeitgeber einseitig einen geringeren Urlaubsteil als zwölf aufeinanderfolgende Werktage bestimmen noch der Arbeitnehmer einen solchen beanspruchen kann. Problematisch ist indessen die Frage, ob im Fall der Teilung des Urlaubs bei einem jährlichen Urlaubsanspruch von mehr als 12 Werktagen nur **ein** zusammenhängender Urlaubsteil von 12 Tagen bewilligt werden muß, oder ob dies – bei einem Urlaub ab 24 Werktagen – für **alle** Urlaubsteile erforderlich ist. **Beispiel:** Der Arbeitnehmer hat einen Urlaubsanspruch von 24 Werktagen. Er begehrt einen Teil des Urlaubs in Höhe von 12 Werktagen zu Ostern und einen weiteren Teil von 12 Werktagen im Sommer. Diese Fallkonstellation ist sicherlich bei Vorliegen der Teilungsvoraussetzungen nach § 7 Abs. 1 S. 1 im übrigen unproblematisch. Fraglich ist, ob der Arbeitnehmer neben dem 12-tägigen Osterurlaub statt eines weiteren 12-tägigen Sommerurlaubs einen 6-tägigen Sommerurlaub und einen weiteren 6-tägigen Herbsturlaub beanspruchen kann. Letzteres muß wohl bejaht werden, weil § 7 Abs. 1 S. 2 lediglich verlangt, daß „**einer** der Urlaubsteile" einen zusammenhängenden Zeitraum von 12 Werktagen umfassen muß. Zu gewährleisten ist eben nur, daß iS der Erholungsmöglichkeit des Arbeitnehmers **zumindest** immer **ein** zusammenhängender Urlaubsteil von 12 Werktagen gewährt wird. Lediglich eine Aufstückelung in kleinste Bruchteile muß als unzulässig betrachtet werden, weil in einem solchen Fall eine Erholungsmöglichkeit des Arbeitnehmers nicht gewährleistet wäre (*LAG Frankfurt/M.* vom 11. 9. 1957, BB 1958, 306).

Soweit aufgrund Einvernehmens der Arbeitsvertragsparteien entgegen 40
dem Unteilbarkeitsgrundsatz Urlaub in geringeren Bruchteilen als 12 zusammenhängenden Werktagen gewährt wird, ist dies zulässig, soweit der Urlaub nicht in **kleinste Bruchteile** aufgestückelt wird. In einem solchen Fall kann der Arbeitnehmer grundsätzlich geltend machen, den Anspruch auf ungeteilten Urlaub nach wie vor innezuhaben; jedoch wird sich der Arbeitnehmer in einer solchen Situation regelmäßig dem arbeitgeberseitigen Einwand **unzulässiger Rechtsausübung** ausgesetzt sehen, wenn er die Teilung selbst verlangt hatte (*Dersch/Neumann*, § 7 Rn. 62 mwN).

2. Dringende betriebliche Belange

Von dem Grundsatz der Unteilbarkeit des Urlaubs sind Abweichungen 41
zulässig, wenn einer zusammenhängenden Urlaubsgewährung **dringende betriebliche Belange** entgegenstehen.

Nach der umstrittenen neueren Rechtsprechung des BAG zum Rechts- 42
charakter des arbeitgeberseitigen Festlegungsrechts gem. § 7, wonach der Arbeitgeber den Urlaub weder nach seinem Belieben noch nach

billigem Ermessen gem. § 315 BGB festlegen dürfe (vgl. die Kommentierung zu § 7 Rn. 1), könne sich der Arbeitgeber dem Urlaubswunsch des Arbeitnehmers nur entziehen, wenn ihm ein entsprechendes Gegenrecht zustünde, das u. U. in dem Bestehen dringender betrieblicher Belange zu erblicken sei (*BAG* vom 18. 12. 1986, BB 1987, 1044). Im Streitfall müßte der Arbeitgeber beweisen, daß der ungeteilte Urlaubswunsch des Arbeitnehmers nicht berücksichtigt werden könne, weil diesem dringende betriebliche Belange oder vorrangige Urlaubsansprüche anderer Arbeitnehmer entgegenstünden. Richtigerweise ist aber davon auszugehen, daß das Urlaubsbestimmungsrecht des Arbeitgebers gem. § 7 in dessen Direktionsbefugnis steht, die er nach billigem Ermessen gem. § 315 BGB auszuüben hat (vgl. die Kommentierung zu § 7 Rn. 1 ff.). Da § 7 Abs. 2 eine Konkretisierung von § 7 Abs. 1 darstellt (vgl. *GK-BUrlG/ Bachmann,* § 7 Rn. 95), muß der Arbeitgeber also im Einzelfall die beiderseitigen Interessen gegeneinander abwägen. Bestehen danach dringende betriebliche Belange, die dem Nachgeben der arbeitnehmerseitigen Urlaubswünsche entgegenstehen, müssen diese zurücktreten, so daß es zu einer Urlaubsteilung kommen kann. Überwiegt keine der Interessen, geht der Urlaubswunsch des Arbeitnehmers regelmäßig vor. Dringende betriebliche Belange, die zu einem Zurücktreten des Urlaubswunsches des Arbeitnehmers führen, können zB in dem wirksamen Anordnen von **Betriebsurlaub** (krit. *Dersch/Neumann,* § 7 Rn. 58; *GK-BUrlG/Bachmann,* § 7 Rn. 95; wie hier *Meisel,* RdA 1975, 166, 168), **betrieblichen Störungen, Saisonzeiten, fehlenden Vertretungsmöglichkeiten** u. a. liegen. Die Bindung des Urlaubs an das Urlaubsjahr steht einer Regelung in einer Betriebsvereinbarung oder einem Spruch der Einigungsstelle nicht entgegen, wonach Betriebsferien für mehrere aufeinanderfolgende Urlaubsjahre vereinbart werden. Insbesondere folgt aus § 7 Abs. 1 nicht, daß die Einführung von Betriebsferien nur dann zulässig sei, wenn dringende betriebliche Belange im Sinne dieser Vorschrift dafür sprächen. Die Einführung von Betriebsferien selbst stellt vielmehr die betrieblichen Belange dar, die der Berücksichtigung der individuellen Urlaubswünsche des Arbeitnehmers im Einzelfall entgegenstehen und die Berechtigung für eine Teilung darstellen können (*BAG* vom 28. 7. 1981, BB 1982, 616).

43 Arbeitgeber und Betriebsrat können in einer Betriebsvereinbarung für einzelne Tage zwischen Weihnachten und Neujahr sog. **Feierschichten** vereinbaren und dem Arbeitnehmer die Wahlmöglichkeit einräumen, an diesen Tagen entweder bezahlten Tarifurlaub als Erholungsurlaub oder unbezahlte Freizeit in Anspruch zu nehmen (*BAG* vom 9. 5. 1984, BB 1984, 1687). An **Hochschulen** können dringende betriebliche Belange zB darin liegen, daß dem nicht wissenschaftlichen Personal Urlaub vorwiegend in den vorlesungsfreien Zeiten gewährt wird, was im Einzelfall durchaus zu einer Durchbrechung des Unteilbarkeitsgrundsatzes führen kann (*LAG Berlin* vom 20. 5. 1985, AuR 1986, 217).

3. In der Person des Arbeitnehmers liegende Gründe

Der Arbeitgeber muß gem. § 7 Abs. 2 S. 1 den Urlaub auch gegen den 44
Urlaubswunsch des Arbeitnehmers zusammenhängend gewähren, es sei denn, daß in der Person des Arbeitnehmers liegende Gründe eine Teilung des Urlaubs erforderlich machen (Unteilbarkeitsgrundsatz). Damit enthält § 7 Abs. 2 S. 1 eine über § 7 Abs. 1 hinausgehende **Einschränkung** des grundsätzlichen Vorranges der Urlaubswünsche des Arbeitnehmers (*Dersch/Neumann*, § 7 Rn. 56 und 60; *GK-BUrlG/Bachmann*, § 7 Rn. 96). Anders als die betrieblichen Belange müssen die in der Person des Arbeitnehmers liegenden Gründe **nicht dringend** sein (allg. M.; vgl. *GK-BUrlG/Bachmann*, § 7, Rn. 96 mwN). Jedoch gilt es in diesem Zusammenhang zu berücksichtigen, daß das grundsätzliche Teilungsverbot den Erholungszwecken des Urlaubs zu dienen hat, weshalb allgemein verlangt wird, daß die Gründe für die Teilungswünsche des Arbeitnehmers zumindest **gewichtig** sind (*BAG* vom 10. 3. 1966, BB 1966, 580). Dies führt dazu, daß der Arbeitnehmer vom Arbeitgeber nicht verlangen kann, geteilten Urlaub zu gewähren, wenn hierfür berechtigte, zumindest gewichtige Gründe nicht bestehen. Persönliche Gründe, die eine Teilung des Urlaubs rechtfertigen, können zB in dem Wunsch des Arbeitnehmers bestehen, im Urlaubsjahr je einen **Sommer- und Winterurlaub** zu verbringen. Allerdings müssen die persönlichen Gründe zumindest etwas mit dem Erholungszweck zu tun haben, so daß also beispielsweise die Teilnahme an Familienfeiern oder Volksfesten zur Begründung eines Teilungsersuchens grundsätzlich nicht ausreichen können (*Dersch/Neumann*, § 7 Rn. 60; a. A. *GK-BUrlG/Bachmann*, § 7 Rn. 96). Dies ergibt sich ohne weiteres aus der Überlegung, daß die Verpflichtung des Arbeitgebers zur Urlaubsgewährung dem Erholungsbedürfnis des Arbeitnehmers und nicht etwa sonstigen Zwecken dient (vgl. hierzu schon die Kommentierung unter Vorb. Rn. 1).

Der alleinige Wunsch des Arbeitnehmers auf geteilten Urlaub reicht 45
also nicht aus. Der Arbeitgeber kann in einem solchen Fall – ohne daß dem betriebliche Gründe sonstiger Art entgegenzustehen bräuchten – das Teilungsersuchen des Arbeitnehmers zurückweisen (*Dersch/Neumann*, § 7 Rn. 59 f. mwN). Allerdings ist der Arbeitgeber nicht gehindert, dem Teilungswunsch des Arbeitnehmers auch ohne Vorliegen berechtigter Gründe in der Person des Arbeitnehmers zu entsprechen. Jedoch kann der Jahresurlaub auch bei Einverständnis des Arbeitnehmers nicht **in kleinste Bruchteile** aufgestückelt werden (*LAG Frankfurt/M.* vom 11. 9. 1957, BB 1958, 306 speziell für

Schwerbeschädigtenurlaub). Eine irgendwie geartete Erholung des Arbeitnehmers wäre in einem solchen Fall nicht mehr denkbar.

III. Übertragung des Urlaubs

1. Allgemeines

46 Im Zusammenhang mit der Urlaubsgewährung durch den Arbeitgeber kommt dem Problemkreis der **Übertragung des Urlaubs** besondere Bedeutung zu. Der Urlaub ist gem. § 7 Abs. 3 S. 1 grundsätzlich im **Urlaubsjahr**, das gem. § 1 mit dem Kalenderjahr identisch ist, zu gewähren (grundlegend *BAG* vom 13. 5. 1982, BB 1982, 2111). Macht der Arbeitnehmer im Urlaubsjahr den ihm zustehenden Urlaub nicht von sich aus geltend oder nimmt er den vom Arbeitgeber festgelegten Urlaub nicht in Anspruch, verfällt der Urlaubsanspruch grundsätzlich mit Ablauf des Urlaubsjahres, sofern keiner der gesetzlichen Übertragungsgründe des § 7 Abs. 3 S. 2 vorliegt (hM; vgl. *BAG* vom 1. 12. 1983, BB 1984, 1299).

47 Der Urlaubsanspruch nach dem BUrlG ist auf das Urlaubsjahr und bei Vorliegen der Tatbestandsmerkmale des § 7 Abs. 3 S. 2 auf den Übertragungszeitraum **befristet** (hM; *BAG* vom 28. 11. 1990, BB 1991, 764; *BAG* vom 19. 1. 1993, BB 1993, 1517; *BAG* vom 7. 12. 1993, BB 1994, 723 = BB 1995, 309; *BAG* vom 9. 8. 1994, BB 1995, 48 f.; *BAG* vom 17. 1. 1995, BB 1995, 259). Nach *BAG* vom 7. 12. 1993 (BB 1995, 309 LS 4) gebieten die Vorschriften des IAO-Übereinkommens Nr. 132 nicht eine Auslegung des BUrlG dahingehend, daß der Urlaubsanspruch nicht am Ende des Urlaubsjahres bzw. des Übertragungszeitraumes verfällt (a. A. zu Unrecht *LAG Düsseldorf* vom 5. 9. 1991, BB 1992, 143 [LS] = DB 1992, 224, wonach die hM dem Übereinkommen Nr. 132 der Internationalen Arbeitsorganisation vom 24. 6. 1970 über den bezahlten Jahresurlaub [BGBl. II 1975, 745 ff.] widerspreche). Ebenfalls ist eine den Zeitrahmen des Art. 9 Abs. 1 des Übereinkommens Nr. 132 der Internationalen Arbeitsorganisation abkürzende **tarifliche** Regelung, wonach der Urlaubsanspruch am 31. März des auf das Urlaubsjahr folgenden Kalenderjahres erlischt, auch in Anbetracht des § 13 Abs. 1 **zulässig und gesetzeskonform** (*LAG Düsseldorf* vom 9. 11. 1993, DB 1994, 941 mit zust. Anm. Sibben; a. A. zu Unrecht *LAG Düsseldorf* vom 16. 9. 1993, DB 1994, 232 [LS 2]). Gem. § 7 Abs. 3 S. 2 ist eine **Übertragung des Urlaubs** in das erste Quartal des auf das Urlaubsjahr folgenden Kalenderjahres nur möglich, wenn **dringende Gründe** dies rechtfertigen. Insoweit kommen entweder **betriebliche** oder in der **Person** des Arbeitnehmers liegende Gründe in Betracht.

Übertragung des Urlaubs § 7

Enthält ein Tarifvertrag die Klausel, daß Urlaubsansprüche erlöschen, **48**
wenn sie nicht bis zum 31. März des Folgejahres geltend gemacht worden
sind, wird die grundsätzliche Befristung des Urlaubsanspruches auf
das Urlaubsjahr nicht berührt. Eine solche tarifvertragliche Regelung
beinhaltet lediglich den Hinweis, daß es überhaupt der **Geltendmachung** des Urlaubes bedarf, um den mit Ende der Befristung eintretenden
Rechtsverlust zu vermeiden.

Ist in einem Tarifvertrag die **schriftliche** Geltendmachung des aus dem **49**
Vorjahr **übertragenen** Urlaubs bis zum 31. März des Folgejahres vorgeschrieben, erlischt der Urlaubsanspruch bei nicht rechtzeitiger oder
formgerechter Geltendmachung ersatzlos. Dies gilt insbesondere auch
dann, wenn es im Betrieb des Arbeitgebers betriebliche Übung darstellte,
den Urlaub für das **laufende** Urlaubsjahr mündlich anzumelden. Insoweit ist zu unterscheiden zwischen der Anmeldung von Urlaubswünschen für das laufende Urlaubsjahr, für das kein Schriftformerfordernis besteht, und der Geltendmachung des übertragenen Urlaubs
für die Zeit zwischen dem 31. Dezember des laufenden und dem 1. April
des Folgejahres, wenn die Tarifvertragsparteien nur für diesen
Übertragungszeitraum eine Schriftformklausel vereinbart haben (*BAG*
vom 14. 6. 1994, BB 1995, 154 f.). Insbesondere ist der Arbeitgeber nicht
verpflichtet, den Arbeitnehmer über die einzuhaltende Schriftform zu
belehren. Daher wird zugunsten des Arbeitnehmers nicht der Einwand
des Rechtsmißbrauchs begründet, wenn es der Arbeitgeber unterlassen
hat, den Arbeitnehmer über die tarifliche Schriftformklausel für übertragenen Urlaub zu unterrichten (*BAG* vom 14. 6. 1994, aaO). Der Arbeitnehmer hat sich grundsätzlich selbst über den Inhalt tariflicher Bestimmungen zu informieren (*BAG* vom 14. 6. 1994, aaO unter Bezugnahme
auf *BAG* vom 13. 4. 1956, BB 1956, 498). In diesem Zusammenhang ist
die Geltendmachung des Urlaubes seitens des Arbeitnehmers nur dann
fristgerecht, wenn der Urlaubsanspruch gegenüber dem Arbeitnehmer
vor Fristablauf auch **erfüllt** werden kann, woran es fehlt, wenn der
Arbeitnehmer arbeitsunfähig erkrankt ist (*BAG* vom 13. 11. 1986, BB
1987, 1036). Dies impliziert weiterhin, daß der Arbeitnehmer den Urlaub
auch so **rechtzeitig** geltend macht, daß er noch innerhalb des Urlaubsjahres vollständig abgwickelt werden kann.

Umstritten ist, ob der volle Urlaubsanspruch im Urlaubsjahr **gänzlich** **50**
abgewickelt sein muß, oder ob es ausreicht, daß er von dem Arbeitnehmer zumindest vor dem 31. Dezember des jeweiligen Kalenderjahres
angetreten worden ist (zum Meinungsstand vgl. *Dersch/Neumann*, § 7
Rn. 66). Das BAG vertritt insoweit in stRspr die Ansicht, daß der
Urlaubsanspruch wegen dessen Bindung an das Urlaubsjahr (§ 7 Abs. 3
S. 1) grundsätzlich **befristet** erwächst – eben für die Dauer des Urlaubsjahres – und mit dessen Ablauf **erlischt** (*BAG* vom 30. 10. 1986, BB
1987, 1036). Dies bedeutet, daß der Urlaub herrschender und richtiger

Ansicht zufolge im Urlaubsjahr nicht nur angetreten, sondern auch abgewickelt werden muß (*Dersch/Neumann*, § 7 Rn. 66; *GK-BUrlG/Bachmann*, § 7 Rn. 105 mwN; vgl. auch *BAG* vom 24. 11. 1992, BB 1992, 2508 [Pressemitteilung 36/92] und BB 1993, 654 f. = ZAP 1993, Fach 17 R, S. 47 f. [LS]; vgl. auch *Hohmeister,* ZAP 1993, Fach 17 R, S. 47, zugleich Anmerkung zu *BAG* vom 24. 11. 1992, aaO zu dem Fall, daß der Urlaub zumindest **teilweise** im Urlaubsjahr noch abgewickelt werden kann). Will der Arbeitnehmer also seines Urlaubsanspruches nicht verlustig gehen, muß er den Urlaub gegenüber dem Arbeitgeber so frühzeitig geltend machen, daß der letzte Urlaubstag zumindest auf den 31. Dezember des Kalenderjahres fällt (*BAG* vom 13. 11. 1986, BB 1987, 1036). Allerdings kann zwischen den Arbeitsvertragsparteien vereinbart werden, daß das Antreten des Urlaubs im Urlaubsjahr ausreicht (vgl. zB die tarifvertragliche Regelung des § 47 Abs. 7 BAT).

51 Von dem **Grundsatz** der Bindung des Urlaubs an das Urlaubsjahr sieht das Gesetz in § 7 Abs. 3 S. 2 **Ausnahmen** vor. Liegen danach die gesetzlichen **Übertragungsvoraussetzungen** vor, ist der Urlaub innerhalb des Übertragungszeitraumes abzuwickeln, der am 31. März des Folgejahres endet. Eine **Übertragung** in das erste Quartal des Folgejahres tritt **von Gesetzes wegen** ein, so daß es entsprechender Willenserklärungen der Arbeitsvertragsparteien nicht bedarf (hM; *BAG* vom 25. 8. 1987, BB 1988, 631; *Dersch/Neumann,* § 7 Rn. 87; a. A. *GK-BUrlG/Bachmann*, § 7 Rn. 126 mwN; *LAG Niedersachsen* vom 10. 12. 1986, BB 1987, 968).

52 Liegen nämlich die in § 7 Abs. 3 S. 2 genannten Übertragungsvoraussetzungen vor, erfolgt die Übertragung des Urlaubs allein dadurch, daß er im laufenden Urlaubsjahr nicht in Anspruch genommen werden kann (*BAG* vom 24. 11. 1987, BB 1988, 631). Allerdings ist der Arbeitnehmer nach hM wiederum gehalten, gegenüber dem Arbeitgeber den übertragenen Urlaub so rechtzeig zu beanspruchen, daß der letzte Urlaubstag zumindest auf den 31. März fällt, der übertragene Urlaub also auch im Übertragungszeitraum vollständig abgewickelt werden kann (*BAG* vom 27. 8. 1986, BB 1987, 405; *BAG* vom 13. 11. 1986, NZA 1987, 390, [LS 3] = BB 1987, 1036).

53 Liegt ein gesetzlicher Übertragungsgrund isV § 7 Abs. 3 S. 2 nicht vor, ist der Urlaubsanspruch auch dann nicht auf das erste Quartal des Folgejahres übergegangen, wenn zwischen den Arbeitsvertragsparteien eine entsprechende Vereinbarung hierüber zustandegekommen ist. Dies rechtfertigt sich daraus, daß § 7 Abs. 3 ein **gesetzliches Übertragungsverbot isV § 134 BGB** darstellt. Demnach ist auch und insbesondere ein Vertrag zwecks Übertragung des Urlaubs über die durch § 7 Abs. 3 gezogenen Grenzen hinaus unwirksam (*GK-BUrlG/Bachmann,* § 7 Rn. 110 mwN). Gleichwohl entspricht es gängiger Praxis zumindest in kleineren und mittleren Betrieben, die Übertragung des Urlaubs in das Folgejahr flexibel zu handhaben und die durch § 7 Abs. 3 gezogenen

Grenzen zu erweitern. Im Falle eines Einvernehmens der Arbeitsvertragsparteien wird es daher in den seltensten Fällen zu Differenzen zwischen Arbeitgeber und Arbeitnehmer bei der Übertragung des Urlaubs kommen, auch wenn die Übertragungsvoraussetzungen im Einzelfall nicht vorliegen. Allerdings macht die hM von dem richtigen Grundsatz des gesetzlichen Übertragungsverbotes insoweit Ausnahmen, als durch **Tarifvertrag** (§ 13 Abs. 1 S. 1) von der Bindung des Urlaubs an das Kalenderjahr sowohl zugunsten als auch zuungunsten des Arbeitnehmers abgewichen werden könne (vgl. statt vieler *GK-BUrlG/Bachmann*, § 7 Rn. 133 ff. mwN; siehe auch die Kommentierung zu § 9). Demgegenüber kommt eine abweichende Regelung zuungunsten des Arbeitnehmers durch Betriebsvereinbarung oder Einzelarbeitsvertrag nicht in Betracht (*GK-BUrlG/Bachmann*, § 7 Rn. 136).

Hat der Arbeitnehmer den übertragenen Urlaub rechtzeitig innerhalb des Übertragungszeitraumes geltend gemacht, und kommt der Arbeitgeber dem berechtigten Urlaubsbegehren des Arbeitnehmers nicht nach, verfällt der Urlaub zwar mit Ablauf der Ausschlußfrist des 31. März des Folgejahres, setzt sich aber als Schadensersatzanspruch über diesen Stichtag hinaus fort. Dabei tritt an die Stelle des ursprünglichen Naturalurlaubsanspruchs ein **Schadensersatzanspruch als Urlaubsanspruch in entsprechender Höhe** (*BAG* vom 5. 9. 1985, BAGE 49, 299). De facto kommt dies doch wieder einer weiteren Übertragung – wenn auch nicht im rechtstechnischen Sinne – gleich. De jure handelt es sich insoweit um eine **Naturalrestitution gem. § 249 S. 1 BGB** (*BAG* jeweils vom 7. 11. 1985, BB 1986, 735 und BB 1986, 973). Im Falle der **Beendigung** des Arbeitsverhältnisses tritt an die Stelle des Naturalschadensersatzanspruches gem. § 249 S. 1 BGB ein Anspruch auf **Geldentschädigung gem. § 251 BGB** (*BAG* vom 26. 6. 1986, BB 1986, 2270). 54

Hat der Arbeitgeber indessen die Unmöglichkeit der Urlaubsgewährung im Urlaubsjahr bzw. Übertragungszeitraum **nicht zu vertreten**, zB weil der Arbeitnehmer den Urlaub nicht (rechtzeitig) beansprucht hat, wird der Arbeitgeber **ersatzlos** von seiner Leistungsverpflichtung auf Urlaubsgewährung **gem. § 275 Abs. 1 BGB frei** (*BAG* vom 26. 6. 1986, BB 1986, 2337).

2. Dringende betriebliche Gründe

Gem. § 7 Abs. 3 S. 2 ist eine **Übertragung des Urlaubs** in das erste Quartal des auf das Urlaubsjahr folgenden Kalenderjahres nur möglich, wenn **dringende Gründe** dies rechtfertigen. Insoweit kommen entweder **betriebliche** oder in der **Person** des Arbeitnehmers liegende Gründe in Betracht. 55

Dringende betriebliche Gründe müssen weder zwingend sein noch reichen beliebige betriebliche Gründe aus. Erforderlich ist vielmehr, daß die betrieblichen Gründe **erheblich** sind. Hierzu gehören Gründe, die 56 nach allgemein anerkannten Grundsätzen die Übertragung dringlich erscheinen lassen, und die der objektiven, wohlverstandenen Interessenlage mit Rücksicht auf einen ordnungsgemäßen Betriebsablauf entsprechen (*Dersch/Neumann*, § 7 Rn. 81). Maßgebend ist – wie auch schon in den Fällen der Abs. 1 und 2 – eine **Abwägung der beiderseitigen Interessen** (*GK-BUrlG/Bachmann*, § 7 Rn. 127). Im übrigen sind bei einer Übertragung des Urlaubs prinzipiell dieselben Gründe zu berücksichtigen, die gem. § 7 Abs. 1 die Nichtberücksichtigung der Urlaubswünsche des Arbeitnehmers und gem. § 7 Abs. 2 die Urlaubsteilung rechtfertigen können (so auch *GK-BUrlG/Bachmann*, § 7 Rn. 127). In Betracht kommen insbesondere **technische** oder **verwaltungsmäßige Probleme** im Betriebsablauf, hier aber auch plötzlicher **Arbeitsanfall** oder ein temporär **hoher Krankenstand** (*Dersch/Neumann*, § 7 Rn. 81 f.).

3. In der Person des Arbeitnehmers liegende Gründe

57 Die für eine Übertragung des Urlaubs **in der Person des Arbeitnehmers liegenden Gründe** brauchen indessen weder dringend noch gar zwingend zu sein. Insoweit reichen schon **sachliche Gründe** aus, wie zB eine zur Arbeitsunfähigkeit führende Erkrankung des Arbeitnehmers (*BAG* vom 24. 11. 1987, BB 1988, 631; zur Erkrankung des Arbeitnehmers während des Urlaubs vgl. auch § 9), Erkrankungen von Familienmitgliedern des Arbeitnehmers (*LAG Düsseldorf* vom 23. 10. 1962, DB 1962, 1704) oder die Durchführung eines Familienurlaubs (*Schaub*, S. 781).

58 Der alleinige **Wunsch** des Arbeitnehmers auf Übertragung des Urlaubs ohne eine konkrete dahinterstehende Berechtigung reicht hingegen nicht aus (hM; vgl. *Dersch/Neumann*, § 7 Rn. 83; *GK-BUrlG/Bachmann*, § 7 Rn. 128 mwN). Der Wunsch eines **ausländischen Arbeitnehmers**, Urlaubsansprüche für einen längeren Heimataufenthalt anzusparen, soll nicht zu den persönlichen Gründen zählen, die eine Übertragung des Urlaubs gem. § 7 Abs. 3 S. 2 rechtfertigen könnten (*LAG Köln* vom 9. 10. 1986, LAGE § 7 BUrlG Nr. 15). Diese Ansicht erscheint indessen bedenklich. Für den ausländischen Arbeitnehmer, der häufig noch familiäre Bande in seine Heimat hat, reichen regelmäßig die regulären Urlaubstage kaum aus, die zeitaufwendige Hin- und Rückreise in die Heimat mit einer angemessenen Erholung zu verbinden, so daß ein Begehren auf Übertragung des Urlaubs in das Folgejahr in einem solchen Fall idR einen sachlichen Grund darstellen dürfte.

4. Übertragung in das erste Quartal des Folgejahres

59 Im Falle der Übertragung des Urlaubs gem. § 7 Abs. 3 S. 2 muß der Urlaub innerhalb des ersten Quartals des Folgejahres gewährt und genommen werden. Eine weitere Übertragung ist nicht statthaft. Bei dem **31. März des Folgejahres** handelt es sich um eine absolute **Ausschlußfrist** (*BAG* vom 7. 11. 1985, BB 1986, 735). Die Bedeutung der Übertragungsfrist entspricht der Bindung des Urlaubs an das Kalenderjahr (*GK-BUrlG/Bachmann*, § 7 Rn. 129). Hat der Arbeitnehmer den Urlaub innerhalb des Übertragungszeitraumes frühzeitig geltend gemacht, wird der Urlaub aber gleichwohl vom Arbeitgeber nicht gewährt, erlischt der Urlaubsanspruch ebenfalls am 31. März. An seine Stelle tritt aber ein **Schadensersatzanspruch** in Form eines Urlaubsanspruchs in entsprechender Höhe (*BAG* vom 5. 9. 1985, BAGE 49, 299). Die Ausschlußfrist des 31. März gilt allerdings nur für den eigentlichen Urlaubsanspruch, nicht hingegen für den Anspruch auf Urlaubsentgelt (*BAG* vom 24. 2. 1972, BB 1972, 619). Insoweit sind aber die allgemeinen Verjährungsvorschriften zu beachten.

Besteht eine **tarifliche Ausschlußfrist**, wonach alle gegenseitigen Ansprüche aus dem Arbeitsverhältnis mit Ausnahme von Lohnansprüchen binnen einer bestimmten Frist seit Fälligkeit schriftlich geltend zu machen sind, wahrt eine **schriftliche Mahnung** des Arbeitnehmers, ihm Urlaub zu gewähren, diese Frist auch für den nach Ablauf des Urlaubsjahres bzw. des Übertragungszeitraumes entstehenden **Schadensersatzanspruch**, der entweder auf Gewährung von Urlaub (Ersatzurlaubsanspruch als Naturalrestitution gem. § 249 BGB) oder auf Zahlung gerichtet ist (*BAG* vom 24. 11. 1992, BB 1993, 654). Hat also der Arbeitnehmer für den Urlaubsanspruch eine tarifliche Ausschlußfrist gewahrt, braucht er nach Eintritt der Unmöglichkeit der Urlaubsgewährung den an seine Stelle tretenden Ersatzurlaubsanspruch nicht erneut geltend zu machen. Dem Ziel der Rechtsklarheit und -sicherheit ist entsprochen, wenn der Arbeitnehmer den Urlaubsanspruch seinem Gegenstand nach geltend macht, ohne daß er dabei auf die materiellrechtliche Anspruchgrundlage hinweist (*BAG* vom 22. 10. 1991, BB 1992, 1215 bezüglich der Ausschlußfrist nach § 63 BMT-G II). 60

Die Tarifvertragsparteien können ebenso wie die Arbeitsvertragsparteien die **Frist** für die Übertragung des Urlaubs **verlängern**. Sie können allerdings nicht vereinbaren, daß ein Urlaubsanspruch in Höhe des gesetzlichen Mindesturlaubs nach Ablauf des 31. März des Folgejahres trotz bestehenden Arbeitsverhältnisses abzugelten ist (*BAG* vom 10. 2. 1987, BB 1987, 1955). 61

5. Ausnahme von der Stichtagsregelung gem. § 7 Abs. 3 S. 4

Auf Verlangen des Arbeitnehmers ist ein nach **§ 5 Abs. 1 lit. a)** entstehender **Teilurlaub** auf das nächste Kalenderjahr zu übertragen. Insoweit gilt also die Ausschlußfrist des 31. März des Folgejahres **ausnahmsweise** nicht. Von dieser Regelung sind diejenigen Fälle erfaßt, in denen das Arbeitsverhältnis **nach Beginn des 1. Juli** eines Kalenderjahres angefangen hat, weil für solche Arbeitnehmer die Wartezeit frühestens am 62

§ 7 *Zeitpunkt, Übertragbarkeit und Abgeltung des Urlaubs*

1. Januar des Folgejahres beendet ist (vgl. die Kommentierungen zu § 4 und § 5). In einem solchen Fall erwirbt der Arbeitnehmer gem. § 5 Abs. 1 lit. a) einen Anspruch auf Teilurlaub, der auf Verlangen des Arbeitnehmers auch über das erste Quartal des Folgejahres hinaus bis zum Jahresende übertragbar ist. Einer Begründung seitens des Arbeitnehmers bedarf es hierbei nicht. Auch ist der Arbeitnehmer nicht etwa gehalten, einen ausdrücklichen Antrag auf Übertragung des Teilurlaubs auf einen Zeitraum nach dem 31. März des Folgejahres zu stellen (*Dersch/Neumann*, § 7 Rn. 80, 90 ff.). Das Verlangen des Arbeitnehmers iSv § 7 Abs. 3 S. 4 kann konkludent schon darin gesehen werden, daß er den Teilurlaub aus dem Vorjahre nicht mehr im laufenden Kalenderjahr (*BAG* vom 10. 3. 1966, BB 1966, 580) bzw. im Übertragungszeitraum bis zum 31. März des Folgejahres geltend macht. **Sinn und Zweck** dieser Regelung bestehen darin, daß ein Urlaubsanspruch von weniger als der Hälfte des regulären Jahresurlaubs zusammen mit dem vollen Urlaubsanspruch des Folgejahres gewährleistet sein soll, um dem Erholungsbedürfnis des Arbeitnehmers in hinreichendem Maße Rechnung zu tragen. Folgerichtig sieht das BAG deshalb auch in der Regelung des § 7 Abs. 3 S. 4 eine **Ausnahmevorschrift**, die sich speziell auf den Teilurlaub nach § 5 Abs. 1 lit. a) bezieht, und nach der eine analoge Anwendung auf die übrigen Fälle von Teilurlaub nach § 5 Abs. 1 lit. b) und c) nicht möglich ist, so daß diese Fälle nur bis zum 31. März des Folgejahres übertragen werden (*BAG* vom 25. 8. 1987, BB 1988, 631 = AP Nr. 15 zu § 7 BUrlG Übertragung; a. A. *LAG Düsseldorf* vom 20. 9. 1989, LAGE § 7 BUrlG Übertragung Nr. 2: kein Erlöschen des Urlaubsanspruchs zum 31. 12. bzw. zum Ablauf des Übertragungszeitraums, wenn der Arbeitgeber den Urlaub nicht fristgerecht gewährt hat).

63 Soweit spezielle gesetzliche Vorschriften bestehen, gehen diese den Regelungen des BUrlG und etwaigen gleichlautenden tariflichen Regelungen vor. Dies gilt insbesondere für § 17 Abs. 2 BErzGG, wonach Resturlaub im laufenden oder im nächsten Urlaubsjahr zu gewähren ist. Die genannte Vorschrift stellt gegenüber der Verfallfrist des § 7 Abs. 3 und etwaig gleichlautenden Tarifregelungen eine **Sondernorm** da (*BAG* vom 24. 10. 1989, BB 1990, 1279; vgl. in diesem Zusammenhang auch die spezielle Vorschrift des § 55 Abs. 3 SeemannG und hierzu die Kommentierung zu § 3).

IV. Urlaubsabgeltung

64 Gem. § 7 Abs. 4 ist der Urlaub des Arbeitnehmers **abzugelten**, wenn er wegen Beendigung des Arbeitsverhältnisses ganz oder teilweise nicht mehr gewährt werden kann. Dabei ist die Urlaubsabgeltung nach § 7 Abs. 4 nicht auf den gesetzlichen Mindesturlaub iSv §§ 1, 3 beschränkt, sondern umfaßt den gesamten Urlaubsanspruch des Arbeitnehmers, der bei Beendigung des Arbeitsverhältnisses noch nicht erfüllt ist (*BAG* vom 18. 10. 1990, BB 1991, 1048). Voraussetzung für den Abgeltungsanspruch ist, daß ursprünglich ein Urlaubsanspruch entstanden war, der nicht nachträglich wieder untergegangen ist. Der Abgeltungsanspruch entsteht insbesondere auch bei Beendigung eines **befristeten** Arbeitsverhältnisses. Auf den Grund für die Beendigung des Arbeitsverhältnisses kommt es nicht an. Der Abgeltungsanspruch kommt ebenso bei einem von dem Arbeitnehmer zu verantwortenden Ausscheiden aus dem Arbeitsverhältnis zur Entstehung. Auch ist es grundsätzlich unerheblich, ob die Naturalurlaubsgewährung vor Beendigung des Arbeitsverhältnisses möglich war oder nicht. **Teilurlaubsansprüche** sind unter denselben Voraussetzungen wie Vollurlaubsansprüche abzugelten (*BAG* vom 25. 8. 1987, BB 1988, 631).

Sinn und Zweck der Urlaubsabgeltung bestehen darin, demjenigen 65 Arbeitnehmer, der bei Beendigung des Arbeitsverhältnisses noch keinen Urlaub erhalten hatte, zumindest die finanziellen Mittel zukommenzulassen, um eine dem abgegoltenen Urlaub entsprechende Freizeit als Urlaub zu nutzen (*GK-BUrlG/Bachmann*, § 7 Rn. 140 mwN). Nach absolut hM handelt es sich bei dem Anspruch auf Urlaubsabgeltung um ein **Surrogat des Urlaubsanspruchs** (stRspr des BAG; vgl. *BAG* vom 28. 6. 1984, BB 1984, 2133; *BAG* vom 7. 3. 1985, BB 1985, 1197; *BAG* vom 24. 11. 1987, BB 1988, 631; *BAG* vom 20. 4. 1989, BB 1989, 2334; *BAG* vom 28. 7. 1992, BB 1992, 1562; *BAG* vom 19. 1. 1993, BB 1993, 1516 f.; vgl. auch *Schaub*, S. 786; krit. *Schäfer*, NZA 1993, 204 ff.; zur **teilweisen** Urlaubsabgeltung vgl. *BAG* vom 24. 11. 1992, BB 1993, 654 f.; zur Rechtsnatur des Abgeltungsanspruches im übrigen vgl. *GK-BUrlG/Bachmann,* § 7 Rn. 141 ff. mwN).

Eine wichtige rechtliche Konsequenz, die sich aus der hM herleiten 66 läßt, ist der Umstand, daß der Arbeitnehmer während des Bestandes des Arbeitsverhältnisses keine Abgeltung des Urlaubes verlangen kann; vielmehr ist der Urlaub bei bestehendem Arbeitsverhältnis ausschließlich in natura zu gewähren (*Dersch/Neumann*, § 7 Rn. 98). Aus dem Surrogatsgedanken folgt weiterhin, daß weder die Arbeits- noch Tarifvertragsparteien über den Urlaubsabgeltungsanspruch zum Nachteil des Arbeitnehmers verfügen können, soweit der gesetzliche Mindesturlaub iS der Kernvorschriften der §§ 1, 2, 3 Abs. 1 betroffen ist (vgl. § 13 Abs. 1 S. 1). Darüber hinausgehende tarifliche Regelungen, die etwaigen Mehrurlaub betreffen, sind grundsätzlich zulässig. So ist die Vorschrift des § 47 Abs. 6 Unterabs. 3 BAT, die die Urlaubsabgeltung im **fortbestehenden** Arbeitsverhältnis regelt, wirksam, soweit nicht der gesetzliche Mindesturlaub betroffen ist (*BAG* vom 25. 1. 1990, BB 1990, 712).

§ 7 *Zeitpunkt, Übertragbarkeit und Abgeltung des Urlaubs*

67 Der **Abgeltungsanspruch** nach § 7 Abs. 4 stellt einen **Urlaubsanspruch** dar, der mit der Beendigung des Arbeitsverhältnisses als Ersatz für den in diesem Zeitpunkt nicht mehr erfüllbaren Naturalurlaubsanspruch entsteht. Dieser Surrogatsanspruch gelangt **automatisch** mit der Beendigung des Arbeitsverhältnisses zur Entstehung, ohne daß es hierbei weiterer Handlungen der Arbeitsvertragsparteien bedürfte. Der Anspruch auf Naturalurlaub wandelt sich damit ohne weiteres mit Beendigung des Arbeitsverhältnisses in einen Abgeltungsanspruch um, der seinerseits – abgesehen von dem Erfordernis der Beendigung des Arbeitsverhältnisses – an dieselben Voraussetzungen wie der Naturalurlaubsanspruch geknüpft ist (*BAG* vom 19. 1. 1993, BB 1993, 1517; *BAG* vom 3. 5. 1994, BB 1994, 2281 f.).

68 Eine vertragliche Vereinbarung zwischen den Arbeits- oder Tarifvertragsparteien, wonach der Arbeitnehmer gegen Zahlung eines irgendwie gearteten Entgelts auf seinen Urlaub **verzichtet**, verstößt gegen die in § 13 Abs. 1 S. 1 genannte Kernvorschrift des § 1 und ist gem. § 134 BGB **nichtig** (*BAG* vom 29. 11. 1984, AP Nr. 22 zu § 7 BUrlG Abgeltung; *GK-BUrlG/Bachmann,* § 7 Rn. 202). Nichtig ist ebenfalls eine tarifliche Regelung, wonach Abgeltungsansprüche nur dann entstehen, wenn der Urlaub vor Beendigung des Arbeitsverhältnisses aus **betrieblichen** Gründen nicht gewährt werden konnte. Die Nichtigkeitsfolge tritt zumindest dann ein, wenn durch eine solche tarifliche Regelung der gesetzliche Mindesturlaub gem. §§ 1, 3 und § 44 SchwbG gemindert wird (*BAG* vom 10. 2. 1987, BB 1987, 1955).

69 Eine weitere Konsequenz aus der Auffassung, wonach die Urlaubsabgeltung das Surrogat des Naturalurlaubsanspruches sei, ist der Umstand, daß der Arbeitgeber den Abgeltungsanspruch nur dann zu erfüllen braucht, wenn der Arbeitnehmer bei Fortdauer des Arbeitsverhältnisses seine Arbeitspflicht überhaupt hätte erfüllen können. Erfüllbarkeit der Arbeitspflicht kann auch bei **Erwerbsunfähigkeit** des Arbeitnehmers gegeben sein (*BAG* vom 14. 5. 1986, BB 1986, 2338 unter Aufgabe von *BAG* vom 17. 1. 1985, BB 1985, 998 und jüngst *BAG* vom 8. 2. 1994, BB 1994, 1218 f.; a. A. zB *Künzl,* BB 1987, 987 ff.) und liegt insbesondere auch dann vor, wenn der Arbeitnehmer bis zur Beendigung des Arbeitsverhältnisses gearbeitet hat, aber gleichwohl rückwirkend eine Erwerbsunfähigkeit festgestellt wird (*LAG Niedersachsen* vom 21. 4. 1986, LAGE § 7 BUrlG Nr. 14). Dies gilt auch dann, wenn dem Arbeitnehmer rückwirkend eine **Erwerbsunfähigkeitsrente** bewilligt worden ist (*ArbG Stade* vom 26. 8. 1985, ARSt 1986, 140 Nr. 94).

70 Für den Bereich des **öffentlichen Dienstes** gilt seit der Änderung des BAT durch den 55. Änderungstarifvertrag vom 9. 1. 1987, daß der Arbeitgeber nicht verpflichtet ist, den Urlaub nach § 51 BAT Abs. 1

Urlaubsabgeltung § 7

S. 3 BAT abzugelten, wenn das Arbeitsverhältnis infolge der Bewilligung einer Erwerbsunfähigkeitsrente endet und der Angestellte über die Beendigung des Arbeitsverhältnisses hinaus bis zu dem Zeitpunkt, in dem der Urlaubsanspruch verfallen würde, arbeitsunfähig ist (*BAG* vom 8. 2. 1994, BB 1994, 1218 f. = Bestätigung von *BAG* vom 22. 10. 1991, BB 1992, 1793 f.). Insoweit sind die **inhaltlich verschiedenen Begriffe** der Erwerbunfähigkeit im sozialversicherungsrechtlichen Sinne einerseits und der Arbeitsunfähigkeit im arbeitsrechtlichen Sinne andererseits auseinanderzuhalten (*BAG* vom 8. 2. 1994, BB 1994, 1218 f.).

Der Urlaubsabgeltungsanspruch nach § 7 Abs. 4 ist **kein Abfindungsanspruch**, für den es auf eine Bindung an die Voraussetzungen des Urlaubsanspruches und seiner Erfüllung nicht ankäme (*Leinemann/ Linck*, § 7 Rn 174 mwN). Der Abgeltungsanspruch ist vielmehr als **Erfüllungsanspruch** für den wegen der Beendigung des Arbeitsverhältnisses nicht mehr zu realisierenden Naturalurlaub an dieselben Voraussetzungen gebunden wie zuvor der Urlaubsanspruch selbst. Dies folgt unmittelbar aus dem Surrogatsgedanken. Damit ist auch der Abgeltungsanspruch ein **befristeter** Anspruch, der mit Ablauf des Kalenderjahres, in dem der Urlaubsanspruch entstanden ist, bzw. bei Vorliegen der Voraussetzungen des § 7 Abs. 3 mit Ablauf des Übertragungszeitraumes am 31. März des Folgejahres **erlischt** (*BAG* vom 19. 1. 1993, BB 1993, 1517; *BAG* vom 7. 12. 1993, BB 1994, 723 = BB 1995, 309; *BAG* vom 9. 8. 1994, BB 1995, 48 f.; *BAG* vom 17. 1. 1995, BB 1995, 259; a. A. gegen BAG zu Unrecht *LAG Rheinland-Pfalz* vom 5. 7. 1993, BB 1993, 2533). Allerdings sind die **Tarifvertragsparteien** frei, von der gesetzlichen Regelung der Abgeltung des Urlaubs in § 7 Abs. 4 zugunsten einer Abfindung abzuweichen (*BAG* vom 9. 8. 1994, BB 1995, 48 f.). 71

Insbesondere bei **Krankheit** des Arbeitnehmers (vgl. § 9) kommt eine Urlaubsabgeltung nicht in Betracht, wenn die zur Arbeitsunfähigkeit führende Erkrankung des Arbeitnehmers über den Ablauf des Urlaubsjahres bzw. den Übertragungszeitraum hinaus angedauert hat, ohne daß der Arbeitnehmer seine Arbeitsfähigkeit rechtzeitig wiedererlangt hätte. War also dem Arbeitgeber die Erfüllung des Urlaubsanspruches des Arbeitnehmers wegen dessen langandauernder Krankheit im Urlaubsjahr nicht (vollständig) möglich, und wird der Arbeitnehmer auch im Übertragungszeitraum nicht wieder arbeitsfähig, erlischt der Urlaubsanspruch und damit auch der Abgeltungsanspruch spätestens mit Ablauf des Übertragungszeitraumes am 31. März des Folgejahres (*BAG* vom 23. 6. 1983, DB 1983, 2523; *BAG* vom 28. 6. 1984, BB 1984, 2133; *BAG* vom 7. 3. 1985, BB 1985, 1197; *BAG* vom 7. 11. 1985, NZA 1986, 391; *BAG* vom 10. 2. 1987, BB 1987, 1955; *BAG* vom 13. 1. 1993, BB 1993, 1517). 72

§ 7 *Zeitpunkt, Übertragbarkeit und Abgeltung des Urlaubs*

73 **Beispiel:** Ein Arbeitnehmer, der vom 15. 2. 1988 an arbeitsunfähig erkrankt, und zum 31. 7. 1988 aus dem Arbeitsverhältnis ausgeschieden war, und der auch bis zur letzten mündlichen Verhandlung vor dem LAG am 18. 1. 1989 seine Arbeitsfähigkeit nicht wiedererlangt hatte, hat keinen Anspruch auf Urlaubsabgeltung für das Jahr 1988, weil er die von ihm geschuldete Arbeitsleistung auch bei Fortdauer des Arbeitsverhältnisses nicht hätte erbringen können, so daß auch der Naturalurlaub nicht durch Freistellung von der Arbeitspflicht hätte erfüllt werden können (*BAG* vom 31. 5. 1990, BB 1990, 2120). Dabei trifft die **Darlegungs- und Beweislast** für die Urlaubsfähigkeit den Arbeitnehmer (*BAG* vom 20. 4. 1989, BB 1989, 2334).

74 Kann der Urlaub wegen krankheitsbedingter Arbeitsunfähigkeit seitens des Arbeitnehmers nicht mehr in Anspruch genommen werden und erlangt der Arbeitnehmer vor Ablauf des Urlaubsjahres bzw. des anschließenden Übertragungszeitraumes seine Arbeitsfähigkeit nicht wieder, erlischt der Anspruch auf Urlaubsabgeltung auch unter dem **Geltungsbereich des MTB II** (*BAG* vom 31. 5. 1990, ZTR 1990, 479). Jedoch ist es zulässig, **tarifvertraglich** zu bestimmen, daß ein Urlaubsanspruch, der wegen Krankheit nicht in Anspruch genommen werden konnte, gleichwohl abgegolten wird, wobei eine diesbezügliche tarifvertragliche Regelung allerdings **eindeutig** sein muß (*BAG* vom 9. 6. 1988, BB 1988, 2108; *BAG* vom 9. 8. 1994, BB 1995, 48 f.).

75 Der Urlaubsanspruch des Arbeitnehmers erlischt allerdings auch dann, wenn der Arbeitnehmer seinen Urlaub wegen Krankheit nicht bis zu dem auf das Urlaubsjahr folgenden 30. September wahrnehmen konnte, auch wenn ein Tarifvertrag in diesem Fall die Abgeltung des Urlaubs bei fortbestehendem Arbeitsverhältnis vorsieht, soweit die tarifvertragliche Abgeltungsregelung der gesetzlichen Vorschrift des § 7 Abs. 4 inhaltlich entspricht, also **keinen eigenständigen tarifvertraglichen Charakter** hat (*BAG* vom 22. 10. 1987, AP Nr. 39 zu § 7 BUrlG Abgeltung; *BAG* vom 3. 5. 1994, BB 1994, 2281 f.).

76 Nach Auffassung des *LAG Köln* vom 9. 10. 1986, LAGE § 7 BUrlG Nr. 15 bedeute eine Vereinbarung zwischen Arbeitgeber und ausländischem Arbeitnehmer, den im Vorjahr tatsächlich nicht in Anspruch genommenen Urlaub gleichwohl als bezahlte Freistellung für einen Heimaturlaub des Arbeitnehmers zusätzlich zu dem noch bestehenden Urlaubsanspruch nachzugewähren, nicht, daß der einvernehmlich angesparte Urlaub bei vorzeitigem Ausssscheiden des Arbeitnehmers gem. § 7 Abs. 4 abgegolten werden müsse. Diese Auffassung ist zumindest insoweit abzulehnen, als eine Nachgewährung des „alten" Urlaubs innerhalb des Übertragungszeitraumes des § 7 Abs. 3 S. 3 vereinbart worden ist. Denn wenn die Urlaubsabgeltung ein Surrogat des Naturalurlaubes darstellt, der wirksam auf das erste Quartal des Folgejahres übertragen worden ist, muß bei Vorliegen der Abgeltungsvoraussetzungen des § 7 Abs. 4 auch eine Abgeltung erfolgen.

Urlaubsabgeltung § 7

Die Inanspruchnahme von **Mutterschaftsurlaub** ist einer Arbeitsunfähigkeit wegen Krankheit jedoch nicht gleichzustellen (*BAG* vom 13. 11. 1986, BB 1987, 903). 77

Trotz des **Grundsatzes der Unteilbarkeit des Urlaubs** ist der bei Beendigung des Arbeitsverhältnisses noch nicht gewährte **Rest** eines schon teilweise in Anspruch genommenen Jahresurlaubs gem. des eindeutigen Gesetzeswortlautes des § 7 Abs. 4 ebenfalls **abzugelten.** Damit geht in einem solchen Fall der **Grundsatz der Urlaubsgewährung**, also der bezahlten Freistellung des Arbeitnehmers von der Arbeitspflicht, dem Unteilbarkeitsgrundsatz vor. Dies soll dann nicht gelten, wenn der Arbeitnehmer vor Beendigung des Arbeitsverhältnisses bewußt die Umsetzung des Naturalanspruchs in Freizeit verhindert, um stattdessen eine Abgeltung zu erlangen (*BAG* vom 19. 7. 1973, BB 1973, 1260). 78

Schließt ein Arbeitsverhältnis an ein Berufsausbildungsverhältnis bei demselben Arbeitgeber unmittelbar an, ist die Abgeltung von noch nicht gewährtem Urlaub aus dem Berufsausbildungsverhältnis ausgeschlossen. Diese Urlaubsansprüche sind vielmehr nach den für das Arbeitsverhältnis maßgebenden Vorschriften zu erfüllen (*BAG* vom 29. 11. 1984, AP Nr. 22 zu § 7 BUrlG Abgeltung). 79

Das Arbeitsverhältnis wird durch die Gewährung einer Urlaubsabgeltung **nicht** in seinem rechtlichen Bestand **verlängert** (*BAG* vom 10. 1. 1974, BB 1974, 464 = DB 1974, 1023). Der Arbeitnehmer ist deshalb nicht gehindert, während der Dauer einer Urlaubsabgeltung eine neue Arbeitsstelle anzutreten (*LAG Frankfurt/M.* vom 8. 8. 1967, DB 1968, 943). Durch Arbeitsvertrag, Betriebsvereinbarung oder Tarifvertrag kann allerdings vereinbart werden, daß die Zahlung einer Urlaubsabgeltung eine Verlängerung des Arbeitsverhältnisses zur Folge hat. In einem solchen Fall führt eine Arbeitsunfähigkeit des Arbeitnehmers während des Urlaubes regelmäßig auch zu einer Verlängerung des Arbeitsverhältnisses, wenn der Arbeitnehmer den Urlaub nach seiner Genesung fortsetzt (*BAG* vom 20. 10. 1967, BB 1968, 83). Der Urlaubsabgeltungsanspruch wird durch ein dem Arbeitnehmer seitens des Sozialversicherungsträgers gezahltes **Krankengeld** nicht berührt (*BAG* vom 7. 11. 1985, BB 1986, 1229). Die Urlaubsabgeltung führt nicht zum Ruhen des Krankengeldanspruchs (*BSG* vom 27. 6. 1984, DB 1984, Beilage Nr. 26, S. 4). Ist der Arbeitnehmer im Anschluß an die Beendigung des Arbeitsverhältnisses zunächst arbeitslos, ruht der Anspruch auf **Arbeitslosengeld** im Abgeltungszeitraum gem. § 117 Abs. 2 S. 5 AFG. Erhält der Arbeitnehmer nach Ausscheiden aus dem Arbeitsverhältnis gleichwohl Arbeitslosengeld, geht der Anspruch auf Urlaubsabgeltung in Höhe der gewährten Sozialleistungen auf die Bundesanstalt für Arbeit über (*BAG* vom 7. 11. 1985, BB 1986, 1229). 80

§ 7 *Zeitpunkt, Übertragbarkeit und Abgeltung des Urlaubs*

81 Tritt der Arbeitnehmer nach Beendigung des Arbeitsverhältnisses noch im laufenden Urlaubsjahr in ein neues Arbeitsverhältnis ein, werden die Urlaubsabgeltungsansprüche aus dem alten Arbeitsverhältnis durch das Entstehen von Urlaubsansprüchen in dem nachfolgenden Arbeitsverhältnis nicht berührt, weil § 6 Abs. 1 lediglich eine **Anrechnungsbefugnis** für den neuen, nicht aber eine **Kürzungsbefugnis** für den bisherigen Arbeitgeber enthält (*BAG* vom 28. 2. 1991, BB 1991, 1788; vgl. auch die Kommentierung zu § 6).

82 Die **Höhe der Urlaubsabgeltung** richtet sich ebenso wie die Höhe der Urlaubsvergütung selbst nach § 11. Danach ist grundsätzlich die Höhe der Arbeitsvergütung der zurückliegenden 13 Wochen maßgebend, was einem Zeitraum von drei Monaten entspricht. Entstehen **Bruchteile** von Arbeitstagen, ist auch auf die Urlaubsabgeltung § 5 Abs. 2 anzuwenden (*BAG* vom 28. 11. 1968, BB 1969, 274). Dies bedeutet insbesondere, daß Bruchteile, die nicht nach § 5 Abs. 2 aufzurunden sind, nicht etwa abgerundet werden dürfen, sondern entsprechend ihrem tatsächlichen Umfang abgegolten werden müssen (*BAG* vom 26. 1. 1989, BB 1989, 2189).

83 Die gesetzliche Regelung hinsichtlich der Urlaubsdauer ist unter Berücksichtigung des Samstags als Werktag auf eine Sechstagewoche ausgelegt (vgl. die Kommentierung zu § 3 Rn. 44). In der Fünftagewoche ist deshalb auch für die Ermittlung der Urlaubsabgeltung bei Fehlen einer vertraglichen Vereinbarung eine Umrechnung dergestalt vorzunehmen, daß für jeden abzugeltenden Urlaubstag ein Sechstel des wöchentlichen Durchschnittsverdienstes zugrundezulegen ist (*BAG* vom 23. 12. 1966, BB 1967, 207).

84 Da die vertragliche Verpflichtung des Arbeitnehmers gem. § 613 BGB regelmäßig an seine Person gebunden ist, geht eine verbreitete Meinung (*BAG* vom 22. 10. 1991, BB 1992, 1793 f.; *Dersch/Neumann*, § 7 Rn. 115) zu Recht davon aus, daß sowohl der Urlaubsanspruch als auch der Abgeltungsanspruch aufgrund ihrer **persönlichen Natur** regelmäßig **unvererblich, unpfändbar** und **nicht abtretbar** sind (vgl. zur Rechtsnatur des Urlaubsanspruches auch die Kommentierungen unter den Vorbemerkungen und zu § 1; für eine Abtretbarkeit vgl. sonstiges Arbeitseinkommen im Rahmen der Pfändungsfreigrenzen vgl. *Schaub*, S. 789; vgl. auch *LAG Berlin* vom 22. 7. 1991, BB 1991, 2087).

85 Der gesetzliche Urlaubsabgeltungsanspruch aus § 7 Abs. 4 entsteht insbesondere auch dann nicht, wenn das Arbeitsverhältnis mit dem Tode des Arbeitnehmers endet. In diesem Fall erlischt der Urlaubsanspruch ohne weiteres, so daß weder der Urlaubs- noch der Abgeltungsanspruch auf die Erben des Arbeitnehmers übergehen kann. Der Anspruch nach § 7 Abs. 4 setzt in jedem Falle voraus, daß der Arbeitnehmer bei Beendigung des Arbeitsverhältnisses lebt (*BAG* vom 23. 6. 1992, BB

Urlaubsabgeltung § 7

1992, 2004). Hat der Arbeitnehmer allerdings nach seinem Ausscheiden aus dem Arbeitsverhältnis erfolglos von seinem ehemaligen Arbeitgeber Urlaubsabgeltung beansprucht, kann aus diesem Grunde ein vererblicher **Schadensersatzanspruch** bestehen, wenn der Arbeitnehmer vor dem Ende eines Rechtsstreits, der diesen Anspruch zum Streitgegenstand hat, verstirbt (*BAG* vom 22. 10. 1991, BB 1992, 1793 f.). Soweit ein **tarifvertraglicher** Urlaubsabgeltungsanspruch nicht an die Voraussetzungen des § 7 Abs. 4 gekoppelt ist, kann er jedoch mit dem Tode des Arbeitnehmers auf dessen Erben übergehen (*BAG* vom 18. 7. 1989, BB 1989, 2335; *BAG* vom 26. 4. 1990, BB 1990, 2490).

Abänderungen zuungunsten des Arbeitnehmers sind nicht durch Betriebsvereinbarung und Individualarbeitsvertrag, wohl aber durch Tarifvertrag zulässig. Allerdings kann auch durch Tarifvertrag der Abgeltungsanspruch selbst nicht an weitere erschwerende Voraussetzungen gegenüber dem gesetzlichen Urlaubsanspruch geknüpft werden, weil dies einen Verstoß gegen §§ 1, 3 darstellte (*BAG* vom 10. 2. 1987, BB 1987, 1955). So kann der Anspruch auf Abgeltung des **gesetzlichen** Mindesturlaubs wegen § 13 Abs. 1 S. 1 auch in einem Tarifvertrag nicht einer **Ausschlußfrist** unterworfen werden (*LAG Berlin* vom 24. 5. 1991, BB 1991, 2160), wohl aber der Abgeltungsanspruch auf **tariflichen Mehrurlaub** (*BAG* vom 25. 8. 1992, BB 1992, 2296). 86

Eine tarifliche Ausschlußfrist, nach der gegenseitige Ansprüche aller Art aus dem Arbeitsverhältnis – ausgenommen Lohnansprüche – nur innerhalb einer Ausschlußfrist von einem Monat seit Fälligkeit des Anspruchs schriftlich geltend gemacht werden können, ist weder auf Urlaubs- noch auf Urlaubsabgeltungsansprüche anzuwenden (*BAG* vom 24. 11. 1992, BB 1993, 654). Allerdings dürfte eine tarifliche Regelung zulässig sein, die den über den gesetzlichen Mindesturlaubsanspruch hinausgehenden Teil der Urlaubsabgeltung an erschwerte Voraussetzungen knüpft (so auch *Dersch/Neumann,* § 7 Rn. 123 mwN). Auch sind die Tarifvertragsparteien nicht gehindert, Urlaubsabgeltungsregelungen **zugunsten** des Arbeitnehmers zu vereinbaren, nach denen der Urlaub des Arbeitnehmers, den er bei Beendigung des Arbeitsverhältnisses noch nicht verbraucht hatte, unabhängig vom Vorliegen der Arbeitsfähigkeit abzugelten ist. Hierzu bedarf es aber einer **eindeutigen** tarifvertraglichen Regelung (*BAG* vom 26. 5. 1992, BB 1992, 2003 im Anschluß an die stRspr seit *BAG* vom 8. 3. 1984, BB 1984, 1874 und jüngst *BAG* vom 9. 8. 1994, BB 1995, 48 f.). Insbesondere kann ohne eine eindeutige tarifliche Regelung nicht davon ausgegangen werden, daß nach dem Willen der Tarifvertragsparteien die Urlaubsabgeltung unabhängig von der Arbeitsfähigkeit nach Beendigung des Arbeitsverhältnisses gewährt werden soll (*BAG* vom 9. 8. 1994, BB 1995, 48 f. unter Aufgabe der im Urteil vom 22. 6. 1989, BB 1989, 2403 vertretenen Auffassung). 87

88 Enthält eine Tarifvorschrift die Bestimmung, wonach die Abgeltung des Urlaubsanspruches ausnahmsweise bei längerer Krankheit möglich sei, entsteht der Abgeltungsanspruch nicht erst dann, wenn der Arbeitnehmer sechs Wochen und länger krank ist. Vielmehr reicht in einem solchen Fall eine Krankheitsdauer von 24 Kalendertagen schon aus, um eine längere Krankheit iS der Tarifregelung anzunehmen (*BAG* vom 24. 11. 1992, BB 1993, 584).

V. Urlaub bei Beendigung des Arbeitsverhältnisses

89 Das Arbeitsverhältnis als klassisches Dauerschuldverhältnis kann auf verschiedene Art und Weise beendet werden. Als **Beendigungsgrund** denkbar sind sowohl **Aufhebungsverträge** wie ordentliche oder außerordentliche **Kündigungen** des Arbeitnehmers oder Arbeitgebers. Endet das Arbeitsverhältnis aufgrund eines der genannten Beendigungstatbestände, ist häufig der Urlaubsanspruch des aus dem Arbeitsverhältnis ausscheidenden Arbeitnehmers noch nicht oder nicht vollständig erfüllt.

90 Für den Arbeitgeber stellt sich in dieser Situation regelmäßig die Frage, ob er den Arbeitnehmer bei Ausspruch einer ordentlichen Kündigung für die Dauer des (restlichen) Urlaubsanspruchs **bei gleichzeitiger Urlaubsbestimmung** von der Arbeitsleistung **freistellen** soll.

91 Soweit der (restliche) Urlaubsanspruch des Arbeitnehmers nicht länger als die Kündigungsfrist dauert, dürften sich in der Praxis regelmäßig keine Schwierigkeiten ergeben, weil der Arbeitgeber unter Berücksichtigung des ihm von § 7 eingeräumten Ermessens bei Ausübung des Direktionsrechts auf Urlaubsgewährung auch den Umstand berücksichtigen kann, daß eine anderweitige Urlaubsfestlegung als in der verbleibenden Kündigungsfrist nicht möglich ist (*BAG* vom 22. 9. 1992, BB 1993, 76). Auch bei Beendigung des Arbeitsverhältnisses hat der Grundsatz Priorität, wonach der Urlaub in natura zu gewähren, und nur ausnahmsweise gem. § 7 Abs. 4 abzugelten ist. Dies führt zu der Konsequenz, daß die Dauer der Freistellung innerhalb der Kündigungsfrist auf den noch offenen Urlaub angerechnet werden kann. Eine Verlagerung des Urlaubs in die Kündigungsfrist ist deshalb im Einzelfall nur dann nicht zulässig, wenn es für den Arbeitnehmer unzumutbar wäre, den Urlaub in der Kündigungsfrist zu nehmen (*BAG* vom 10. 1. 1974, BB 1974, 464). Erforderlich ist in diesem Zusammenhang aber, daß der Arbeitgeber mit der Freistellung des Arbeitnehmers sein Direktionsrecht auf Urlaubsbestimmung gegenüber dem Arbeitnehmer auch tatsächlich ausübt, was entweder durch ausdrückliche oder schlüssige Verhaltensweise geschehen kann. Hat der Arbeitgeber den Urlaub trotz erfolgter Freistellung nicht festgelegt, kann er den

Arbeitnehmer auch nicht darauf verweisen, er habe seit der Freistellung genug Zeit gehabt, den Urlaubsanspruch zu realisieren, weil dies einer unzulässigen Selbstbeurlaubung durch den Arbeitnehmer gleichkäme (*BAG* vom 25. 1. 1994, BB 1994, 1012 f.).

Allzu strenge Anforderungen an die Urlaubsbestimmung dürfen an den **92** Arbeitgeber bei Freistellung des Arbeitnehmers innerhalb der Kündigungsfrist allerdings nicht gestellt werden. Ausreichend ist, daß der Arbeitgeber mit der Freistellung des Arbeitnehmers Urlaub erteilen **wollte**, und der Arbeitnehmer dies auch entsprechend **verstanden** und sich danach **verhalten** hat. Hierbei muß das Gesamtverhalten beider Parteien unter Würdigung aller Umstände des Einzelfalles beurteilt werden. So kann schon aus dem Umstand, daß der Arbeitnehmer seine persönlichen Sachen aus dem Betrieb entfernt hat, gefolgert werden, daß er eine Freistellungserklärung des Arbeitgebers zugleich als Urlaubsbestimmung aufgefaßt hat, wenn im Zusammenhang mit der Freistellung eine Erklärung des Arbeitgebers erfolgt war, daß ein **Rückruf** auf den Arbeitsplatz unwiderruflich **ausgeschlossen** sei (*BAG* vom 18. 12. 1986, NZA 1987, 633).

Die Möglichkeit, den Urlaub des Arbeitnehmers bei Beendigung des **93** Arbeitsverhältnisses in die Kündigungsfrist zu legen, besteht auch für den **Konkursverwalter** (*BAG* vom 18. 12. 1986, NZA 1987, 633). Sieht ein **Prozeßvergleich**, der zur Beendigung eines Kündigungsschutzprozesses geschlossen wird, die Freistellung des Arbeitnehmers in der Kündigungsfrist ohne ausdrückliche Urlaubsbestimmung vor, kann der Arbeitnehmer gleichwohl vom Arbeitgeber im nachhinein noch die Abgeltung des Urlaubs verlangen. Ein diesbezügliches Begehren ist nicht rechtsmißbräuchlich (*LAG Baden-Württemberg* vom 27. 3. 1990, LAGE § 794 ZPO Nr. 5).

Soweit der Urlaubsanspruch des Arbeitnehmers länger als die Kündi- **94** gungsfrist ist, gilt zumindest für denjenigen Teil des Urlaubs, der noch innerhalb der Kündigungsfrist genommen werden kann, das unter Rn. 90 f. Ausgeführte. Bezüglich des Urlaubsrestes hat eine Abgeltung gem. § 7 Abs. 4 zu erfolgen. Nicht etwa erfolgt eine Verlängerung des Arbeitsverhältnisses um den Urlaub (*Dersch/Neumann,* § 7 Rn. 48).

Probleme in der Praxis kann es auch in denjenigen Fällen geben, in denen **95** das Arbeitsverhältnis durch Aufhebungsvertrag – regelmäßig ohne Auslauffrist – oder durch eine fristlose Kündigung beendet wird. Im Falle einer einverständlichen fristlosen Vertragsaufhebung genauso wie im Falle einer entfristeten Kündigung ist der verbleibende Urlaubsanspruch des Arbeitnehmers regelmäßig ebenfalls gem. § 7 Abs. 4 abzugelten.

Beinhaltet ein **Aufhebungsvertrag** die Klausel „Urlaubsabgeltung **96** nach § 51 BAT wird gezahlt", bedeutet dies nicht, daß eine Verpflichtung des Arbeitgebers besteht, den Urlaub auch bei **andauernder Arbeitsunfähigkeit** abzugelten (*BAG* vom 28. 2. 1991, BB 1991, 1200).

§ 7 *Zeitpunkt, Übertragbarkeit und Abgeltung des Urlaubs*

Grundsätzlich gilt, daß der Arbeitgeber den Urlaub des Arbeitnehmers bei Beendigung des Arbeitsverhältnisses nur dann abgelten muß, wenn der Arbeitnehmer bei Fortbestand des Arbeitsverhältnisses zumindest für die Dauer des Urlaubes seine vertraglich geschuldete Arbeitsleistung hätte erbringen können. An diesem Erfordernis fehlt es indessen, wenn der Arbeitnehmer arbeitsunfähig krank ist. Für seine Arbeitsfähigkeit hat der Arbeitnehmer im Prozeß die Darlegungs- und Beweislast (stRspr des BAG; vgl. zuletzt *BAG* vom 20. 4. 1989, BB 1989, 2334).

97 In der Praxis wird indessen des öfteren die Frage relevant, welchen Einfluß der **Kündigungsschutzprozeß** auf den Urlaubsanspruch des Arbeitnehmers hat.

98 In dem Fall, daß das Arbeitsgericht die Kündigungsschutzklage **abweist**, steht fest, daß das Arbeitsverhältnis bei Ausspruch einer fristgemäßen Kündigung mit Ablauf der Kündigungsfrist, bei einer fristlosen Kündigung mit Zugang der Kündigungserklärung beim Erklärungsempfänger beendet ist. Entweder erfolgt also gem. § 7 Abs. 1 eine Festlegung des Urlaubs seitens des Arbeitgebers bei Kündigungserklärung innerhalb der Kündigungsfrist, oder aber der Urlaub wird gem. § 7 Abs. 4 abgegolten. Da jedoch bis zum rechtskräftigen Abschluß des Kündigungsschutzprozesses in aller Regel ein nicht unerheblicher Zeitraum verstreicht, stellt sich die Frage, ob zwischenzeitlich der Urlaubsanspruch des Arbeitnehmers **infolge Zeitablaufs erlöschen** und ggf. untergehen kann.

99 Grundsätzlich ist der Urlaubsanspruch des Arbeitnehmers an das Urlaubsjahr gebunden. Dies gilt unabhängig davon, ob es sich um ein ungekündigtes oder gekündigtes Arbeitsverhältnis handelt (*BAG* vom 1. 12. 1983, BB 1984, 1299). Im Hinblick darauf, daß der Arbeitnehmer den Arbeitgeber auffordern muß, Urlaub zu gewähren, der Arbeitgeber also nicht von sich aus verpflichtet ist, sein Direktionsrecht auf Urlaubsbestimmung auszuüben (*BAG* vom 7. 11. 1985, BB 1986, 735), muß der Arbeitnehmer so rechtzeitig vor Ablauf des Urlaubsjahres am 31. Dezember des Kalenderjahres bzw. des Übertragungszeitraumes am 31. März des Folgejahres die Gewährung seines Urlaubes bei dem Arbeitgeber geltend machen, daß der Urlaub auch innerhalb der genannten Zeiträume abgewickelt werden kann. Mittels dieses arbeitnehmerseitigen Verlangens wird der Arbeitgeber bezüglich der Urlaubsgewährung in Verzug gesetzt, mit der möglichen Folge, daß dem Arbeitnehmer bei Nichtgewährung des Urlaubs durch den Arbeitgeber ein Schadensersatzanspruch wegen Unmöglichkeit erhalten bleibt, der sich auf Urlaubsgewährung bzw. -abgeltung – je nach den Einzelfallumständen – richten kann (*BAG* vom 1. 12. 1983, BB 1984, 1299).

100 Allein in der Erhebung einer **Kündigungsschutzklage** kann allerdings noch **nicht** konkludent auch die **Geltendmachung des Urlaubs** erblickt werden, wenn nicht ausnahmsweise im Einzelfall die Begleitumstände

Urlaub bei Beendigung des Arbeitsverhältnisses § 7

etwas anderes ergeben (*BAG* vom 1. 12. 1983, BB 1984, 1299; *BAG* vom 17. 1. 1995, BB 1995, 259). Der Arbeitnehmer ist vielmehr gehalten, sich bis zum Abschluß des Kündigungsschutzprozesses selbst um eine Urlaubsgewährung vom Arbeitgeber zu bemühen (*BAG* vom 1. 12. 1983, BB 1984, 1299; die noch in *BAG* vom 9. 1. 1979, BB 1979, 972 insoweit vertretene gegenteilige Ansicht hat das BAG aufgegeben). Da der Arbeitnehmer bei Erhebung einer Kündigungsschutzklage idR nicht überschauen kann, wie lange der Prozeß bis zu seinem Abschluß dauern wird, ist ihm grundsätzlich zu empfehlen, den Arbeitgeber **parallel zur Klageerhebung auch zur Urlaubsgewährung aufzufordern**, will er nicht den Verlust seiner Urlaubsansprüche nach dem 31. Dezember bzw. nach Ablauf des Übertragungszeitraumes riskieren. Das BAG steht insoweit zu Recht auf dem Standpunkt, daß sowohl der Urlaubsanspruch selbst, als auch der Urlaubsabgeltungsanspruch befristet sind. Der eine wie der andere Anspruch erlischt mit Ablauf des Urlaubsjahres, oder – soweit der Urlaub wegen Arbeitsunfähigkeit übertragen worden ist – mit Ablauf des 31. März des Folgejahres. Nur soweit der Arbeitnehmer vor Ablauf dieser Fristen den Arbeitgeber durch eine Mahnung in Verzug gesetzt hatte, ist der Arbeitgeber zum Schadensersatz und damit zur Urlaubsgewährung bzw. -abgeltung auch nach Ablauf der genannten Fristen verpflichtet (*BAG* vom 17. 1. 1995, BB 1995, 259).

Dies gilt nicht nur für den Fall der letztendlichen Abweisung der **101** Kündigungsschutzklage, sondern auch dann, wenn der Arbeitnehmer im Kündigungsschutzprozeß **obsiegt**. Hatte der Arbeitnehmer den Arbeitgeber rechtzeitig bezüglich der Urlaubsgewährung während der Prozeßdauer in Verzug gesetzt, ohne daß ihm der Urlaub seitens des Arbeitgebers bewilligt worden war, ist der Arbeitgeber verpflichtet, dem Arbeitnehmer den aufgelaufenen Jahresurlaub **nachträglich in Freizeit** zu gewähren (*BAG* vom 9. 1. 1979, BB 1979, 972; *BAG* vom 1. 12. 1983, BB 1984, 1299).

Beenden die Arbeitsvertragsparteien den Kündigungsschutzprozeß mit **102** einem **Vergleich**, in dem der Arbeitgeber den Arbeitnehmer während der Kündigungsfrist von der Arbeitsleistung freistellt, ohne den restlichen Urlaub gleichzeitig in die Kündigungsfrist zu legen, und enthält der Vergleich weiterhin eine Erledigungsklausel, die sich ausschließlich auf den anhängigen Rechtsstreit bezieht, ist der Arbeitnehmer nicht gehindert, zusätzlich Urlaubsabgeltung zu verlangen. Deren spätere Geltendmachung ist nicht rechtsmißbräuchlich (*LAG Baden-Württemberg* vom 27. 3. 1990, LAGE 794 ZPO Nr. 5).

§ 8
Erwerbstätigkeit während des Urlaubs

Während des Urlaubs darf der Arbeitnehmer keine dem Urlaubszweck widersprechende Erwerbstätigkeit leisten.

1   Der Erholungsurlaub dient der Erholung und Regenerierung des Arbeitnehmers zur Aufrechterhaltung und Wiederherstellung seiner Leistungsfähigkeit (vgl. die Kommentierung unter den Vorbemerkungen Rn. 1 ff.). Sinn und Zweck des Erholungsurlaubs verbieten es daher, die gewährte Freizeit nicht entsprechend zu nutzen. Konsequenterweise enthält deshalb § 8 ein an den Arbeitnehmer adressiertes **Verbot**, während der Dauer des Urlaubs eine **Erwerbstätigkeit** auszuüben, die dem **Erholungszweck entgegensteht** und ihn somit vereiteln könnte. Dabei ist es unerheblich, ob die urlaubszweckwidrige Tätigkeit in einem Arbeits- oder sonstigen Vertragsverhältnis ausgeübt wird (*BAG* vom 20. 10. 1983, AP Nr. 5 zu § 47 BAT). Hierzu zählt auch eine Tätigkeit als selbständiger **Unternehmer**. Wenngleich auch § 8 **Verbotscharakter** hat (*GK-BurlG/ Bachmann*, § 8 Rn. 1), enthält diese Vorschrift allerdings **kein gesetzliches Verbot iSv § 134 BGB** und gilt auch nur für den **gesetzlichen Mindesturlaub** iSv § 3 (*BAG* vom 25. 2. 1988, BB 1988, 2246; *GK-BUrlG/Bachmann*, § 8 Rn. 26; vgl. auch § 8 Rn. 2; a. A. *Dersch/ Neumann*, § 8 Rn. 7 und das überwiegende Schrifttum). Demzufolge ist ein Vertrag über die Urlaubstätigkeit nicht wegen Verstoßes gegen ein gesetzliches Verbot nichtig.

2   Dem Arbeitgeber steht jedoch gegen den Arbeitnehmer ein **Unterlassungsanspruch** zu, der darauf gerichtet ist, die Urlaubstätigkeit zu unterlassen, und der gerichtlich auch mit der einstweiligen Verfügung im Wege vorläufigen Rechtsschutzes durchgesetzt werden kann. Die urlaubszweckwidrige Tätigkeit kann weiterhin für den Arbeitgeber einen **Kündigungsgrund** darstellen und ihm einen **Schadensersatzanspruch** geben, der allerdings in der Praxis nur sehr schwer durchsetzbar sein dürfte, weil der Arbeitgeber regelmäßig schwerlich in der Lage sein wird, einen Schaden darzulegen und zu beweisen, der sich daraus ergeben müßte, daß sich der Arbeitnehmer nicht erholt hat. Zu einer **Kürzung der Urlaubsvergütung** ist der Arbeitgeber indessen **nicht befugt** (*BAG* vom 25. 2. 1988, BB 1988, 2246; vgl. auch *LAG Köln* vom 20. 2. 1993, DB 1993, 1931, das unter Bezugnahme auf die neue Rspr. des BAG annimmt, daß der Arbeitnehmer selbst dann einen Anspruch auf Urlaubsentgelt habe, wenn er von vornherein beabsichtige, während des Urlaubs einer dem Urlaubszweck widersprechenden anderen Erwerbstätigkeit nachzugehen und damit gegen § 8 zu verstoßen; a. A. *Dersch/Neumann*, § 8 Rn. 9 ff.: Das Urlaubsentgelt könne entsprechend der Dauer der verbotenen Tätigkeit zurückgefordert werden. Diese Ansicht dürfte aber praktisch

auch wieder zu dem Ergebnis führen, daß bei Rückforderung bzw. Kürzung des Urlaubsentgelts erneut Urlaub gewährt wird, so daß es letztlich beim Urlaub verbleiben wird.).

Mit seiner Entscheidung vom 25. 2. 1988 (BB 1988, 2246) hat das BAG unter ausdrücklicher Aufgabe seiner früheren Rechtsprechung (vgl. *BAG* vom 19. 7. 1973, BB 1973, 1260) entschieden, daß eine urlaubszweckwidrige Tätigkeit des Arbeitnehmers weder dessen Anspruch auf die Urlaubsvergütung beeinträchtigt noch eine Kürzung der Urlaubsvergütung durch den Arbeitgeber ermöglicht. Das BAG geht in seiner neueren Rechtsprechung davon aus, daß aus § 8 keine rechtliche Möglichkeit für den Arbeitgeber hergeleitet werden könne, von der gem. §§ 1, 11 bestehenden Vergütungsfortzahlungsverpflichtung während der Dauer des Urlaubs abzuweichen, die im übrigen gem. § 13 unabdingbar sei. Entgegen seiner früheren Rechtsprechung ist das BAG nunmehr ausdrücklich der Auffassung, daß eine Rückzahlung der Urlaubsvergütung seitens des Arbeitgebers auch nicht etwa aus § 812 Abs. 1 S. 2 BGB verlangt werden könne, weil der Urlaubszweck durch das BUrlG vorgegeben sei und nicht auf der tatsächlichen Willensübereinstimmung der Arbeitsvertragsparteien beruhe. Insbesondere könne eine abweichende Regelung auch nicht durch die Tarifvertragsparteien getroffen werden (vgl. *BAG* vom 25. 2. 1988, BB 1988, 2246). Eine Rückzahlungsverpflichtung bezüglich der erhaltenen Urlaubsvergütung kann jedoch dann bestehen, wenn sie für denjenigen Teil des Urlaubs gezahlt worden ist, der den gesetzlichen Mindesturlaub übersteigt (*BAG* vom 25. 2. 1988, BB 1988, 2246; zur Kritik an dieser Rspr. vgl. die Nachweise bei *GK-BUrlG/Bachmann,* § 8 Rn. 22). 3

Allerdings besteht auch keine Verpflichtung des Arbeitnehmers, sich während des Urlaubs zu erholen. So ist ihm nicht etwa untersagt, im Urlaub zu arbeiten. Eine irgendwie geartete Reglementierung besteht nicht. So darf der Arbeitnehmer uneingeschränkt Tätigkeiten zum eigenen Nutzen ausüben, wie zB Arbeiten im Garten oder am eigenen Haus verrichten, auch wenn hierdurch eine Vergütung an andere erspart oder im weiteren Sinne ein wirtschaftlicher Erfolg erzielt wird (*Klein,* BB 1965, 712), vorausgesetzt, der Arbeitnehmer verausgabt sich nicht in einem Maße, daß er sich überhaupt nicht richtig erholen kann. 4

Auch diejenigen Fälle fallen regelmäßig nicht unter § 8, bei denen die Erwerbsabsicht des Arbeitnehmers nicht das entscheidende Kriterium für eine Arbeitstätigkeit während des Urlaubs ist. Damit liegt auch dann keine Erwerbstätigkeit iSv § 8 vor, wenn der Arbeitnehmer aus Liebhaberei, zur Fortbildung, aus Gefälligkeit oder Gemeinsinn oder wegen familienrechtlicher oder öffentlicher Verpflichtungen tätig wird, selbst dann, wenn er für sein Tätigwerden ein Entgelt bekommt (*GK-BUrlG/ Bachmann,* § 8 Rn. 3 ff. mwN). Gem. § 8 ist dem Arbeitnehmer jedoch nicht gestattet, während des Urlaubs eine auf **Gelderwerb** bzw. **Erwerb** 5 geldwerter Güter gerichtete Tätigkeit auszuüben, wenn dies die eigentliche Absicht seiner Tätigkeit ist, weil dies dem Urlaubszweck widerspräche (vgl. die Kommentierung unter Vorbem. Rn. 2; *Dersch/ Neumann,* § 8 Rn. 5; *Wachter,* AuR 1981, 303). Im übrigen kann grundsätzlich davon ausgegangen werden, daß nach § 8 nur die **dem Urlaubszweck widersprechende** Erwerbstätigkeit verboten ist, wobei Urlaubszweck nach hM in der Erholung des Arbeitnehmers besteht (vgl. die Kommentierung unter Vorbem. Rn. 1). Deshalb ist im Einzelfall danach zu fragen, wie und in welchem Umfang die Tätigkeit den Arbeitnehmer körperlich, geistig und seelisch beansprucht (*GK-BUrlG/Bachmann,* § 8 Rn. 8).

6 Das Verbot des § 8 gilt im übrigen auch nur für den Naturalurlaub, nicht hingegen für die Urlaubsabgeltung. Dem Arbeitnehmer ist es deshalb nicht untersagt, nach Beendigung des Arbeitsverhältnisses bei gleichzeitiger Zahlung einer **Urlaubsabgeltung** sofort eine andere Arbeitstätigkeit aufzunehmen (allg. M.; vgl. statt vieler *Dersch/Neumann,* § 8 Rn. 2 mwN). Bis zum Ablauf der **Kündigungsfrist** darf der Arbeitnehmer aber auch dann keine anderweitige, auf Gelderwerb gerichtete Arbeitstätigkeit aufnehmen, wenn er sich im Urlaub befindet (*Dersch/Neumann,* § 8 Rn. 2). Unproblematisch sind regelmäßig auch solche Tätigkeiten, die der Arbeitnehmer auch ansonsten während seiner regulären Arbeit verrichtet, wie zB bei **Doppelarbeitsverhältnissen** (*Dersch/Neumann,* § 8 Rn. 3) oder bei Arbeiten in einer **Nebenlandwirtschaft** (*ArbG Kassel* vom 9. 1. 1980, BB 1980, 1857).

7 Eine **Verpflichtung** des Arbeitnehmers zur Erholung besteht nicht (*Klein,* BB 1965, 712; *Witting,* DB 1964, 806). Deshalb hat der Arbeitgeber grundsätzlich auch keinen **Auskunftsanspruch** bezüglich der Urlaubsgestaltung des Arbeitnehmers, solange nicht konkrete Anhaltspunkte für einen Verstoß gegen § 8 bestehen (*ArbG Frankfurt/M.* vom 4. 1. 1979, AuR 1980; 218), die der Arbeitgeber im übrigen konkret darzulegen und zu beweisen hätte. Ohne besondere Aufforderung durch den Arbeitgeber ist der Arbeitnehmer nicht verpflichtet, seine **Urlaubsanschrift** mitzuteilen (*BAG* vom 16. 12. 1980, BB 1981, 1030). Regelmäßig wird man aber den Arbeitnehmer als verpflichtet ansehen müssen, die Frage des Arbeitgebers nach der Urlaubsanschrift wahrheitsgemäß zu beantworten. Insoweit ist grundsätzlich ein berechtigtes Auskunftsinteresse des Arbeitgebers zu bejahen, weil er in Notfällen gehalten sein kann, den Arbeitnehmer aus dem Urlaub zurückzurufen (vgl. zu den Voraussetzungen eines Rückrufs aus dem Urlaub die Kommentierung zu § 7 Rn. 24).

8 Grundsätzlich kann in Tarifverträgen von § 8 abgewichen werden. Insbesondere stehen die Rechtsfolgen urlaubszweckwidriger Erwerbstätigkeit grundsätzlich zur **Disposition der Tarifvertragspartner** (*Gaul,* NZA 1991, 503 f.). Allerdings ist es auch den Tarifvertragsparteien gem.

§ 13 Abs. 1 S. 1 und 3 untersagt, im Falle urlaubszweckwidriger Erwerbstätigkeit des Arbeitnehmers sowohl den Anspruch auf Urlaub selbst als auch den Anspruch auf Urlaubsentgelt gem. § 1 einzuschränken oder gar auszuschließen (*BAG* vom 25. 2. 1988, BB 1988, 2246; a. A. *Gaul,* NZA 1991, 503 f.).

§ 9
Erkrankung während des Urlaubs

Erkrankt ein Arbeitnehmer während des Urlaubs, so werden die durch ärztliches Zeugnis nachgewiesenen Tage der Arbeitsunfähigkeit auf den Jahresurlaub nicht angerechnet.

Übersicht

	Rn.		Rn.
I. Urlaub und Krankheit	1 – 8	2. Zur Kritik an der neuen Rechtsprechung des BAG durch die Mindermeinungen der Instanzgerichte und des Schrifttums, insbesondere die Argumentation des LAG Niedersachsen	17 – 18
II. Langandauernde Erkrankung im Urlaubsjahr	9 – 10		
1. Die Rechtsprechung des BAG seit 1982	11 – 16	III. Die Nachgewährung der Krankheitszeit	19 – 24

I. Urlaub und Krankheit

1   Der Urlaub setzt nach dem mit ihm verfolgten Zweck (vgl. § 8) grundsätzlich voraus, daß der Arbeitnehmer überhaupt in der Lage ist, sich zu erholen. Ist der Arbeitnehmer arbeitsunfähig **erkrankt**, ist er hierzu normalerweise nicht in der Lage. Damit schließen sich Urlaub einerseits und Krankheit andererseits regelmäßig gegenseitig aus (*GK-BUrlG/Stahlhacke*, § 9 Rn. 1). Wenn § 8 also einen allgemeinen Grundsatz des Urlaubsrechts beinhaltet, wonach aus der Zweckbestimmung des Erholungsurlaubs notwendigerweise folge, daß der Arbeitnehmer die ihm zur Erholung gewährte Freizeit nicht zu urlaubszweckwidrigen Arbeitstätigkeiten nutzen darf (*Dersch/Neumann*, § 8 Rn. 1), dann entwickelt § 9 diesen Rechtsgedanken fort: Der Arbeitnehmer soll während der Dauer des Erholungsurlaubs diesen auch voll und ganz zur Regenerierung nutzen können, woran ihn eine zur Arbeitsunfähigkeit führende Erkrankung in aller Regel hindert. Deshalb bestimmt § 9, daß Zeiten krankheitsbedingter Arbeitsunfähigkeit, die während des Erholungsurlaubs eintreten und durch ärztliches Attest nachgewiesen sind, nicht auf den Urlaub angerechnet werden (zum Entstehen und Bestehen des Urlaubsanspruchs, wenn der Arbeitnehmer bei bestehendem Arbeitsverhältnis eine Erwerbsunfähigkeitsrente bezieht, vgl. *BAG* vom 26. 5. 1988, BB 1989, 288).

2   Zwar setzt die **Nachgewährung** des Urlaubs gem. § 9 grundsätzlich voraus, daß die durch Krankheit bedingte Arbeitsunfähigkeit den Erholungszweck des Urlaubs vereitelt (hM; vgl. nur *Dersch/Neumann*, § 9 Rn. 7 mwN), jedoch ist hiervon als Regelfall auszugehen. Daß dies im Einzelfall gerade nicht der Fall sei, bedarf sicherer Feststellungen, wobei

Urlaub und Krankheit § **9**

die Darlegungs- und Beweislast auf seiten des Arbeitgebers liegt. Hierbei hat aber der Arbeitnehmer im Streitfall eine Mitwirkungspflicht dahingehend, daß er im Prozeß ggf. vortragen muß, welches Krankheitsbild zur Arbeitsunfähigkeit geführt hat (*GK-BUrlG/Stahlhacke,* § 9 Rn. 8). Über die grundsätzlich erforderliche Kausalität zwischen Arbeitsunfähigkeit und Nichterreichung des Urlaubszwecks hinaus setzt die Nachgewährung des Urlaubs gem. § 9 ein fehlendes **Verschulden** nicht voraus (ebenso *Dersch/Neumann,* § 9 Rn. 8; a. A. *GK-BUrlG/Stahlhacke,* § 9 Rn. 10). Vielmehr wird der Urlaub durch die Arbeitsunfähigkeit auch dann unmöglich gemacht, wenn deren Eintritt vom Arbeitnehmer verschuldet war. Korrekturen können hier allenfalls über die Entgeltfortzahlung im Krankheitsfall erfolgen (vgl. hierzu das EFZG vom 26. 5. 1994, BGBl. I S. 1065). Soweit der Arbeitnehmer, der während eines Urlaubs, der vor Beginn eines **Streiks** gewährt worden war, arbeitsunfähig erkrankt, behält er seinen Anspruch auf Entgelt (Krankenbezüge), solange er sich nicht am Streik beteiligt (*BAG* vom 1. 10. 1991, BB 1991, 2447).

Besteht aufgrund eines ärztlichen Attestes die krankheitsbedingte Arbeitsunfähigkeit des Arbeitnehmers fort und nimmt der Arbeitnehmer auf Veranlassung des Arztes die Arbeitstätigkeit zum Zwecke der Wiedereingliederung in das Erwerbsleben teilweise wieder auf, ruhen in diesem Zeitraum die arbeitsvertraglichen Hauptleistungspflichten, weil es sich bei dem **Wiedereingliederungsverhältnis** um ein Rechtsverhältnis eigener Art handelt, dessen **Gegenstand** nicht eine arbeitsvertraglich geschuldete Dienstleistung, sondern vielmehr ein **aliud** ist. Im Vordergrund des Wiedereingliederungsverhältnisses steht die **Rehabilitation** des Arbeitnehmers (*BAG* vom 29. 1. 1992, BB 1993, 143 f.; *BAG* vom 19. 4. 1994, BB 1994, 1360). Während des Wiedereingliederungsverhältnisses ist daher der **Urlaubsanspruch nicht erfüllbar**, weil der Arbeitnehmer wegen des Ruhens der Hauptleistungspflichten aus dem Arbeitsvertrag nicht von seiner Arbeitspflicht befreit werden kann (*BAG* vom 19. 4. 1994, BB 1994, 1360 [LS 2]). 3

Erkrankung iSv § 9 und damit Voraussetzung für die Nichtanrechnung von Krankheitszeiten auf den Erholungsurlaub ist – wie im Recht der Entgeltfortzahlung im Krankheitsfalle – eine Erkrankung des Arbeitnehmers, die zur **Arbeitsunfähigkeit** führt. Nicht jedwede Erkrankung des Arbeitnehmers führt auch automatisch zu seiner Arbeitsunfähigkeit. Dies ist vielmehr Frage des Einzelfalles und hängt entscheidend davon ab, welche konkrete Arbeitsleistung der Arbeitnehmer aus dem Arbeitsvertrag gegenüber dem Arbeitgeber schuldet. Der Begriff der Erkrankung ist derselbe wie im Recht der Entgeltfortzahlung im Krankheitsfalle. Danach ist der Arbeitnehmer arbeitsunfähig erkrankt, wenn ein **regelwidriger geistiger oder körperlicher Zustand** den Arbeitnehmer unmittelbar außerstande setzt, die von ihm geschuldete Arbeitsleistung zu erbringen (*BAG* vom 26. 7. 1989, BB 1989, 2403). Gleichgestellt sind 4

§ 9 *Erkrankung während des Urlaubs*

diejenigen Fälle, in denen eine Fortsetzung der Arbeitstätigkeit zu einer Verschlimmerung der Krankheit führen würde, selbst wenn die Ausführung der Arbeit als solche noch möglich ist. Fernerhin liegt krankheitsbedingte Arbeitsunfähigkeit vor, wenn die Erkrankung der medizinischen Behandlung bedarf, die die Abwesenheit des Arbeitnehmers von seinem Arbeitsplatz erforderlich macht (*BAG* vom 26. 7. 1989, aaO).

5 Seit dem 1. 10. 1991 sind die **Richtlinien** des Bundesausschusses der Krankenkassen über die Beurteilung der **Arbeitsunfähigkeit** und die Maßnahmen zur stufenweisen **Wiedereingliederung** in Kraft (Bundesanzeiger 1991, Heft 11, S. 28 ff; vgl. auch den Abdruck bei *Helml,* S. 143 ff.). Nach den Richtlinien gilt als arbeitsunfähig, wer aufgrund Krankheit seine ausgeübte Tätigkeit nicht mehr oder nur unter der Gefahr der Verschlimmerung der Erkrankung ausüben kann. Nach Nr. 1 der Richtlinien liegt Arbeitsunfähigkeit insbesondere auch dann vor, wenn aufgrund eines bestimmten Krankheitszustandes, der für sich allein noch keine Arbeitsunfähigkeit bedingt, absehbar ist, daß aus der Ausübung der Tätigkeit für die Gesundheit oder die Gesundung abträgliche Folgen erwachsen, die Arbeitsunfähigkeit unmittelbar hervorrufen.

6 Es werden nur solche Krankheitszeiten nicht auf den Erholungsurlaub angerechnet, die durch **ärztliches Attest** nachgewiesen sind. Nach dem ausdrücklichen Gesetzeswortlaut des § 9 ist die zur Arbeitsunfähigkeit führende Erkrankung des Arbeitnehmers nur dann durch Vorlage eines ärztlichen Attestes nachzuweisen, wenn der Arbeitnehmer **während** des Urlaubs erkrankt. Bei einer Erkrankung **vor** Urlaubsantritt reicht grundsätzlich die Mitteilung der Krankheit gegenüber dem Arbeitgeber aus. Allerdings sehen Tarifverträge auch insoweit häufig die Vorlage eines ärztlichen Attestes vor (vgl. auch unten § 9 Rn. 22). Ein ordnungsgemäß ausgestelltes ärztliches Attest hat einen **hohen Beweiswert** für seine Richtigkeit, der vom Arbeitgeber im Einzelfall indessen erschüttert werden kann (*BAG* vom 11. 8. 1976, BB 1976, 1663; a. A. *LAG München* vom 9. 11. 1988, BB 1989, 844). Grundsätzlich genügt das unverzüglich vorzulegende Attest (*LAG Köln* vom 2. 2. 1983, DB 1983, 1771) eines deutschen oder ausländischen Arztes. Das Attest eines **ausländischen Arztes** muß aber erkennen lassen, daß der ausländische Arzt zwischen einer bloßen Krankheit und einer zur Arbeitsunfähigkeit führenden Erkrankung des Arbeitnehmers differenziert und damit eine Beurteilung vorgenommen hat, die dem deutschen Arbeitsrecht gerecht wird (*BAG* vom 15. 12. 1987, BB 1988, 1256). Geht dies aus dem Attest eines ausländischen Arztes nicht hervor und gelingt es dem Arbeitgeber, den Beweiswert des Attestes zu erschüttern, ist es Sache des Arbeitnehmers, den Beweis seiner durch Krankeit bedingten Arbeitsunfähigkeit anderweitig zu erbringen (*BAG* vom 20. 2. 1985, BB 1985, 2178; vgl. auch *Helml,* § 5 Rn. 31 ff.).

Die Vorlage eines **amtsärztlichen Attestes** kann der Arbeitgeber regelmäßig nicht verlangen, es sei denn, daß im Einzelfall konkrete Zweifel an der Richtigkeit des ärztlichen Attestes bestehen, was der Arbeitgeber substantiiert darzulegen und zu beweisen hätte *(Dersch/Neumann, § 9 Rn. 5)*. Den hohen Beweiswert eines ärztlichen Attestes, der – ebenso wie im Recht der Entgeltfortzahlung im Krankheitsfall – **keine gesetzliche Vermutung** darstellt (*BAG* vom 11. 8. 1976, BB 1976, 1663), kann der Arbeitgeber erschüttern, indem er Tatsachen darlegt und ggf. beweist, die **ernsthafte und begründete Zweifel** an der Richtigkeit des Attestes begründen können (*BAG* vom 20. 2. 1985, BB 1985, 2178; *LAG Düsseldorf* vom 16. 12. 1980, DB 1981, 900). Eine **Frist** zur Vorlage des Attestes enthält das Gesetz nicht. Zwar ist der Arbeitnehmer aus der arbeitsvertraglichen Treupflicht heraus gehalten, das Attest unverzüglich iSv § 121 BGB (ohne schuldhaftes Zögern) vorzulegen, jedoch hat nach richtiger Ansicht auch eine schuldhaft verspätete Vorlage des Attestes keine urlaubsrechtlichen Konsequenzen *(Dersch/Neumann, § 9 Rn. 5; GK-BUrlG/Stahlhacke, § 9 Rn. 17)*. 7

Kann der Arbeitnehmer ausnahmsweise keinen Arzt aufsuchen, weil er sich beispielsweise in einer abgeschiedenen Gegend verletzt hat, in der ärztliche Hilfe zunächst einmal nicht zur Verfügung steht, muß der Arbeitnehmer den Versuch unternehmen, ein ärztliches Attest **unverzüglich nachzureichen**. Gelingt ihm dies nicht, kann ein **anderweitiger Nachweis** der krankheitsbedingten Arbeitsunfähigkeit nur dann als zulässig betrachtet werden, wenn sich deren Vorliegen **eindeutig** ergibt, zB bei einem gebrochenen Arm. Die **Beweislast** liegt insoweit auf seiten des Arbeitnehmers *(Dersch/Neumann, § 9 Rn. 6)*. 8

II. Langandauernde Erkrankung im Urlaubsjahr

Die Frage, ob krankheitsbedingte Fehlzeiten des Arbeitnehmers zu einer **Einschränkung** oder sogar zu einem **Wegfall** der Urlaubsansprüche führen, ist in der Vergangenheit in der Rechtsprechung nicht immer einheitlich beantwortet worden. Nach der älteren Rechtsprechung des BAG (vgl. statt aller *BAG* vom 23. 6. 1966, BB 1966, 944) sollte der Urlaubsanspruch des Arbeitnehmers zwar unabhängig davon zur Entstehung gelangen, in welchem Umfang er im Urlaubsjahr gearbeitet hatte; jedoch wurde dem Arbeitnehmer ein Urlaubsanspruch dann versagt, wenn er im Urlaubsjahr **dauernd** oder zumindest **überwiegend arbeitsunfähig** erkrankt war. Begründet wurde diese vom BAG heute nicht mehr vertretene Rechtsansicht damit, daß ein entsprechendes Urlaubsbegehren des Arbeitnehmers in einem solchen Fall in der Regel als **Rechtsmißbrauch** zu werten sei, weil zwischen der erbrachten Arbeitsleistung und dem geforderten Urlaub ein **Mißverhältnis** bestehe. 9

§ 9 *Erkrankung während des Urlaubs*

10 Nach der **neueren Rechtsprechung des BAG** (grundlegend *BAG* vom 28. 1. 1982, BB 1982, 862) setzt allerdings der Urlaubsanspruch des Arbeitnehmers nicht voraus, daß er während des Urlaubsjahres tatsächlich auch gearbeitet hat. Ein Erholungsbedürfnis wird nicht als Voraussetzung für die Entstehung des Urlaubsanspruchs verlangt. Insbesondere kann dem Arbeitnehmer der Einwand des Rechtsmißbrauchs nicht entgegengesetzt werden, wenn er während des gesamten Urlaubsjahres krankheitsbedingt nur einen sehr kurzen Zeitraum oder überhaupt nicht gearbeitet hat (vgl. auch *BAG* vom 8. 3. 1984, BB 1984, 1618; *BAG* vom 25. 8. 1987, AP Nr. 37 zu § 7 BUrlG Abgeltung; *BAG* vom 22. 10. 1987, AP Nr. 39 und Nr. 40 zu § 7 BUrlG Abgeltung).

1. Die Rechtsprechung des BAG seit 1982

11 Mit seiner **grundlegenden Entscheidung** vom 28. 1. 1982 (BB 1982, 862) entschied der seit dem Jahre 1978 für das Urlaubsrecht zuständige 6. Senat des BAG unter Abweichung von der bis dahin geltenden Rechtsprechung, daß ein Verlust des Erholungsurlaubes auch dann nicht eintrete, wenn der Arbeitnehmer nur eine geringe oder gar keine Arbeitsleistung im Urlaubsjahr erbracht habe. War der Arbeitnehmer von März 1977 bis Juli 1978 arbeitsunfähig erkrankt und sodann zum 30. September 1978 aus dem Arbeitsverhältnis ausgeschieden, hat er für das Jahr 1978 einen Anspruch auf den vollen Jahresurlaub, der ggf. (anteilig) abzugelten ist, weil der volle Urlaubsanspruch lediglich an die Wartezeit geknüpft ist. Damit ist der Urlaubsanspruch in seiner Entstehung nicht von der tatsächlich geleisteten Arbeit abhängig (*BAG* vom 28. 1. 1982, aaO). Das BAG macht folglich in seiner neueren Rechtsprechung den Urlaubsanspruch von der Arbeits**pflicht** und nicht von der Arbeits**leistung** abhängig. Der Urlaubsanspruch knüpft an die Arbeitspflicht an und bedeutet Freistellung hiervon. Deshalb verliert der Arbeitnehmer seinen Urlaubsanspruch nicht dadurch, daß er wegen Krankheit nur eine sehr geringe oder gar keine Arbeitsleistung im Urlaubsjahr erbracht hat.

12 Der Urlaubsanspruch des Arbeitnehmers entsteht somit auch dann und bleibt bestehen, wenn er im Urlaubsjahr langfristig erkrankt war und deshalb langfristig nicht gearbeitet hat. Insbesondere kann der Urlaubsanspruch auch nicht durch **tarifliche Regelungen** von der Erbringung der Arbeitsleistung abhängig gemacht werden (*BAG* vom 28. 1. 1982, aaO). Somit ist auch den Tarifvertragsparteien insoweit **keine Dispositionsbefugnis** über den Urlaubsanspruch zum Nachteil des Arbeitnehmers eingeräumt, als der Urlaubsanspruch von erbrachten Arbeitsleistungen abhängig gemacht werden soll.

13 Die neuere Rechtsprechung des BAG hat zur Konsequenz, daß ein Arbeitnehmer, der im gesamten Urlaubsjahr wegen krankheitsbedingter Arbeitsunfähigkeit nicht gearbeitet hat, aber im **Übertragungszeitraum**

des § 7 Abs. 3 S. 3 bis zum 31. März des Folgejahres so frühzeitig wieder arbeitsfähig wird, daß er den Urlaub im Übertragungszeitraum abwickeln kann, Anspruch auf den gesamten Urlaub des Vorjahres erlangt. Für den Fall allerdings, daß der Arbeitnehmer seinen Erholungsurlaub wegen langandauernder Krankheit auch nicht bis zum Ablauf des Übertragungszeitraumes in Anspruch nehmen kann, verfällt der Urlaub endgültig (*BAG* vom 13. 5. 1982, BB 1982, 2111 = DB 1982, 2193 und 2470; *Dersch/ Neumann*, § 7 Rn. 95 und § 9 Rn. 22; a. A. noch *BAG* vom 13. 11. 1969, BB 1970, 259). Etwas anderes soll nur in dem Ausnahmefall gelten, daß der Arbeitgeber dem Arbeitnehmer die Gewährung von Urlaub zu Unrecht verweigert hatte; in einem solchen Fall kann ein Schadensersatzanspruch des Arbeitnehmers aus Verzug in Höhe des Urlaubsanspruchs entstehen (*BAG* vom 7. 11. 1985, BB 1986, 735; *BAG* vom 13. 5. 1982, BB 1982, 2111), was aber bei über den 31. März des Folgejahres hinausgehender Arbeitsunfähigkeit kaum der Fall sein wird. Allerdings besteht nach überwiegender Meinung die Möglichkeit, durch **Tarifvertrag** den dreimonatigen Übertragungszeitraum zugunsten des Arbeitnehmers zu verlängern (*BAG* vom 13. 5. 1982, BB 1982, 2111; ebenso *Dersch/Neumann*, § 7 Rn. 96). Dauert die Arbeitsunfähigkeit des Arbeitnehmers über den 31. März des Folgejahres hinaus an, verfällt der Urlaubsanspruch.

Wegen der **Fortdauer des Arbeitsverhältnisses** scheidet auch eine Urlaubsabgeltung gem. § 7 Abs. 4 aus. Dies gilt dann nicht, wenn in einem Tarifvertrag für einen solchen Fall eine Urlaubsabgeltung in Abweichung von § 7 Abs. 4 vorgesehen ist (*BAG* vom 20. 4. 1989, BB 1989, 1760). Hat der Arbeitnehmer nach § 53 Abs. 1 Unterabsatz 2 MTB II seinen Urlaub bis zum 30. 4. des auf das Urlaubsjahr folgenden Kalenderjahres angetreten, erkrankt er aber nach diesem Zeitpunkt arbeitsunfähig, hindert das ebenfalls nicht den Verfall des Urlaubsanspruchs für die wegen der Krankheit nicht anzurechnenden Urlaubstage (*BAG* vom 31. 5. 1990, BB 1990, 2051). Sieht eine tarifvertragliche Regelung vor, daß der aus Alters- oder Invaliditätsgründen in der ersten Hälfte des Kalenderjahres aus dem Arbeitsverhältnis ausscheidende Arbeitnehmer mit zehnjähriger ununterbrochener Betriebszugehörigkeit Anspruch auf den vollen Jahresurlaub hat, begünstigt eine solche Tarifbestimmung den Arbeitnehmer lediglich bezüglich der **Urlaubsdauer** und stellt den Arbeitnehmer in Abweichung von der gesetzlichen Regelung des § 5 Abs. 1 lit. c) besser. Aus einer solchen tariflichen Regelung ergibt sich aber nicht, daß der Arbeitgeber zur Erfüllung des Urlaubsabgeltungsanspruches auch dann verpflichtet sein soll, wenn der krankheitsbedingt arbeitsunfähige Arbeitnehmer nach Beendigung des Arbeitsverhältnisses seine Arbeitsfähigkeit nicht wiedererlangt (*BAG* vom 31. 5. 1990, BB 1990, 2120). **14**

Mit seiner neueren Rechtsprechung geht das BAG für den Problemkreis der langandauernden Erkrankung des Arbeitnehmers im Urlaubsjahr und dem Übertragungszeitraum damit von **zwei wesentlichen Grund-** **15**

§ 9 *Erkrankung während des Urlaubs*

Überlegungen aus: **erstens** besteht der Anspruch des Arbeitnehmers gegen den Arbeitgeber auf Gewährung von Erholungsurlaub nach dem BUrlG nur jeweils während des Urlaubsjahres oder bei Vorliegen der Voraussetzungen des § 7 Abs. 3 S. 2 bis zum Ende des Übertragungszeitraumes am 31. März des Folgejahres und **zweitens** ändert sich hieran auch dann nichts, wenn der Arbeitnehmer wegen langandauernder Arbeitsunfähigkeit gehindert war, seinen Urlaub vor Ablauf des Urlaubsjahres bzw. des Übertragungszeitraumes in Anspruch zu nehmen, weil auch dann der Urlaubsanspruch auf die genannten Zeiträume beschränkt ist (zust. *LAG Hamm* vom 29. 11. 1983, DB 1984, 515; vgl. auch *LAG Hamm* vom 28. 9. 1982, ZIP 1983, 110).

16 Diese Rechtsprechung des BAG hat zum Teil heftige **Kritik** erfahren, weil sie im Einzelfall zu Ungerechtigkeiten und mehr oder minder seltsam anmutenden Ergebnissen führen kann (vgl. zB *LAG Berlin* vom 28. 11. 1983, AuR 1984, 285; *LAG Frankfurt/M.* vom 3. 5. 1984, AuR 1985, 130; *LAG Niedersachsen* vom 10. 12. 1986, BB 1987, 968; *LAG Düsseldorf* vom 5. 9. 1991, BB 1992, 143). So wurde insbesondere auch von einem Großteil des Schrifttums (vgl. zB *Buchner,* DB 1982, 1823; *Färber,* DB 1984, 1826; *Franke,* BB 1983, 1036) eingewandt, die Rechtsprechung des BAG führe zu **widersinnigen Ergebnissen**, weil derjenige Arbeitnehmer, der im gesamten Urlaubsjahr nicht gearbeitet habe, aber im Übertragungszeitraum so rechtzeitig wieder arbeitsfähig werde, daß er den vollen Jahresurlaub bis zum 31. März des Folgejahres abwickeln könne, seinen Urlaubsanspruch behalte, während derjenige Arbeitnehmer, der das gesamte Urlaubsjahr gearbeitet habe und den Urlaub etwa aus betrieblichen Gründen ins Folgejahr übertrage, dann aber im Übertragungszeitraum bis zum 31. März arbeitsunfähig erkranke, den gesamten Urlaub verliere (krit. auch *Dersch/Neumann*, § 9 Rn. 23, der die Tarifvertragsparteien ermuntern will, der Rechtsprechung des BAG mit einer Verlängerung des Übertragungszeitraumes zu begegnen; vgl. auch *LAG Hamm* vom 28. 9. 1982, ZIP 1983, 110, das zu Recht die Ansicht vertritt, eine tarifliche Regelung, nach der der Urlaubsanspruch bei Vorliegen von krankheitsbedingter Arbeitsunfähigkeit über den in § 7 Abs. 3 genannten Übertragungszeitraum hinaus erhalten bleibe, genieße Vorrang vor der gesetzlichen Regelung; siehe auch oben § 7 Rn. 21: eine einzelvertragliche Verlängerung des Übertragungszeitraumes ist nach hM gem. § 134 BGB nichtig).

2. Zur Kritik an der neuen Rechtsprechung des BAG durch die Mindermeinungen der Instanzgerichte und des Schrifttums, insbesondere die Argumentation des LAG Niedersachsen

17 Gegen die Rechtsprechung des BAG wendet sich u. a. das LAG Niedersachsen (vgl. den Nachweis unter § 9 Rn. 16), das einwendet, daß dann, wenn der Arbeitnehmer während des gesamten Urlaubsjahres

krankheitsbedingt arbeitsunfähig war, der Arbeitgeber mit Ablauf des Urlaubsjahres wegen **Unmöglichkeit** gem. § 275 Abs. 1 BGB von seiner Verpflichtung zur Urlaubsgewährung frei werde, es sei denn, der Arbeitgeber habe die Arbeitsunfähigkeit des Arbeitnehmers zu vertreten. Insbesondere rechtfertige die während des gesamten Kalenderjahres andauernde, vom Arbeitgeber nicht zu vertretende Arbeitsunfähigkeit des Arbeitnehmers nicht die Übertragung des Urlaubs auf das nächste Kalenderjahr (*LAG Niedersachsen* vom 10. 12. 1986, BB 1987, 968; anders aber wohl noch *LAG Niedersachsen* vom 30. 8. 1985, LAGE § 7 BUrlG Nr. 13).

Die Mindermeinung des LAG Niedersachsen ist nicht haltbar, weil es den Umstand unberücksichtigt läßt, daß Unmöglichkeit der Leistung hinsichtlich der Urlaubsgewährung durch den Arbeitgeber erst nach Ablauf des Übertragungszeitraumes eintreten kann, denn auch eine langandauernde Erkrankung des Arbeitnehmers, die ihn an der Erbringung seiner Arbeitsleistung im Urlaubsjahr hindert, stellt gem. § 7 Abs. 3 S. 2 einen Übertragungsgrund dar. Die Rechtsprechung des BAG hat zudem den eindeutigen Gesetzeswortlaut des § 9 auf ihrer Seite, wonach der Urlaubsanspruch nur auf die **Arbeitspflicht** des Arbeitnehmers abstellt, von der er während des Urlaubs lediglich freigestellt ist. Der Urlaub ist lediglich an die Erfüllung der Wartezeit geknüpft und nicht davon abhängig, daß der Arbeitnehmer vorher de facto gearbeitet, also **Arbeitsleistungen** erbracht hat. Es ist deshalb mit der neueren Rechtsprechung des BAG davon auszugehen, daß der Arbeitnehmer **nicht rechtsmißbräuchlich** handelt, wenn er gegen den Arbeitgeber seinen Anspruch auf Erholungsurlaub geltend macht, obwohl er im Urlaubsjahr nur eine geringe Arbeitsleistung erbracht oder überhaupt nicht gearbeitet hat. **18**

III. Die Nachgewährung der Krankheitszeit

Die nachgewiesenen Tage krankheitsbedingter Arbeitsunfähigkeit werden nicht auf den Urlaub angerechnet und sind vom Arbeitgeber **nachzugewähren**. Dies gilt auch bei der Anordnung von **Betriebsurlaub** (*Dersch/Neumann*, § 9 Rn. 2). Vor der Erkrankung bereits in Anspruch genommene Urlaubstage bleiben jedoch verbraucht. Erkrankt der Arbeitnehmer demgegenüber schon vor Urlaubsantritt, muß der Urlaub vom Arbeitgeber verlegt werden. Der Arbeitgeber kann nicht auf der Einhaltung des verbindlich festgelegten Urlaubs bestehen, weil die zur Arbeitsunfähigkeit führende Erkrankung des Arbeitnehmers den Urlaubszweck vereitelt (hM; vgl. statt vieler *GK-BUrlG/Stahlhacke*, § 9 Rn. 27 mwN). **19**

Die Nachgewährung des Urlaubs hat durch **Neufestlegung** seitens des Arbeitgebers zu erfolgen. Neufestlegung bedeutet Nachgewährung des Naturalurlaubs, nicht etwa Urlaubsabgeltung. Eine Abgeltung ist gem. **20**

§ 9 *Erkrankung während des Urlaubs*

§ 7 Abs. 4 nur dann zulässig, wenn das Arbeitsverhältnis vor der Gewährung des Resturlaubs beendet wird. Dies ergibt sich auch schon ohne weiteres aus dem Umstand, daß der Urlaubsanspruch seitens des Arbeitgebers erst dann gem. § 362 BGB vollständig erfüllt ist, wenn der Arbeitnehmer in Urlaub gewesen ist, den Urlaub also auch in Anspruch nehmen konnte. Die Nachgewährung erfolgt dabei nach denselben Grundsätzen, die auch für die Urlaubsbestimmung selbst gelten (*Dersch/ Neumann,* § 9 Rn. 11 f.). Hat also der Arbeitgeber den Urlaubszeitpunkt festgelegt, und erkrankt der Arbeitnehmer vor Urlaubsantritt oder während des Urlaubs arbeitsunfähig, bleibt der Arbeitgeber zur neuerlichen Urlaubsbestimmung verpflichtet, sobald der Arbeitnehmer wieder arbeitsfähig ist, vorausgesetzt, der Urlaubsanspruch ist zwischenzeitlich nicht erloschen (*BAG* vom 9. 6. 1988, BB 1988, 2108). Es tritt also **keine automatische Verlängerung** des Urlaubs ein.

21 Kommt es zwischen den Arbeitsvertragsparteien über die Neufestlegung nachzugewährender Urlaubstage zu einer **Kontroverse**, ohne daß eine Übereinstimmung erzielt wird und bleibt der Arbeitnehmer schließlich **eigenmächtig** der Arbeit fern, kann dies zu einer **außerordentlichen arbeitgeberseitigen Kündigung aus wichtigem Grund** berechtigen (*LAG Baden-Württemberg* vom 9. 5. 1974, BB 1974, 1300; *LAG Schleswig-Holstein* vom 9. 2. 1988, BB 1988, 1531; *ArbG Wuppertal* vom 3. 6. 1980, BB 1980, 1105). Selbstverständlich steht es den Arbeitsvertragsparteien frei, vor Beendigung des Urlaubs eine Vereinbarung zu treffen, wonach der nachzugewährende Urlaub im unmittelbaren Anschluß an den schon bewilligten Urlaub vom Arbeitnehmer in Anspruch genommen wird. Liegt eine solche Vereinbarung aber nicht vor, ist der Arbeitnehmer verpflichtet, nach Beendigung der Arbeitsunfähigkeit, die über den ursprünglich bewilligten Urlaub hinaus gedauert hat, seinen Dienst zunächst wieder anzutreten. Geschieht dies nicht, liegt eine **eigenmächtige Urlaubsverlängerung** durch den Arbeitnehmer vor, die zu den oben schon beschriebenen kündigungsmäßigen Konsequenzen führen kann (hM; vgl. weiterhin *Dersch/Neumann,* § 9 Rn. 11; *Stahlhacke/Preis,* Rn. 574 ff.). Einen Anspruch darauf, daß der Arbeitgeber den Urlaub in jedem Falle unmittelbar im Ansschluß an die Erkrankung neu festlegt, hat der Arbeitnehmer nicht. Insoweit können im Einzelfall durchaus dringende betriebliche Belange iSv § 7 Abs. 1 entgegenstehen (*Dersch/Neumann,* § 9 Rn. 3). Anders verhält es sich nunmehr, wenn die Voraussetzungen des § 7 Abs. 1 S. 2 vorliegen. Danach **ist** der Urlaub zu gewähren, wenn der Arbeitnehmer dies im Anschluß an eine **Maßnahme der medizinischen Vorsorge oder Rehabilitation** verlangt (vgl. § 10).

22 Sofern der Arbeitnehmer **nach Festlegung** des Urlaubszeitpunkts durch den Arbeitgeber aber noch **vor Antritt** des Urlaubs arbeitsunfähig erkrankt, ist der Arbeitgeber verpflichtet, ungeachtet der Frage, ob die Arbeitsunfähigkeit den gesamten Urlaubszeitraum oder nur einen Teil

Die Nachgewährung der Krankheitszeit § **9**

davon andauert, den Urlaub **insgesamt** neu festzusetzen (hM; *Dersch/ Neumann*, § 9 Rn. 2 f.; *GK-BUrlG/Stahlhacke*, § 9 Rn. 27 mwN). Insoweit bedarf es nicht der Vorlage eines **ärztlichen Attestes**. Nach dem ausdrücklichen Gesetzeswortlaut des § 9 ist die zur Arbeitsunfähigkeit führende Erkrankung des Arbeitnehmers nur dann durch Vorlage eines ärztlichen Attestes nachzuweisen, wenn der Arbeitnehmer **während** des Urlaubs erkrankt. Bei einer Erkrankung **vor** Urlaubsantritt reicht grundsätzlich die Mitteilung der Krankheit gegenüber dem Arbeitgeber aus. Allerdings sehen Tarifverträge auch insoweit häufig die Vorlage eines ärztlichen Attestes vor (vgl. auch oben § 9 Rn. 6).

§ 9 findet auf **unbezahlten Urlaub**, den die Parteien aufgrund der **23** Vertragsfreiheit vereinbaren können, **keine unmittelbare Anwendung**. Das BAG wendet jedoch § 9 auf solche Fälle analog an, in denen ein unbezahlter Urlaub ebenfalls zu Erholungszwecken vereinbart worden ist (*BAG* vom 1. 7. 1974, BB 1974, 1398; vgl. zu diesem Problemkreis weiterführend *GK-BUrlG/Stahlhacke*, § 9 Rn. 30 ff. mwN).

Abändernde Vereinbarungen können tarifvertraglich getroffen wer- **24** den. Dies kann zB bezüglich Vorlagefristen für ärztliche Zeugnisse oder der Vorlage amtsärztlicher Zeugnisse der Fall sein. Voraussetzung ist aber immer, daß der **gesetzliche Mindesturlaub** des Arbeitnehmers nicht angetastet wird (§§ 1, 3 Abs. 1). Eine Tarifnorm, die bestimmt, daß grundsätzlich Krankheitszeiten auf den Urlaub angerechnet werden, ist daher nichtig (*BAG* vom 10. 2. 1966, BB 1966, 619; *BAG* vom 10. 2. 1987, BB 1987, 1955; *Leinemann*, AuR 1987, 193). Für **Mehrurlaubsansprüche**, also solche, die über den gesetzlichen Mindesturlaub hinausgehen, kann indessen in einem Tarifvertrag geregelt werden, daß der tarifliche Mehrurlaub auch während einer Erkrankung des Arbeitnehmers in Anspruch genommen werden kann (*GK-BUrlG/Stahlhacke*, § 9 Rn. 39).

§ 10
Maßnahmen der medizinischen Vorsorge oder Rehabilitation

Maßnahmen der medizinischen Vorsorge oder Rehabilitation dürfen nicht auf den Urlaub angerechnet werden, soweit ein Anspruch auf Fortzahlung des Arbeitsentgelts nach den gesetzlichen Vorschriften über die Entgeltfortzahlung im Krankheitsfall besteht.

Übersicht

	Rn.		Rn.
I. Allgemeines	1 – 2	III. Abhängigkeit von der Entgeltfortzahlung im Krankheitsfall	10 – 14
II. Maßnahmen der medizinischen Vorsorge oder Rehabilitation	3 – 9		

I. Allgemeines

1 Nach § 10 dürfen **Maßnahmen der medizinischen Vorsorge oder Rehabilitation** nicht auf den Urlaub angerechnet werden, soweit ein Anspruch auf Zahlung des Arbeitsentgelts nach den gesetzlichen Vorschriften über die **Entgeltfortzahlung im Krankheitsfall** besteht. Ist der Arbeitnehmer allerdings arbeitsunfähig erkrankt, erfolgt eine Nichtanrechnung der Fehlzeiten schon nach § 9.

2 § 10 wurde durch das in Art. 53 des Pflegeversicherungsgesetzes vom 26. 5. 1994 (BGBl. I S. 1014) enthaltene EFZG (BGBl. I S. 1065) mit Wirkung vom 1. 6. 1994 neu gefaßt. Gewechselt haben allerdings lediglich die Begriffe „Kuren" und „Schonungszeiten", die durch „Maßnahmen der medizinischen Vorsorge oder Rehabilitation" ersetzt worden sind. § 10 war bereits einmal durch das am 1. 1. 1970 in Kraft getretene LFZG vom 27. 7. 1969 (BGBl. I S. 946) neu gefaßt worden, wonach auch Arbeiter Anspruch auf Lohnfortzahlung bei Kuren hatten. Die §§ 1 bis 9 LFZG sind durch Art. 60 des Pflegeversicherungsgesetzes aufgehoben worden. Das, was nunmehr unter „Maßnahmen der medizinischen Vorsorge" und Rehabilitation zu verstehen ist, wird in § 9 EFZG näher erläutert.

II. Maßnahmen der medizinischen Vorsorge oder Rehabilitation

3 Die Vorschriften der §§ 3, 4 und 6 bis 8 EFZG gelten gem. § 9 EFZG entsprechend für die Arbeitsverhinderung infolge einer Maßnahme der medizinischen Vorsorge oder Rehabilitation, die ein Träger der

Maßnahmen der medizinischen Vorsorge oder Rehabilitation § 10

gesetzlichen Renten-, Kranken- oder Unfallversicherung, eine Verwaltungsbehörde der Kriegsopferversorgung oder ein sonstiger Sozialleistungsträger bewilligt hat und die in einer Einrichtung der medizinischen Vorsorge oder Rehabilitation stationär durchgeführt wird. Auch dann, wenn der Arbeitnehmer nicht Mitglied einer gesetzlichen Krankenkasse oder nicht in der gesetzlichen Rentenversicherung versichert ist, gelten die §§ 3, 4 und 6 bis 8 EFZG entsprechend, wenn eine Maßnahme der medizinischen Vorsorge oder Rehabilitation ärztlich verordnet worden ist und stationär in einer Einrichtung der medizinischen Vorsorge oder Rehabilitation oder einer vergleichsweisen Einrichtung durchgeführt wird.

§ 9 EFZG übernimmt im Grundsatz die früher nur für Arbeiter in § 7 LFZG getroffene Regelung über die Entgeltfortzahlung bei Kuren. Modifikationen sind allerdings infolge begrifflicher Anpassungen an den Sprachgebrauch in der Sozialgesetzgebung und der Ausdehnung des Entgeltfortzahlungsgesetzes auf alle Arbeitnehmer erfolgt, und zwar einschließlich derer, die nicht Mitglied einer gesetzlichen Krankenkasse und/oder nicht in der gesetzlichen Rentenversicherung versichert sind. **4**

In Absatz 1 sind die Begriffe „Vorbeugungs-, Heil- oder Genesungskur" in formaler Anpassung an die sozialversicherungsrechtlichen Regelungen wie beispielsweise §§ 23 f., 40 f. SGB V, §§ 9 ff., 15 SGB VI durch die Begriffe „Maßnahmen der medizinischen Vorsorge oder Rehabilitation" ersetzt worden. Eine materiell-rechtliche Änderung des früheren Begriffes der „Kur" ist damit nicht verbunden. Maßnahmen der beruflichen Rehabilitation werden von dieser Regelung nicht erfaßt (BTDs. 12/5263, S. 15). **5**

Nach § 9 Abs. 1 EFZG hat der Arbeitnehmer dann einen Anspruch auf Entgeltfortzahlung, wenn die Maßnahme der medizinischen Vorsorge oder Rehabilitation von einem Sozialversicherungsträger bewilligt worden ist und stationär in einer Einrichtung der medizinischen Vorsorge oder Rehabilitation durchgeführt wird. Ist der Arbeitnehmer nicht Mitglied einer gesetzlichen Krankenkasse oder nicht in der Rentenversicherung versichert, setzt der Anspruch auf Entgeltfortzahlung voraus, daß die Maßnahme ärztlich verordnet worden ist und stationär in einer Einrichtung der medizinischen Vorsorge oder Rehabilitation durchgeführt wird. **6**

Nach der bisher nur für Arbeiter geltenden Regelung des § 7 LFZG schied ein Anspruch auf Entgeltfortzahlung bei **ambulanten** Maßnahmen der Vorsorge aus, weil in diesen Fällen der Sozialversicherungsträger lediglich einen Zuschuß zahlte und das bislang geforderte Tatbestandsmerkmal der „vollen Kostenübernahme" nicht erfüllt war. Die Neuregelung in § 9 Abs. 1 EFZG stellt nunmehr darauf ab, daß die Maßnahme **stationär** erfolgt. Die Begrenzung auf stationäre Maßnah- **7** men soll nach dem Willen des Gesetzgebers der leichteren Abgrenzbarkeit zu solchen Kuren dienen, die keinen Entgeltfortzahlungsanspruch auslösen sollen. Sie führt aber gegenüber der bisherigen für Arbeiter geltenden Regelung in § 7 LFZG zu keiner inhaltlichen Änderung (BTDs. 12/5263, S. 15). Einschlägig ist nunmehr § 9 EFZG.

8 Ebenfalls in Anpassung an die in den sozialversicherungsrechtlichen Regelungen enthaltenen Begriffe ist mit der gesetzlichen Neuregelung des § 9 EFZG auch keine Regelung über die Lohnfortzahlung bei einer ärztlich verordneten Schonungszeit getroffen worden. Insoweit verzichten die einschlägigen sozialversicherungsrechtlichen Bestimmungen ausdrücklich auf die Möglichkeit einer ärztlich verordneten Schonungszeit. Um dem Arbeitnehmer im Anschluß an eine Maßnahme der medizinischen Vorsorge oder Rehabilitation gleichwohl noch für einen gewissen Zeitraum die Möglichkeit der Erholung einzuräumen, wird der Arbeitgeber nunmehr gem. § 7 Abs. 1 S. 2 verpflichtet, dem Arbeitnehmer auf dessen Verlangen Urlaub zu gewähren. Dieser Urlaubsanspruch besteht allerdings nur dann, wenn ausreichend (Rest)urlaub zur Verfügung steht. Der Gesetzgeber hat aus systematischen Gründen darauf verzichtet, diese Regelung in das EFZG mit einzubeziehen und hat stattdessen das BUrlG durch Einfügung des § 7 Abs. 1 S. 2 geändert (BTDs. 12/5263, S. 16).

9 Mit der gesetzlichen Neuregelung durch das EFZG ist die Entgeltfortzahlung im Krankheitsfall mit Wirkung vom 1. 6. 1994 für alle Arbeitnehmer vereinheitlicht worden. Die frühere Ungleichbehandlung von Arbeitern und Angestellten wurde ebenso beseitigt, wie die Geltung verschiedenen Rechts in den alten und neuen Bundesländern (*Helml*, § 1 Rn. 10; *Marburger*, BB 1994, 1417 ff.). Die Anrechnung der genannten Maßnahmen auf den Urlaub ist davon abhängig, ob im Einzelfall Entgeltfortzahlung seitens des Arbeitgebers gem. §§ 3, 4 und 6 bis 8 EFZG zu erbringen ist.

III. Abhängigkeit von der Entgeltfortzahlung im Krankheitsfall

10 Soweit nach §§ 3, 4 und 6 bis 8 EFZG ein gesetzlicher Anspruch auf Entgeltfortzahlung besteht, dürfen die erwähnten Maßnahmen der medizinischen Vorsorge und Rehabilitation nicht auf den Urlaub angerechnet werden. Das Gesetz ordnet damit eine Gleichsetzung zwischen der krankheitsbedingten Arbeitsunfähigkeit und einer der genannten Maßnahmen des § 9 EFZG an. Es ist für die Frage der Anrechnung der genannten Maßnahmen auf den Urlaub also einzig und allein darauf abzustellen, ob ein Anspruch auf Entgeltfortzahlung nach dem EFZG besteht.

Abhängigkeit von der Entgeltfortzahlung im Krankheitsfall § 10

Nach § 3 EFZG entsteht ein Anspruch des Arbeitnehmers auf **Entgelt-** 11
fortzahlung im Krankheitsfall für die Dauer von **sechs Wochen**, wenn
er durch Arbeitsunfähigkeit infolge Krankheit an seiner Arbeitsleistung
verhindert ist, ohne daß ihn ein Verschulden trifft. Damit sind die in § 9
EFZG erwähnten Maßnahmen der medizinischen Vorsorge und Rehabilitation unter den weiteren in dieser Vorschrift genannten Voraussetzungen als unverschuldete Arbeitsverhinderungen des Arbeitnehmers
anzusehen, es sei denn, das die Maßnahme erforderlich machende Leiden
des Arbeitnehmers wäre durch eigenes Verschulden aufgetreten. In
einem solchen Fall kann die Maßnahme auf den noch nicht verbrauchten
Urlaub angerechnet werden. Diese Auffassung entspricht dem Willen des
Gesetzgebers, der die Frage der Anrechnung von Maßnahmen nach § 9
EFZG von der Frage der Entgeltfortzahlung gem. §§ 3, 4 und 6 bis 8
EFZG abhängig gemacht hat. Voraussetzung für die Entgeltfortzahlung
ist aber wiederum die seitens des Arbeitnehmers **unverschuldete**
Arbeitsverhinderung (*BAG* vom 1. 6. 1983, BB 1983, 1097; *Dersch/
Neumann*, § 10 Rn. 24; *GK-BUrlG/Stahlhacke*, § 10 Rn. 36; vgl. auch
Helml, § 3 Rn. 1 ff. und 41 ff.).

Gem. § 3 Abs. 1 S. 2 EFZG entsteht der Anspruch auf Entgeltfortzahlung 12
auch dann nicht, wenn eine Maßnahme der medizinischen Vorsorge oder
Rehabilitation wegen **desselben Leidens** erneut notwendig wird, und der
Arbeitnehmer den Sechswochenzeitraum bereits ausgeschöpft hat. Hat
der Arbeitnehmer in einem solchen Fall seinen Jahresurlaub noch nicht
verbraucht, kann die Maßnahme nach § 9 EFZG durch entsprechende
Erklärung des Arbeitgebers unter Festlegung der Urlaubszeit ebenfalls
auf den Urlaub angerechnet werden (*Dersch/Neumann*, § 10 Rn. 15 ff. [24]).
Die Anrechnung erfolgt durch **vorherige** Erklärung des Arbeitgebers
gegenüber dem Arbeitnehmer (*Dersch/Neumann*, § 10 Rn. 26). Nur
ausnahmsweise kann eine **nachträgliche** Anrechnung als zulässig
anerkannt werden. Dies gilt vor allem für diejenigen Fälle, in denen
der Arbeitnehmer seinen Informationspflichten, zB nach §§ 9 Abs. 2, 5
EFZG schuldhaft nicht nachgekommen ist (vgl. schon *BAG* vom 26. 11.
1964, AP Nr. 2 zu § 611 BGB Urlaub und Kur; *Dersch/Neumann*, § 10
Rn. 27; *GK-BUrlG/Stahlhacke*, § 10 Rn. 37 ff. und 55 ff.).

Eine **Ausnahme** von der Anrechnungsmöglichkeit bei demselben Leiden 13
und Ausschöpfung des Sechswochenzeitraumes – also Anrechnungsverbot – gilt nach § 3 Abs. 1 S. 2 Nr. 1 EFZG, wenn der Arbeitnehmer vor
der erneuten Maßnahme wegen desselben Leidens mindestens sechs
Monate nicht arbeitsunfähig war oder gem. § 3 Abs. 1 S. 2 Nr. 2 EFZG,
wenn seit Beginn der ersten Maßnahme infolge desselben Leidens eine
Frist von 12 Monaten abgelaufen ist (*Helml*, § 3 Rn. 16 ff.). Denn in den
genannten Fällen steht dem Arbeitnehmer ein Anspruch auf Entgeltfortzahlung zu, so daß gem. § 9 iVm §§ 3, 4 und 6 bis 8 EFZG auch das
Anrechnungsverbot des § 10 gilt.

§ 10 *Maßnahmen der medizinischen Vorsorge oder Rehabilitation*

14 Von der Vorschrift des § 10 **abweichende Regelungen** sind grundsätzlich nicht zulässig. Dies gilt auch für tarifvertragliche Vereinbarungen, weil die Nichtanrechnung von Maßnahmen der medizinischen Vorsorge oder Rehabilitation eine konkrete Ausgestaltung der Kernvorschrift des § 1 darstellt, die auch gegenüber Tarifverträgen nach § 13 den Vorrang genießt (überw. M.; *BAG* vom 10. 2. 1966, BB 1966, 619; *Dersch/Neumann,* § 10 Rn. 29; a. A. *GK-BUrlG/Stahlhacke,* § 10 Rn. 61, der sich für einen Vorrang des Tarifvertrages ausspricht, und diesen ausnahmsweise nur dann verneinen will, wenn eine Maßnahme nach § 9 EFZG urlaubswidrig ausgestaltet ist). Unzulässig ist es daher, für Maßnahmen des § 10, für die nach §§ 3, 4 und 6 bis 8 iVm § 9 EFZG Entgeltfortzahlung zu gewähren ist, eine völlige oder teilweise Anrechnung auf den Urlaub zu vereinbaren (best. *BAG* vom 30. 11. 1977, AP Nr. 4 zu § 13 BUrlG Unabdingbarkeit für den Urlaubsabgeltungsanspruch nach einer fristlosen Kündigung). Allerdings sind nach allg. M. Regelungen zulässig, die eine Anrechnung von Maßnahmen der medizinischen Vorsorge oder Rehabilitation iSv § 9 EFZG auf den über den gesetzlichen Mindesturlaub hinausgehenden Teil des Urlaubs vorsehen. § 10 bezieht sich damit nur auf denjenigen Zeitraum, in dem der Arbeitnehmer einen **gesetzlichen** Anspruch auf Entgeltfortzahlung hat (*Dersch/Neumann,* § 10 Rn. 29; *GK-BUrlG/Stahlhacke,* § 10 Rn. 62).

§ 11
Urlaubsentgelt

(1) Das Urlaubsentgelt bemißt sich nach dem durchschnittlichen Arbeitsverdienst, das der Arbeitnehmer in den letzten dreizehn Wochen vor dem Beginn des Urlaubs erhalten hat. Bei Verdiensterhöhungen nicht nur vorübergehender Natur, die während des Berechnungszeitraumes oder des Urlaubs eintreten, ist von dem erhöhten Verdienst auszugehen. Verdienstkürzungen, die im Berechnungszeitraum infolge von Kurzarbeit, Arbeitsausfällen oder unverschuldeter Arbeitsversäumnis eintreten, bleiben für die Berechnung des Urlaubsentgelts außer Betracht. Zum Arbeitsentgelt gehörende Sachbezüge, die während des Urlaubs nicht weitergewährt werden, sind für die Dauer des Urlaubs angemessen in bar abzugelten.

(2) Das Urlaubsentgelt ist vor Antritt des Urlaubs auszuzahlen.

Übersicht

	Rn.			Rn.
I. Urlaubsentgelt und Urlaubsgeld	1 – 5		2. Verdienstkürzungen im Berechnungszeitraum	23 – 26
II. Das sog. modifizierte Referenzprinzip	6 – 20		3. Zum Arbeitsentgelt zählende Bezüge	27 – 40
III. Berücksichtigungsfähige Vergütungsbestandteile	21	IV.	Zahlung vor Urlaubsantritt	41 – 43
1. Verdiensterhöhungen im Berechnungszeitraum oder während des Urlaubs	21 – 22			

I. Urlaubsentgelt und Urlaubsgeld

Unter dem **Urlaubsentgelt** (Urlaubsvergütung) ist die Fortzahlung der Vergütung des Arbeitnehmers während der Dauer der Freistellung von der Arbeitspflicht durch den Arbeitgeber zu verstehen. Da Urlaub als **bezahlte Freizeit** aufgefaßt werden muß, ist **wesentliches Merkmal** des Erholungsurlaubs seine Bezahlung (*BAG* vom 12. 1. 1989, BB 1989, 1698; *Dersch/Neumann*, § 11 Rn. 1, 10). Vom Urlaubsentgelt, also der während des Urlaubs fortzuentrichtenden Arbeitsvergütung, ist das sog. **Urlaubsgeld** zu unterscheiden. Hierbei handelt es sich um eine **zusätzliche**, über das Urlaubsentgelt hinausgehende Vergütungsleistung des Arbeitgebers (*Schaub*, S. 785). 1

Ein Anspruch auf Urlaubsgeld besteht nur dann, wenn die Leistung eines zusätzlichen Urlaubsgeldes zwischen den Arbeits- oder Tarifvertragsparteien **vereinbart** worden ist (zum Anspruch auf Urlaubsgeld bei 2

§ 11 *Urlaubsentgelt*

einem Wechsel von einem Arbeitgeber des öffentlichen Dienstes zu einem anderen nach Erziehungsurlaub vgl. *BAG* vom 25. 8. 1992, BB 1992, 2217). Ein gesetzlicher Anspruch auf Urlaubsgeld besteht nicht (*Schaub*, S. 785; zur Terminologie vgl. auch *GK-BUrlG/Stahlhacke*, § 11 Rn. 2). Die Leistung des Arbeitgebers hat daher **Gratifikationscharakter** (*BAG* vom 9. 3. 1967, BB 1967, 629). Das Urlaubsgeld wird **aus Anlaß** des Urlaubs gewährt (*BAG* vom 15. 11. 1973, BB 1974, 320) und stellt einen zusätzlichen einkommensteuer- und sozialversicherungspflichtigen Bestandteil der Arbeitsvergütung dar, der seitens des Arbeitgebers ebenso wie das Urlaubsentgelt **vor** Urlaubsantritt an den Arbeitnehmer auszuzahlen ist (§ 11 Abs. 2 analog). Gem. § 850 a Nr. 2 ZPO ist das Urlaubsgeld **unpfändbar** (*BAG* vom 11. 1. 1990, NZA 1990, 938). Der Anspruch auf Urlaubsgeld ist im Hinblick auf die enge Verbundenheit mit dem Urlaub **höchstpersönlich** und somit **nicht vererblich** (*Dersch/Neumann*, § 11 Rn. 78 und § 1 Rn. 71 ff. mwN).

3 Vertraglich zugesichertes Urlaubsgeld stellt **Arbeitsentgelt** iSv § 115 Abs. 1 SGB X dar. Soweit die BfA anstelle des Arbeitgebers gleichwohl Arbeitslosengeld nach § 117 Abs. 4 AFG erbracht hat, gehen die Forderungen des Arbeitnehmers auf die BfA über. Allerdings kommt ein **Forderungsübergang** nur insoweit in Betracht, als die BfA in den Monaten Arbeitslosengeld geleistet hat, in denen Urlaubsgeld zu zahlen war. Damit soll klargestellt werden, daß ein Forderungsübergang auf die BfA wegen erbrachter Arbeitslosengeldleistungen nur dann in Betracht kommt, wenn es sich um **aufgelaufenes Arbeitsentgelt** aus mehreren Monaten handelt (*BAG* vom 26. 5. 1992, BB 1992, 2512).

4 Ein Anspruch auf übertarifliches Urlaubsgeld aufgrund einer **Betriebsvereinbarung** besteht nach Ablauf der Betriebsvereinbarung nicht weiter (*BAG* vom 9. 2. 1989, BB 1989, 2112). Ein Anspruch auf **Urlaubsgeld** für den **Zusatzurlaub Schwerbehinderter** besteht nur, wenn dies vereinbart ist (vgl. die Kommentierung zu § 3). Soweit eine tarifliche Regelung für die Urlaubsdauer auf das SchwbG Bezug nimmt und ein zusätzliches Urlaubsgeld vorsieht, das neben dem Urlaubsentgelt zu zahlen ist, kann der Schwerbehinderte auch für den ihm zustehenden Zusatzurlaub Urlaubsgeld beanspruchen. Ist allerdings im Tarifvertrag der Anspruch auf zusätzliches Urlaubsgeld auf die **tariflich** festgelegte Urlaubsdauer begrenzt, scheidet ein Anspruch auf Urlaubsgeld für den Zusatzurlaub aus (*BAG* vom 30. 7. 1986, BB 1986, 2337).

5 Grundsätzlich teilt das Urlaubsgeld das rechtliche Schicksal des Urlaubsentgelts. Es kann daher regelmäßig nicht für die Dauer von **Krankheitszeiten** gekürzt werden (*BAG* vom 26. 11. 1964, BB 1965, 373). **Rückzahlungsvereinbarungen** unterliegen denselben Beschränkungen, wie sie für Weihnachtsgratifikationen bestehen (*BAG* vom 17. 3. 1982, DB 1982, 2144). Im übrigen enthalten Arbeits- und Tarifverträge häufig detaillierte Regelungen.

II. Das sog. modifizierte Referenzprinzip

Für die Berechnung des Urlaubsentgelts sind – zwecks Ermittlung des durchschnittlichen Arbeitsverdienstes des Arbeitnehmers – all diejenigen Bestandteile des Arbeitsverdienstes heranzuziehen, die der Arbeitgeber dem Arbeitnehmer als Gegenleistung für die Dienstleistungen aus dem Arbeitsvertrag schuldet. Damit soll gewährleistet werden, daß der Arbeitnehmer auch während des Urlaubs so gestellt wird, als erhielte er sein reguläres Einkommen – berechnet aus der durchschnittlichen Vergütung der letzten dreizehn Wochen – weiter. Diese Berechnungsart stellt eine nähere Ausgestaltung des schon aus § 1 folgenden Grundsatzes dar, wonach der Arbeitnehmer Anspruch auf **bezahlten** Erholungsurlaub hat, und Erholungsurlaub ohne Bezahlung nicht denkbar ist (*Dersch/Neumann*, § 11 Rn. 8). § 11 legt folglich hinsichtlich der Entgeltberechnung das sog. **Lebensstandardprinzip** – das im übrigen schon unabdingbar aus § 1 folgt – näher für den Fall fest, daß tariflich nichts anderes gilt. Auch schon nach der älteren Rechtsprechung des BAG mußte der Arbeitnehmer so gestellt werden, daß er seinen **bisherigen Lebenszuschnitt** aufgrund seines Arbeitseinkommens aufrechterhalten konnte (*BAG* vom 29. 11. 1984, AP Nr. 22 zu § 7 BUrlG Abgeltung; *BAG* vom 19. 9. 1985, AP Nr. 21 zu § 13 BUrlG). 6

In seiner **neueren Rechtsprechung** hat das BAG das Lebensstandardprinzip zwar aufgegeben, soweit es um die Berechnung des Urlaubsentgelts, insbesondere um den Vorrang des Tarifvertrags (vgl. die Kommentierung zu § 13) geht (*BAG* vom 12. 1. 1989, BB 1989, 1698). Nunmehr folgert das BAG aus § 1, daß der Urlaub zwingend bezahlt werden muß und erblickt in § 11 die **nähere Ausgestaltung** der Entgeltfortzahlungspflicht für die Dauer der Urlaubsfreistellung, die im übrigen unabdingbar ist. Im Hinblick auf tarifliche Regelungen seien nach Ansicht des BAG all diejenigen Vereinbarungen unwirksam, die zu einer Schmälerung der Entgeltzahlungspflicht für die Dauer des gesetzlichen Mindesturlaubs führten (*BAG* vom 12. 1. 1989, aaO). Gleichwohl ist im Hinblick auf die Berechnung der Urlaubsvergütung nach § 11 auch unter der geänderten Rechtsprechung des BAG nach wie vor davon auszugehen, daß sich Art und Umfang des Urlaubsentgelts als wesentlicher Bestandteil des Erholungsurlaubs am Lebensstandardprinzip zu orientieren haben, das nicht mehr und nicht weniger besagt, als daß die Verpflichtung des Arbeitgebers zur Bezahlung der Urlaubsfreistellung nicht geschmälert werden darf. Auswirkungen hat damit die neue Rechtsprechung des BAG zum Lebensstandardprinzip in erster Linie auf tarifliche Regelungen (in diesem Sinne auch *Dersch/Neumann*, § 11 Rn. 10). 7

Für die **Berechnung** des Urlaubsentgelts gilt heute gem. § 11 das sog. **modifizierte Referenzprinzip**. Danach bemißt sich das Urlaubsentgelt des Arbeitnehmers nach dem durchschnittlichen Arbeitsverdienst, den er 8 in den letzten **dreizehn Wochen** vor Urlaubsbeginn erhalten hat (§ 11 Abs. 1 S. 1). Das BUrlG stellt damit nicht auf ein Lohnausfallprinzip, also den Verdienst ab, den der Arbeitnehmer erhalten hätte, wenn er während des Urlaubs weitergearbeitet hätte, sondern knüpft an einen bestimmten **Bezugszeitraum** an (Bezugsmethode), wobei allerdings Verdiensterhöhungen im Bezugszeitraum oder Urlaub zu berücksichtigen sind (modifizierte Bezugsmethode). Demgegenüber gilt das Lohnausfallprinzip gem. § 57 SeemannsG für Seeleute und kann durch **Tarifvertrag**, nicht aber durch Einzelarbeitsvertrag oder Betriebsvereinbarung auch für andere Arbeitnehmer vereinbart werden (*BAG* vom 19. 9. 1985, AP Nr. 21 zu § 13 BUrlG; *Dersch/Neumann*, § 11 Rn. 83 f.). Erzielt der Arbeitnehmer im Verlaufe des Jahres unterschiedlich hohe Einkünfte, muß das während des Urlaubs weiterzuzahlende Entgelt ggf. gem. § 287 Abs. 2 ZPO geschätzt werden (*BAG* vom 19. 9. 1985, aaO). Auch eine **Änderung des Bezugszeitraumes durch Tarifvertrag**, zB eine Verkürzung oder Verlängerung ist zulässig (*Dersch/Neumann*, § 11 Rn. 83). Allerdings darf nicht von der gem. § 1 bestehenden Vergütungsfortzahlungsverpflichtung abgewichen werden.

9 Die **Berechnungsformel** für das Urlaubsentgelt lautet bei der vom BUrlG zugrundegelegten **Sechstagewoche** (§ 3 Abs. 2) wie folgt:

$$\frac{\text{Verdienst der letzten 13 Wochen}}{\text{78 Werktage}} \times \text{Anzahl der Urlaubstage}$$

10 Soweit einzel- oder tarifvertraglich die **Fünftagewoche** vereinbart bzw. bestimmt worden ist, daß der Samstag nicht als Werktag gelte, muß das Urlaubsentgelt mit dem entsprechenden Divisor, also **65 Werktagen** ermittelt werden (13 Wochen x fünf Tage); ebenso, wenn die einzel- oder tarifvertragliche Regelung selbst auf **Arbeits**tage statt auf **Werk**tage abstellt. Dies gilt insbesondere auch dann, wenn – je nach dem Zeitpunkt des Urlaubsantritts – freie Werktage unregelmäßig entstehen bzw. nicht in den Urlaub fallen. Insoweit ist nach hM (*BAG* vom 27. 1. 1987, BB 1987, 1672) ohnehin zunächst der nach Werktagen festgelegte Urlaubsanspruch auf die Anzahl der Arbeitstage umzurechnen (vgl. § 3 Rn. 6). Für die Berechnung des Urlaubsentgelts ergibt sich sodann bei einem freien Tag pro Woche grundsätzlich die Teilung des Wochenverdienstes durch fünf bzw. des 13-Wochenverdienstes durch 65, was zu einer Nichtbezahlung des freien Werktages auch im Urlaub führt (str.; wie hier *Dersch/Neumann*, § 11 Rn. 68; vgl. auch *LAG Bremen* vom 14. 2. 1962, BB 1962, 522; a. A. *GK-BUrlG/Stahlhacke*, § 11 Rn. 84 ff.; *LAG Hamm* vom 19. 9. 1950, BB 1951, 113). Das BAG hat die Frage des anzuwendenden Divisors bei einem oder mehreren freien Wochenarbeitstagen expressis verbis noch nicht entschieden, sondern bislang lediglich zu den Problematiken der Urlaubsabgeltung (unter Offenlassung der

Das sog. modifizierte Referenzprinzip § 11

Berechnungsweise für das Urlaubsentgelt, vgl. *BAG* vom 23. 12. 1966, BB 1967, 207) im Sinne einer Sechstelung (also Divisor 78 bezogen auf den 13-Wochen-Zeitraum) und der tariflichen Berechnungsnormen (*BAG* vom 22. 6. 1956, BB 1956, 785) im Sinne einer Fünftelung (also Divisor 65 bezogen auf den 13-Wochen-Zeitraum) Stellung genommen. Dadurch, daß in Einzelarbeits- und Tarifverträgen zunehmend auf Arbeitstage statt auf Werktage abgestellt wird, hat das Problem der Berechnungsweise des Urlaubsentgelts in der Fünftagewoche allerdings deutlich an Relevanz verloren.

Für die Berechnung der **Urlaubsabgeltung** ist in der entsprechenden Weise zu verfahren, d. h. die Anzahl der abzugeltenden Urlaubstage ist zunächst durch Umrechnung der Sechstage- auf die Fünftagewoche zu ermitteln; sodann ist der arbeitstägliche Verdienst mit dem Divisor 65 für den 13-Wochen-Zeitraum zu errechnen (wie hier *Dersch/Neumann*, § 11 Rn. 69; a. A. *BAG* vom 23. 12. 1966, BB 1967, 207: Divisor 78 auch in der Fünftagewoche). **11**

Die Berechnungsformel zur Umrechnung der Anzahl der Urlaubstage von Werktagen in Arbeitstage und der Fünftelung des Wochenverdienstes in der Fünftagewoche entspricht ebenso der **werktageweisen** Gewährung des Urlaubs und ist deshalb mit § 3 ohne weiteres in Einklang zu bringen (vgl. hierzu auch *BAG* vom 22. 6. 1956, BB 1956, 785 bezüglich tariflicher Berechnungsnormen; a. A. *GK-BUrlG/Stahlhacke*, § 11 Rn. 83, der meint, die Fünftelung finde keine hinreichende Stütze im Gesetz). **12**

Soweit der Arbeitnehmer in einem **festen Monatsgehalt** steht, ist als Bezugsgröße sein vierteljährlicher Arbeitsverdienst, also die Vergütung für einen Zeitraum von drei Monaten zugrundezulegen. Bei 52 Wochen im Jahr (= 12 Monate) entsprechen somit die vom Gesetz genannten dreizehn Wochen genau einem Zeitraum von drei Monaten (= einem Quartal): **13**

52 Wochen = 12 Monate = vier Quartale = ein Jahr, also 13 Wochen = 3 Monate = ein Quartal = 1/4 Jahr.

Bei **extrem schwankendem Verdienst**, zB bei arbeitnehmerähnlichen Personen, kann von einem Bezugszeitraum von einem Jahr ausgegangen werden (*BAG* vom 30. 7. 1975, BB 1975, 1578).

Teilzeitbeschäftigten Arbeitnehmern erwächst ein Urlaubsanspruch in derselben Höhe wie vollzeitbeschäftigten Arbeitnehmern (vgl. auch die Kommentierung zu § 3 Rn. 4 f.). Damit erlangen auch teilzeitbeschäftigte Arbeitnehmer einen jährlichen Mindesturlaubsanspruch von 24 Werktagen, also vier Wochen. Teilzeitbeschäftigte müssen sich jedoch auch diejenigen Werktage auf den Urlaub anrechnen lassen, an denen sie nicht arbeiten (*BAG* vom 27. 1. 1987, BB 1987, 1672). Um die „echten" Urlaubstage eines teilzeitbeschäftigten Arbeitnehmers zu ermitteln, muß **14**

§ 11 *Urlaubsentgelt*

daher die Anzahl der von ihm geleisteten Arbeitstage zu den Arbeitstagen der Vollzeitarbeitnehmer in Relation gesetzt werden. Der Arbeitgeber ist verpflichtet, dem teilzeitbeschäftigten Arbeitnehmer die „echten" Urlaubstage zu bezahlen, so daß also diejenigen Tage, an denen der Teilzeitbeschäftigte ohnehin nicht arbeitet, während des Urlaubs auch nicht vergütet werden.

15 Wird ein teilzeitbeschäftigter Arbeitnehmer unter Verletzung des arbeitsrechtlichen **Gleichbehandlungsgrundsatzes** oder unter Verstoß gegen Art. 1 § 2 Abs. 1 BeschFG gegenüber vollzeitbeschäftigten Arbeitnehmern unterschiedlich vergütet, richtet sich sein Urlaubsentgelt nach dem anteiligen üblichen Arbeitsverdienst eines vollzeitbeschäftigten Arbeitnehmers. Entsprechendes gilt, wenn ein teilzeitbeschäftigter Arbeitnehmer unter Verletzung des arbeitsrechtlichen Gleichbehandlungsgrundsatzes gegenüber anderen teilzeitbeschäftigten Arbeitnehmern unterschiedlich vergütet wird (*BAG* vom 24. 10. 1989, BB 1990, 1414).

16 So kann die Vergütungsabrede eines **teilzeitbeschäftigten Lehrers** im Angestelltenverhältnis wegen Verstoßes gegen Art. 1 § 2 Abs. 1 BeschFG 1985 (BGBl. 710, geänd. durch Gesetz vom 22. 12. 1989, BGBl. I, 2406) unwirksam sein, wenn kein Anspruch auf ein **Urlaubsgeld** besteht, das der Arbeitgeber den vollzeitbeschäftigten Lehrern zahlt. Insoweit kann der teilzeitbeschäftigte Lehrer verlangen, daß ihm ein anteiliges Urlaubsgeld als übliche Vergütung iSv § 612 BGB zumindest dann gezahlt wird, wenn der Umfang der vereinbarten Arbeitszeit es regelmäßig ausschließt, daß der teilzeitbeschäftigte Lehrer in einem weiteren Arbeitsverhältnis eine vergleichbare vollzeitbeschäftigten Arbeitnehmern zustehende Leistung verdienen kann (*BAG* vom 15. 11. 1990, BB 1991, 981; in dem entschiedenen Fall betrug der Umfang der vereinbarten Arbeitszeit des teilzeitbeschäftigten Lehrers 11/23 der vollen betriebsüblichen Arbeitszeit).

17 Sofern der nebenberuflich teilzeitbeschäftigte Arbeitnehmer im Hauptberuf eine selbständige Tätigkeit ausübt, stellt dies keinen sachlichen Grund iSv Art. 1 § 2 Abs. 1 BeschFG 1985 dar, ihn bezüglich seiner Arbeitsvergütung einschließlich eines Urlaubsgeldes anders als die Vollzeitkräfte zu behandeln (*LAG Düsseldorf* vom 5. 4. 1991, LAGE § 2 BeschFG 1985 Nr. 7).

18 Vereinbaren die Arbeitsvertragsparteien, daß sich die Arbeitspflicht einer Arbeitnehmerin im **Reinigungsdienst** an einer Schule auf die Schultage und die während der **Ferienzeit** anfallende sog. Grundreinigung beschränkt, kann der Arbeitnehmerin in der übrigen Ferienzeit, also an denjenigen Tagen der Schulferien, an denen die Arbeitnehmerin – von der Grundreinigung abgesehen – keine Arbeitspflicht hatte, Urlaub nicht gewährt werden. Damit erlangt die Arbeitnehmerin an diesen Tagen auch keinen Anspruch auf Urlaubsentgelt (*BAG* vom 19. 4. 1994, BB 1994,

1569 f.). Da der Arbeitgeber nach stRspr des BAG (*BAG* vom 13. 5. 1982, BB 1982, 2111; *BAG* vom 8. 3. 1984, BB 1984, 1618) Urlaub dadurch gewährt, daß er den Arbeitnehmer von seinen Arbeitspflichten aus dem Arbeitsvertrag befreit, bedeutet dies, daß der Arbeitnehmer Urlaub in der Weise erhält, daß er für Zeiträume, in denen er zur Arbeit verpflichtet ist, freigestellt wird. Damit kann Urlaub nicht zu einer Zeit gewährt werden, in der der Arbeitnehmer nicht zur Arbeitsleistung verpflichtet ist (*BAG* vom 19. 4. 1994, BB 1994, 1569 [1570]; vgl. auch die Kommentierung zu § 3).

Zur Verdeutlichung sei zur Berechnung der Urlaubsvergütung eines teilzeitbeschäftigten Arbeitnehmers folgendes **Beispiel** genannt: Der Arbeitnehmer ist drei Tage pro Woche in einem Betrieb beschäftigt, in dem die Vollzeitarbeitnehmer fünf Tage in der Woche arbeiten. Der jährliche Urlaubsanspruch des Teilzeitarbeitnehmers beträgt 30 Werktage. Der Arbeitgeber ist verpflichtet, den Teilzeitarbeitnehmer an diesen 30 Werktagen von der Arbeit freizustellen, in der Fünftagewoche also an genau sechs Wochen im Jahr. Die Urlaubsvergütung indessen ist nur für diejenigen Tage zu zahlen, an denen der Teilzeitarbeitnehmer innerhalb des Sechswochenzeitraumes auch gearbeitet hätte, nämlich an 18 Tagen. Es gilt folgende **Berechnungsformel**: **19**

30 Urlaubstage : 5 x 3 = 18 anteilig zu bezahlende Urlaubstage

oder

6 Wochen x 3 Arbeitstage = 18 anteilig zu bezahlende Urlaubstage

Zu berücksichtigen sind **alle Arbeitstage** (*BAG* vom 9. 12. 1965, AP Nr. 5 zu § 11 BUrlG). Unzulässig ist es, solche Tage, an denen nur verkürzt gearbeitet worden ist, zusammenzuziehen, weil dies dem Referenzprinzip widerspricht (*BAG* vom 9. 5. 1966, BB 1966, 900). **20**

III. Berücksichtigungsfähige Vergütungsbestandteile

1. Verdiensterhöhungen im Berechnungszeitraum oder während des Urlaubs

Verdiensterhöhungen nicht nur vorübergehender Natur, die während des Berechnungszeitraums von 13 Wochen oder während des Urlaubs eintreten, sind bei Berechnung des Urlaubsentgelts zu berücksichtigen und dem festen Vergütungsanteil hinzuzurechnen. Hierunter fallen in erster Linie zugesagte Lohn- bzw. Gehalts- und Tariflohnerhöhungen. Sofern die Tariflohnerhöhung erst nach dem Urlaub rückwirkend erfolgt, muß die Erhöhung des Urlaubsentgelts nachträglich durchgeführt werden (*Dersch/Neumann*, § 11 Rn. 14). Tritt eine Erhöhung allerdings erst **21**

§ 11 *Urlaubsentgelt*

während des Urlaubs mit ex-nunc-Wirkung ein, wirkt sie sich auch erst ab diesem Zeitpunkt auf das Urlaubsentgelt aus (überw. M.; vgl. *Dersch/ Neumann*, mwN).

22 Hat der Arbeitnehmer im Bezugszeitraum **Mehrarbeit** geleistet, die Vergütung hierfür aber gem. einer Betriebsvereinbarung erst zu einem späteren Zeitpunkt erhalten, ist die Mehrarbeitsvergütung bei der Berechnung des Urlaubsentgelts nicht zu berücksichtigen. Maßgeblich sind damit immer die im Berechnungszeitraum tatsächlich ausgezahlten Beträge (*BAG* vom 1. 10. 1991, BB 1992, 143). Mehrarbeit, die der Arbeitnehmer im Bezugszeitraum vor Beginn des Urlaubs nicht in jedem Monat geleistet hat, ist nach § 66 Abs. 2 MTV Angestellte des Rheinisch-Westfälischen Steinkohlebergbaus bei Ermittlung des Urlaubsentgelts ebenfalls nicht zu berücksichtigen (*BAG* vom 23. 6. 1992, BB 1992, 2152). Entsprechend ist bei nicht tarifgebundenen Arbeitnehmern zu verfahren.

2. Verdienstkürzungen im Berechnungszeitraum

23 **Verdienstkürzungen**, die im Berechnungszeitraum infolge von Kurzarbeit, Arbeitsausfällen oder unverschuldeter Arbeitsversäumnis eintreten, bleiben gem. § 11 Abs. 1 S. 3 für die Berechnung des Urlaubsentgelts außer Betracht. Fallen jedoch Zuschläge im Berechnungszeitraum als **mittelbare Folge von Kurzarbeit** weg, ist eine Minderung des Urlaubsentgelts möglich (*BAG* vom 27. 6. 1978, AP Nr. 15 zu § 11 BUrlG). Das BAG sieht es des weiteren als zulässig an, wenn tarifvertraglich vorgesehen ist, daß Zeiten von Kurzarbeit das Urlaubsentgelt vermindern, sofern ein Ausgleich für den Arbeitnehmer dadurch herbeigeführt wird, daß er durch zusätzliche Gewährung eines Urlaubs**geldes** (vgl. die Kommentierung zu § 11 Rn. 1) letztlich eine höhere Urlaubsvergütung erlangt, als er ohne Berücksichtigung der Kurzarbeit erhalten hätte (*BAG* vom 13. 11. 1986, BB 1987, 828; *BAG* vom 27. 1. 1987, DB 1987, 1363).

24 Unter **sonstigen Arbeitsausfällen** sind alle Zeiträume gemeint, in denen der Arbeitnehmer aus Gründen nicht arbeiten kann, die in der **Sphäre des Arbeitgebers** liegen. Hierzu zählen nicht nur Zeiten von Rohstoff- oder Energiemangel, sondern auch Betriebsfeiern und -ferien (*Dersch/ Neumann*, § 11 Rn. 53). Solche Zeiten stellen jedoch nur dann Arbeitsausfälle iSv § 11 Abs. 1 S. 3 dar, wenn der Arbeitnehmer insoweit keine Vergütung erhält. Da der Arbeitgeber allerdings für die genannten Zeiten idR den Ausfall der Vergütung des Arbeitnehmers nach den allgemeinen Grundsätzen über das **Betriebs- und Wirtschaftsrisiko** zu tragen hat, wird § 11 Abs. 1 S. 3 hier regelmäßig unanwendbar sein. Ihren eigentlichen Anwendungsbereich erfährt die Vorschrift deshalb im Falle von **Volksfesten, außerordentlichen Betriebsversammlungen**, Streiks und **Aussperrungen** (*Dersch/Neumann*, § 11 Rn. 54 f.).

Der **rechtmäßige Streik** während des Berechnungszeitraums mindert 25
das Urlaubsentgelt nicht und ist somit der unverschuldeten Arbeitsversäumnis gleichzusetzen (*GK-BUrlG/Stahlhacke,* § 11 Rn. 62). Insbesondere wird ein bewilligter Urlaub nicht dadurch unterbrochen, daß während des Urlaubs des Arbeitnehmers der Betrieb des Arbeitgebers bestreikt wird. Der Arbeitgeber bleibt in einem solchen Fall zur Zahlung des Urlaubsentgelts auch während der Streiktage verpflichtet (*BAG* vom 9. 2. 1982, BB 1982, 993). Nicht eindeutig zu beantworten ist die Frage, wie es sich bei einem **rechtswidrigen Streik** verhält. Das BAG hat diese Frage – soweit ersichtlich – noch nicht entschieden. Das Schrifttum steht mehrheitlich zu Recht auf dem Standpunkt, daß die Verdienstkürzung im Berechnungszeitraum, die auf einen rechtswidrigen Streik zurückzuführen ist, auch eine Kürzung des Urlaubsentgelts zur Folge hat (vgl. nur *GK-BUrlG/Stahlhacke,* § 11 Rn. 63 mwN; a. A. *Dersch/Neumann,* § 11 Rn. 54, der Zeiten des Arbeitskampfes generell nicht in die Berechnung des Urlaubsentgelts einbeziehen will). **Aussperrungen** im Berechnungszeitraum haben keinen Einfluß auf die Berechnung des Urlaubsentgelts (überw. M.; vgl. nur *GK-BUrlG/Stahlhacke,* § 11 Rn. 66 mwN).

Schließlich bleibt gem. § 11 Abs. 1 S. 3 die individuelle **unverschuldete** 26
Arbeitsversäumnis im Berechnungszeitraum außer Betracht (*BAG* vom 21. 5. 1970, BB 1970, 925). Die Frage des Verschuldens richtet sich nach § 616 BGB. Nicht jedwede Fahrlässigkeit gegen sich selbst ist ausreichend. Erforderlich ist vielmehr, daß der Arbeitnehmer in grober Weise gegen das von einem verständigen Menschen zu erwartende Verhalten verstoßen hat (*BAG* vom 30. 3. 1988, BB 1988, 1464; *Dersch/Neumann,* § 11 Rn. 56). Fälle unverschuldeter Arbeitsversäumnis liegen zB vor bei gerichtlicher Vorladung als Zeuge vor oder Beisitzer an einem Gericht, Anordnung des persönlichen Erscheinens einer Partei in einem Zivilprozeß, normalen Sportunfällen, Sonderurlaub (*BAG* vom 21. 5. 1970, BB 1970, 925; vgl. auch *Dersch/Neumann,* § 11 Rn. 57 f.). Liegt hingegen der Fall einer **verschuldeten Arbeitsversäumnis** vor, sind daraus resultierende Verdienstkürzungen bei der Berechnung des Urlaubsentgelts einzubeziehen. Hierbei handelt es sich zB um Bummelzeiten, Freiheitsstrafen, Sportunfälle, wenn alle Regeln sportlicher Übungen außer Acht gelassen worden sind, Verkehrsunfälle wegen Alkoholgenusses (*Dersch/Neumann,* § 11 Rn. 59).

3. Zum Arbeitsentgelt zählende Bezüge

Bei der Höhe des Urlaubsentgeltanspruchs sind seitens des Arbeitgebers 27
alle Vergütungsbestandteile zu berücksichtigen, auf die der Arbeitnehmer einen Anspruch aus § 611 Abs. 1 BGB hat. Danach sind – neben der eigentlichen **Vergütung** (Gehalt, Lohn) – folgende **Verdienstbestandteile** zu berücksichtigen:

§ 11 *Urlaubsentgelt*

28 **Vermögenswirksame Leistungen** sind, sofern die entsprechende Festlegung auch in der Urlaubszeit erfolgt, auch im Urlaub weiterzugewähren, allerdings ohne Berücksichtigung der Sparzulage (zur Rechtsnatur der Arbeitnehmersparzulage vgl. *BAG* vom 23. 7. 1976, BB 1976, 1464; a. A. *GK-BUrlG/Stahlhacke,* § 11 Rn. 16). Unerheblich ist, ob es sich insoweit um Bestandteile des vereinbarten Arbeitsverdienstes handelt oder ob die vermögenswirksamen Leistungen zusätzlich zur Vergütung aufgrund Tarifvertrages, Betriebsvereinbarung oder Einzelarbeitsvertrages gezahlt werden. Daher sind vermögenswirksame Leistungen, die im Berechnungszeitraum gezahlt worden sind, bei der Berechnung des Urlaubsentgelts nicht nochmals zu berücksichtigen (*BAG* vom 17. 1. 1991, BB 1991, 1412).

29 Berücksichtigungspflichtig sind des weiteren alle **leistungsabhängigen Entlohnungsarten**, zB Akkordlohn, Leistungszulagen, Gewinnprämien (*Dersch/Neumann,* § 11 Rn. 17 ff.) Abzustellen ist dabei stets auf die abgerechneten bzw. abrechenbaren 13 Wochen (überw. M.; vgl. *GK-BUrlG/Stahlhacke,* § 11 Rn. 20).

30 Zu berücksichtigen sind auch **Provisionen**, und zwar für reine Provisionsgehälter wie auch für Provisionen, die neben einem Grundgehalt oder einem sonstigen Fixum geschuldet werden. Anzurechnen sind die **fälligen Provisionen im Bezugszeitraum**, auch wenn sie auf Geschäfte zurückzuführen sind, die schon vorher vermittelt wurden. Dagegen sind solche Provisionen nicht berücksichtigungsfähig, die im Urlaub fällig werden, selbst dann, wenn sie auf Geschäfte zurückgehen, die im Berechnungszeitruam vermittelt worden waren (*Dersch/ Neumann,* § 11 Rn. 26; *GK-BUrlG/Stahlhacke,* § 11 Rn. 23, 26). Ausgenommen sind sog. Super- oder Fremdprovisionen, die der Arbeitnehmer für Geschäfte erhält, die von Dritten vermittelt werden (*BAG* vom 5. 2. 1970, BB 1970, 581).

31 **Zulagen und Zuschläge**, die nicht lediglich einen gesonderten Aufwand ersetzen sollen, zB Verheirateten-/ Kinderzuschlag, Erschwerniszuschlag u. ä. (*BAG* vom 9. 12. 1965, BB 1966, 164), sind ebenfalls zu berücksichtigen. Werden einem Arbeitnehmer neben der regulären Arbeitsvergütung **Zeitzuschläge für Nachtarbeit** gezahlt, müssen auch diese in das Urlaubsentgelt, das für den gesetzlichen Urlaub zu zahlen ist, eingerechnet werden (*BAG* vom 12. 1. 1989, BB 1989, 1968 unter Aufgabe der früheren Rspr. vom 8. 10. 1981, DB 1982, 911). Eine hiervon abweichende Regelung verstieße hinsichtlich des gesetzlichen Mindesturlaubsanspruches gegen die unabdingbare Verpflichtung des Arbeitgebers aus § 1, dem Arbeitnehmer die Vergütung während des Urlaubs weiterzuzahlen, und wäre deshalb nach dem Unabdingbarkeitsgrundsatz aus § 13 Abs. 1 iVm. § 134 BGB unwirksam (*BAG* vom 12. 1. 1989, aaO).

Zu berücksichtigen ist **Naturallohn**, also **Sachbezüge**, zB Kost, 32
Heizung, Beleuchtung, auch wenn diese während des Urlaubs nicht
weitergewährt werden. Dann sind gem. § 11 Abs. 1 S. 4 solche Sachbezüge für die Dauer des Urlaubs angemessen in bar abzugelten.

Berücksichtigungspflichtig sind **Überstundenvergütungen**, die während des Berechnungszeitraumes angefallen sind, egal ob sie auch 33
während des Urlaubs angefallen wären. Auf eine regelmäßige Zahlung
kommt es also nicht an (*BAG* vom 8. 6. 1977, BB 1977, 1605).

Auch bei **Bedienungsprozenten**, die im Gaststättengewerbe als Entlohnung üblich sind, ist auf den tatsächlichen Arbeitsverdienst im Bezugszeitraum abzustellen. Dies gilt ebenso bei einer Entlohnung nach dem 34
sog. **Troncsystem** (gemeinsame Bedienungsgeldkasse). **Trinkgelder**
gehören dagegen nicht zum Urlaubsentgelt, es sei denn, daß insoweit ein
Anspruch gegenüber dem Arbeitgeber besteht, was aber nicht die Regel
darstellen dürfte (*Dersch/Neumann*, § 11 Rn. 29).

Die den **Lizenzspielern der Bundesliga** gewährten Einsatz- und Spiel- 35
(Punkt)prämien sind bei der Berechnung des Urlaubsentgelts für den
gesetzlichen Urlaub nach § 11 BUrlG zu berücksichtigen. Hierbei
handelt es sich um einen Teil der Arbeitsvergütung, die der Berufsfußballspieler vom Arbeitgeber als Gegenleistung für seine Arbeitstätigkeit erhält. Unerheblich ist hierbei, ob der Arbeitnehmer diese Prämie
regelmäßig erhält oder ob die Prämie ihrer Höhe nach schwankend ist
(stRspr des BAG; vgl. jüngst *BAG* vom 24. 11. 1992, BB 1993, 584).

Demgegenüber bleiben die nachstehend erwähnten Vergütungsbestand- 36
teile regelmäßig bei der Berechnung des Urlaubsentgelts **außer Ansatz**:

Gewinn- und Umsatzbeteiligungen, insbesondere in Form von sog. 37
Tantiemen sind zwar Arbeitsverdienst, bleiben aber für die Berechnung
des Urlaubsentgelts ohne Berücksichtigung, selbst dann, wenn sie im
Berechnungszeitraum gezahlt worden sind (allg. M.; vgl. *BAG* vom
14. 3. 1966, BB 1966, 662; *Dersch/Neumann*, § 11 Rn. 33; *GK-BUrlG/
Stahlhacke*, § 11 Rn. 40). Derartige arbeitgeberseitige Zahlungen werden
nicht für eine konkrete Arbeitsleistung des Arbeitnehmers entrichtet,
sondern sollen regelmäßig eine Gesamtleistung des Arbeitnehmers für
ein bestimmtes Jahr abgelten, in dem der Urlaub ohnehin bereits enthalten ist. Im Falle einer Berücksichtigung solcher Leistungen käme es
ansonsten zu einer Doppelleistung an den Arbeitnehmer (hM; vgl.
GK-BUrlG/Stahlhacke, § 11 Rn. 40 mwN).

Auch **Gratifikationen und sonstige einmaligen Zuwendungen**, die aus 38
einem bestimmten Anlaß heraus gezahlt werden (Abschluß-, Weihnachts-, Treuegratifikation), werden bei der Berechnung des Urlaubsentgelts nicht berücksichtigt. Solche arbeitgeberseitige Leistungen
werden – wie etwa Tantiemenzahlungen – auch für den Zeitraum des

Urlaubs gewährt und können sich deshalb nicht ein weiteres Mal auf die Urlaubsvergütung erhöhend auswirken (allg. M.; vgl. *Dersch/Neumann,* § 11 Rn. 33, 75).

39 Fernerhin finden bei der Berechnung der Urlaubsvergütung solche **Zulagen** und **Zuschläge** zur Arbeitsvergütung keine Berücksichtigung, die einen bestimmten **Aufwand** abgelten sollen (**Aufwandsentschädigungen**), wie zB Fahrtkostenersatz u. ä. (*LAG Schleswig-Holstein* vom 14. 8. 1991, DB 1992, 584 [LS]). Solche Entschädigungen gelten allgemein nicht als Bestandteil des Arbeitsentgelts (*BAG* vom 15. 6. 1983, AP Nr. 12 zu § 2 LFZG). Erhält der Arbeitnehmer aufgrund tarifvertraglicher Regelungen eine **Wegegeldentschädigung** dafür, daß er bei geteilten Diensten mehrmals am Tage den Weg von und zur Arbeitsstätte zurücklegen muß, handelt es sich bei dieser arbeitgeberseitigen Leistung nicht um Arbeitsentgelt, sondern um eine Zahlung, die einen Mehraufwand aus Anlaß der Arbeit ausgleicht, und die bei der Berechnung des Urlaubsentgelts nicht zu berücksichtigen ist (*LAG Schleswig-Holstein* vom 14. 8. 1991, LAGE § 11 BUrlG Nr. 3). **Einmalige tarifliche Ausgleichszahlungen** sind allerdings dann für die Berechnung der Urlaubsvergütung zu berücksichtigen, wenn sie wegen ihrer zeitlichen Zuordnung dem Arbeitsentgelt des Arbeitnehmers im Bezugszeitraum hinzuzurechnen sind (*BAG* vom 21. 7. 1988, BB 1988, 2391).

40 **Bezahlte Arbeitspausen** iSv § 4 Nr. 5 MTV Metall NRW sind bei der Berechnung der Urlaubsvergütung nach § 16 Nr. 1a MTV Metall NRW nicht als geleistete Arbeitszeit zu berücksichtigen, weil sie als Zeiten der Arbeitsunterbrechung betrachtet werden (*BAG* vom 31. 1. 1991, BB 1991, 1419). Zur Berechnung des Urlaubsentgelts von **Fußballlizenzspielern** vgl. *LAG Baden-Württemberg* vom 20. 9. 1991, LAGE § 11 BUrlG Nr. 6; *LAG Saarland* vom 23. 10. 1991, LAGE § 11 BUrlG Nr. 5.

IV. Zahlung vor Urlaubsantritt

41 Das Urlaubsentgelt ist gem. § 11 Abs. 2 **vor Antritt** des Urlaubs auszuzahlen, und zwar unabhängig davon, ob die reguläre Vergütung ebenfalls fällig ist (krit. *Hohn,* BB 1990, 492, der die Regelung des § 11 Abs. 2 einen „Anachronismus" nennt). Diese Regelung gilt sowohl für das Urlaubsentgelt, das sich auf den gesetzlichen Mindesturlaub bezieht, als auch für denjenigen Teil, der etwaigen Mehrurlaub betrifft. Die Regelung gilt auch für ein etwaig vertraglich gesondert geschuldetes zusätzliches Urlaubsgeld (vgl. schon oben § 11 Rn. 2). § 11 Abs. 2 stellt eine **gesetzliche Abänderung der Fälligkeitsregel** des § 614 BGB dar (*GK-BUrlG/Stahlhacke,* § 11 Rn. 88). Soweit die Auszahlung des Urlaubsentgelts und/oder -gelds durch den Arbeitgeber nicht rechtzeitig erfolgt, gerät er in **Verzug** mit der Folge, daß er für einen aus der Verspätung resultierenden etwaigen Schaden des Arbeitnehmers haftbar ist (*BAG* vom 18. 12. 1986, NZA 1987, 633). Einer Zahlungsaufforderung durch den Arbeitnehmer oder einer Mahnung bedarf es nicht. Die rechtswirksame Leistung des Urlaubsentgelts erfordert, daß die Zahlung in bestimmter und vom sonstigen Arbeitsentgelt abgrenzbarer und unterscheidbarer Weise erfolgt. Weichen die Arbeitsvertragsparteien hiervon ab, hat die Zahlung regelmäßig keine schuldbefreiende Wirkung (*BAG* vom 3. 11. 1965, BB 1966, 247). Voraussetzung für die Wirksamkeit der Urlaubserteilung ist allerdings die vorherige Zahlung des Urlaubsentgelts nicht. Zahlt der Arbeitgeber das Urlaubsentgelt nicht rechtzeitig an den Arbeitnehmer aus, treten lediglich die oben schon beschriebenen Verzugsfolgen ein (*BAG* vom 18. 12. 1986, NZA 1987, 633).

§ 11 Abs. 2 ist entgegen einer verbreiteten Auffassung durch Tarifvertrag **42 abänderbar** (a. A. zB *Dersch/Neumann,* § 11 Rn. 80, wonach die Regelung zwingend sei; wohl auch *GK-BUrlG/Stahlhacke,* § 11 Rn. 88). Zwar handelt es sich bei § 11 um eine nähere Ausgestaltung der Kernvorschrift des § 1 insofern, als § 11 den Berechnungsmodus für den Grundsatz beinhaltet, daß Erholungsurlaub ohne gleichzeitige Bezahlung undenkbar ist. Dies hindert aber die Tarifvertragsparteien nicht daran, abweichend von § 11 Abs. 2, bei dem es sich richtigerweise um eine von § 614 BGB abweichende Fälligkeitsvorschrift handelt (so zutreffend *GK-BUrlG/Stahlhacke,* § 11 Rn. 88), einen anderen Fälligkeitszeitpunkt im dem Sinne zu vereinbaren, daß auch das Urlaubsentgelt im Turnus der regulären Vergütungszahlung fällig wird. Mit einer solchen tariflichen Regelung würde die Kernvorschrift des § 1 (vgl. § 13 Abs. 1 S. 1) nicht tangiert. Die hier vertretene Auffassung steht zudem im Einklang mit der neueren Rechtsprechung des BAG, wonach die vorherige Zahlung der Urlaubsvergütung keine Wirksamkeitsvoraussetzung für die Urlaubsbewilligung selbst darstellt (vgl. *BAG* vom 18. 12. 1986, NZA 1987, 633 und oben § 11 Rn. 18). Bezüglich des vertraglichen Mehrurlaubs und etwaiger Sonderleistungen des Arbeitgebers, die über den gesetzlichen Mindesturlaub hinausgehen, wie zB Zahlung von Urlaubsgeld, dürften ohnehin von § 11 Abs. 2 abweichende Vereinbarungen unproblematisch sein.

Zwar kann gem. § 5 Abs. 3 zuviel gezahltes Urlaubsentgelt nicht vom **43** Arbeitnehmer zurückgefordert werden, jedoch betrifft diese Regelung den Fall, daß der Arbeitnehmer mehr Urlaub erhalten hatte, als ihm bei seinem Ausscheiden aus dem Arbeitsverhältnis zustand (vgl. die Kommentierung zu § 5). Zahlt der Arbeitgeber dem Arbeitnehmer jedoch irrtümlich zuviel Urlaubsentgelt aus, kann dies nach den bereicherungsrechtlichen Vorschriften der §§ 812 ff. BGB zurückgefordert werden.

§ 12
Urlaub im Bereich der Heimarbeit

Für die in Heimarbeit Beschäftigten und die ihnen nach § 1 Abs. 2 Buchstabe a des Heimarbeitsgesetzes Gleichgestellten, für die die Urlaubsregelung nicht ausdrücklich von der Gleichstellung ausgenommen ist, gelten die vorstehenden Bestimmungen mit Ausnahme der §§ 4 bis 6, 7 Abs. 3 und 4 und § 11 nach Maßgabe der folgenden Bestimmungen:

1. Heimarbeiter (§ 1 Abs. 1 Buchstabe a des Heimarbeitsgesetzes) und nach § 1 Abs. 2 Buchstabe a des Heimarbeitsgesetzes Gleichgestellte erhalten von ihrem Auftraggeber oder, falls sie von einem Zwischenmeister beschäftigt werden, von diesem bei einem Anspruch auf 24 Werktage ein Urlaubsentgelt von 9,1 vom Hundert des in der Zeit vom 1. Mai bis zum 30. April des folgenden Jahres oder bis zur Beendigung des Beschäftigungsverhältnisses verdienten Arbeitsentgelts vor Abzug der Steuern und Sozialversicherungsbeiträge ohne Unkostenzuschlag und ohne die für den Lohnausfall an Feiertagen, den Arbeitsausfall infolge Krankheit und den Urlaub zu leistenden Zahlungen.

2. War der Anspruchsberechtigte im Berechnungszeitraum nicht ständig beschäftigt, so brauchen unbeschadet des Anspruches auf Urlaubsentgelt nach Nummer 1 nur so viele Urlaubstage gegeben zu werden, wie durchschnittliche Tagesverdienste, die er in der Regel erzielt hat, in dem Urlaubsentgelt nach Nummer 1 enthalten sind.

3. Das Urlaubsentgelt für die in Nummer 1 bezeichneten Personen soll erst bei der letzten Entgeltzahlung vor Antritt des Urlaubs gezahlt werden.

4. Hausgewerbetreibende (§ 1 Abs. 1 Buchstabe b des Heimarbeitsgesetzes) und nach § 1 Abs. 2 Buchstabe b und c des Heimarbeitsgesetzes Gleichgestellte erhalten von ihrem Auftraggeber oder, falls sie von einem Zwischenmeister beschäftigt werden, von diesem als eigenes Urlaubsentgelt und zur Sicherung der Urlaubsansprüche der von ihnen Beschäftigten einen Betrag von 9,1 vom Hundert des an sie ausgezahlten Arbeitsentgelts vor Abzug der Steuern und Sozialversicherungsbeiträge ohne Unkostenzuschlag und ohne die für den Lohnausfall an Feiertagen, den Arbeitsausfall infolge Krankheit und den Urlaub zu leistenden Zahlungen.

5. Zwischenmeister, die den in Heimarbeit Beschäftigten nach § 1 Abs. 2 Buchstabe d des Heimarbeistgesetzes gleichgestellt sind, haben gegen ihren Auftraggeber Anspruch auf die von ihnen nach den Nummern 1 und 4 nachweislich zu zahlende Beträge.

Urlaub im Bereich der Heimarbeit § **12**

6. Die Beträge nach den Nummern 1, 4 und 5 sind gesondert im Entgeltbeleg auszuweisen.

7. Durch Tarifvertrag kann bestimmt werden, daß Heimarbeiter (§ 1 Abs. 1 Buchstabe a des Heimarbeitsgesetzes), die nur für einen Auftraggeber tätig sind und tariflich allgemein wie Betriebsarbeiter behandelt werden, Urlaub nach den allgemeinen Urlaubsbestimmungen enthalten.

8. Auf die in Nummern 1, 4 und 5 vorgesehenen Beträge finden die §§ 23 bis 25, 27 und 28 und auf die in den Nummern 1 und 4 vorgesehenen Beträge außerdem § 21 Abs. 2 des Heimarbeitsgesetzes entsprechende Anwendung. Für die Urlaubsansprüche der fremden Hilfskräfte der in Nummer 4 genannten Personen gilt § 26 des Heimarbeitsgesetzes entsprechend.

Übersicht

	Rn.		Rn.
I. Allgemeines	1	IV. Entgeltberechnung	8
II. Gewerbetreibende, Zwischenmeister, Heimarbeiter, Hausgewerbetreibende und Gleichgestellte	2 – 5	1. Bezugszeitraum	9
		2. Höhe des Urlaubsentgelts	10 – 12
		3. Fälligkeit des Urlaubsentgelts	13
		4. Hausgewerbetreibende	14
		5. Zwischenmeister	15
III. Geltungsbereich	6 – 7	6. Entgeltbelege	16
		7. Abweichende Bestimmungen	17
		8. Entgeltsicherung	18

I. Allgemeines

Heimarbeiter, Hausgewerbetreibende und die ihnen **Gleichgestellten** 1 gelten wegen der fehlenden persönlichen Abhängigkeit von ihrem Dienstgeber grundsätzlich nicht als Arbeitnehmer, sondern werden vielmehr aufgrund ihrer wirtschaftlichen Abhängigkeit zu den **arbeitnehmerähnlichen Personen** gerechnet (*Brox,* Rn. 33 f.). Dies resultiert in erster Linie aus dem Umstand, daß Heimarbeiter in selbst gewählter Arbeitsstätte tätig werden, ohne der unmittelbaren Direktionsbefugnis des Dienstgebers zu unterliegen. Für diese Personengruppe enthält zunächst das Heimarbeitsgesetz Vorschriften, insbesondere über Arbeitszeit-, Gefahren-, Entgelt- und Kündigungsschutz (vgl. §§ 10 ff. HAG). Heimarbeiter und die ihnen Gleichgestellten gelten iSd BUrlG allerdings als Arbeitnehmer (vgl. §§ 2, 12), ebenso wie iSd ArbGG (vgl. § 5 Abs. 1 S. 2 ArbGG). Jedoch bedurfte hauptsächlich die **Entgeltproblematik** für Heimarbeiter einer **Sonderregelung**. Dem trägt § 12 primär Rechnung *Dersch/Neumann,* § 12 Rn. 7). Damit hat also der Bundesgesetzgeber das gesamte Urlaubsrecht der Heimarbeiter **zusammenfassend** in § 12 **abschließend** geregelt.

II. Gewerbetreibende, Zwischenmeister, Heimarbeiter, Hausgewerbetreibende und Gleichgestellte

2 **Heimarbeiter** ist, wer in selbstgewählter Wohnung oder Betriebsstätte allein oder mit Familienangehörigen im Auftrag von **Gewerbetreibenden** oder **Zwischenmeistern** erwerbsmäßig arbeitet und die Verwertung der Arbeitsergebnisse dem Gewerbetreibenden überläßt. Beschafft der Heimarbeiter die Roh- und Hilfsstoffe selbst, wird hierdurch seine Eigenschaft als Heimarbeiter nicht beeinträchtigt (vgl. § 2 Abs. 1 HAG). Für die rechtliche Einordnung als Heimarbeiter ist – wie bei dem Arbeitnehmer auch – maßgeblich auf den nach außen verlautbarten Geschäftswillen der Parteien abzustellen, der den Inhalt des konkreten Vertrages bildet. Unerheblich ist daher eine entgegenstehende Bezeichnung der Parteien (*BAG* vom 3. 4. 1990, BB 1990, 2271; vgl. zur Arbeitnehmereigenschaft auch oben die Kommentierung zu § 2).

3 **Hausgewerbetreibender** ist, wer in selbstgewählter Wohnung oder Betriebsstätte mit nicht mehr als zwei fremden Hilfskräften oder Heimarbeitern im Auftrag von Gewerbetreibenden oder Zwischenmeistern Waren herstellt, bearbeitet oder verpackt, wobei er selbst wesentlich am Stück mitarbeitet, jedoch die Verwertung der Arbeitsergebnisse dem Gewerbetreibenden überläßt. Beschafft der Hausgewerbetreibende die Roh- und Hilfsstoffe selbst oder arbeitet er vorübergehend unmittelbar für den Absatzmarkt, wird hierdurch seine Eigenschaft als Hausgewerbetreibender nicht beeinträchtigt (§ 2 Abs. 2 HAG).

4 **Zwischenmeister** ist, wer, ohne Arbeitnehmer zu sein, die ihm von Gewerbetreibenden übertragene Arbeit an Heimarbeiter oder Hausgewerbetreibende weitergibt (§ 2 Abs. 3 HAG).

5 Den Heimarbeitern **gleichgestellt** werden können andere im Lohnauftrag arbeitende Gewerbetreibende, die infolge ihrer **wirtschaftlichen** Abhängigkeit eine ähnliche Stellung wie Hausgewerbetreibende einnehmen (vgl. zu den Voraussetzungen im einzelnen § 1 Abs. 2 lit. c), Abs. 4 S. 1 HAG). Die Gleichstellung erfolgt mittels widerruflichen begünstigenden Verwaltungsakts durch den Heimarbeitsausschuß oder die zuständige Arbeitsbehörde (vgl. § 1 Abs. 5 HAG).

III. Geltungsbereich

6 In § 12 wird das gesamte Urlaubsrecht der Heimarbeiter **abschließend** geregelt. Ausnahmeregelungen sind nicht zugelassen, sieht man einmal von § 12 Nr. 7 ab (hM; vgl. *Dersch/Neumann,* § 12 Rn. 10; *GK-BUrlG/ Stahlhacke,* § 12 Rn. 2). Für die in Heimarbeit beschäftigte Personen-

gruppe gilt grundsätzlich das BUrlG, jedoch mit Ausnahme derjenigen Vorschriften, die in § 12 ausdrücklich genannt sind. Nicht anwendbar sind also die §§ 4 bis 6, 7 Abs. 3 und 4 und § 11. Anwendbar sind somit alle übrigen Bestimmungen des BUrlG, und zwar nach Maßgabe der in § 12 Nr. 1 bis 8 genannten Modifizierungen.

Die **Urlaubsgewährung** gegenüber den in Heimarbeit Beschäftigten erfolgt wie bei sonstigen Arbeitnehmern auch dadurch, daß sie bei gleichzeitiger Zahlung des Urlaubsentgelts **von der Arbeit freigestellt** werden, was aber wegen der fehlenden persönlichen Abhängigkeit gegenüber dem Dienstgeber letztlich in der Weise geschieht, daß sie **von Aufträgen freigestellt** werden (*Dersch/Neumann*, § 12 Rn. 13; *GK-BUrlG/Stahlhacke*, § 12 Rn. 14 mwN). 7

IV. Entgeltberechnung

Die Sonderregelung des § 12 bezieht sich in erster Linie auf die **Berechnung des Urlaubsentgelts**. Zwar gilt für den Bereich der Heimarbeit grundsätzlich der Urlaubsanspruch gem. § 1 mit der Folge, daß der in Heimarbeit Beschäftigte und der Gleichgestellte denselben Urlaubsanspruch wie ein Betriebsarbeitnehmer hat. Jedoch wird das Urlaubsentgelt dieser Personengruppe nach anderen Kriterien berechnet, als dies für Betriebsarbeitnehmer gilt. § 11 wird für den Bereich der Heimarbeit somit von § 12 verdrängt. 8

1. Bezugszeitraum

Erwachsene Heimarbeiter und nach § 1 Abs. 2 lit. a) HAG Gleichgestellte erhalten gem. § 12 Nr. 1 einheitlich bei einem Urlaubsanspruch von 24 Werktagen 9,1 % der in der Zeit vom 1. Mai des Vorjahres bis zum 30. April des folgenden (also des laufenden) Jahres (das ist für Heimarbeiter das Urlaubsjahr) verdienten Arbeitsvergütung als **Urlaubsentgelt**. Mit dieser gesetzlichen Regelung sollen etwaige Schwankungen im Einkommen des Heimarbeiters ausgeglichen werden. Scheidet der Heimarbeiter aus dem Beschäftigungsverhältnis aus, ist der Zeitraum vom 1. Mai des Vorjahres bis zum Zeitpunkt des Ausscheidens zugrundezulegen (überw. M.; vgl. *GK-BUrlG/Stahlhacke*, § 12 Rn. 16 f. mwN; a. A. zu Unrecht *Dersch/Neumann*, § 12 Rn. 19, die als Urlaubsjahr den Zeitraum vom 1. Mai des laufenden Jahres bis zum 30. 4. des folgenden Jahres ansehen. Diese Ansicht dürfte aber – trotz des mißverständlichen Gesetzeswortlautes – mit Sinn und Zweck der gesetzlichen Regelung über das Urlaubsentgelt, insbesondere auch § 12 Nr. 3, nicht in Einklang zu bringen sein, weil der Heimarbeiter – wie jeder andere Betriebsarbeitnehmer auch – im vorhinein wissen muß, welche finanziellen 9

§ 12 *Urlaub im Bereich der Heimarbeit*

Mittel ihm für die Dauer der Urlaubsfreistellung zur Verfügung stehen; vgl. insoweit die zutreffende Kritik in *GK-BUrlG/Stahlhacke*, § 12 Rn. 17). Grundlage der Berechnung ist der sog. **Bruttoverdienst**, also das Arbeitsentgelt vor Abzug von Steuern und Sozialversicherungsbeiträgen. Unberücksichtigt bleiben indessen der Unkostenzuschlag, der Feiertagslohn, die Krankenvergütung und Zahlungen für Urlaub. Der Gesetzgeber hat dies bei Festlegung der Prozentsätze entprechend berücksichtigt. Die Unkostenzuschläge müssen ohnehin schon deshalb entfallen, weil der Heimarbeiter die Unkosten im Urlaub nicht hat (vgl. hierzu *GK-BUrlG/Stahlhacke*, § 12 Rn. 18). Hierbei handelt es sich vorwiegend um Zuschläge für Licht, Heizung und Fahrtkosten- bzw. sonstigen Auslagenersatz. In Abzug zu bringen sind des weiteren solche Beträge, die dem in Heimarbeit Beschäftigten für selbst beschaffte Roh- und Hilfsstoffe erstattet werden (*Dersch/Neumann*, § 12 Rn. 23). Für **Jugendliche** ist die spezialgesetzliche Regelung in § 19 Abs. 4 S. 2 JArbSchG zu beachten (vgl. hierzu *Zmarzlik/Anzinger,* § 19 Rn. 48 ff.).

2. Höhe des Urlaubsentgelts

10 Die Urlaubsentgeltberechnung für die **nicht ständig Beschäftigten** hat gem. § 12 Nr. 2 ebenfalls nach § 12 Nr. 1 zu erfolgen. Soweit allerdings ein Heimarbeiter oder Gleichgestellter im Berechnungszeitraum nicht ständig beschäftigt war, würde die Gewährung des Urlaubs und die Zahlung des Urlaubsentgelts nach § 12 Nr. 1 für die verkürzte Arbeitszeit dazu führen, daß der Anspruchsberechtigte für den gewährten Urlaub ein zu geringes Urlaubsentgelt erhielte. Um insoweit einen Ausgleich zu schaffen, bestimmt § 12 Nr. 2, daß bei Beschäftigungsverhältnissen, die nicht ständig bestanden, also nicht dauernd oder nicht gleichmäßig gewährt haben, oder bei denen Unterbrechungen erfolgt waren, nur so viele Urlaubstage gewährt werden, wie Tagesdurchschnittsverdienste in dem Urlaubsentgelt nach § 12 Nr. 1 enthalten sind. Diese Regelung ist auch auf Heimarbeiter anzuwenden, die ihre Tätigkeit im Laufe des Urlaubsjahres iSv § 12 Nr. 1 aufnehmen oder beenden (*Dersch/Neumann*, § 12 Rn. 16; *Engel*, DB 1964, 1815).

11 Zur **Ermittlung der Urlaubstage** iSv § 12 Nr. 2 ist zunächst das Arbeitsentgelt im Berechnungszeitraum des § 12 Nr. 1 zu ermitteln und hiervon unter Anwendung des Prozentsatzes das Urlaubsentgelt zu errechnen. Die Zahl der zu gewährenden Urlaubstage, an denen der Heimarbeiter also von Aufträgen freizustellen ist, erfolgt sodann in der Weise, daß der durchschnittliche Tagesverdienst ermittelt wird. Dies geschieht, indem man das Arbeitsentgelt durch die Anzahl der Arbeitstage teilt. Wird nunmehr noch das Urlaubsentgelt durch diesen Tagesdurchschnittsverdienst dividiert, erhält man die Zahl der Urlaubstage, die

Entgeltberechnung § 12

dem nicht ständig beschäftigten Heimarbeiter nach § 12 Nr. 2 iVm Nr. 1 zu bewilligen sind. **Bruchteile** von Urlaubstagen, die mindestens einen halben Tag ergeben, sind dabei auf volle Urlaubstage **aufzurunden** (vgl. hierzu auch *Dersch/Neumann*, § 12 Rn. 16; *GK-BUrlG/Stahlhacke*, § 12 Rn. 19).

Zur Veranschaulichung sei folgendes **Beispiel** angeführt: Hat ein im Berechnungszeitraum vom 1. Mai des Vorjahres bis zum 30. April des Folgejahres an 160 Arbeitstagen beschäftigter Heimarbeiter zB 36 000 DM brutto verdient, beträgt sein Urlaubsentgelt 9,1 % dieses Betrages, also 3 276 DM. Der durchschnittliche Tagesverdienst beträgt dabei 36 000 DM dividiert durch 160 Arbeitstage, mithin 225 DM. Die Anzahl der zu gewährenden Urlaubstage ergibt sich schließlich dadurch, daß das Urlaubsentgelt in Höhe von 3 276 DM durch den Tagesdurchschnittsverdienst in Höhe von 225 DM geteilt wird, was 14,56 Urlaubstage, aufgerundet folglich 15 Urlaubstage ausmacht. 12

3. Fälligkeit des Urlaubsentgelts

Gem. § 12 Nr. 3 soll das Urlaubsentgelt für die in Nr. 1 bezeichneten Personen bei der letzten Entgeltzahlung **vor** Antritt des Urlaubs ausgezahlt werden. Diese Regelung entspricht damit § 11 Abs. 2. Allerdings ist § 12 Nr. 3 ausdrücklich als **Sollvorschrift** ausgestaltet. In der Praxis hat dies dazu geführt, daß der Heimarbeiter das Urlaubsentgelt unmittelbar mit der jeweils fälligen Vergütung ausgezahlt erhält, mit der Folge, daß er sein Urlaubsentgelt selbst ansparen muß. Derartige vertragliche Regelung sind nach der Rechtsprechung zulässig (*BAG* vom 21. 1. 1965, AP Nr. 1 zu § 1 HAG). 13

4. Hausgewerbetreibende

Hausgewerbetreibende (§ 1 Abs. 1 lit. b) HAG) und ihnen nach § 1 Abs. 2 lit. b) und c) HAG **Gleichgestellte** erhalten von ihrem Auftraggeber oder Zwischenmeister 9,1 % des Bruttoarbeitsverdienstes als eigenes Urlaubsentgelt und gleichzeitig zur Sicherung der Urlaubsansprüche der von ihnen Beschäftigten ausgezahlt, und zwar **zusammen mit dem Arbeitsentgelt**, also nicht vor Urlaubsantritt. § 12 Nr. 3 bezieht sich ausdrücklich nicht auf diese Personengruppe. Da das Arbeitsentgelt der in § 12 Nr. 4 genannten Anspruchsberechtigten den Verdienst der von ihnen Beschäftigten mitumfaßt, ist damit gleichzeitig ihr Anspruch auf Erstattung dieser von ihnen ausgezahlten Urlaubsvergütungen abgegolten. Die Berechnung dieses Entgeltanspruchs erfolgt nach denselben Kriterien wie bei den Heimarbeitern nach § 12 Nr. 1 (vgl. Rn. 10 f.). Die Urlaubsdauer wird bei den Hausgewerbetreibenden nicht nach § 12 Nr. 2 vermindert (überw. M.; vgl. *Dersch/Neumann*, § 12 Rn. 29 mwN). 14

173

§ **12** *Urlaub im Bereich der Heimarbeit*

5. Zwischenmeister

15 **Zwischenmeister** haben keinen eigenen Urlaubsanspruch. Sofern sie den in Heimarbeit Beschäftigten nach § 1 Abs. 2 lit. d) HAG gleichgestellt sind, haben sie allerdings gegen ihren Auftraggeber Anspruch auf die von ihnen nach § 12 Nr. 1 bis 4 nachweislich zu zahlenden Beträge. Der Anspruch entsteht aber nicht erst dann, wenn der Zwischenmeister seinerseits bereits an den Heimarbeiter, Hausgewerbetreibenden oder Gleichgestellten gezahlt hat, sondern schon dann, wenn die Beträge zu zahlen sind. Da dieser Anspruch also von der tatsächlichen Zahlung unabhängig ist, braucht der Zwischenmeister nicht in Vorleistung zu treten (so die hL; vgl. *GK-BUrlG/Stahlhacke,* § 12 Rn. 22 mwN).

6. Entgeltbelege

16 Die Zahlungen von Urlaubsengelt nach § 12 Nr. 1, 4 und 5 müssen gesondert in **Entgeltbelegen**, die jeder, der Heimarbeit ausgibt, nach § 9 HAG auszustellen hat, ausgewiesen werden. Mit dieser Regelung soll sichergestellt werden, daß durch das Gewerbeaufsichtsamt jederzeit nachgeprüft werden kann, ob und in welcher Höhe Urlaubsentgelt gezahlt worden ist.

7. Abweichende Bestimmungen

17 In dem von § 12 Nr. 7 eng abgesteckten Rahmen räumt das Gesetz dem **Tarifvertrag** den **Vorrang** vor der abschließenden gesetzlichen Regelung des § 12 im übrigen ein. Durch Tarifvertrag kann demnach bestimmt werden, daß Heimarbeiter, die nur für einen Auftraggeber tätig sind und tariflich allgemein wie Betriebsarbeiter behandelt werden, Urlaub nach den allgemeinen Urlaubsbestimmungen erhalten (vgl. § 12 Nr. 7). Dieser Vorrang besteht nicht nur für den Tarifvertrag selbst, sondern auch für den Einzelarbeitsvertrag, der durch Bezugnahme auf den Tarifvertrag geschlossen wird (überw. M.; vgl. *Dersch/Neumann,* § 12 Rn. 32 mwN; a. A. *GK-BUrlG/Stahlhacke,* § 12 Rn. 24).

8. Entgeltsicherung

18 § 12 Nr. 8 erklärt die Bestimmungen über den **Entgeltschutz** des HAG auf das Urlaubsentgelt für anwendbar. Auf die nach § 12 Nr. 1, 4 und 5 zu zahlenden Urlaubsentgelte finden die Regelungen über die **Entgeltprüfung**, die **Aufforderung zur Nachzahlung der Minderbeträge** und die **Klagebefugnis der Länder** (§§ 23 bis 24 HAG) Anwendung. Sind also zu geringe Entgelte gezahlt worden, kann die oberste Landesbehörde oder die von ihr hierzu benannte Behörde zur Nachzahlung auffordern und eine Frist setzen (§ 24 HAG). Des weiteren kann die oberste Landes-

Entgeltberechnung § **12**

behörde die Nachzahlung von Minderbeträgen an die Berechtigten im eigenen Namen gerichtlich geltend machen (§ 25 HAG). Außerdem sind die Vorschriften über den **Pfändungsschutz** für Vergütungen, die aufgrund eines Arbeits- oder Dienstverhältnisses geschuldet werden (§ 27 HAG) und der achte Abschnitt des HAG (Auskunftspflicht über Entgelte) anwendbar. Damit ist das Urlaubsentgelt im Bereich der Heimarbeit genauso **unpfändbar** wie die Urlaubsvergütung der übrigen Betriebsarbeitnehmer. Folglich kann auch **nicht** gegen das Entgelt **aufgerechnet** werden; fernerhin ist es **nicht vererblich** (überw. M.; vgl. *Dersch/ Neumann*, § 13 Rn. 34). Weiterhin bestimmt § 12 Nr. 8 die entsprechende Anwendung des § 21 Abs. 2 HAG auf die nach § 12 Nr. 1 und 4 zu zahlenden Beträge. Damit haftet ein Auftraggeber neben dem Zwischenmeister für Entgelte, wenn er an einen Zwischenmeister eine Entgeltzahlung leistet, von der er weiß oder hätte wissen können, daß sie zur Leistung der in der Entgeltrechnung festgelegten Entgelte an die Beschäftigten nicht ausreicht, oder wenn er an einen Zwischenmeister zahlt, dessen Unzuverlässigkeit er kennt oder hätte kennen müssen. Die Urlaubsansprüche der fremden Hilfskräfte der in Nr. 4 genannten Personen unterfallen entsprechend § 26 HAG ebenfalls dem Entgeltschutz.

§ 13
Unabdingbarkeit

(1) Von den vorstehenden Vorschriften mit Ausnahme der §§ 1, 2 und 3 Abs. 1 kann in Tarifverträgen abgewichen werden. Die abweichenden Bestimmungen haben zwischen nichttarifgebundenen Arbeitgebern und Arbeitnehmern Geltung, wenn zwischen diesen die Anwendung der einschlägigen tariflichen Urlaubsregelung vereinbart ist. Im übrigen kann, abgesehen von § 7 Abs. 2 Satz 2, von den Bestimmungen dieses Gesetzes nicht zuungunsten des Arbeitnehmers abgewichen werden.

(2) Für das Baugewerbe oder sonstige Wirtschaftszweige, in denen als Folge häufigen Ortswechsels der von den Betrieben zu leistenden Arbeit Arbeitsverhältnisse von kürzerer Dauer als einem Jahr in erheblichem Umfange üblich sind, kann durch Tarifvertrag von den vorstehenden Vorschriften über die in Absatz 1 Satz 1 vorgesehene Grenze hinaus abgewichen werden, soweit dies zur Sicherung eines zusammenhängenden Jahresurlaubs für alle Arbeitnehmer erforderlich ist. Absatz 1 Satz 2 findet entsprechende Anwendung.

(3) Für den Bereich der Deutsche Bahn Aktiengesellschaft sowie einer gemäß § 2 Abs. 1 und § 3 Abs. 3 des Deutsche Bahn Gründungsgesetzes vom 27. Dezember 1993 (BGBl. I S. 2378, 2386) ausgegliederten Gesellschaft und für den Bereich der Deutschen Bundespost kann von der Vorschrift über das Kalenderjahr als Urlaubsjahr (§ 1) in Tarifverträgen abgewichen werden.

Übersicht

	Rn.		Rn.
I. Allgemeines	1 – 18	III. Deutsche Bahn AG	
II. Baugewerbe und verwandte		und Deutsche Bundespost	30
Wirtschaftszweige	19 – 29		

I. Allgemeines

1 Der in § 13 festgeschriebene **Unabdingbarkeitsgrundsatz** besagt, daß von den Bestimmungen des BUrlG grundsätzlich nur zugunsten des Arbeitnehmers abgewichen werden kann. Zwar kann durch **Tarifverträge** auch zuungunsten des Arbeitnehmers vom BUrlG abgewichen werden, jedoch sind hiervon **zwingend** die Kernvorschriften der §§ 1, 2 und 3 Abs. 1 ausgenommen. Damit hat jeder Arbeitnehmer insbesondere einen jährlichen Mindestanspruch auf Erholungsurlaub von 24 Werktagen. Im übrigen sind auch für den Arbeitnehmer ungünstigere landesrechtliche Vorschriften wirkungslos

(vgl. § 15 Abs. 2). Soweit sich in einem Einzelarbeitsvertrag eine ungünstigere urlaubsrechtliche Regelung befindet, ist diese gem. § 134 BGB nichtig. Gem. § 139 BGB bleibt der Arbeitsvertrag allerdings idR im übrigen wirksam. Dem Urlaubsanspruch gleichgestellt ist der **Abgeltungsanspruch** gem. § 7 Abs. 4, der damit ebenso unabdingbar, also der tariflichen Disposition entzogen ist (hM; vgl. nur *GK-BUrlG/Berscheid*, § 13 Rn. 9 mwN).

Unwirksam sind insbesondere **Erlaßverträge, negative Schuldanerkenntnisse** und **Ausgleichsquittungen**, wonach der Arbeitnehmer auf Urlaubsansprüche, Urlaubsentgelte oder Urlaubsabgeltung verzichtet (*BAG* vom 31. 5. 1990, BB 1990, 2046). Auf den Zeitpunkt des Verzichts kommt es dabei nicht an. Auch Ausgleichquittungen, wonach der Arbeitnehmer bei oder nach Beendigung des Arbeitsverhältnisses erklärt, keinerlei Ansprüche mehr gegen den Arbeitgeber zu haben, erfassen den **gesetzlichen Mindesturlaubsanspruch** nicht. Insbesondere erfaßt eine allgemeine Ausgleichsregelung in einem außergerichtlichen Vergleich nicht einen Urlaubsanspruch nach § 5 Abs. 1 lit. c) (*BAG* vom 31. 5. 1990, aaO). Allerdings ist lediglich ein Verzicht auf den gesetzlichen Mindesturlaub unwirksam. Auf darüber hinausgehende einzelvertragliche Urlaubsansprüche kann der Arbeitnehmer verzichten. Ergibt sich ein Mehrurlaubsanspruch aus einem Tarifvertrag, ist § 4 Abs. 4 TVG zu beachten. Soweit nach dieser Vorschrift ein Verzicht auf tarifliche Rechte in einem von den Tarifvertragspartnern gebilligten Vergleich zulässig ist, kann auch auf tarifliche Urlaubsansprüche, die über das BUrlG hinausgehen, verzichtet werden. Ist der Tarifvertrag lediglich durch Inbezugnahme im Arbeitsvertrag gem. § 13 Abs. 1 S. 2 zum Inhalt des Arbeitsverhältnisses geworden, kann auf sich daraus ergebende – gegenüber dem BUrlG höhere – Urlaubsansprüche ebenfalls verzichtet werden. 2

Ob und inwieweit **tarifliche Verfallklauseln**, die letztlich zu einer Verkürzung der Verjährungsfrist führen, zulässig sind, ist umstritten. Verfallklauseln in Tarifverträgen, wonach der Arbeitnehmer binnen einer bestimmten Frist Urlaubsansprüche geltend zu machen hat, die anderenfalls verfallen sollen, sind zulässig, soweit nicht die unabdingbaren Urlaubsansprüche betroffen sind. Gehen Urlaubsansprüche also über den unabdingbaren Teil hinaus, können sie dem Verfall unterliegen, wenn dies tariflich vereinbart worden ist. Richtigerweise muß aber dann von der Unzulässigkeit einer tariflichen Verfallklausel oder Ausschlußfrist ausgegangen werden, wenn sie sich auf den gesetzlichen Mindestanspruch, also auf die unabdingbaren Bestandteile des Urlaubsanspruchs beziehen. Soweit also in Tarifverträgen vorgesehen ist, daß „sämtliche Ansprüche aus dem Arbeitsverhältnis" verfallen, sofern sie nicht binnen einer bestimmten Frist vom Arbeitnehmer geltend gemacht werden, ist dies unzulässig (*BAG* vom 5. 4. 1984, BB 1984, 1809; *Dersch/Neumann*, § 13 Rn. 70; a. A. überw. die Literatur und Teile der Instanzgerichte, vgl. die Nachweise bei *Dersch/Neumann*, § 13 Rn. 69). 3

§ 13 *Unabdingbarkeit*

4 In **Betriebsvereinbarungen** und **Einzelarbeitsverträgen** können im übrigen Ausschlußfristen weder für tarifliche noch für gesetzliche Urlaubsansprüche bestimmt werden (*BAG* vom 5. 4. 1984, BB 1984, 1809). Verfallfristen in Betriebsvereinbarungen können allenfalls sich aus einer Betriebsvereinbarung ergebende Urlaubsansprüche betreffen, die über die gesetzlichen und tariflichen Urlaubsansprüche hinausgehen; entsprechendes gilt für Verfallfristen in Einzelarbeitsverträgen, die nur einzelvertragliche zusätzliche Urlaubsansprüche erfassen können.

5 Aus dem Unabdingbarkeitgrundsatz folgt weiterhin, daß der Urlaubsanspruch auch nicht **verwirkt** werden kann. Dies gilt nicht nur hinsichtlich des gesetzlichen Mindesturlaubs, sondern wegen der Vorschrift des § 4 Abs. 4 S. 2 TVG auch für den tariflichen Mehrurlaub (hM; vgl. statt vieler *Dersch/Neumann*, § 13 Rn. 59 mwN). Die Frage der Verwirkung von Urlaubsansprüchen dürfte allerdings im Hinblick auf die Befristung des Urlaubsanspruches auf das Urlaubsjahr und die abschließend geregelten Fälle der Übertragung auf das erste Quartal des Folgejahres gem. § 7 Abs. 3 praktisch von geringer Relevanz sein.

6 Von den Fällen der Verwirkung ist die **Einrede der Arglist bzw. unzulässigen Rechtsausübung** zu unterscheiden. Diese kann in **krassen Ausnahmefällen** erhoben werden, dann nämlich, wenn im Hinblick auf das Verhalten des Arbeitnehmers die Geltendmachung des Urlaubsanspruchs so sehr gegen das Anstandsgefühl aller billig und gerecht Denkenden vestößt, daß die Geltendmachung unzulässig ist. Nachdem die Rechtsprechung die Fälle der langandauernden Erkrankung im Urlaubsjahr der unzulässigen Rechtsausübung entzogen hat (vgl. noch im gegensätzlichen Sinne *BAG* vom 22. 6. 1956, BB 1956, 785), bleiben für eine Arglisteneinrede nur noch krasse Einzelfälle übrig, wobei die für einen Rechtsmißbrauch maßgeblichen Merkmale und Tatsachen im Einzelfall festzustellen sind (*BAG* vom 7. 11. 1985, BB 1986, 735). Ein solcher Fall kann zB vorliegen, wenn der Arbeitnehmer den Freizeitanspruch bewußt vereitelt (*BAG* vom 21. 4. 1966, BB 1966, 900).

7 Unabhängig von den Fragen der Verwirkung bzw. des Verfalls von Urlaubsansprüchen ist deren **Verjährung** zu beurteilen. Diese richtet sich nach § 196 Nr. 8, 9 BGB und beträgt zwei Jahre, beginnend mit dem Ablauf desjenigen Jahres, in dem der Urlaubsanspruch entstanden ist (vgl. auch die Kommentierung zu § 1).

8 § 13 beinhaltet neben dem **Unabdingbarkeitsprinzip** (vgl. oben § 13 Rn. 1) weiterhin das **Vorrangprinzip** für Tarifverträge, das auch in der Nachwirkungsphase gem. § 4 Abs. 5 TVG gilt (überw. M.; *BAG* vom 27. 6. 1978, AP Nr. 12 zu § 13 BUrlG; *BAG* vom 16. 8. 1990, BB 1991, 762; *Dersch/Neumann*, § 13 Rn. 12; *GK-BUrlG/Berscheid*, § 13 Rn. 18, 21; vgl. die Kommentierungen unter den Vorbemerkungen). Dies bedeutet, daß in **tarifvertraglichen Regelungen** auch zuungunsten des

Allgemeines § 13

Arbeitnehmers von den Mindestvorgaben des BUrlG abgewichen werden kann (*BAG* vom 9. 7. 1964, BB 1964, 1083). Ausgenommen hiervon sind jedoch die Vorschriften über den bezahlten Urlaub an sich (§ 1), den persönlichen Geltungsbereich des BUrlG (§ 2) und die Mindestdauer des Urlaubs (§ 3 Abs. 1). Hinsichtlich dieser **Kernvorschriften** gilt das Unabdingbarkeitsprinzip. Auch Betriebsvereinbarungen und Einzelarbeitsverträge unterliegen dem Unabdingbarkeitsprinzip – und zwar in vollem Umfange – und können deshalb nur günstigere Vorschriften für den Arbeitnehmer beinhalten (hM; vgl. *GK-BUrlG/Berscheid,* § 13 Rn. 4 mwN). Ein wirksames Abweichen von der gesetzlichen Regelung in Tarifverträgen zuungunsten des Arbeitnehmers muß eindeutig aus dem Tarifvertrag hervorgehen. Klare **Protokollnotizen** als Bestandteil des Tarifvertrages sind ausreichend. Auslegungsunklarheiten wirken sich zugunsten des Arbeitnehmers aus (*BAG* vom 17. 9. 1970, BB 1970, 1437).

Das **Vorrangprinzip** kommt allerdings gem. § 13 Abs. 1 S. 2 nur dann 9 zur Geltung, wenn ein **Tarifvertrag** kraft gegenseitiger Tarifbindung (§ 4 Abs. 1 S. 1 TVG), Allgemeinverbindlichkeit (§ 5 TVG) oder Bezugnahme im Einzelarbeitsvertrag (§ 305 BGB) zwischen den Arbeitsvertragsparteien **anwendbar** ist (vgl. auch § 13 Abs. 1 S. 2). Im Falle der individuellen Vereinbarung der tarifvertraglichen Vorschriften bedarf es aber in aller Regel einer Inbezugnahme der gesamten Urlaubsregelung des Tarifvertrages (*Dersch/Neumann,* § 13 Rn. 23). Hierbei muß es sich des weiteren um den nach persönlichem, sachlichem und räumlichem Geltungsbereich einschlägigen Tarifvertrag handeln. Sieht ein Einzelarbeitsvertrag die Übernahme urlaubsrechtlicher Vorschriften aus einem **nicht einschlägigen** Tarifvertrag vor, findet das Vorrangprinzip keine Anwendung. Dann hat ein **Günstigkeitsvergleich** iSv § 13 Abs. 1 S. 3 stattzufinden. Durch eine **Betriebsvereinbarung** kann wegen der **Sperrwirkung** des § 77 Abs. 3 S. 1 BetrVG die Übernahme einer tariflichen Regelung nicht erfolgen, es sei denn, der Tarifvertrag enthielte eine entsprechende ausdrückliche **Öffnungsklausel** (§ 77 Abs. 3 S. 2 BetrVG).

Für Tarifverträge gilt im Verhältnis zu den Kernvorschriften der §§ 1, 2, 10 3 Abs. 1 und für Betriebsvereinbarungen und Einzelarbeitsverträge im Verhältnis zum BUrlG insgesamt das **Günstigkeitsprinzip** gem. § 13 Abs. 1 S. 3. Da das Gesetz insoweit nichts näheres darüber enthält, **wie** der Günstigkeitsvergleich zu erfolgen hat, kann in der Praxis zweifelhaft sein, **wann** eine Regelung für den Arbeitnehmer günstiger ist. Im Hinblick auf die individuelle Natur des Urlaubsanspruchs kommt eine Gesamtabwägung danach, ob eine abweichende kollektiv- oder individualvertragliche Regelung für alle Arbeitnehmer gegenüber den Regelungen des BUrlG günstiger ist oder nicht, nicht in Betracht. Der Urlaubsanspruch entsteht aufgrund eines konkreten Arbeitsverhältnisses

§ 13 *Unabdingbarkeit*

und hat seine rechtliche Grundlage in dem zwischen Arbeitgeber und Arbeitnehmer abgeschlossenen Arbeitsvertrag. Daher muß es zunächst einmal grundsätzlich unerheblich sein, wie sich eine bestimmte Urlaubsregelung für die übrigen Arbeitnehmer darstellt (vgl. schon *BAG* vom 8. 10. 1958, BB 1958, 1246). Auch eine Gesamtabwägung derart, ob sämtliche abweichenden Vereinbarungen gegenüber dem BUrlG insgesamt günstiger sind oder nicht, kommt nicht in Frage, weil eine solche Gesamtabwägung wegen der verschiedenen urlaubsrechtlichen Regelungsgegenstände undurchführbar ist. Nach § 13 Abs. 1 S. 3 ist deshalb ein Günstigkeitsvergleich stets mittels einer Relation zwischen der konkreten gesetzlichen Regelung des BUrlG und der konkreten abweichenden vertraglichen Vereinbarung (Einzelarbeitsvertrag, Betriebsvereinbarung, Tarifvertrag) im Hinblick auf ein konkretes Arbeitsverhältnis iS einer **Einzelabwägung** durchzuführen. Fällt der Vergleich dahingehend aus, daß die abweichende vertragliche Vereinbarung für den Arbeitnehmer ungünstiger ist, ist sie gem. § 134 BGB mit der weiteren Folge nichtig, daß die günstigere gesetzliche Regelung gilt.

11 Bei einem Aufeinandertreffen mehrerer vom BUrlG abweichender vertraglicher Urlaubsregelungen ist allerdings vor einem Günstigkeitsvergleich zwischen vertraglicher und gesetzlicher Regelung vorab zu klären, welche vertragliche Regelung für den Arbeitnehmer günstiger und damit überhaupt anwendbar ist. Bei der **Kollision** verschiedener **vertraglicher** Urlaubsvorschriften sind verschiedene Fallkonstellationen denkbar. Soweit auf ein Arbeitsverhältnis sowohl ein Tarifvertrag als auch eine Betriebsvereinbarung Anwendung finden, kann zunächst einmal wegen der Regelung des § 77 Abs. 3 BetrVG im Verhältnis zwischen Tarifvertrag und Betriebsvereinbarung eine sich in der Betriebsvereinbarung befindliche günstigere Urlaubsvorschrift keine Anwendung finden. Ein Günstigkeitsvergleich findet aber dann statt, wenn eine einzelarbeitsvertragliche Regelung auf eine Betriebsvereinbarung oder einen Tarifvertrag trifft, weil gem. § 4 TVG in Individualarbeitsverträgen für den Arbeitnehmer günstigere Vereinbarungen getroffen werden können.

12 Liegt der Fall eines Aufeinandertreffens einer von Tarifvertrag oder Betriebsvereinbarung abweichenden einzelarbeitsvertraglichen Regelung vor, hat der Günstigkeitsvergleich in der Weise zu erfolgen, daß zunächst ein **Gruppenvergleich** der im Zusammenhang stehenden Regelungen im Individualarbeitsvertrag auf der einen Seite und derjenigen in der Betriebsvereinbarung bzw. im Tarifvertrag auf der anderen Seite iS einer **Gesamtabwägung** erfolgt. Beispielsweise wäre es unzulässig, Regelungen über die Berechnung des Urlaubsentgelts nicht im Zusammenhang mit den dazugehörigen Vorschriften über die Urlaubsdauer einem Gruppenvergleich zu unterziehen. Das BAG verlangt in diesem Zusammenhang eine ganzheitliche Betrachtungsweise in dem Sinne, daß die in einem inneren Kontext stehenden kollektivvertraglichen

Allgemeines § **13**

Bestimmungen einerseits und die individualvertraglichen Regelungen andererseits gegeneinander abgewogen werden müssen. Letztlich muß im Rahmen dieses Günstigkeitsvergleichs die Frage gestellt werden, welche Urlaubsregelung der Arbeitnehmer nach vernünftigen Gesichtspunkten insgesamt für sich als günstiger ansehen würde, wenn er sich frei für die eine oder die andere Regelung entscheiden könnte (*BAG* vom 20. 7. 1961, BB 1961, 1163). Ergibt sich hierbei, daß zusammenhängende Regelungen des Einzelarbeitsvertrages für den Arbeitnehmer ungünstiger sind, sind sie gem. § 134 BGB unwirksam und werden durch die entsprechenden zusammenhängenden Regelungen der Betriebsvereinbarung bzw. des Tarifvertrages ersetzt. Im gegenteiligen Fall, daß ein Einzelarbeitsvertrag eine gegenüber dem Tarifvertrag günstigere Urlaubsregelung enthält, gilt gem. § 4 Abs. 3 TVG die günstigere Regelung im Einzelarbeitsvertrag. Sodann ist ein **weiterer Günstigkeitsvergleich** gem. § 13 Abs. 1 zwischen der anwendbaren Regelung des Individualarbeitsvertrages, einer Betriebsvereinbarung oder eines Tarifvertrages **gegenüber dem BUrlG** vorzunehmen. Bei einer anwendbaren tariflichen Vorschrift erfolgt diese Überprüfung allerdings nur im Verhältnis zu den Kernvorschriften der §§ 1, 2, 3 Abs. 1, weil tarifvertragliche Regelungen die übrigen Vorschriften des BUrlG auch zuungunsten des Arbeitnehmers abändern können. Auch bei dem weiteren Günstigkeitsvergleich gilt, daß dann, wenn die kollektivrechtliche Regelung aus einer Betriebsvereinbarung oder einem Tarifvertrag für den Arbeitnehmer ungünstiger als die gesetzliche Regelung ist, letztere gilt.

Der **Zeitpunkt**, zu dem der Günstigkeitsvergleich vorzunehmen ist, ist der **Beginn des Urlaubsjahres**. Dieser Zeitpunkt ist im übrigen auch für die sonstigen Voraussetzungen des Urlaubsanspruches maßgebend (zB für die Höhe des Urlaubsanspruches nach Alter und Betriebszugehörigkeit in einem Tarifvertrag) und muß daher auch als zeitlicher Ausgangspunkt für den Günstigkeitsvergleich gelten (wie hier *Dersch/Neumann*, § 13 Rn. 39 mwN; vgl. auch die Kommentierung zu § 1). **13**

Zusammenfassend kann bei kollierenden Urlaubsvorschriften von folgendem **Prüfungsschema** ausgegangen werden: **14**

Zunächst ist zu klären, ob auf das konkrete Arbeitsverhältnis Urlaubsvorschriften beinhaltende Regelungen eines **Tarifvertrages** oder einer **Betriebsvereinbarung** Anwendung finden. Hierbei ist zu beachten, daß ein Tarifvertrag wegen der Sperrwirkung des § 77 Abs. 3 BetrVG grundsätzlich Vorrang vor einer Betriebsvereinbarung hat, so daß bei einer etwaigen Kollision zwischen Betriebsvereinbarung und Tarifvertrag hinsichtlich der Urlaubsvorschriften die Normen aus einer Betriebsvereinbarung nur dann Anwendung finden können, wenn sie vom Tarifvertrag nach § 77 Abs. 3 BetrVG ausdrücklich zugelassen sind. Ansonsten gehen die tarifvertraglichen Urlaubsnormen der Betriebsvereinbarung vor. **15**

§ 13 *Unabdingbarkeit*

16 In einem nächsten Schritt ist festzustellen, ob in dem **Einzelarbeitsvertrag** Urlaubsvorschriften enthalten sind, die gegenüber den Urlaubsvorschriften aus einem Tarifvertrag oder einer Betriebsvereinbarung für den Arbeitnehmer günstiger sind, wobei der Vergleich mittels einer Gruppenabwägung vorzunehmen ist.

17 Ist danach geklärt, welche Urlaubsvorschriften aus einem Einzelarbeitsvertrag, einer Betriebsvereinbarung oder einem Tarifvertrag Anwendung finden, sind nunmehr die einzelnen Urlaubsvorschriften jeweils für sich mit den **gesetzlichen Mindestnormen des BUrlG** mittels einer Einzelabwägung zu vergleichen, wobei der Vergleich einer anwendbaren tariflichen Regelung im Verhältnis zu den Kernvorschriften der §§ 1, 2, 3 Abs. 1 (vgl. auch die folgende Rn. 18) und einer Regelung aus einem Einzelarbeitsvertrag oder einer Betriebsvereinbarung zum BUrlG insgesamt zu erfolgen hat. Hierbei ist zu klären, ob und welche vertraglichen Urlaubsvorschriften für den Arbeitnehmer günstiger als die gesetzlichen Mindestvorschriften sind. Gelangt man zu dem Ergebnis, daß die vertraglichen Vorschriften günstiger sind, finden diese Anwendung; beim gegenteiligen Ergebnis verbleibt es bei der Anwendung der Vorschriften des BUrlG.

18 Gelangen Urlaubsvorschriften aus einem **Tarifvertrag** zur Anwendung, ist der Günstigkeitsvergleich allerdings nur im Verhältnis zu den **Kernvorschriften** der §§ 1, 2, 3 Abs. 1 vorzunehmen, weil es im übrigen bei dem Vorrangprinzip verbleibt (§ 13 Abs. 1).

II. Baugewerbe und verwandte Wirtschaftszweige

19 § 13 Abs. 2 will den **Besonderheiten des Baugewerbes und verwandter Wirtschaftszweige** dadurch Rechnung tragen, daß eigenständige Urlaubsregelungen über die in § 13 Abs. 1 S. 1 gezogenen Grenzen hinaus ermöglicht werden. Für das Baugewerbe und die diesem verwandten Wirtschaftszweige, in denen als Folge häufigen Ortswechsels der von den Betrieben zu erbringenden Arbeit Beschäftigungsverhältnisse von kürzerer Dauer als einem Jahr in erheblichem Umfange üblich sind, sind damit **eigenständige tarifliche Urlaubsregelungen** ausdrücklich zugelassen.

20 Unter den „sonstigen Wirtschaftszweigen" iSv § 13 Abs. 2 sind in erster Linie die verschiedenen **Baunebengewerbe** zu verstehen, wie zB Maler- und Lackiererhandwerk, Dachdeckerhandwerk, Straßenbau, Gerüstbau, Fliesen- und Plattenlegerhandwerk, Brunnenbau- und Bohrgewerbe u.a. (vgl. *GK-BUrlG/Berscheid,* § 13 Rn. 102). Indessen ist diese Aufzählung nur exemplarisch. Darüber hinaus kommen auch alle anderen Wirtschaftszweige in Betracht, bei denen die Notwendigkeit für eine Ausnahmeregelung infolge kurzer Beschäftigungsverhältnisse besteht, sofern die in § 13 Abs. 2 genannten Voraussetzungen vorliegen, wie zB die Forst- und Landwirtschaft, das Musiker-, Artisten-, Zirkus-, Kabarett- und Varietégewerbe (vgl. auch *Dersch/Neumann,* § 13 Rn. 79, 82).

Für die Betriebe des Baugewerbes in der Bundesrepublik Deutschland ist der gem. § 5 TVG für **allgemeinverbindlich** erklärte **Bundesrahmentarifvertrag für das Baugewerbe** (BRTV-Bau) zu beachten. Sonderregelungen gelten in Bayern und Berlin. Gem. § 8 BRTV-Bau (für das Beitrittsgebiet ausschließlich Berlin gilt eine modifizierende Regelung gem. § 8a BRTV-Bau; vgl. den Auszug in Anhang III.) ist im Baugewerbe eine **Urlaubskasse** eingeführt worden, die alle Arbeitnehmer erfaßt, die eine **rentenversicherungspflichtige Tätigkeit als Arbeiter** ausüben (§ 8 Nr. 11 BRTV-Bau; vgl. hierzu grundsätzlich *BAG* vom 8. 10. 1981, DB 1982, 807). Ferner sind in die Urlaubskassenregelung auch diejenigen Arbeitnehmer einbezogen, die bis zur Einberufung zur Ableistung ihrer gesetzlichen **Dienstpflicht** oder bis zum Beginn ihres Wehrdienstes als **Soldat auf Zeit** eine versicherungspflichtige Tätigkeit ausüben. Schließlich fallen auch **Auszubildende** unter die genannte tarifliche Regelung, wenn sie eine versicherungspflichtige Beschäftigung tätigen. Für **Angestellte** gelten gesonderte tarifvertragliche Bestimmungen, die mit Ausnahme der Urlaubsdauer dem BUrlG angeglichen sind. 21

Für die genannte Personengruppe ist eine **Lohnnachweiskarte** zu führen (§ 2 Nr. 1 BRTV-Bau), in die der Arbeitgeber für jedes einzelne Arbeitsverhältnis die Dauer der Beschäftigung, die einzelnen Beschäftigungstage, den Bruttoverdienst, den Urlaubsprozentsatz, den Urlaubsentgeltanspruch aus Bruttoverdienst sowie Ausgleichsbeträgen und die gewährten Jahres- und Zusatzurlaubstage mit dem dafür gewährten Urlaubsentgelt sowie ein etwaiges zusätzliches Urlaubsgeld eintragen muß. 22

Der Urlaub kann von dem Arbeitnehmer **erstmals angetreten** werden, sobald der Urlaubsanspruch einschließlich eines eventuell übertragenen Resturlaubes **mindestens neun Tage** beträgt (§ 8 Nr. 2.1 BRTV-Bau). Besondere Regelungen bestehen bei etwaigem Zusatzurlaub, zB nach dem SchwbG. 23

Derjenige Arbeitgeber, bei dem der Arbeitnehmer zu diesem Zeitpunkt in einem Arbeitsverhältnis steht, hat gem. § 8 Nr. 4, 5, 6 BRTV-Bau anhand der Eintragungen in der Lohnnachweiskarte den Betrag zu errechnen, der dem Arbeitnehmer sodann als **Urlaubsentgelt** (§ 8 Nr. 4 BRTV-Bau) und einem ggf. das Urlaubsentgelt erhöhenden **Ausgleichbetrag** (§ 8 Nr. 5 BRTV-Bau) zusammen mit dem zusätzlichen **Urlaubsgeld** (§ 8 Nr. 6 BRTV-Bau) bei Urlaubsantritt auszuzahlen ist. Dem Arbeitgeber wird der an den Arbeitnehmer gezahlte Betrag von der Urlaubskasse in Wiesbaden erstattet, die ihrerseits von den Beiträgen der Arbeitgeber gespeist 24

§ 13 *Unabdingbarkeit*

wird, und die für eine Verwaltung der eingezahlten Urlaubsgelder und deren Rückvergütung an die Arbeitgeber zuständig ist. Für die **Urlaubsabgeltung** (§ 8 Nr. 7 BRTV-Bau) ist derjenige Arbeitgeber zuständig, bei dem der Arbeitnehmer zuletzt beschäftigt war (vgl. auch § 13 Rn. 25).

25 Der Arbeitnehmer erhält nach § 8 Nr. 1 BRTV-Bau für jeden angefangenen **Beschäftigungsmonat** nach einer näher bestimmten Anzahl von **Beschäftigungstagen**, gestaffelt nach dem Lebensalter, einen **Urlaubstag**. Volle Beschäftigungsmonate werden mit 30 Beschäftigungstagen gezählt. Beschäftigungstage sind alle Kalendertage mit Ausnahme von Tagen des unentschuldigten Fehlens, unbezahlten Urlaubs von länger als 14 Kalendertagen der Arbeitsunfähigkeit ohne Entgeltfortzahlung oder Ausgleichszahlungen gem. § 8 Nr. 5 BRTV-Bau. Am Ende eines jeden Urlaubsjahres sind aus den nicht verbrauchten Beschäftigungstagen die Resturlaubsansprüche zu errechnen und wie bei § 5 Abs. 2 aufzurunden. Restansprüche sind in das folgende Kalenderjahr zu übertragen (§ 8 Nr. 4.4 BRTV-Bau).

26 Eine **Abgeltung** des Urlaubs bei Ausscheiden aus dem Arbeitsverhältnis sieht das Urlaubskassensystem grundsätzlich nicht vor. Liegt allerdings ein länger als drei Monate andauernder Wechsel des Arbeitsplatzes in einen nicht vom BRTV-Bau erfaßten Betrieb vor, tritt dauernde Erwerbsunfähigkeit, Rentenbezug, Vorruhestand ein, wandert der Arbeitnehmer aus oder tritt er in ein Angestellten- oder Ausbildungsverhältnis über, kann er Urlaubsabgeltung verlangen. Eine Abgeltung ist des weiteren vorgesehen, wenn der Arbeitnehmer länger als drei Monate nicht in einem Betrieb des Baugewerbes beschäftigt war und durch Rentenbescheid oder ärztliches Attest nachweist, daß er berufsunfähig oder auf nicht absehbare Zeit außerstande ist, seinen bisherigen Beruf im Baugewerbe auszuüben. Weiterhin kann Urlaubsabgeltung ein ausländischer Arbeitnehmer verlangen, der endgültig in sein Heimatland zurückkehrt, und schließlich auch derjenige, der als Gelegenheitsarbeiter, Werkstudent, Praktikant o. ä. beschäftigt war (vgl. § 8 Nr. 7.1 lit. a – i BRTV-Bau).

27 Der Anspruch auf Urlaubsentgelt nach dem Urlaubskassensystem und der sich aus der Lohnnachweiskarte ergebende Urlaubsanspruch sind in gleicher Weise **unpfändbar** wie in den sonstigen Arbeitsverhältnissen (a. A. *LAG Berlin* vom 22. 7. 1991, BB 1991, 2087). Folglich ist auch eine **Aufrechnung** gegenüber dem Anspruch auf Urlaubsentgelt unzulässig. Es besteht gegenüber diesem Anspruch auch kein **Zurückbehaltungsrecht** (str.; wie hier *Dersch/Neumann,* § 13 Rn. 86).

28 Im Unterschied zu den gesetzlichen Bestimmungen sind das Urlaubsentgelt nach dem Urlaubskassensystem inclusive des zusätzlichen Urlaubsgeldes sowie die Urlaubsabgeltung beim **Tod des Arbeitnehmers** an den Erben bzw. Träger der Bestattungskosten auszuzahlen (§ 8 Nr. 10 BRTV-Bau).

Urlaub und Abgeltung einschließlich deren Eintragung und Berichtigung 29
in die Lohnnachweiskarte **verfallen** mit Ablauf des auf das Entstehungsjahr folgenden Kalenderjahres (§ 8 Nr. 8 BRTV-Bau). In einem solchen Fall kann der Arbeitnehmer allerdings bis zum Ablauf eines weiteren Kalenderjahres seine Geldansprüche aus der Lohnnachweiskarte gegen die Urlaubskasse erheben § 8 Nr. 9 BRTV-Bau).

III. Deutsche Bahn AG und Deutsche Bundespost

Für den Bereich der **Deutschen Bahn Aktiengesellschaft** sowie einer 30
gem. § 2 Abs. 1 und § 3 Abs. 3 des Deutsche Bahn Gründungsgesetzes ausgegliederten Gesellschaft und für den Bereich der **Deutschen Bundespost** kann gem. § 13 Abs. 3 von der Vorschrift über das Kalenderjahr als Urlaubsjahr (§ 1) in Tarifverträgen abgewichen werden. Nachdem die drei Postunternehmen zwischenzeitlich privatisiert und in Aktiengesellschaften ungewandelt worden sind, bezieht sich die Regelung des § 13 Abs. 3 nicht nur auf die Deutsche Post AG, sondern auch auf den Bereich der Postbank AG und der Telekom AG (so auch *Leinemann/Linck*, § 13 Rn. 146.) In den genannten Bereichen ist das Urlaubsjahr tarifvertraglich abweichend vom BUrlG auf den Zeitraum vom 1. April bis 31. März festgesetzt (vgl. zB für den Bereich der drei Postunternehmen §§ 43 Abs. 1 TV Ang, 23 Abs. 1 TV Arb).

§ 14
Berlin-Klausel

Dieses Gesetz gilt nach Maßgabe des § 13 Abs. 1 des Dritten Überleitungsgesetzes vom 4. Januar 1952 (BGBl. I S. 1) auch im Land Berlin.

Die Regelung ist durch den am 3. Oktober 1990 vollzogenen Beitritt der damaligen Deutschen Demokratischen Republik zur Bundesrepublik Deutschland **gegenstandslos** geworden.

§ 15
Änderung und Aufhebung von Gesetzen

(1) Unberührt bleiben die urlaubsrechtlichen Bestimmungen des Arbeitsplatzschutzgesetzes vom 30. März 1957 (Bundesgesetzbl. I S. 293), geändert durch Gesetz vom 22. März 1962 (Bundesgesetzbl. I S. 169), des Schwerbeschädigtengesetzes in der Fassung der Bekanntmachung vom 14. August 1961 (Bundesgesetzbl. I S. 1233), des Jugendarbeitsschutzgesetzes vom 9. August 1960 (Bundesgesetzbl. I S. 665), geändert durch Gesetz vom 20. Juli 1962 (Bundesgesetzbl. I S. 449), und des Seemannsgesetzes vom 26. Juli 1957 (Bundesgesetzbl. II S. 713), geändert durch Gesetz vom 25. August 1961 (Bundesgesetzbl. II S. 1391), jedoch wird

a) in § 19 Abs. 6 Satz 2 des Jugendarbeitsschutzgesetzes der Punkt hinter dem letzten Wort durch ein Komma ersetzt und folgender Satzteil angefügt:
„und in diesen Fällen eine grobe Verletzung der Treuepflicht aus dem Beschäftigungsverhältnis vorliegt.";

b) § 53 Abs. 2 des Seemannsgesetzes durch folgende Bestimmung ersetzt:
„Das Bundesurlaubsgesetz vom 8. Januar 1963 (Bundesgesetzbl. I S. 2) findet auf den Urlaubsanspruch des Besatzungsmitglieds nur insoweit Anwendung, als es Vorschriften über die Mindestdauer des Urlaubs enthält."

(2) Mit dem Inkrafttreten dieses Gesetzes treten die landesrechtlichen Vorschriften über den Erholungsurlaub außer Kraft. In Kraft bleiben jedoch die landesrechtlichen Bestimmungen über den Urlaub für Opfer des Nationalsozialismus und für solche Arbeitnehmer, die geistig oder körperlich in ihrer Erwerbsfähigkeit behindert sind.

Die schon vor Inkrafttreten des BUrlG existierenden verschiedenen urlaubsrechtlichen Vorschriften für bestimmte Personenkreise aufgrund von **Bundesgesetzen** bleiben unberührt (vgl. die Kommentierung zu § 3). Hierbei handelt es sich um folgende Gesetze: 1

Gesetz über den Schutz des Arbeitsplatzes bei Einberufung zum Wehrdienst (Arbeitsplatzschutzgesetz) vom 30. März 1957 i. d. F. der Bekanntmachung vom 14. April 1980 (BGBl. I S. 425), zuletzt geändert durch Gesetz vom 29. Juli 1994 (BGBl. I S. 1890). Das Gesetz regelt in § 4 ArbPlSchG den Urlaub derjenigen Arbeitnehmer, die zum **Grundwehrdienst** und zu **Wehrübungen** eingezogen werden. Es enthält beson- 2

§ **15** *Änderung und Aufhebung von Gesetzen*

dere Regelungen für die Gewährung, Übertragung und Abgeltung des Urlaubs sowie eine Kürzungsmöglichkeit für die Zeit des Grundwehrdienstes nach dem Zwölftelungsprinzip. Das Gesetz gilt für den **Zivildienst** entsprechend (§ 78 ZDG).

3 **Schwerbeschädigtengesetz** i. d. F. der Bekanntmachung vom 14. August 1961 (BGBl. I S. 1233). Das Gesetz ist ersetzt worden durch das **Gesetz zur Sicherung der Eingliederung Schwerbehinderter in Arbeit, Beruf und Gesellschaft (Schwerbehindertengesetz)** vom 29. April 1974 i. d. F. der Bekanntmachung vom 26. August 1986 (BGBl. I S. 1421, 1550), zuletzt geändert durch Gesetz vom 14. September 1994 (BGBl. I S. 2325). Das Gesetz enthält in § 47 SchwbG einen **Zusatzurlaub** von jährlich fünf bezahlten Arbeitstagen. Soweit sich die regelmäßige Arbeitszeit des Schwerbehinderten auf mehr oder weniger als fünf Arbeitstage in der Kalenderwoche verteilt, erhöht oder vermindert sich der Zusatzurlaub entsprechend. Soweit tarifliche, betriebliche oder sonstige Urlaubsregelungen für Schwerbehinderte einen längeren Zusatzurlaub vorsehen, bleiben sie unberührt.

4 **Gesetz zum Schutze der arbeitenden Jugend (Jugendarbeitsschutzgesetz)** vom 12. April 1976 (BGBl. I S. 965), zuletzt geändert durch Gesetz vom 31. Mai 1994 (BGBl. I S. 1168). Das Gesetz regelt in § 19 JArbSchG lediglich noch die Höhe des Urlaubs, und zwar abgestuft nach dem Alter der Jugendlichen (Abs. 1), die Lage des Urlaubs (Abs. 2) und verweist im übrigen auf das BUrlG (Abs. 3). Die Änderung des § 19 Abs. 6 S. 2 JArbSchG ist heute ohne Relevanz, weil die geltende Fassung des JArbSchG die Vorschrift nicht mehr beinhaltet.

5 **Seemannsgesetz** vom 26. 7. 1957 (BGBl. II S. 713), zuletzt geändert durch Gesetz vom 15. 7. 1994 (BGBl. I S. 1554). Das Gesetz regelt in den §§ 53 bis 61 SeemannsG den Urlaub der **Schiffsbesatzungen** und gilt gem. § 78 Abs. 1 SeemannsG sinngemäß auch für **Kapitäne** mit Ausnahme der Regelungen über den Landgang (§ 61 SeemannsG). Es enthält vom BUrlG erheblich abweichende Sonderbestimmungen. Gem. § 53 Abs. 2 SeemannsG findet das BUrlG auf den Urlaubsanspruch des genannten Personenkreises nur insoweit Anwendung, als es Vorschriften über die Mindestdauer des Urlaubs enthält.

6 Mit dem Inkrafttreten des BUrlG sind alle früheren **landesrechtlichen Urlaubsvorschriften** außer Kraft getreten (vgl. hierzu *GK-BUrlG/Berscheid,* Anh. II Nr. 1 bis 6). In Geltung geblieben sind indessen die landesrechtlichen Bestimmungen über die Opfer des Nationalsozialismus (vgl. die Kommentierung zu § 15 Rn. 8) und für solche Arbeitnehmer, die geistig oder körperlich in ihrer Erwerbsfähigkeit behindert sind (vgl. die Kommentierung zu § 15 Rn. 9).

In Kraft geblieben sind nach § 15 Abs. 2 diejenigen landesrechtlichen Bestimmungen, die den Urlaub für **Opfer des Nationalsozialismus** betreffen. Es handelt sich insoweit um folgende landesrechtliche Regelungen: 7

§ 4 Badisches UrlG vom 13. Juli 1949, § 2 Abs. 3 UrlG Niedersachsen vom 10. Dezember 1948, § 3 UrlG Rheinland-Pfalz vom 8. Oktober 1948, § 2 Abs. 1 UrlG Württemberg-Baden vom 6. August 1947 / 6. April 1949 / 3. April 1950 und § 1 Abs. 1 Nr. 4 ZusatzUrlG Saarland vom 22. Juni 1950 / 30. Juni 1951.

SG Nach Art. 9 Abs. 2 EinigV gilt § 8 der VO über den Erholungsurlaub der ehemaligen DDR in den Neuen Bundesländern und im ehemaligen Ostteil Berlins (UrlVO) fort, wonach **Kämpfer gegen den Faschismus und Verfolgte des Faschismus** einen erhöhten Urlaub (Zusatzurlaub) von 27 Tagen erhalten (vgl. auch die Kommentierung zu § 1). Sofern ein dieser Personengruppe angehörender Arbeitnehmer einen einzel- oder tarifvertraglichen **Mehr**urlaubsanspruch hat, der 27 Arbeitstage übersteigt, kann er die Differenz zwischen **Grund**urlaub und **Zusatz**urlaub nach § 8 UrlVO nicht verlangen, weil die UrlVO nicht zwischen Grund- bzw. Mehr- und Zusatzurlaub aus verschiedenen Anlässen unterscheidet. Nach der UrlVO ist der Erholungsurlaub für Kämpfer gegen den Faschismus und Verfolgte des Faschismus gerade nicht als Zusatzurlaub, sondern als Grundurlaub ausgestaltet (ebenso *GK-BUrlG/Berscheid*, § 15 Rn. 34). 8

Neben den Vorschriften des SchwbG gelten gem. § 15 Abs. 2 die landesrechtlichen Bestimmungen für **geistig oder körperlich in ihrer Erwerbsfähigkeit behinderte Arbeitnehmer** weiter. Da insoweitige frühere landesrechtliche Bestimmungen mit Inkrafttreten des SchwbG obsolet geworden sind, sind heute deshalb nur noch solche landesrechtlichen Bestimmungen relevant, die über die bundesrechtliche Regelung des § 47 SchwbG hinausgehen (vgl. weitere Einzelheiten bei *Dersch/Neumann*, § 15 Rn. 28 f.). 9

§ 16
Inkrafttreten

Dieses Gesetz tritt mit Wirkung vom 1. Januar 1963 in Kraft.

1 Das BUrlG ist als **bundeseinheitliche Urlaubsregelung** am **1. Januar 1963** in Kraft getreten. Die bis dahin bestehenden landesrechtlichen Vorschriften sind – mit Ausnahme der in § 15 Abs. 2 genannten Regelungen – zeitgleich außer Kraft getreten.

2 Das BurlG hat mit seinem Inkrafttreten auch in bestehende **Tarifverträge** eingegriffen. Da allerdings gem. § 13 Abs. 1 der Vorrang des Tarifvertrages gilt, blieben die vor Inkrafttreten des BurlG bestehenden tarifvertraglichen Regelungen zumindest insoweit in Geltung, als nicht die absolut unabdingbaren Kernvorschriften der §§ 1, 2, 3 Abs. 1 betroffen waren. Bei entprechenden Verstößen traten an die Stelle der nichtigen Tarifbestimmungen die gesetzlichen Regelungen; im übrigen blieb der Tarifvertrag in Kraft.

Teil B: Anhang

I. Der Bildungsurlaub

1. Allgemeines

Nach dem **Übereinkommen Nr. 140 der IAO** vom 24. Juni 1974, das die Bundesrepublik Deutschland durch Gesetz vom 7. September 1976 ratifiziert hat (BGBl. II 1976, 1526), ist die Bundesrepublik zur Durchführung einer Politik verpflichtet, die den bezahlten Bildungsurlaub mit geeigneten Methoden fördert. **Bildungsurlaub ist kein Teil des Erholungsurlaubs** und auf diesen nicht anzurechnen. Bildungsurlaub ist vielmehr die bezahlte oder unbezahlte **Freistellung** des Arbeitnehmers durch den Arbeitgeber von der Arbeitsverpflichtung **zwecks** Teilnahme an der allgemeinen, politischen oder beruflichen **Weiterbildung** (vgl. hierzu *Zmarzlik,* NWB 1992, Fach 26, S. 2377 ff.).

Problematisch ist die Frage, unter welchen Voraussetzungen eine Maßnahme ihrem Inhalt nach als Weiterbildungsmaßnahme iSd Bildungsurlaubsgesetze der Länder angesehen bzw. anerkannt werden kann. Insbesondere im Hinblick auf die Frage, was unter **beruflicher** und **politischer** Weiterbildung zu verstehen ist, herrscht in Rechtsprechung und Schrifttum kein einheitliches Meinungsbild. In diesem Zusammenhang drehen sich die Probleme immer wieder um die Frage, ob eine Weiterbildungsmaßnahme einen Bezug zur **Person** des Arbeitnehmers oder zu seinem **Beruf** aufweisen muß.

Höchstrichterliche Rechtsprechung zu diesem Problemkreis existiert nicht. Die Instanzgerichte vertreten unterschiedliche Auffassungen (zur Kasuistik vgl. *Stege/Schiefer,* NZA 1992, 1061 ff; *Schiefer,* DB 1994 1926). Regelmäßig wird wohl für die Anerkennung einer Weiterbildungsmaßnahme ein **Bezug zum Beruf** des Arbeitnehmers zu fordern sein (in diesem Sinne wohl auch *Stege/Schiefer,* NZA 1992, 1061 ff. [1063]). Damit soll u. a. klargestellt werden, daß Schulungsmaßnahmen, bei denen in erster Linie die Freizeitgestaltung im Vordergrund steht, keine Weiterbildungsmaßnahmen iSd des Bildungsurlaubs darstellen.

Die arbeitsrechtlichen Regelungen über den Bildungsurlaub zählen zur konkurrierenden Gesetzgebung gem. Art. 70, 72 Abs. 1 sowie 74 Nr. 12 GG (vgl. hierzu *BVerfG* vom 15. 12. 1987, DB 1988, 709). Von dieser Gesetzgebungskompetenz haben – wenn man einmal von wenigen speziellen bundesgesetzlichen Regelungen absieht – neun der elf alten Bundesländer und eines der neuen Bundesländer Gebrauch gemacht (vgl. hierzu im folgenden unter 2). Eine bundeseinheitliche Regelung des Bildungsurlaubs existiert nicht (vgl. *Stege/Schiefer,* NZA 1992, 1061).

Anhang I

Einen **bundesgesetzlichen** Anspruch auf Freistellung von der Arbeit zur Teilnahme an Schulungs- und Bildungsveranstaltungen unter Fortzahlung der Arbeitsvergütung haben Mitglieder des **Betriebsrats** und der **Jugendvertretung** gem. §§ 37 Abs. 6 und 7, 65 Abs. 1 BetrVG (vgl. hierzu weiterführend *Löwisch,* § 37 Rn. 27 ff. und § 65 Rn. 3), **Vertrauensleute** der Schwerbehinderten gem. § 26 Abs. 4 SchwbG, **Betriebsärzte** und Fachkräfte für Arbeitssicherheit gem. §§ 2 Abs. 3, 5 Abs. 3 ASiG. Für **Beamte und Richter im Bundesdienst** existieren gesonderte rechtliche Regelungen (vgl. hierzu *Zmarzlik,* NWB 1992, aaO). Wenn auch die verschiedenen landesgesetzlichen Regelungen zum Bildungsurlaub jeweils unterschiedlicher Struktur und Inhaltes sind, weisen sie doch in einigen wesentlichen Punkten Gemeinsamkeiten auf. So enthalten alle Landesbildungsurlaubsgesetze Vorschriften zum begünstigten Personenkreis, zu Wartezeit und Dauer des Bildungsurlaubs, zu seiner Übertragbarkeit und zur Art der Bildungsveranstaltung (vgl. insoweit auch die Übersicht unter 4).

2. Die gesetzlichen Regelungen in den einzelnen Bundesländern

5   Bildungsurlaubs- bzw. Weiterbildungsgesetze existieren gegenwärtig in folgenden Bundesländern:

Berlin: Berliner Bildungsurlaubsgesetz – BlnBiUrlG – vom 24. 10. 1990 (GVBl. S. 2209).

Brandenburg: Brandenburgisches Weiterbildungsgesetz – BbgWBG – vom 15. 12. 1993 (GVBl. S. 498).

Bremen: Bremisches Bildungsurlaubsgesetz – BrBiUrlG – vom 18. 12. 1974 (GVBl. S. 348).

Hamburg: Hamburgisches Bildungsurlaubsgesetz – HbgBiUrlG – vom 21. 1. 1974 (GVBl. S 6).

Hessen: Hessisches Bildungsurlaubsgesetz – HesBiUrlG – vom 16. 10. 1984 (GVBl. S. 261).

Niedersachsen: Niedersächsisches Bildungsurlaubsgesetz – NBildUG – vom 25. 1. 1991 (GVBl. S. 29).

Nordrhein-Westfalen: Nordrheinwestfälisches Arbeitnehmerweiterbildungsgesetz – AwbG – vom 6. 11. 1984 (GVBl. S. 678).

Rheinland-Pfalz: Landesgesetz über die Freistellung von Arbeitnehmerinnen und Arbeitnehmern für Zwecke der Weiterbildung – Bildungsfreistellungsgesetz (BFG) – vom 30. 3. 1993 (GVBl. S. 157).

Saarland: Saarländisches Weiterbildungs- und Bildungsfreistellungsgesetz – SWBG – vom 15. 9. 1994 (GVBl. S 1359).

Schleswig-Holstein: Bildungsfreistellungs- und Qualifizierungsgesetz für das Land Schleswig-Holstein – BFQG – vom 7. 6. 1990 (GVBl. S. 364).

In den übrigen Bundesländern sind zum Teil entsprechende Gesetzesentwürfe erarbeitet worden, so daß damit zu rechnen ist, daß zumindest in den zwei Altbundesländern, die noch über kein Bildungsurlaubsgesetz verfügen (Bayern und Baden-Württemberg), solche demnächst ebenfalls existieren werden.

3. Die wesentlichen Regelungen im AWbG Nordrhein-Westfalen

Nach dem nordrheinwestfälischen Arbeitnehmerweiterbildungsgesetz vom 6. 11. 1984 (AWbG) haben alle **Arbeitnehmer** und **Heimarbeiter**, deren Beschäftigungsverhältnis seinen Schwerpunkt in Nordrhein-Westfalen hat, einen Anspruch auf Bildungsurlaub durch **Freistellung** von der Arbeit zum Zwecke der beruflichen und politischen **Weiterbildung** in anerkannten Bildungsveranstaltungen unter **Fortzahlung des Arbeitsentgelts** (§§ 1, 2 AWbG). Der Bildungsurlaub muß der **beruflichen und politischen Weiterbildung** sowie deren Verbindung dienen (§ 1 Abs. 2 S. 1 AWbG). Welche Veranstaltung anerkennungsfähig ist, ist Frage des Einzelfalles (zur Kasuistik vgl. die Zusammenstellung bei *Schiefer,* DB 1992, 943 ff.; siehe auch § 9 AWbG).

Die **Dauer** des Bildungsurlaubs beträgt **bis zu fünf Arbeitstagen** im Kalenderjahr, wobei der Anspruch von zwei Kalenderjahren zusammengefaßt werden kann. Beträgt die regelmäßige Arbeitszeit des Anspruchsberechtigten mehr oder weniger als 5 Tage pro Woche, erhöht oder verringert sich der Anspruch entsprechend. Die **Wartezeit** beträgt **sechs Monate**, so daß der Anspruchsberechtigte den Anspruch auf Bildungsurlaub erstmalig nach sechsmonatigem Bestehen seines Arbeitsverhältnisses erwirbt (§ 3 AWbG).

Macht der Anspruchsberechtigte von seinem Recht nach § 3 Abs. 1 S. 2 AWbG Gebrauch, den Anspruch auf Arbeitnehmerweiterbildung von zwei Kalenderjahren zusammenzufassen, ist eine **kontinuierliche Zusammenfassung** erforderlich, die der Anspruchsberechtigte gegenüber dem Arbeitgeber **schriftlich** geltend machen muß. Dies bedeutet, daß der Anspruchsberechtigte die Möglichkeit hat, die über fünf Arbeitstage hinausgehende Arbeitnehmerweiterbildung mit inhaltlicher und organisatorischer Kontinuität entweder im **Vorgriff** auf das folgende oder im **Rückgriff** auf das abgelaufene Kalenderjahr in Anspruch zu nehmen. Sinn und Zweck dieser Regelung bestehen darin, dem Anspruchsberechtigten eine zusammenhängende Freistellung für Bildungsveranstaltungen zu ermöglichen, die über den Zeitraum von fünf Arbeitstagen hinausgeht (vgl. hierzu auch *Zmarzlik,* NWB 1992, Fach 26, S. 2381).

Anhang I

10 Sofern der Arbeitgeber dem Anspruchsberechtigten gegenüber den Bildungsurlaub innerhalb eines Kalenderjahres aus zwingenden betrieblichen oder dienstlichen Belangen oder wegen entgegenstehender Weiterbildungsanträgen anderer Anspruchsberechtigter **abgelehnt** hatte, kommt bei Fortbestand des Arbeitsverhältnisses eine einmalige **Übertragung** auf das folgende Kalenderjahr in Betracht (§ 3 Abs. 4 AWbG).

11 Erkrankt der Anspruchsberechtigte während der Weiterbildung, werden die durch ärztliches Zeugnis nachgewiesenen Tage **krankheitsbedingter Arbeitsunfähigkeit** nicht auf den Bildungsurlaub angerechnet (§ 3 Abs. 5 AWbG). Hatte der Anspruchsberechtigte für das laufende Kalenderjahr bereits Arbeitnehmerweiterbildung in einem **früheren Beschäftigungsverhältnis** gewährt bekommen, besteht der Anspruch im späteren Arbeitsverhältnis für dasselbe Kalenderjahr nicht (§ 3 Abs. 6 AWbG).

12 Freistellungen zur Teilnahme an Bildungsveranstaltungen, die auf **anderen Rechtsvorschriften** beruhen, können – wenn dies vorgesehen ist – auf den gesetzlichen Anspruch nach dem AWbG **angerechnet** werden. Voraussetzung ist allerdings weiterhin, daß dem Anspruchsberechtigten das Erreichen der Ziele des § 1 AWbG, also die berufliche und politische Weiterbildung, gewährleistet ist (§ 4 AWbG).

13 Die in Betracht kommende Bildungsveranstaltung kann der Anspruchsberechtigte selbst auswählen. Daß, wann und wie lange der Anspruchsberechtigte Weiterbildung begehrt, hat er dem Arbeitgeber **schriftlich** so früh als möglich mitzuteilen, mindestens jedoch **vier Wochen** vor Beginn der Maßnahme (§ 5 Abs. 1 AWbG).

14 Eine **Ablehnung** des Weiterbildungsbegehrens des Arbeitnehmers durch den Arbeitgeber darf nur erfolgen, wenn zwingende betriebliche oder dienstliche Belange oder vorrangige Freistellungsansprüche auf Bildungsurlaub anderer Anspruchsberechtigter entgegenstehen. Die Ablehnung muß dem Anspruchsberechtigten seitens des Arbeitgebers unverzüglich, mindestens aber drei Wochen vor Beginn der Weiterbildungsmaßnahme unter Angabe der Gründe schriftlich mitgeteilt werden (§ 5 Abs. 2 AWbG). Im Falle der Ablehnung erfolgt eine Übertragung (vgl. oben Rn. 10).

15 Für die Dauer der Bildungsmaßnahme hat der Anspruchsberechtigte gegen den Arbeitgeber einen Anspruch auf **Fortzahlung der Arbeitsvergütung** (§ 7 AWbG). Daher ist dem Anspruchsberechtigten auch jedwede Erwerbstätigkeit untersagt, die dem Zweck der Arbeitnehmerweiterbildung entgegensteht (§ 6 AWbG).

16 Die Regelungen des AWbG stellen **zwingendes Recht** dar, so daß hiervon nur zugunsten der Anspruchsberechtigten abgewichen werden darf

(§ 8 Abs. 1 AWbG). Irgendwelche Nachteile wegen der Inanspruchnahme von Bildungsurlaub dürfen den Anspruchsberechtigten somit nicht entstehen (§ 8 Abs. 2 AWbG).

Nach einem Beschluß des BVerG (*BVerfG* vom 15. 12. 1987, DB 1988, 709) ist das AWbG (ebenso wie das HesBiUrlG) mit dem Grundgesetz vereinbar. **17**

4. Übersicht zum Bildungsurlaub in den einzelnen Bundesländern

Siehe hierzu die Tabellen auf den folgenden Seiten.

Anhang I

4. Übersicht zum Bildungsurlaub in den einzelnen Bundesländern

Bundesland	Begünstigte	Bildungsveranstaltung	Dauer	Wartezeit
BERLIN: Berliner BildungsurlaubsG v. 24. 10. 1990	alle Arbeitnehmer, arbeitnehmerähnliche Personen und Auszubildende	anerkannte Bildungsveranstaltungen zwecks politischer Bildung und/oder beruflicher Weiterbildung, Auszubildende beschränkt auf politische Bildung	bis zur Vollendung des 25. LJ. 10 Arbeitstage im Kalenderjahr, danach 10 Arbeitstage innerhalb 2 aufeinanderfolgender Kalenderjahre	6 Monate
BRANDENBURG: Brandenburgisches WeiterbildungsG v. 15. 12. 1993	alle Arbeitnehmer und Auszubildende, deren Arbeitsstätte in Brandenburg liegt, sowie Heimarbeiter und arbeitnehmerähnliche Personen	anerkannte Weiterbildungsveranstaltungen zum Zwecke beruflicher, kultureller oder politischer Weiterbildung	10 Arbeitstage innerhalb 2 aufeinanderfolgender Kalenderjahre	6 Monate
BREMEN: Bremisches BildungsurlaubsG v. 18. 12. 1974	alle Arbeitnehmer und Auszubildende mit Schwerpunkt des Beschäftigungsverhältnisses in Bremen	anerkannte Bildungsveranstaltungen zwecks beruflicher und allgemeiner Weiterbildung an mindestens 5, ausnahmsweise 3 aufeinanderfolgenden Tagen	10 Arbeitstage innerhalb 2 aufeinanderfolgender Kalenderjahre	6 Monate

Bundesland	Begünstigte	Bildungsveran-staltung	Dauer	Wartezeit
HAMBURG: Hamburgisches BildungsurlaubsG v. 21. 1. 1974 in der Fassung vom 16. 4. 1991	alle Arbeitnehmer und Auszubildende mit Schwerpunkt des Beschäftigungs-verhältnisses in Hamburg	anerkannte Bildungs-veranstaltungen zwecks politischer oder beruflicher Weiterbildung oder zur Qualfizierung für die Wahrnehmung ehrenamtlicher Tätigkeiten	10 Arbeitstage innerhalb von 2 Kalender-jahren	6 Monate
HESSEN: Hessisches Ge-setz über den Anspruch auf Bildungsurlaub vom 16. 10. 1984	alle Arbeitnehmer und Auszubildende, die in Hessen beschäftigt sind	anerkannte Bil-dungsveranstal-tungen zwecks politischer oder beruflicher Wei-terbildung, bei Auszubildenden nur politische Bildung	5 Arbeitstage pro Kalenderjahr	6 Monate
NIEDERSACHSEN: Niedersächsisches BildungsurlaubsG in der Fassung vom 25. 1. 1991 geändert durch Gesetz vom 16. 12. 1992	alle Arbeitnehmer und Auszubildende	vgl. hierzu § 11 NBildUG	5 Arbeitstage innerhalb des laufenden Kalenderjahres	6 Monate

Anhang I

Bundesland	Begünstigte	Bildungsveranstaltung	Dauer	Wartezeit
NORDRHEIN-WESTFALEN: Nordrhein-Westfälisches Arbeitnehmerweiterbildungsgesetz vom 6. 11. 1984	alle Arbeitnehmer mit Schwerpunkt des Beschäftigungsverhältnisses in NRW mit Ausnahme der Auszubildenden, Umschüler, Praktikanten und Volontäre	anerkannte Veranstaltungen der politischen und beruflichen Weiterbildung	5 Arbeitstage pro Kalenderjahr	6 Monate
RHEINLAND-PFALZ: Bildungsfreistellungsgesetz vom 30. 03. 1993	alle Arbeitnehmer, Heimarbeiter und die ihnen Gleichgestellten und die arbeitnehmerähnlichen Personen	anerkannte Veranstaltungen der beruflichen oder gesellschaftspolitischen Weiterbildung oder deren Verbindung	10 Arbeitstage innerhalb 2 aufeinanderfolgender Kalenderjahre	2 Jahre, bei Ausbildungsverhältnissen 1 Jahr
SAARLAND: Saarländisches Bildungsfreistellungsgesetz vom 15. 09. 1994	alle Arbeitnehmer, Auszubildende, Beamte, Richter mit Arbeitsstätte im Saarland	berufliche und politische Bildungsveranstaltungen in staatlich anerkannten Einrichtungen der Weiterbildung	5 Arbeitstage pro Kalenderjahr	6 Monate
SCHLESWIG-HOLSTEIN: Bildungsfreistellungs- und Qualifizierungsgesetz vom 07. 06. 1990	alle Arbeitnehmer und Auszubildende mit Schwerpunkt des Beschäftigungsverhältnisses in Schleswig-Holstein	anerkannte Veranstaltungen der allgemeinen, politischen und beruflichen Weiterbildung	5 Arbeitstage innerhalb des laufenden Kalenderjahres	6 Monate

II. Weitere Gesetzestexte

1. Gesetz zum Schutze der arbeitenden Jugend (Jugendarbeitsschutzgesetz – JArbSchG)

Vom 12. April 1976
(BGBl. I S. 965).
Zuletzt geändert durch Gesetz vom 31. Mai 1994
(BGBl. I S. 1168)

(Auszug)

§ 19 Urlaub

(1) Der Arbeitgeber hat Jugendlichen für jedes Kalenderjahr einen bezahlten Erholungsurlaub zu gewähren.

(2) Der Urlaub beträgt jährlich

1. mindestens 30 Werktage, wenn der Jugendliche zu Beginn des Kalenderjahres noch nicht 16 Jahre alt ist,
2. mindestens 27 Werktage, wenn der Jugendliche zu Beginn des Kalenderjahres noch nicht 17 Jahre alt ist,
3. mindestens 25 Werktage, wenn der Jugendliche zu Beginn des Kalenderjahres noch nicht 18 Jahre alt ist.

Jugendliche, die im Bergbau unter Tage beschäftigt werden, erhalten in jeder Altersgruppe einen zusätzlichen Urlaub von 3 Werktagen.

(3) Der Urlaub soll Berufsschülern in der Zeit der Berufsschulferien gegeben werden. Soweit er nicht in den Berufsschulferien gegeben wird, ist für jeden Berufsschultag, an dem die Berufsschule während des Urlaubs besucht wird, ein weiterer Urlaubstag zu gewähren.

(4) Im übrigen gelten für den Urlaub der Jugendlichen § 3 Abs. 2, §§ 4 bis 12 und § 13 Abs. 3 des Bundesurlaubsgesetzes. Der Auftraggeber oder Zwischenmeister hat jedoch abweichend von § 12 Nr. 1 des Bundesurlaubsgesetzes den jugendlichen Heimarbeitern für jedes Kalenderjahr einen bezahlten Erholungsurlaub entsprechend Abs. 2 zu gewähren; das Urlaubsentgelt der jugendlichen Heimarbeiter beträgt bei einem Urlaub von 30 Werktagen 11,6 v. H., bei einem Urlaub von 27 Werktagen 10,3 v. H. und bei einem Urlaub von 25 Werktagen 9,5 v.H.

Anhang II

2. Gesetz zur Sicherung der Eingliederung Schwerbehinderter in Arbeit, Beruf und Gesellschaft (Schwerbehindertengesetz – SchwbG)

In der Fassung der Bekanntmachung vom 26. August 1986
(BGBl. I S. 1421, ber. S. 1550).
Zuletzt geändert durch Gesetz vom 14. September 1994
(BGBl. I S. 2325)

(Auszug)

§ 47 Zusatzurlaub

Schwerbehinderte haben Anspruch auf einen bezahlten zusätzlichen Urlaub von 5 Arbeitstagen im Urlaubsjahr; verteilt sich die regelmäßige Arbeitszeit des Schwerbehinderten auf mehr oder weniger als 5 Arbeitstage in der Kalenderwoche, erhöht oder vermindert sich der Zusatzurlaub entsprechend. Soweit tarifliche, betriebliche oder sonstige Urlaubsregelungen für Schwerbehinderte einen längeren Zusatzurlaub vorsehen, bleiben sie unberührt.

§ 49 Beschäftigung Schwerbehinderter in Heimarbeit

(1) Schwerbehinderte, die in Heimarbeit beschäftigt oder diesen gleichgestellt sind (§ 1 Abs. 1 und 2 des Heimarbeitsgesetzes) und in der Hauptsache für den gleichen Auftraggeber arbeiten, werden auf die Pflichtplätze dieses Auftraggebers angerechnet.

(2) Für in Heimarbeit beschäftigte und diesen gleichgestellte Schwerbehinderte wird die in § 29 Abs. 2 des Heimarbeitsgesetzes festgelegte Kündigungsfrist von 2 Wochen auf 4 Wochen erhöht; die Vorschrift des § 29 Abs. 7 des Heimarbeitsgesetzes ist sinngemäß anzuwenden. Der besondere Kündigungsschutz der Schwerbehinderten i.S. des Vierten Abschnitts gilt auch für die in Satz 1 genannten Personen.

(3) Die Bezahlung des zusätzlichen Urlaubs der in Heimarbeit beschäftigten oder diesen gleichgestellten Schwerbehinderten erfolgt nach den für die Bezahlung ihres sonstigen Urlaubs geltenden Berechnungsgrundsätzen. Sofern eine besondere Regelung nicht besteht, erhalten die Schwerbehinderten als zusätzliches Urlaubsgeld 2 v. H. des in der Zeit vom 1. Mai des vergangenen bis zum 30. April des laufenden Jahres verdienten Arbeitsentgelts ausschließlich der Unkostenzuschläge.

(4) Schwerbehinderte, die als fremde Hilfskräfte eines Hausgewerbetreibenden oder eines Gleichgestellten beschäftigt werden (§ 2 Abs. 6

des Heimarbeitsgesetzes), können auf Antrag eines Auftraggebers auch auf dessen Pflichtplätze angerechnet werden, wenn der Arbeitgeber in der Hauptsache für diesen Auftraggeber arbeitet. Wird einem Schwerbehinderten im Sinne des Satzes 1, dessen Anrechnung das Arbeitsamt zugelassen hat, durch seinen Arbeitgeber gekündigt, weil der Auftraggeber die Zuteilung von Arbeit eingestellt oder die regelmäßige Arbeitsmenge erhebliche herabgesetzt hat, so ist der Auftraggeber verpflichtet, dem Arbeitgeber die Aufwendungen für die Zahlung des regelmäßigen Arbeitsverdienstes an den Schwerbehinderten bis zur rechtmäßigen Lösung seines Arbeitsverhältnisses zu erstatten.

(5) Werden fremde Hilfskräfte eines Hausgewerbetreibenden oder eines Gleichgestellten (§ 2 Abs. 6 des Heimarbeitsgesetzes) einem Auftraggeber gemäß Abs. 4 auf seine Pflichtsätze angerechnet, so hat der Auftraggeber die dem Arbeitgeber nach Abs. 3 entstehenden Aufwendungen zu erstatten.

(6) Die den Arbeitgeber nach § 13 Abs. 1 und 3 treffenden Verpflichtungen gelten auch für Personen, die Heimarbeit ausgeben.

3. Gesetz über den Schutz des Arbeitsplatzes bei Einberufung zum Wehrdienst (Arbeitsplatzschutzgesetz – ArbPlSchG)

In der Fassung der Bekanntmachung vom 14. April 1980
(BGBl. I S. 425),

zuletzt geändert durch Gesetz vom 29. Juli 1994
(BGBl. I S. 1890)

(Auszug)

§ 4 Erholungsurlaub

(1) Der Arbeitgeber kann den Erholungsurlaub, der dem Arbeitnehmer für ein Urlaubsjahr aus dem Arbeitsverhältnis zusteht, für jeden vollen Kalendermonat, den der Arbeitnehmer Grundwehrdienst leistet, um ein Zwölftel kürzen. Dem Arbeitnehmer ist der ihm zustehende Erholungsurlaub auf Verlangen vor Beginn des Grundwehrdienstes zu gewähren.

(2) Hat der Arbeitnehmer den ihm zustehenden Urlaub vor seiner Einberufung nicht oder nicht vollständig erhalten, so hat der Arbeitgeber den Resturlaub nach dem Grundwehrdienst im laufenden oder im nächsten Urlaubsjahr zu gewähren.

(3) Endet das Arbeitsverhältnis während des Grundwehrdienstes oder setzt der Arbeitnehmer im Anschluß an den Grundwehrdienst das Arbeitsverhältnis nicht fort, so hat der Arbeitgeber den noch nicht gewährten Urlaub abzugelten.

(4) Hat der Arbeitnehmer vor seiner Einberufung mehr Urlaub erhalten als ihm nach Absatz 1 zustand, so kann der Arbeitgeber den Urlaub, der dem Arbeitnehmer nach seiner Entlassung aus dem Grundwehrdienst zusteht, um die zuviel gewährten Urlaubstage kürzen.

(5) Wird ein Arbeitnehmer zu einer Wehrübung einberufen, so hat der Arbeitgeber den Erholungsurlaub voll zugewähren. Absatz 1 Satz 2 gilt entsprechend.

(6) Für die Zeit des Grundwehrdienstes richtet sich der Urlaub nach den Urlaubsvorschriften für Soldaten.

§ 7 Vorschriften für in Heimarbeit Beschäftigte

(1) Für in Heimarbeit Beschäftigte, die ihren Lebensunterhalt überwiegend aus der Heimarbeit beziehen, gelten die §§ 1 bis 4 sowie § 6 Abs. 2 sinngemäß.

(2) Vor und nach dem Wehrdienst dürfen in Heimarbeit Beschäftigte aus Anlaß des Wehrdienstes bei der Ausgabe von Heimarbeit im Vergleich zu den anderen in Heimarbeit Beschäftigten des gleichen Auftraggebers oder Zwischenmeisters nicht benachteiligt werden; andernfalls haben sie Anspruch auf das dadurch entgangene Entgelt. Der Berechnung des entgangenen Entgelts ist das Entgelt zugrunde zu legen, das der in Heimarbeit Beschäftigte im Durchschnitt der letzten zweiundfünfzig Wochen vor der Vorlage des Einberufungsbescheides beim Auftraggeber oder Zwischenmeister erzielt hat.

4. Seemannsgesetz (SeemG)

Vom 26. Juli 1957 (BGBl. II S. 713),

zuletzt geändert durch Gesetz vom 15. Juli 1994
(BGBl. I S. 1554)

(Auszug)

§ 53 Urlaubsanspruch

(1) Das Besatzungsmitglied hat für jedes Beschäftigungsjahr Anspruch auf bezahlten Urlaub.

(2) Das Bundesurlaubsgesetz vom 8. Januar 1963 (BGBl. I S. 2) findet auf den Urlaubsanspruch des Besatzungsmitglieds nur insoweit Anwendung, als es Vorschriften über die Mindestdauer des Urlaubs enthält.

§ 54 Urlaubsdauer

(1) Die Urlaubsdauer muß angemessen sein. Bei ihrer Festsetzung ist insbesondere die Dauer der Beschäftigung bei demselben Reeder zu berücksichtigen.

(2) Jugendlichen ist in jedem Beschäftigungsjahr ein Mindesturlaub zu gewähren

1. von 30 Werktagen, wenn sie zu Beginn des Beschäftigungsjahres noch nicht 16 Jahre alt sind,

2. von 27 Werktagen, wenn sie zu Beginn des Beschäftigungsjahres noch nicht 17 Jahre alt sind,

3. von 25 Werktagen, wenn sie zu Beginn des Beschäftigungsjahres noch nicht 18 Jahres alt sind.

§ 55 Urlaubsgewährung

(1) Der Urlaub wird vom Reeder oder vom Kapitän gewährt; dabei sind die Wünsche des Besatzungsmitglieds tunlichst zu berücksichtigen. Der Urlaub ist im Geltungsbereich des Grundgesetzes zu gewähren, soweit nicht auf Verlangen des Besatzungsmitglieds etwas anderes vereinbart wird.

(2) Der Urlaub ist, nach Möglichkeit zusammenhängend, bis zum Schluß des Beschäftigungsjahres zu gewähren. Wenn betriebliche Gründe, insbesondere längere Reisen des Schiffs es erfordern, kann der Urlaub für zwei Beschäftigungsjahre zusammen gegeben werden.

(3) Dem Besatzungsmitglied muß nach zweijähriger, Jugendlichen nach einjähriger Abwesenheit vom letzten Hafen im Geltungsbereich des Grundgesetzes auf Verlangen der bis dahin erworbene Urlaub gewährt werden. Diese Fristen können bis zu drei Monaten überschritten werden, wenn das Schiff innerhalb dieser Zeit einen europäischen Hafen anläuft.

(4) Während des Urlaubs darf das Besatzungsmitglied keiner dem Urlaubszweck widersprechenden Erwerbsarbeit nachgehen.

§ 56 Heimaturlaub

(1) Wird Heimaturlaub von einem Hafen außerhalb des Geltungsbereichs des Grundgesetzes aus gewährt, so beginnt er mit dem Ablauf des Tages, an dem das Besatzungsmitglied

1. in einem Hafen im Geltungsbereich des Grundgesetzes eintrifft oder
2. die Bundesgrenze auf dem Land- oder Luftwege überschreitet.

(2) Die Reisekosten (§ 26) trägt der Reeder im Falle des Absatzes 1 Nr. 1 bis zu diesem Hafen, im Falle des Absatzes 1 Nr. 2 bis zu dem Heimatort des Besatzungsmitglieds.

(3) Wenn sich das Besatzungsmitglied nach Beendigung des Heimaturlaubs in einem Hafen außerhalb des Geltungsbereichs des Grundgesetzes melden muß, gelten die Vorschriften der Absätze 1 und 2 sinngemäß mit der Maßgabe, daß das Besatzungsmitglied an dem auf den letzten Urlaubstag folgenden Tag nach näherer Weisung des Reeders einen der in Absatz 1 Nr.1 oder 2 bezeichneten Orte erreichen muß und daß der Reeder die Reisekosten von den in Absatz 2 genannten Orten bis zu dem Meldeort trägt.

§ 57 Urlaubsentgelt

(1) Als Urlaubsentgelt ist dem Besatzungsmitglied die Heuer fortzuzahlen. Für Sachbezüge ist ein angemessener Abgeltungsbetrag zu gewähren.

(2) Für jeden Urlaubstag sowie für jeden in den Urlaub fallenden Sonn- und Feiertag ist ein Dreißigstel der Monatsgrundheuer zu zahlen. Heuerteile, deren Höhe sich nach dem Ausmaß der Arbeit, dem Erfolg oder ähnlichen nicht gleichbleibenden Bemessungsgrundlagen richtet, sind bei der Berechnung des Urlaubsentgelts zu berücksichtigen.

(3) Das Urlaubsentgelt ist vor dem Urlaub zu entrichten.

§ 58 Erkrankung während des Urlaubs

Wird ein Besatzungsmitglied während des Urlaubs arbeitsunfähig krank, so werden diese Krankheitstage auf den Urlaub nicht angerechnet, soweit die Erkrankung durch ärztliches Zeugnis nachgewiesen wird. Ist anzunehmen, daß die Erkrankung über den Ablauf des Urlaubs hinaus dauern wird, so ist das Besatzungsmitglied verpflichtet, dies dem Reeder unverzüglich mitzuteilen. Das Besatzungsmitglied hat sich nach Ablauf des ihm bewilligten Urlaubs oder, falls die Erkrankung länger dauert, nach Wiederherstellung der Arbeitsfähigkeit zunächst dem Reeder oder dem Kapitän zur Arbeitsleistung zur Verfügung zu stellen. Der Reeder oder der Kapitän bestimmt den Zeitpunkt, von dem ab der restliche Urlaub gewährt wird; dabei sind die Wünsche des Besatzungsmitglieds tunlichst zu berücksichtigen.

§ 59 Urlaub bei Beendigung des Heuerverhältnisses während des Beschäftigungsjahrs

(1) Endet das Heuerverhältnis des Besatzungsmitglieds vor Ablauf des Beschäftigungsjahrs, so hat das Besatzungsmitglied innerhalb der ersten sechs Monate der Beschäftigung bei demselben Reeder für jeden vollen Beschäftigungsmonat, danach für jeden angefangenen Beschäftigungsmonat Anspruch auf ein Zwölftel des Jahresurlaubs.

(2) Hat das Besatzungsmitglied bereits längeren als den ihm nach Absatz 1 zustehenden Urlaub erhalten, so kann das Urlaubsentgelt nicht zurückgefordert werden.

§ 60 Urlaubsabgeltung

Der Urlaub darf nur abgegolten werden, soweit er wegen Beendigung des Heuerverhältnisses nicht mehr gewährt werden kann und eine Verlängerung des Heuerverhältnisses infolge Eingehens eines neuen Heuer- oder sonstigen Arbeitsverhältnisses nicht möglich ist.

5. Gesetz über die Gewährung von Erziehungsgeld und Erziehungsurlaub (Bundeserziehungsgeldgesetz – BErzGG)

Neufassung vom 31. 1. 1994 (BGBl. I S. 181)

(Auszug)

§ 15 Anspruch auf Erziehungsurlaub

(1) Arbeitnehmer haben Anspruch auf Erziehungsurlaub bis zur Vollendung des 3. Lebensjahres eines Kindes, das nach dem 31. Dezember 1991 geboren ist, wenn sie

1. mit einem Kind, für das ihnen die Personensorge zusteht, einem Stiefkind, einem Kind, das sie mit dem Ziel der Annahme als Kind in ihre Obhut aufgenommen haben, einem Kind, für das sie ohne Personensorgerecht in einem Härtefall Erziehungsgeld gemäß § 1 Abs. 7 beziehen können, oder als Nichtsorgeberechtigte mit ihrem leiblichen Kind in einem Haushalt leben und

2. dieses Kind selbst betreuen und erziehen.

Bei einem angenommenen Kind und bei einem Kind in Adoptionspflege kann Erziehungsurlaub von insgesamt 3 Jahren ab der Inobhutnahme, längstens bis zur Vollendung des 7. Lebensjahres des Kindes genommen werden. Bei einem leiblichen Kind eines nicht sorgeberechtigten Elternteils ist die Zustimmung des sorgeberechtigten Elternteils erforderlich.

(2) Ein Anspruch auf Erziehungsurlaub besteht nicht, solange

1. die Mutter als Wöchnerin bis zum Ablauf von 8 Wochen, bei Früh- und Mehrlingsgeburten von 12 Wochen, nicht beschäftigt werden darf,
2. der mit dem Arbeitnehmer in einem Haushalt lebende andere Elternteil nicht erwerbstätig ist, es sei denn, dieser ist arbeitslos oder befindet sich in Ausbildung, oder
3. der andere Elternteil Erziehungsurlaub in Anspruch nimmt, es sei denn, die Betreuung und Erziehung des Kindes kann nicht sichergestellt werden. Satz 1 Nr. 1 gilt nicht, wenn das Kind in Adoptionspflege genommen ist oder wegen eines anderen Kindes Erziehungsurlaub in Anspruch genommen wird.

(3) Der Anspruch kann nicht durch Vertrag ausgeschlossen oder beschränkt werden.

(4) Während des Erziehungsurlaubs ist Erwerbstätigkeit zulässig, wenn die wöchentliche Arbeitszeit 19 Stunden nicht übersteigt. Teilerwerbstätigkeit bei einem anderen Arbeitgeber oder als Selbständiger bedarf der Zustimmung des Arbeitgebers. Die Ablehnung seiner Zustimmung kann der Arbeitgeber nur mit entgegenstehenden betrieblichen Interessen innerhalb einer Frist von 4 Wochen schriftlich begründen.

§ 16 Inanspruchnahme des Erziehungsurlaubs

(1) Der Arbeitnehmer muß den Erziehungsurlaub spätestens vier Wochen vor dem Zeitpunkt, von dem ab er ihn in Anspruch nehmen will, vom Arbeitgeber verlangen und gleichzeitig erklären, für welchen Zeitraum oder für welche Zeiträume er Erziehungsurlaub in Anspruch nehmen will. Eine Inanspruchnahme von Erziehungsurlaub oder ein Wechsel unter den Berechtigten ist dreimal zulässig. Bei Zweifeln hat die Erziehungsgeldstelle auf Antrag des Arbeitgebers mit Zustimmung des Arbeitnehmers zu der Frage Stellung zu nehmen, ob die Voraussetzungen für den Erziehungsurlaub vorliegen. Dazu kann sie von den Beteiligten die Abgabe von Erklärungen und die Vorlage von Bescheinigungen verlangen.

(2) Kann der Arbeitnehmer aus einem von ihm nicht zu vertretenden Grund einen sich unmittelbar an das Beschäftigungsverbot des § 6 Abs. 1 des Mutterschutzgesetzes anschließenden Erziehungsurlaub nicht rechtzeitig verlangen, kann er dies innerhalb einer Woche nach Wegfall des Grundes nachholen.

(3) Der Erziehungsurlaub kann vorzeitig beendet oder im Rahmen des § 15 Abs. 1 verlängert werden, wenn der Arbeitgeber zustimmt. Eine Verlängerung kann verlangt werden, wenn ein vorgesehener Wechsel in der Anspruchsberechtigung aus einem wichtigen Grund nicht erfolgen kann.

(4) Stirbt das Kind während des Erziehungsurlaubs, endet dieser spätestens 3 Wochen nach dem Tod des Kindes.

(5) Eine Änderung in der Anspruchsberechtigung hat der Arbeitnehmer dem Arbeitgeber unverzüglich mitzuteilen.

§ 17 Erholungsurlaub

(1) Der Arbeitgeber kann den Erholungsurlaub, der dem Arbeitnehmer für das Urlaubsjahr aus dem Arbeitsverhältnis zusteht, für jeden vollen Kalendermonat, für den der Arbeitnehmer Erziehungsurlaub nimmt, um ein Zwölftel kürzen. Satz 1 gilt nicht, wenn der Arbeitnehmer während des Erziehungsurlaubs bei seinem Arbeitgeber Teilzeitarbeit leistet.

(2) Hat der Arbeitnehmer den ihm zustehenden Urlaub vor dem Beginn des Erziehungsurlaubs nicht oder nicht vollständig erhalten, so hat der Arbeitgeber den Resturlaub nach dem Erziehungsurlaub im laufenden oder im nächsten Urlaubsjahr zu gewähren.

(3) Endet das Arbeitsverhältnis während des Erziehungsurlaubs oder setzt der Arbeitnehmer im Anschluß an den Erziehungsurlaub das Arbeitsverhältnis nicht fort, so hat der Arbeitgeber den noch nicht gewährten Urlaub abzugelten.

(4) Hat der Arbeitnehmer vor dem Beginn des Erziehungsurlaubs mehr Urlaub erhalten, als ihm nach Absatz 1 zusteht, so kann der Arbeitgeber den Urlaub, der dem Arbeitnehmer nach dem Ende des Erziehungsurlaubs zusteht, um die zuviel gewährten Urlaubstage kürzen.

§ 18 Kündigungsschutz

(1) Der Arbeitgeber darf das Arbeitsverhältnis ab dem Zeitpunkt, von dem an Erziehungsurlaub verlangt worden ist, frühestens jedoch sechs Wochen vor Beginn des Erziehungsurlaubs, und während des Erziehungsurlaubs nicht kündigen. In besonderen Fällen kann ausnahmsweise eine Kündigung für zulässig erklärt werden. Die Zulässigkeitserklärung erfolgt durch die für den Arbeitsschutz zuständige oberste Landesbehörde oder die von ihr bestimmte Stelle. Der Bundesminister für Familie und Senioren wird ermächtigt, mit Zustimmung des Bundesrates allgemeine Verwaltungsvorschriften zur Durchführung des Satzes 2 zu erlassen.

(2) Absatz 1 gilt entsprechend, wenn der Arbeitnehmer

1. während des Erziehungsurlaubs bei seinem Arbeitgeber Teilzeitarbeit leistet oder

2. ohne Erziehungsurlaub in Anspruch zu nehmen, bei seinem Arbeitgeber Teilzeitarbeit leistet und Anspruch auf Erziehungsgeld hat oder nur deshalb nicht hat, weil das Einkommen (§ 6) die Einkommensgrenzen (§ 5 Abs. 2) übersteigt. Der Kündigungsschutz nach Nummer 2 besteht nicht, solange kein Anspruch auf Erziehungsurlaub nach § 15 besteht.

§ 19 Kündigung zum Ende des Erziehungsurlaubs

Der Arbeitnehmer kann das Arbeitsverhältnis zum Ende des Erziehungsurlaubs nur unter Einhaltung einer Kündigungsfrist von drei Monaten kündigen.

§ 20 Zur Berufsbildung Beschäftigte; in Heimarbeit Beschäftigte

(1) Die zu ihrer Berufsbildung Beschäftigten gelten als Arbeitnehmer im Sinne dieses Gesetzes. Die Zeit des Erziehungsurlaubs wird auf Berufsbildungszeiten nicht angerechnet.

(2) Anspruch auf Erziehungsurlaub haben auch die in Heimarbeit Beschäftigten und die ihnen Gleichgestellten (§ 1 Abs. 1 und 2 des Heimarbeitsgesetzes), soweit sie am Stück mitarbeiten. Für sie tritt an die Stelle des Arbeitgebers der Auftraggeber oder Zwischenmeister und an die Stelle des Arbeitsverhältnisses das Beschäftigungsverhältnis.

§ 21 Befristete Arbeitsverträge

(1) Ein sachlicher Grund, der die Befristung eines Arbeitsverhältnisses rechtfertigt, liegt vor, wenn ein Arbeitnehmer zur Vertretung eines anderen Arbeitnehmers für Zeiten eines Beschäftigungsverbotes nach dem Mutterschutzgesetz, eines Erziehungsurlaubs, einer auf Tarifvertrag, Betriebsvereinbarung oder einzelvertraglicher Vereinbarung beruhenden Arbeitsfreistellung zur Betreuung eines Kindes oder für diese Zeiten zusammen oder für Teile davon eingestellt wird.

(2) Über die Dauer der Vertretung nach Absatz 1 hinaus ist die Befristung für notwendige Zeiten einer Einarbeitung zulässig.

(3) Die Dauer der Befristung des Arbeitsvertrages muß kalendermäßig bestimmt oder bestimmbar sein.

(4) Das befristete Arbeitsverhältnis kann unter Einhaltung einer Frist von drei Wochen gekündigt werden, wenn der Erziehungsurlaub ohne Zustimmung des Arbeitgebers vorzeitig beendet werden kann und der Arbeitnehmer dem Arbeitgeber die vorzeitige Beendigung seines Erziehungsurlaubs mitgeteilt hat; die Kündigung ist frühestens zu dem Zeitpunkt zulässig, zu dem der Erziehungsurlaub endet.

(5) Das Kündigungsschutzgesetz ist im Falle des Absatzes 4 nicht anzuwenden.

(6) Absatz 4 gilt nicht, soweit seine Anwendung vertraglich ausgeschlossen ist.

(7) Wird im Rahmen arbeitsrechtlicher Gesetze oder Verordnungen auf die Zahl der beschäftigten Arbeitnehmer abgestellt, so sind bei der Ermittlung dieser Zahl Arbeitnehmer, die sich im Erziehungsurlaub befinden oder zur Betreuung eines Kindes freigestellt sind, nicht mitzuzählen, solange für sie aufgrund von Absatz 1 ein Vertreter eingestellt ist. Dies gilt nicht, wenn der Vertreter nicht mitzuzählen ist. Die Sätze 1 und 2 gelten entsprechend, wenn im Rahmen arbeitsrechtlicher Gesetze oder Verordnungen auf die Zahl der Arbeitsplätze abgestellt wird.

6. Bildungsurlaubsgesetze der Länder

a) Berliner Bildungsurlaubsgesetz (BiUrlG)
Vom 24. Oktober 1990 (GVBl. S. 2209)

§ 1 Grundsätze

(1) Arbeitnehmer haben unter Fortzahlung des Arbeitsentgelts gegenüber ihrem Arbeitgeber Anspruch auf Freistellung von der Arbeit für die Teilnahme an anerkannten Bildungsveranstaltungen (Bildungsurlaub). Als Arbeitnehmer im Sinne dieses Gesetzes gelten auch die zu ihrer Berufsausbildung Beschäftigten, die in Heimarbeit Beschäftigten und ihnen Gleichgestellte sowie andere Personen, die wegen ihrer wirtschaftlichen Unselbständigkeit als arbeitnehmerähnliche Personen anzusehen sind.

(2) Bildungsurlaub dient der politischen Bildung und der beruflichen Weiterbildung. Bildungsurlaub für zu ihrer Berufsausbildung Beschäftigte dient allein der politischen Bildung.

(3) Politische Bildung soll die Fähigkeit des Arbeitnehmers fördern, politische Zusammenhänge zu beurteilen und politische und gesellschaftliche Aufgaben wahrzunehmen.

(4) Berufliche Weiterbildung soll die berufliche Qualifikation erhalten, verbessern oder erweitern und die Kenntnis gesellschaftlicher und betrieblicher Zusammenhänge vermitteln.

§ 2 Dauer des Bildungsurlaubes

(1) Der Bildungsurlaub beträgt zehn Arbeitstage innerhalb eines Zeitraumes von zwei aufeinanderfolgenden Kalenderjahren. Für Arbeitnehmer bis zur Vollendung des 25. Lebensjahres beträgt der Bildungsurlaub zehn Arbeitstage im Kalenderjahr.

(2) Wird regelmäßig an mehr oder weniger als fünf Tagen in der Woche gearbeitet, so erhöht oder verringert sich der Anspruch gemäß Absatz 1 entsprechend. Bruchteile eines Tages werden zugunsten des Arbeitnehmers aufgerundet.

(3) Im Falle des Arbeitsplatzwechsels muß sich der Arbeitnehmer die in demselben Kalenderjahr von einem anderen Arbeitgeber gewährte Freistellung anrechnen lassen.

§ 3 Wartezeit

Der Anspruch auf Bildungsurlaub entsteht erstmalig nach sechsmonatigem Bestehen des Arbeits- bzw. Ausbildungsverhältnisses. Schließt sich ein Arbeitsverhältnis unmittelbar an ein Ausbildungsverhältnis bei demselben Arbeitgeber an, so muß der Anspruch nicht erneut erworben werden.

§ 4 Gewährung des Bildungsurlaubes

(1) Der Bildungsurlaub ist für den Zeitraum der vom Arbeitnehmer ausgewählten anerkannten Bildungsveranstaltung im Rahmen des Freistellungsanspruches gemäß § 2 zu gewähren. Die Inanspruchnahme und der Zeitpunkt des Bildungsurlaubes sind dem Arbeitgeber so frühzeitig wie möglich, grundsätzlich sechs Wochen vor Beginn der Freistellung, mitzuteilen.

(2) Der Bildungsurlaub kann nicht in der von dem Arbeitnehmer vorgesehenen Zeit genommen werden, wenn zwingende betriebliche Belange oder Urlaubsansprüche anderer Arbeitnehmer, die unter sozialen Gesichtspunkten den Vorrang verdienen, entgegenstehen. Die Ablehnung ist dem Arbeitnehmer so frühzeitig wie möglich, grundsätzlich innerhalb von vierzehn Tagen nach der Mitteilung entsprechend Absatz 1 Satz 2, unter Darlegung der Gründe schriftlich mitzuteilen.

(3) In Betrieben mit in der Regel nicht mehr als 20 Arbeitnehmern kann der Arbeitgeber die Freistellung von Arbeitnehmern über 25 Jahren auch ablehnen, sobald die Gesamtzahl der Arbeitstage, die im laufenden Kalenderjahr von seinen Arbeitnehmern für Zwecke der Freistellung nach diesem Gesetz in Anspruch genommen worden sind, das 2,5fache der Zahl seiner Arbeitnehmer erreicht hat.

(4) Der Arbeitnehmer hat dem Arbeitgeber auf Verlangen die Anmeldung zur Bildungsveranstaltung, deren Anerkennung und die Teilnahme an der Bildungsveranstaltung nachzuweisen. Die dafür erforderlichen Bescheinigungen sind dem Arbeitnehmer vom Träger der Bildungsveranstaltung unentgeltlich auszustellen.

§ 5 Übertragbarkeit des Bildungsurlaubes

(1) Wird dem Arbeitnehmer die Freistellung innerhalb eines Kalenderjahres trotz Verlangens auf Grund der in § 4 Abs. 2 und 3 dargelegten Gründe nicht gewährt, ist eine Freistellung zu einem anderen Zeitpunkt innerhalb eines Jahres nach Antragstellung bevorzugt zu gewähren.

(2) Der Anspruch gemäß § 2 Abs. 1 und 2 kann durch schriftliche Abrede zwischen Arbeitgeber und Arbeitnehmer unter Anrechnung des Bildungsurlaubsanspruchs zukünftiger Jahre zu längerfristigen Veranstaltungen der beruflichen Weiterbildung zusammengefaßt werden. Für den Fall des § 4 Abs. 3 gilt, daß der Arbeitgeber die gemäß Satz 1 zusammengefaßten Bildungsurlaubszeiten auf den Bildungsurlaubsanspruch anderer Arbeitnehmer lediglich bis zum Ende des laufenden Kalenderjahres und mit nur 10 Tagen anrechnen darf.

§ 6 Verhältnis zu sonstigen Freistellungen

Sonstige Freistellungen zur Teilnahme an Bildungsveranstaltungen, die auf anderen Rechts- und Verwaltungsvorschriften, Tarifverträgen, Betriebsvereinbarungen oder Einzelverträgen beruhen, werden angerechnet, wenn die Erreichung der in § 1 Abs. 2 bis 4 dieses Gesetzes niedergelegten Ziele ermöglicht wird und ein Anspruch auf Fortzahlung des Arbeitsentgeltes besteht.

§ 7 Verbot der Erwerbstätigkeit

Während des Bildungsurlaubes darf der Arbeitnehmer keine dem Zwecke dieses Gesetzes zuwiderlaufende Erwerbstätigkeit ausüben.

§ 8 Wahlfreiheit und Benachteiligungsverbot

Der Arbeitgeber darf den Arbeitnehmer nicht in der freien Auswahl unter den anerkannten Bildungsurlaubsveranstaltungen behindern oder wegen der Inanspruchnahme des Bildungsurlaubes benachteiligen.

§ 9 Bildungsurlaubsentgelt

Für die Berechnung des Bildungsurlaubsentgeltes und im Falle der Erkrankung während des Bildungsurlaubes gelten die §§ 9, 11 und 12 des Bundesurlaubsgesetzes entsprechend.

§ 10 Unabdingbarkeit, Abgeltungsverbot

(1) Von den Vorschriften dieses Gesetzes darf nur zugunsten des Arbeitnehmers abgewichen werden.

(2) Eine Abgeltung des Bildungsurlaubes findet nicht statt.

§ 11 Anerkennung von Bildungsveranstaltungen

(1) Berufliche Bildungsveranstaltungen, die von öffentlichen Schulen, öffentlichen Volkshochschulen, Hochschulen oder anerkannten Privatschulen durchgeführt werden, gelten als anerkannt. Dies gilt auch für Veranstaltungen, die den Erwerb nachträglicher Schulabschlüsse zum Ziel haben. Im übrigen erfolgt die Anerkennung von Bildungsveranstaltungen durch die für Berufsbildung zuständige Senatsverwaltung.

(2) Anerkennungsfähig sind Veranstaltungen, die von Trägern der Jugend- und Erwachsenenbildung durchgeführt werden. Als solche sind insbesondere die anerkannten Jugendgemeinschaften und Jugendorganisationen, die öffentlichen Einrichtungen der Jugendhilfe, die Volkshochschulen sowie Bildungseinrichtungen der demokratischen Parteien, der Arbeitgeberorganisationen, der Kammern und der Gewerkschaften anzusehen. Im übrigen müssen die zur Durchführung der Bildungsveranstaltungen erforderlichen persönlichen und sachlichen Voraussetzungen gegeben sein. Die Anerkennung ist zu versagen, wenn die Ziele der Veranstalter oder Veranstaltungen nicht mit der demokratischen Grundordnung der Verfassung von Berlin im Einklang stehen.

(3) Anträge auf Anerkennung von Veranstaltungen können nur von den Veranstaltern gestellt werden. Die für die Anerkennung erforderlichen Nachweise sind beizufügen.

(4) Die für Berufsbildung zuständige Senatsverwaltung regelt im Benehmen mit den für Arbeit und Wirtschaft sowie Frauen und Jugend zuständigen Senatsverwaltungen das Anerkennungsverfahren durch Rechtsverordnung.

§ 12 Berichtspflicht

Die Träger anerkannter Bildungsveranstaltungen sind verpflichtet, der Anerkennungsbehörde Auskunft über Gegenstand, Verlauf und Teilnehmer der anerkannten Veranstaltungen in nichtpersonenbezogener Form zu erteilen. Dazu gehören auch Angaben über Anzahl, Geschlecht, Alter, Vorbildung, Beruf und Staatsangehörigkeit der Teilnehmer sowie die Betriebsgröße des Arbeitgebers.

§ 13 Inkrafttreten

(1) Dieses Gesetz tritt am 1.Januar 1991 in Kraft.

(2) Gleichzeitig tritt das Gesetz zur Förderung der Teilnahme an Bildungsveranstaltungen vom 16. Juli 1970 (GVBl. S. 1140) außer Kraft.

Anhang II

b) Gesetz zur Regelung und Förderung der Weiterbildung im Land Brandenburg (Brandenburgisches Weiterbildungsgesetz – BbgWBG)

Vom 15. Dezember 1993 (GVBl. I S. 498)

Abschnitt 1: Grundsätze

§ 1 Begriff und Stellung der Weiterbildung

(1) Die Weiterbildung ist ein integrierter und gleichberechtigter Teil des Bildungswesens. Weiterbildung im Sinne dieses Gesetzes umfaßt alle Formen der Fortsetzung, Wiederaufnahme oder Ergänzung organisierten Lernens außerhalb der Bildungsgänge der allgemeinbildenden Schulen und der berufsbildenden Schulen. Soweit die außerschulische Jugendbildung nicht anderweitig geregelt ist, gehört sie zur Weiterbildung im Sinne dieses Gesetzes. Die Hochschul- und Berufsbildung fallen nicht unter dieses Gesetz.

(2) Die Träger und Einrichtungen der Weiterbildung haben das Recht auf selbständige Lehrplangestaltung.

(3) Die durch besondere Gesetze und Rechtsvorschriften geregelte Weiterbildung einzelner Berufsgruppen bleibt von diesem Gesetz unberührt, ebenso die arbeitsmarktbezogene berufliche Weiterbildung aufgrund von Gesetzen, Rechtsvorschriften und öffentlichen Förderprogrammen.

(4) Die Förderung von politischer Bildung durch die Landeszentrale für politische Bildung bleibt unberührt.

§ 2 Ziele, Aufgaben und Inhalte der Weiterbildung

(1) Weiterbildung dient der Verwirklichung des Rechts auf Bildung. Sie steht allen Menschen im Land offen.

(2) Weiterbildung soll durch bedarfsgerechte Angebote zur Chancengleichheit beitragen, die Vertiefung und Ergänzung vorhandener oder den Erwerb neuer Kenntnisse, Fähigkeiten und Qualifikationen ermöglichen, zur Orientierung und Lebenshilfe dienen, zu selbständigem, eigenverantwortlichem und kritischem Handeln im persönlichen, sozialen, politischen, kulturellen und beruflichen Leben befähigen. Dazu gehört auch die Fähigkeit zum verantwortlichen Umgang mit der Natur. Mit der Weiterbildung ist die Gleichstellung von Frau und Mann zu fördern.

(3) Weiterbildung umfaßt neben abschlußbezogenen Lehrgängen insbesondere Angebote der allgemeinen, beruflichen, kulturellen und politischen Bildung. Auf die integrative Vermittlung der jeweiligen Inhalte ist hinzuwirken.

(4) Für Lehrgänge und Prüfungen zum nachträglichen Erwerb von Schulabschlüssen an kommunalen Weiterbildungseinrichtungen sind die für Abendschulen geltenden Vorschriften anzuwenden. Die Weiterbildungseinrichtungen unterliegen mit diesen Bildungsangeboten der Schulaufsicht durch die zuständigen staatlichen Schulämter. Für Lehrgänge zum nachträglichen Erwerb von Schulabschlüssen an anerkannten Einrichtungen der Weiterbildung in freier Trägerschaft sind die für Ergänzungsschulen geltenden Vorschriften anzuwenden.

§ 3 Träger, Einrichtungen und Landesorganisationen der Weiterbildung

(1) Träger der Weiterbildung sind juristische Personen des öffentlichen oder privaten Rechts, die durch ihre Einrichtungen Veranstaltungen der Weiterbildung in eigener Verantwortung organisieren, öffentlich anbieten und durchführen lassen.

(2) Einrichtungen der Weiterbildung sind Bildungseinrichtungen, die in öffentlicher oder privater Trägerschaft oder als juristische Person des öffentlichen oder privaten Rechts eine planmäßige und kontinuierliche Weiterbildungsarbeit im Sinne dieses Gesetzes gewährleisten.

(3) Landesorganisationen der Weiterbildung sind Zusammenschlüsse von Trägern der Weiterbildung auf Landesebene. Sie fördern und koordinieren die Weiterbildungsarbeit ihrer Mitglieder.

§ 4 Aufgaben des Landes

(1) Die Weiterbildung ist nach Maßgabe dieses Gesetzes durch das Land zu fördern. Dazu gewährt das Land finanzielle Unterstützung gemäß § 27.

(2) Die obersten Landesbehörden und ihre nachgeordneten Behörden und Einrichtungen unterstützen die Arbeit der nach diesem Gesetz anerkannten Einrichtungen der Weiterbildung.

§ 5 Aufgaben der Kreise und kreisfreien Städte

(1) Die Kreise und kreisfreien Städte sichern für ihr Gebiet ein Weiterbildungsangebot gemäß § 6 unter Berücksichtigung der Trägervielfalt. In der Regel bedienen sie sich dazu einer Weiterbildungseinrichtung.

Anhang II

(2) Kreise und kreisfreie Städte können zur gemeinsamen Erfüllung der Aufgaben nach Absatz 1 Zweckverbände bilden oder öffentlich-rechtliche Vereinbarungen nach Maßgabe des Gesetzes über kommunale Gemeinschaftsarbeit im Land Brandenburg schließen.

§ 6 Grundversorgung

(1) Die Kreise und kreisfreien Städte haben als Mindestangebot eine Grundversorgung sicherzustellen. Der Umfang der Grundversorgung bemißt sich an der Einwohnerzahl der Kreise und der kreisfreien Städte.

(2) Die Grundversorgung umfaßt die in § 2 Abs. 3 aufgeführten Bereiche.

(3) Nicht zur Grundversorgung gehören:

1. Veranstaltungen des Zweiten Bildungsweges gemäß §§17 und 18 des Ersten Schulreformgesetzes,

2. Bildungsveranstaltungen im Rahmen der Bildungsfreistellung gemäß § 24 Abs. 1,

3. Bildungsveranstaltungen der Heimbildungsstätten,

4. Bildungsmaßnahmen, die aus sonstigen öffentlichen oder privaten Förderungsprogrammen finanziert werden,

5. Bildungsveranstaltungen der außerschulischen Jugendbildung.

(4) Die Grundversorgung wird von anerkannten Einrichtungen in kommunaler oder freier Trägerschaft erbracht. Das für Bildung zuständige Mitglied der Landesregierung wird ermächtigt, durch Rechtsverordnung die Durchführung der Grundversorgung zu regeln. Die Rechtsverordnung bedarf der Zustimmung des für Bildung zuständigen Ausschusses des Landtages.

Abschnitt 2: Anerkennung von Einrichtungen und Landesorganisationen

§ 7 Anerkennung von Einrichtungen

Als Weiterbildungseinrichtungen werden Einrichtungen freier Träger gemäß § 3 Abs. 2 anerkannt, die

1. nicht mit dem Ziel der Erwirtschaftung von Gewinnen arbeiten und nicht ausschließlich organisations- oder betriebsbezogene Weiterbildungsveranstaltungen anbieten,

2. Veranstaltungen jeder Person ohne Rücksicht auf ihre gesellschaftliche und berufliche Stellung, Nationalität, ihr Geschlecht und ihre Religion öffnen. Vorbildungsnachweise dürfen ausschließlich bei schulabschlußbezogenen Maßnahmen und Maßnahmen der beruflichen Weiterbildung als Zugangsvoraussetzung verlangt werden,

3. die Freiheit der Meinungsäußerung gewährleisten und fördern, planmäßig und kontinuierlich arbeiten und nach dem Umfang des Bildungsangebotes, der Programm- und Veranstaltungsplanung sowie nach ihrer räumlichen und fachlichen Ausstattung erwarten lassen, daß sie die Aufgaben der Weiterbildung angemessen erfüllen,

4. die Mitwirkung von Lehrenden und Lernenden sowie von Beschäftigten sichern,

5. ihren Sitz und ihren Tätigkeitsbereich im Land haben und deren Bildungsmaßnahmen überwiegend Personen aus dem Land gelten,

6. ihre Arbeitsprogramme, Arbeitsergebnisse, Personalausstattung, Teilnehmerzahlen und Finanzierung gegenüber dem für Bildung zuständigen Ministerium und dem Landesrechnungshof auf Verlangen offenlegen,

7. sich zur Mitarbeit im regionalen Weiterbildungsbeirat gemäß § 10 verpflichten,

8. den Lehrenden, ihren Mitarbeiterinnen und Mitarbeitern regelmäßige Fortbildungen ermöglichen,

9. grundsätzlich von einer nach Ausbildung und Berufserfahrung geeigneten Fachkraft geleitet werden,

10. nach Ziel und Inhalt mit dem Grundgesetz und der Verfassung des Landes im Einklang stehen.

Eine Anerkennung von überregional tätigen Einrichtungen ist auch dann möglich, wenn eine Mitarbeit im regionalen Weiterbildungsbeirat nicht erfolgt.

§ 8 Anerkennung von Landesorganisationen

Landesorganisationen der Weiterbildung sind anzuerkennen, wenn sie

1. die Voraussetzungen des § 7 Nr. 1 bis 6 sowie 8 und 10 erfüllen,

2. von einer juristischen Person des öffentlichen Rechts oder einer gemeinnützigen juristischen Person des Privatrechts getragen werden,

3. durch die ihnen angeschlossenen Träger anerkannter Weiterbildungseinrichtungen in mindestens einem Drittel der Kreise und kreisfreien Städte Weiterbildung organisieren und durchführen,

Anhang II

4. sich zur Mitarbeit im Landesbeirat für Weiterbildung gemäß § 12 verpflichten.

Rechtlich selbständige Heimbildungsstätten oder Träger dieser Einrichtungen können je nach Umfang ihrer Leistung einer Landesorganisation gleichgestellt werden.

§ 9 Anerkennungs- und Widerrufsverfahren

(1) Die Anerkennung einer Einrichtung oder einer Landesorganisation erfolgt auf schriftlichen Antrag durch das für Bildung zuständige Ministerium im Einvernehmen mit den anderen, fachlich zuständigen Ministerien. Sie kann rückwirkend zum Beginn des Jahres der Antragstellung ausgesprochen werden, sofern die Voraussetzungen der Anerkennung zu diesem Zeitpunkt vorgelegen haben.

(2) Einrichtungen von Trägern, die nicht ausschließlich in der Weiterbildung tätig sind, werden nur anerkannt, wenn sie von anderen Einrichtungen des Trägers organisatorisch abgegrenzt sind.

(3) Die Anerkennung berechtigt die Einrichtungen und Landesorganisationen, neben ihrer Bezeichnung einen Zusatz zu führen, der auf die Anerkennung hinweist.

(4) Die Anerkennung kann zurückgenommen werden, wenn festgestellt wird, daß eine der Voraussetzungen für ihre Erteilung von Anfang an nicht gegeben war; sie ist zu widerrufen, wenn die Voraussetzungen nicht mehr vorliegen.

Abschnitt 3: Kooperation und Koordination

§ 10 Regionaler Weiterbildungsbeirat

(1) Für jeden Kreis und für jede kreisfreie Stadt ist ein regionaler Weiterbildungsbeirat zu errichten. Kreise und kreisfreie Städte, die sich zur Erbringung der Grundversorgung zu Zweckverbänden zusammenschließen, haben einen gemeinsamen regionalen Weiterbildungsbeirat zu errichten. Die Errichtung der regionalen Weiterbildungsbeiräte ist Aufgabe der Kreise und kreisfreien Städte. Ihre Einberufung erfolgt in den Kreisen durch die Landräte und in den kreisfreien Städten durch die Oberbürgermeister.

(2) Der regionale Weiterbildungsbeirat hat in seinem Tätigkeitsbereich im Interesse bedarfsgerechter Bildungsangebote und gemäß den Zielsetzungen dieses Gesetzes zu einer Kooperation der anerkannten Einrichtungen der Weiterbildung beizutragen und die Zusammenarbeit mit Einrichtungen anderer Bildungsbereiche zu unterstützen.

(3) Die regionalen Weiterbildungsbeiräte erfüllen ihre Aufgaben, indem sie insbesondere

1. den jeweiligen regionalen Bedarf an Weiterbildung ermitteln,
2. nach Maßgabe von § 6 Abs. 4 auf die Sicherung einer bedarfsgerechten Grundversorgung hinwirken und Möglichkeiten einer arbeitsteiligen thematischen und terminlichen Abstimmung von Einzelprogrammen prüfen,
3. auf die Planung und Durchführung gemeinsamer Veranstaltungen sowie Maßnahmen der Bildungswerbung und Beratung im Bildungsbereich hinwirken,
4. gemeinsame Veranstaltungsprogramme herausgeben, die über die Weiterbildungsangebote aller im Kreis- oder Stadtgebiet tätigen, anerkannten Einrichtungen Auskunft geben,
5. Vorschläge zur Verteilung der Mittel zur Förderung der Grundversorgung gemäß § 27 unterbreiten,
6. in Zusammenarbeit mit anderen regionalen Bildungseinrichtungen wie den Schulen, den Trägern und Einrichtungen der außerschulischen Jugendbildung, den Kreisbildstellen und Bibliotheken ihre Programme abstimmen sowie die gemeinsame wirtschaftliche Nutzung von Räumen, Gebäuden sowie Lehr- und Lernmitteln koordinieren.

§ 11 Zusammensetzung und Organisation des regionalen Weiterbildungsbeirats

(1) Dem regionalen Weiterbildungsbeirat gehören stimmberechtigt an:

1. je eine vertretungsbefugte Person der im Kreis- oder Stadtgebiet tätigen, anerkannten Einrichtungen der Weiterbildung, die zur Grundversorgung beitragen,
2. je eine vertretungsbefugte Person des Kreises oder der kreisfreien Stadt, die nicht der kommunalen Weiterbildungseinrichtung angehört.

(2) Je eine vertretungsbefugte Person anerkannter Einrichtungen, die nicht zur Grundversorgung beitragen, deren Wirkungskreis sich aber auf den Kreis oder die kreisfreie Stadt erstreckt, ist zu den Sitzungen einzuladen.

(3) Vertretungsbefugte Personen anderer im Kreis- oder Stadtgebiet tätiger Weiterbildungseinrichtungen können ebenfalls zu den Sitzungen eingeladen werden.

(4) Die regionalen Weiterbildungsbeiräte wählen jeweils aus ihrer Mitte die den Vorsitz führende Person und eine stellvertretende Person. Die Beiräte geben sich unter Berücksichtigung der Empfehlungen des Landesbeirats für Weiterbildung eine Geschäftsordnung.

(5) Frauen und Männer sollen möglichst in gleicher Anzahl vertreten sein.

§ 12 Landesbeirat für Weiterbildung

(1) Das für Bildung zuständige Ministerium beruft einen Landesbeirat für Weiterbildung.

(2) Der Landesbeirat für Weiterbildung berät die Landesregierung in allen grundsätzlichen Fragen der Weiterbildung und ihrer finanziellen Förderung.

(3) Er hat die Aufgabe, bei der Verwirklichung dieses Gesetzes mitzuwirken und die Entwicklung der Weiterbildung im Land zu fördern, die Zusammenarbeit der anerkannten Einrichtungen der Weiterbildung und deren Kooperation mit öffentlichen und privaten Einrichtungen des Bildungs-, Kultur- und Sozialwesens zu fördern und die Arbeit der regionalen Weiterbildungsbeiräte zu unterstützen.

(4) Der Landesbeirat für Weiterbildung soll vor der Anerkennung sowie vor dem Widerruf der Anerkennung von Einrichtungen und Landesorganisationen der Weiterbildung gehört werden.

(5) Der Landesbeirat für Weiterbildung wirkt bei der Erarbeitung von Kriterien für die Anerkennung von Weiterbildungsveranstaltungen gemäß § 24 mit.

(6) Ist die Anerkennung einer Weiterbildungsveranstaltung gemäß § 24 strittig, soll der Landesbeirat gehört werden.

§ 13 Zusammensetzung und Organisation des Landesbeirats für Weiterbildung

(1) Der Landesbeirat für Weiterbildung setzt sich aus folgenden stimmberechtigten Mitgliedern zusammen:

1. je einer von den anerkannten Landesorganisationen für Weiterbildung zu benennenden Person,

2. je einer Person von insgesamt vier der regionalen Weiterbildungsbeiräte, die im Benehmen mit den regionalen Weiterbildungsbeiräten in einer festzulegenden Reihenfolge für jeweils zwei Jahre aus den Kreisen und kreisfreien Städten benannt wird,

3. je einer von den kommunalen Spitzenverbänden zu benennenden Person,

4. je einer benannten Person der im Landesausschuß für berufliche Bildung vertretenen Arbeitnehmerschaft und Arbeitgeberschaft,

5. je einer benannten Person weiterer von mit Fragen der Weiterbildung befaßten Organisationen im Land Brandenburg, die auf Antrag nach Anhörung des Landesbeirats als stimmberechtigtes Mitglied durch das für Bildung zuständige Ministerium berufen wird.

(2) An den Sitzungen des Landesbeirats für Weiterbildung können vertretungsbefugte Personen der Ministerien teilnehmen.

(3) Für jedes stimmberechtigte Mitglied ist eine stellvertretende Person zu benennen.

(4) Die stimmberechtigten Mitglieder des Landesbeirats für Weiterbildung wählen aus ihrer Mitte die den Vorsitz führende und jeweils eine stellvertretende Person.

(5) Frauen und Männer sollen möglichst in gleicher Anzahl vertreten sein.

(6) Der Landesbeirat gibt sich eine Geschäftsordnung, die der Genehmigung durch das für Bildung zuständige Ministerium bedarf. Die Geschäftsführung wird durch das Pädagogische Landesinstitut Brandenburg wahrgenommen.

(7) Die Erstattung von Reisekosten für stimmberechtigte Mitglieder für die Teilnahme an den Sitzungen wird im Einvernehmen mit dem Ministerium für Finanzen in Verwaltungsvorschriften geregelt.

Abschnitt 4: Bildungsfreistellung

§ 14 Grundsätze

(1) Beschäftigte haben nach Maßgabe dieses Gesetzes unter Fortzahlung des Arbeitsentgelts gegenüber ihrer Beschäftigungsstelle Anspruch auf Freistellung von der Arbeit zur Teilnahme an anerkannten Weiterbildungsveranstaltungen gemäß § 24 zum Zwecke beruflicher, kultureller oder politischer Weiterbildung.

(2) Als Beschäftigte im Sinne dieses Gesetzes gelten Arbeiterinnen und Arbeiter, Angestellte und Auszubildende, deren Arbeitsstätte im Land liegt, sowie die in Heimarbeit beschäftigten samt der ihnen gleichgestellten Personen, die wegen ihrer wirtschaftlichen Unselbständigkeit als beschäftigte Personen anzusehen sind.

Anhang II

§ 15 Dauer der Bildungsfreistellung

(1) Die Bildungsfreistellung beträgt zehn Arbeitstage innerhalb eines Zeitraumes von zwei aufeinanderfolgenden Kalenderjahren.

(2) Wird regelmäßig an mehr oder weniger als fünf Tagen in der Woche gearbeitet, so erhöht oder verringert sich der Anspruch gemäß Absatz 1 entsprechend. Bruchteile eines Tages werden zugunsten des Anspruchs aufgerundet.

(3) Im Falle eines Arbeitsplatzwechsels wird die in demselben Kalenderjahr gewährte Freistellung angerechnet.

§ 16 Wartezeit

Der Anspruch auf Bildungsfreistellung entsteht erstmalig nach sechsmonatigem Bestehen des Beschäftigungs- oder Ausbildungsverhältnisses. Schließt sich ein Beschäftigungsverhältnis unmittelbar an ein Ausbildungsverhältnis bei derselben Beschäftigungsstelle an, gilt für den Anspruch der Beginn des Ausbildungsverhältnisses.

§ 17 Gewährung der Bildungsfreistellung

(1) Die Bildungsfreistellung ist für den Zeitraum der von der berechtigten Person ausgewählten anerkannten Bildungsveranstaltung im Rahmen des Freistellungsanspruchs gemäß § 15 zu gewähren. Die Inanspruchnahme und der Zeitpunkt der Bildungsfreistellung sind der Beschäftigungsstelle so frühzeitig wie möglich, spätestens jedoch sechs Wochen vor Beginn der Freistellung, schriftlich mitzuteilen.

(2) Die Bildungsfreistellung kann nicht in der gewünschten Zeit erfolgen, wenn zwingende betriebliche Belange oder Urlaubsansprüche anderer, die unter sozialen Gesichtspunkten den Vorrang verdienen, entgegenstehen. Die Ablehnung ist der entsprechenden Person so frühzeitig wie möglich, grundsätzlich jedoch innerhalb von vierzehn Tagen nach der Mitteilung entsprechend Absatz 1 Satz 2 unter Darlegung der Gründe, schriftlich mitzuteilen.

(3) Die Freistellung kann auch abgelehnt werden, sobald die Gesamtzahl der Arbeitstage, die im laufenden Kalenderjahr für Zwecke der Freistellung nach diesem Gesetz in Anspruch genommen worden sind, das Zweieinhalbfache, in Betrieben mit in der Regel nicht mehr als zwanzig Beschäftigten das Eineinhalbfache der Zahl der Beschäftigten erreicht hat. Bei Ablehnung aus diesem Grund ist die Gesamtzahl der gewährten Arbeitstage für das laufende Jahr der beschäftigten Person nachzuweisen.

(4) Die beschäftigte Person hat auf Verlangen der Arbeitsstelle die Anmeldung zur Bildungsveranstaltung, deren Anerkennung und die Teilnahme an der Bildungsveranstaltung nachzuweisen. Die dafür erforderlichen Bescheinigungen sind dazu vom Bildungsveranstalter unentgeltlich auszustellen.

§ 18 Übertragbarkeit der Bildungsfreistellung

(1) Wird die Freistellung innerhalb eines Kalenderjahres trotz Verlangens wegen der in § 17 Abs. 2 und 3 dargelegten Gründen nicht gewährt, ist eine Freistellung zu einem anderen Zeitpunkt bis zum Ablauf des folgenden Kalenderjahres zu gewähren.

(2) Der Anspruch gemäß § 15 Abs. 1 und 2 kann durch schriftliche Abrede der Beschäftigungsstelle und der beschäftigten Person unter Anrechnung des Bildungsfreistellungsanspruchs zukünftiger Jahre zu längerfristigen Veranstaltungen der beruflichen Weiterbildung zusammengefaßt werden. Für den Fall des § 17 Abs. 3 gilt, daß die gemäß Satz 1 zusammengefaßten Bildungsfreistellungszeiten auf den Bildungsfreistellungsanspruch anderer lediglich bis zum Ende des laufenden Kalenderjahres mit nur zehn Tagen angerechnet werden dürfen.

§ 19 Verhältnis zu sonstigen Freistellungen

Sonstige Freistellungen zur Teilnahme an Bildungsveranstaltungen, die auf anderen Rechts- und Verwaltungsvorschriften, Tarifverträgen, Betriebsvereinbarungen oder Einzelverträgen beruhen, werden angerechnet, wenn sie den Grundsätzen der Bildungsfreistellung gemäß § 14 entsprechen und ein Anspruch auf Fortzahlung des Arbeitsentgelts besteht. Weitergehende tarifvertragliche oder betriebliche Vereinbarungen bleiben unberührt.

§ 20 Verbot der Erwerbstätigkeit

Während der Bildungsfreistellung darf die freigestellte Person keine dem Freistellungszweck dieses Gesetzes zuwiderlaufende Erwerbstätigkeit ausüben.

§ 21 Wahlfreiheit und Benachteiligungsverbot

Die beschäftigte Person darf durch die Beschäftigungsstelle nicht in der freien Auswahl unter den gemäß § 24 anerkannten Veranstaltungen zur Bildungsfreistellung behindert oder wegen der Inanspruchnahme der Bildungsfreistellung benachteiligt werden.

§ 22 Bildungsfreistellungsentgelt

Für die Berechnung des Bildungsfreistellungsentgelts und im Falle der Erkrankung während der Bildungsfreistellung gelten die §§ 9, 11 und 12 des Bundesurlaubsgesetzes entsprechend. Für den Anspruchsberechtigten günstigere vertragliche Regelungen bleiben unberührt.

§ 23 Unabdingbarkeit und Abgeltungsverbot

(1) Von den Vorschriften dieses Gesetzes darf nur zugunsten der beschäftigten Person abgewichen werden.

(2) Eine Abgeltung der Bildungsfreistellung findet nicht statt.

§ 24 Anerkennung von Weiterbildungsveranstaltungen zur Bildungsfreistellung

(1) Anerkennungsfähig sind Veranstaltungen, die ausschließlich der Weiterbildung im Sinne des § 14 Abs. 1 dienen und von Einrichtungen der Weiterbildung durchgeführt werden. Als solche sind neben den anerkannten Einrichtungen der kommunalen und freien Träger gemäß § 7 insbesondere Heimbildungsstätten und Bildungseinrichtungen der Arbeitgeberorganisationen und der Gewerkschaften anzusehen. Anerkennungsfähig sind außerdem die Veranstaltungen der außerschulischen Jugendbildung und Veranstaltungen, die von der Landeszentrale für politische Bildung gefördert werden. Die zur Durchführung der Bildungsveranstaltungen erforderlichen persönlichen und sächlichen Voraussetzungen müssen gegeben sein. Die Anerkennung ist zu versagen, wenn die Ziele der Veranstalter oder Veranstaltungen nicht mit dem Grundgesetz der Bundesrepublik Deutschland und der Verfassung des Landes im Einklang stehen.

(2) In grundsätzlichen Fragen der Anerkennung werden die Sozialpartner, der Landesbeirat für Weiterbildung sowie die fachlich zuständigen Ministerien beteiligt.

(3) Anträge auf Anerkennung von Veranstaltungen können nur von den jeweiligen Einrichtungen oder den Trägern der außerschulischen Jugendarbeit gestellt werden. Die für die Anerkennung erforderlichen Nachweise sind beizufügen.

(4) Die Anerkennung erfolgt durch das für Bildung zuständige Mitglied der Landesregierung.

(5) Das für Bildung zuständige Mitglied der Landesregierung regelt im Einvernehmen mit dem für Bildung zuständigen Ausschuß des Landtages durch Rechtsverordnung die Kriterien und das Verfahren der Anerkennung.

§ 25 Kinderbetreuung

Wird nachgewiesen, daß während der Unterrichtszeiten der Bildungsfreistellungsmaßnahmen von Heimbildungsstätten für Kinder bis zu sechs Jahren, die im Haushalt der freigestellten Personen leben, keine anderweitige Betreuung durch das örtliche Angebot von Kindertagesstätten gewährleistet werden kann, ist von der Heimbildungsstätte die Betreuung durch geeignete Personen sicherzustellen.

§ 26 Berichtspflicht

Die Einrichtungen oder Träger anerkannter Bildungsveranstaltungen sind verpflichtet, der anerkennenden Behörde Auskunft über Gegenstand, Verlauf und teilnehmende Personen der anerkannten Veranstaltungen in nichtpersonenbezogener Form zu erteilen. Dazu gehören auch Angaben über Anzahl, Geschlecht, Alter, Vorbildung, Beruf und Staatsangehörigkeit der teilnehmenden Personen sowie die Betriebsgröße des Arbeitgebers.

Abschnitt 5: Sonstige Vorschriften

§ 27 Förderung

(1) Die Höhe der Förderung erfolgt im Rahmen vorhandener Haushaltsmittel.

(2) Das Land fördert die zu erbringende Grundversorgung gemäß § 6 durch anteilige Erstattung der Personal- und Sachkosten.

(3) Darüber hinaus kann das Land im Rahmen der vorhandenen Haushaltsmittel

  1. Veranstaltungen von Heimbildungsstätten gemäß § 24,
  2. Maßnahmen der Kinderbetreuung gemäß § 25,
  3. Modellvorhaben mit aktueller Schwerpunktsetzung,
  4. anerkannte Landesorganisationen
  fördern.

(4) Die Einzelheiten der Förderung nach den Absätzen 2 und 3 werden von dem für Bildung zuständigen Ministerium im Einvernehmen mit dem für Finanzen und dem für Inneres zuständigen Mitglied der Landesregierung in einer Rechtsverordnung festgelegt. Die Rechtsverordnung bedarf der Zustimmung des für Bildung zuständigen Ausschusses des Landtages.

§ 28 Weiterbildungsbericht

Die Landesregierung legt dem Landtag in jeder Legislaturperiode, erstmals drei Jahre nach Inkrafttreten dieses Gesetzes, einen Bericht über die Lage und die Entwicklung der Weiterbildung und der Inanspruchnahme der Bildungsfreistellung im Land vor.

§ 29 Erlaß von Verwaltungsvorschriften

Die zur Durchführung dieses Gesetzes erforderlichen Verwaltungsvorschriften erläßt das für Bildung zuständige Ministerium im Benehmen mit den Mitgliedern der Landesregierung, deren Zuständigkeit berührt wird.

§ 30 Übergangsvorschriften

(1) Der Anspruch auf Bildungsfreistellung gemäß §§ 14 bis 26 besteht ab 1. Januar 1996.

(2) Bis zum 31. Dezember 1995 gilt die Regelung des § 8 Nr. 3 mit der Maßgabe, daß die Landesorganisationen durch die ihnen angeschlossenen Träger anerkannter Weiterbildungseinrichtungen in mindestens vier aller Kreise und kreisfreien Städte Weiterbildung organisieren und durchführen.

§ 31 Inkrafttreten

Dieses Gesetz tritt am Tage nach der Verkündung in Kraft.

c) Bremisches Bildungsurlaubsgesetz

Vom 18. Dezember 1974 (GBl. S.348)

Geändert durch Gesetz vom 21. Mai 1985 (GBl. S. 97)

(SaBremR 223–i–1)

§ 1 Grundsatz

(1) Bildungsurlaub dient der politischen, beruflichen und allgemeinen Weiterbildung im Sinne von § 1 Abs.2 des Gesetzes über Weiterbildung im Lande Bremen (Weiterbildungsgesetz) vom 26. März 1974 (Brem. GBl. S. 155) und von § 1 Abs. 2 und 3 des Gesetzes zur Förderung der außerschulischen Jugendbildung (Jugendbildungsgesetz) vom 10. Oktober 1974 (Brem. GBl. S. 309).

Weitere Gesetzestexte

(2) Durch die Gewährung von Bildungsurlaub nach Maßgabe dieses Gesetzes soll Arbeitnehmern unter Fortzahlung des Arbeitsentgeltes die Teilnahme an anerkannten Veranstaltungen der Weiterbildung und der außerschulischen Jugendbildung ermöglicht werden.

§ 2 Geltungsbereich

(1) Dieses Gesetz gilt

1. für alle Arbeitnehmer, deren Beschäftigungsverhältnisse ihren Schwerpunkt in der Freien Hansestadt Bremen haben,
2. für Personen, die zu Beginn der Teilnahme an Bildungsveranstaltungen nach diesem Gesetz nicht Arbeitnehmer sind und die seit mindestens sechs Monaten ihren Wohnsitz in der Freien Hansestadt Bremen haben, nach Maßgabe des § 12.

(2) Arbeitnehmer im Sinne dieses Gesetzes sind

1. Arbeiter und Angestellte,
2. die zu ihrer Berufsausbildung Beschäftigten,
3. die in Heimarbeit Beschäftigten und die ihnen Gleichgestellten sowie sonstige Personen, die wegen ihrer wirtschaftlichen Unselbständigkeit als arbeitnehmerähnliche Personen anzusehen sind.

(3) Ein Beschäftigungsverhältnis hat seinen Schwerpunkt in der Freien Hansestadt Bremen, wenn der Beschäftigte in einem in der Freien Hansestadt Bremen ansässigen Betrieb eingegliedert ist oder von einem solchen Betrieb angewiesen wird oder wenn der Beschäftigte in einer Dienststelle im Bereich der Freien Hansestadt Bremen tätig ist. Das Beschäftigungsverhältnis eines Seemanns hat im Sinne dieses Gesetzes seinen Schwerpunkt in der Freien Hansestadt Bremen, wenn sich

1. der Sitz des Reeders, der Partenreederei, des Korrespondentreeders oder des Vertragsreeders im Lande Bremen befindet oder
2. der Heimathafen des Schiffes in der Freien Hansestadt Bremen befindet und das Schiff die Bundesflagge führt.

(4) Dieses Gesetz gilt vorbehaltlich einer anderen Regelung nicht für Beamte und Richter.

§ 3 Anspruch auf Bildungsurlaub

(1) Jeder Arbeitnehmer hat innerhalb eines Zeitraums von zwei aufeinanderfolgenden Kalenderjahren Anspruch auf Gewährung eines bezahlten Bildungsurlaubs von zehn Arbeitstagen.

(2) Wird regelmäßig an mehr oder weniger als fünf Tagen in der Woche gearbeitet, so erhöht oder verringert sich der Bildungsurlaub entsprechend. Bruchteile eines Tages werden zugunsten des Arbeitnehmers aufgerundet.

(3) Ein Anspruch auf Gewährung von Bildungsurlaub gegen einen späteren Arbeitgeber besteht nicht, soweit der Arbeitnehmer für den laufenden Zweijahreszeitraum bereits von einem früheren Arbeitgeber Bildungsurlaub erhalten hat.

§ 4 Verbot der Benachteiligung

Arbeitnehmer dürfen wegen Inanspruchnahme des Bildungsurlaubs nicht benachteiligt werden.

§ 5 Verhältnis zu anderen Ansprüchen

(1) Freistellungen zur Teilnahme an Bildungsveranstaltungen, die auf anderen Gesetzen, tarifvertraglichen Vereinbarungen, betrieblichen Vereinbarungen und Einzelverträgen beruhen, können auf den Freistellungsanspruch nach diesem Gesetz nur dann angerechnet werden, wenn sie dem Arbeitnehmer uneingeschränkt die Erreichung der in § 1 dieses Gesetzes niedergelegten Ziele ermöglichen und wenn in den betreffenden Vereinbarungen oder Verträgen die Anrechenbarkeit ausdrücklich vorgesehen ist.

(2) Der gesetzlich, tariflich oder arbeitstariflich festgelegte Erholungsurlaub oder sonstige Freistellungen dürfen nicht auf die Zeit angerechnet werden, für die der Arbeitnehmer zur Teilnahme an anerkannten Bildungsveranstaltungen Bildungsurlaub erhält.

§ 6 Wartezeit

Ein Arbeitnehmer erwirbt den Freistellungsanspruch für den laufenden Zweijahreszeitraum im Sinne von § 3 Abs. 1 erstmalig nach sechsmonatigem Bestehen seines Beschäftigungsverhältnisses.

§ 7 Zeitpunkt des Bildungsurlaubs

(1) Der Zeitpunkt des Bildungsurlaubs richtet sich nach den Wünschen des Arbeitnehmers. Die Inanspruchnahme und der Zeitraum des Bildungsurlaubs sind dem Arbeitgeber so frühzeitig wie möglich, in der Regel vier Wochen vor Beginn, mitzuteilen.

(2) Der Bildungsurlaub zu dem vom Arbeitnehmer beantragten Zeitpunkt kann nur abgelehnt werden, wenn zwingende betriebliche Belange oder Urlaubswünsche anderer Arbeitnehmer, die unter

sozialen Gesichtspunkten den Vorrang verdienen, entgegenstehen. Der Arbeitgeber ist verpflichtet, dem Arbeitnehmer so frühzeitig wie möglich, in der Regel innerhalb einer Woche, mitzuteilen, ob Bildungsurlaub gewährt wird.

(3) Lehrer, Sozialpädagogen im schulischen Bereich und sonstige Lehrkräfte sowie Professoren und andere an Hochschulen hauptberuflich selbständig Lehrende können den Bildungsurlaub nur während der unterrichtsfreien bzw. veranstaltungsfreien Zeit nehmen. Im übrigen gelten die Absätze 1 und 2 entsprechend.

(4) Der Bildungsurlaub ist während des laufenden Zweijahreszeitraums zu gewähren. Auf Antrag des Arbeitnehmers ist der in dem laufenden Zweijahreszeitraum entstandene Anspruch auf Bildungsurlaub auf den nächsten Zweijahreszeitraum zu übertragen.

(5) Erkrankt ein Arbeitnehmer während des Bildungsurlaubs, so werden die durch ärztliches Zeugnis nachgewiesenen Tage der Arbeitsunfähigkeit auf den Bildungsurlaub nicht angerechnet.

§ 8 Gewährung des Bildungsurlaubs

(1) Bildungsurlaub wird nur für anerkannte Bildungsveranstaltungen gewährt, die in der Regel an mindestens fünf, in Ausnahmefällen an mindestens drei aufeinanderfolgenden Tagen stattfinden. Eine Unterbrechung durch arbeitsfreie Tage bleibt unberücksichtigt.

(2) Der Arbeitnehmer ist verpflichtet, dem Arbeitgeber auf Verlangen die Anmeldung zur Bildungsveranstaltung und die Teilnahme an der Bildungsveranstaltung nachzuweisen. Die für den Nachweis erforderlichen Bescheinigungen sind dem Arbeitnehmer vom Träger der Bildungsveranstaltung kostenlos auszustellen. Der Arbeitgeber ist verpflichtet, dem Arbeitnehmer auf Verlangen bei Beendigung des Arbeitsverhältnisses eine Bescheinigung über die im laufenden Zweijahreszeitraum gewährte Freistellung auszuhändigen.

(3) Während des Bildungsurlaubs darf der Arbeitnehmer keine dem Zwecke dieses Gesetzes zuwiderlaufende Erwerbstätigkeit ausüben.

§ 9 Fortzahlung des Arbeitsentgelts

(1) Bildungsurlaub wird vom Arbeitgeber ohne Minderung des Arbeitsentgeltes gewährt. Das fortzuzahlende Entgelt für die Zeit des Bildungsurlaubs wird entsprechend den Bestimmungen des Bundesurlaubsgesetzes vom 8. Januar 1963 (BGBl. I S. 2) in der jeweils geltenden Fassung berechnet. Günstigere vertragliche Regelungen bleiben unberührt.

Anhang II

(2) Der Arbeitnehmer muß denjenigen Betrag an den Arbeitgeber abführen, den er wegen seiner Teilnahme an der Bildungsveranstaltung von dem Bildungsträger oder von anderer Seite als Beihilfe oder Zuschuß aufgrund anderer Bestimmungen erhalten hat, soweit dieser Betrag als Ersatz für Einkommensverluste gezahlt wird.

§ 10 Anerkennung von Bildungsveranstaltungen

(1) Bildungsurlaub im Sinne dieses Gesetzes kann nur für Bildungsveranstaltungen beansprucht werden, die von der zuständigen Behörde anerkannt sind.

(2) Veranstaltungen von Einrichtungen, die nach dem Gesetz über Weiterbildung im Lande Bremen als förderungsberechtigt anerkannt sind, gelten als anerkannt, wenn sie den Anforderungen von § 8 Abs. 1 des Gesetzes über den Bildungsurlaub entsprechen. Das gleiche gilt für Veranstaltungen von anerkannten Trägern der Jugendbildung, die nach dem Gesetz zur Förderung der außerschulischen Jugendbildung durchgeführt werden.

(3) Veranstaltungen von Einrichtungen, die nicht nach dem Gesetz über Weiterbildung im Lande Bremen oder dem Gesetz zur Förderung der außerschulischen Jugendbildung anerkannt sind, werden anerkannt, wenn

1. sie ausschließlich der Weiterbildung im Sinne von § 1 des Gesetzes über den Bildungsurlaub dienen,

2. sie jedermann offenstehen und die Teilnahme an ihnen freigestellt ist,

3. die Einrichtungen bzw. ihre Träger Leistungen nachweisen, die nach Inhalt und Umfang eine Anerkennung rechtfertigen und

4. sie den Anforderungen von § 8 Abs. 1 Satz 1 dieses Gesetzes entsprechen.

(4) Ausgeschlossen von der Anerkennung sind Veranstaltungen von Trägern, die der Gewinnerzielung dienen oder sonst gewerblich oder in Anlehnung an ein gewerbliches Unternehmen betrieben werden.

(5) Der Senat wird ermächtigt, durch Rechtsverordnung die zur Ausführung der Absätze 1 bis 3 erforderlichen Vorschriften, insbesondere Vorschriften über die Zuständigkeit und über das Anerkennungsverfahren, zu erlassen. Dabei kann der Senat auch bestimmen, daß andere als die in Absatz 2 genannten Veranstaltungen als anerkannt gelten, z.B. Veranstaltungen einer anderen Landesregierung, der Bundesregierung oder der Bundesanstalt für Arbeit.

§ 11 Unabdingbarkeit

Von den vorstehenden Bestimmungen darf nicht zuungunsten des Arbeitnehmers abgewichen werden.

§ 12 Zuschußgewährung

(1) Personen im Sinne von § 2 Abs. 1 kann in besonderen Härtefällen im Rahmen der im Haushalt festzulegenden Höhe der Gesamtförderung nach diesem Gesetz auf Antrag ein besonderer Zuschuß gewährt werden zur Deckung der Kosten, die durch die Teilnahme an Bildungsveranstaltungen entstehen.

(2) Die Vorschriften der §§ 1, 3, 8 und 10 gelten entsprechend.

(3) Der Senat wird ermächtigt, durch Rechtsverordnung Vorschriften über die Zuschußgewährung zu erlassen. Zuschüsse können solche Personen erhalten, die unter Berücksichtigung des Gesamteinkommens der Familie aus finanziellen Gründen an der Teilnahme von Weiterbildungsveranstaltungen gehindert sein würden.

§ 13 Inkrafttreten

Dieses Gesetz tritt am 1. Januar 1975 in Kraft.

d) Hamburgisches Bildungsurlaubsgesetz

Vom 21.Januar 1974 (GVBl. S. 6)

Geändert durch Gesetz vom 16. April 1991 (GVBl. S. 113)

§ 1 Grundsatz

(1) Durch ihre Freistellung von der Arbeit nach Maßgabe dieses Gesetzes soll Arbeitnehmern die Teilnahme an anerkannten Veranstaltungen sowohl der politischen Bildung als auch der beruflichen Weiterbildung und zur Qualifizierung für die Wahrnehmung ehrenamtlicher Tätigkeiten ermöglicht werden.

(2) Politische Bildung soll die Fähigkeit der Arbeitnehmer fördern, politische Zusammenhänge zu beurteilen und politische und gesellschaftliche Aufgaben wahrzunehmen.

(3) Berufliche Weiterbildung soll den Arbeitnehmern dazu verhelfen, ihre berufliche Qualifikation und Mobilität zu erhalten, zu verbessern oder zu erweitern.

(4) Der Senat wird ermächtigt, durch Rechtsverordnung die Bereiche der ehrenamtlichen Tätigkeit festzusetzen, für deren Vorbereitung Freistellungen zu gewähren sind.

§ 2 Geltungsbereich

Dieses Gesetz findet Anwendung auf alle Arbeiter und Angestellten sowie die zu ihrer Berufsausbildung Beschäftigten (Arbeitnehmer), deren Arbeitsverhältnisse ihren Schwerpunkt in Hamburg haben. Den Arbeitnehmern werden die in Werkstätten für Behinderte Beschäftigten gleichgestellt.

§ 3 Freistellungsanspruch

Jeder Arbeitnehmer kann innerhalb eines Zeitraumes von zwei aufeinanderfolgenden Kalenderjahren Freistellung von der Arbeit zur Teilnahme an anerkannten Bildungsveranstaltungen beanspruchen.

§ 4 Dauer der Freistellung

Die Dauer der Freistellung, die ein Arbeitnehmer innerhalb von zwei Kalenderjahren beanspruchen kann, beträgt zehn Arbeitstage. Wird regelmäßig an mehr als fünf Tagen in der Woche gearbeitet, so beträgt die Freistellungsdauer zwölf Werktage.

§ 5 Anrechenbarkeit anderweitiger Freistellungsansprüche

(1) Freistellungen zur Teilnahme an Bildungsveranstaltungen, die auf anderen Gesetzen, tarifvertraglichen Vereinbarungen, betrieblichen Vereinbarungen und Einzelverträgen beruhen, können auf den Freistellungsanspruch nach diesem Gesetz nur dann angerechnet werden, wenn sie dem Arbeitnehmer uneingeschränkt die Erreichung eines der in § 1 dieses Gesetzes niedergelegten Ziele ermöglichen und wenn in den betreffenden Vereinbarungen oder Verträgen die Anrechenbarkeit ausdrücklich vorgesehen ist.

(2) Die Zeit, für die der Arbeitnehmer nach diesem Gesetz von der Arbeit freigestellt wird, darf auf den gesetzlichen, tariflichen oder durch Arbeitsvertrag vereinbarten Erholungsurlaub nicht angerechnet werden.

§ 6 Wartezeit

Ein Arbeitnehmer erwirbt den vollen Freistellungsanspruch für den laufenden Zweijahreszeitraum im Sinne von § 3 erstmalig nach sechsmonatigem Bestehen seines Arbeitsverhältnisses. Teilansprüche können nicht erworben werden.

§ 7 Zeitpunkt der Freistellung

(1) Der Zeitpunkt der Freistellung richtet sich nach den Wünschen des Arbeitnehmers. Die Inanspruchnahme und die zeitliche Lage der Freistellung sind dem Arbeitgeber so frühzeitig wie möglich, in der Regel sechs Wochen vor Beginn der Freistellung, mitzuteilen.

(2) Die Freistellung zu dem vom Arbeitnehmer beantragten Zeitpunkt kann nur abgelehnt werden, wenn zwingende betriebliche Belange oder Urlaubswünsche anderer Arbeitnehmer, die unter sozialen Gesichtspunkten den Vorrang verdienen, entgegenstehen.

(3) Pädagogisches Personal an Schulen und Hochschullehrer können die Freistellung grundsätzlich nur während der unterrichtsfreien Zeit in Anspruch nehmen. Im übrigen gelten die Absätze 1 und 2 entsprechend.

§ 8 Übertragung des Freistellungsanspruchs

(1) Ist dem Arbeitnehmer innerhalb des laufenden Zweijahreszeitraums die Freistellung gemäß § 7 Absatz 2 nicht gewährt worden, so ist der Freistellungsanspruch auf das darauffolgende Kalenderjahr, soweit er sich auf die Teilnahme an Veranstaltungen der beruflichen Weiterbildung richtet, auf den folgenden Zweijahreszeitraum zu übertragen.

(2) Hat der Arbeitnehmer innerhalb des laufenden Zweijahreszeitraums die Freistellung nicht ausgeschöpft, so ist der nicht verbrauchte Freistellungsanspruch auf den folgenden Zweijahreszeitraum zu übertragen, wenn er zur Teilnahme an Veranstaltungen der beruflichen Weiterbildung mit anerkanntem Zertifikatsabschluß verwendet wird. Über die zeitliche Lage einer Freistellung von mehr als zehn Arbeitstagen ist zwischen Arbeitnehmer und Arbeitgeber Einvernehmen herzustellen.

§ 9 Gewährung der Freistellung

(1) Freistellung soll nur für anerkannte Bildungsveranstaltungen gewährt werden, die in der Regel an mindestens fünf, in Ausnahmefällen an mindestens drei aufeinanderfolgenden Tagen stattfinden. Wenn die Art der Bildungsveranstaltung es erfordert, kann Freistellung innerhalb eines Zeitraumes von höchstens zehn Wochen für jeweils einen Tag in der Woche gewährt werden.

(2) Der Arbeitnehmer ist verpflichtet, dem Arbeitgeber auf Verlangen die Anmeldung zur Bildungsveranstaltung und die Teilnahme an der Bildungsveranstaltung nachzuweisen. Die für den Nachweis erforderlichen Bescheinigungen sind dem Arbeitnehmer vom Träger der Bildungsveranstaltung kostenlos auszustellen.

§ 10 Ausschluß von Doppelansprüchen

(1) Der Anspruch auf Freistellung besteht nicht, soweit dem Arbeitnehmer für den laufenden Zweijahreszeitraum im Sinne von § 3 bereits von einem früheren Arbeitgeber Freistellung gewahrt worden ist.

(2) Der Arbeitgeber ist verpflichtet, bei Beendigung des Arbeitsverhältnisses dem Arbeitnehmer auf Verlangen eine Bescheinigung über die im laufenden Zweijahreszeitraum gewährte Freistellung auszustellen.

§ 11 Verbot der Erwerbstätigkeit

Während der Freistellung darf der Arbeitnehmer keine dem Zweck dieses Gesetzes zuwiderlaufende Erwerbstätigkeit ausüben.

§ 12 Erkrankung.

Erkrankt ein Arbeitnehmer während der Freistellung, so wird bei Nachweis der Arbeitsunfähigkeit durch ärztliches Zeugnis die Zeit der Arbeitsunfähigkeit auf den Freistellungsanspruch nicht angerechnet.

§ 13 Fortzahlung des Arbeitsentgelts

(1) Für die Zeit, in der der Arbeitnehmer zur Teilnahme an anerkannten Bildungsveranstaltungen freigestellt ist, hat der Arbeitgeber dem Arbeitnehmer das durchschnittliche Arbeitsentgelt, das der Arbeitnehmer in den letzten dreizehn Wochen vor Beginn der Freistellung erhalten hat, fortzuzahlen. Bei Verdiensterhöhungen nicht nur vorübergehender Natur, die während des Berechnungszeitraumes oder der Freistellung eintreten, ist von dem erhöhten Verdienst auszugehen. Verdienstkürzungen, die im Berechnungszeitraum infolge von Kurzarbeit, Arbeitsausfall oder unverschuldeter Arbeitsversäumnis eintreten, bleiben bei der Berechnung außer Betracht. Soweit tarifvertragliche Regelungen über die Berechnung des Entgelts für den Erholungsurlaub bestehen, sind sie an Stelle der vorstehenden Regelung entsprechend anzuwenden.

(2) Hat ein Arbeitnehmer nach erfüllter Wartezeit die gesamte ihm im laufenden Zweijahreszeitraum zustehende Freistellung beansprucht und ist das Arbeitsverhältnis vor Ablauf dieses Zweijahreszeitraumes beendet worden, so kann der Arbeitgeber eine teilweise Rückzahlung des für die Freistellung gezahlten Arbeitsentgelts nicht verlangen.

(3) Der Arbeitnehmer muß sich auf das Arbeitsentgelt denjenigen Betrag anrechnen lassen, den er wegen seiner Teilnahme an der Bildungs-

veranstaltung von dem Bildungsträger oder von anderer Seite als Beihilfe oder Zuschuß auf Grund anderer Bestimmungen erhalten hat. Der Arbeitnehmer ist verpflichtet, sich um derartige Beihilfen und Zuschüsse zu bemühen.

(4) Ausgenommen von der Anrechnung nach Absatz 3 Satz 1 bleiben Beträge, die der Arbeitnehmer als Entschädigung entstandener Auslagen, insbesondere für Fahrkosten, erhalten hat.

(5) Entfällt gemäß Absatz 3 Satz 1 infolge der Anrechnung anderweitiger Beträge die Fortzahlung des Arbeitsentgelts ganz oder teilweise, so wird dadurch die Verpflichtung des Arbeitgebers zur Weiterentrichtung der Beiträge zur gesetzlichen Sozialversicherung nach der Höhe des Arbeitsentgelts gemäß Absatz 1 nicht berührt.

§ 14 Verbot der Benachteiligung

Arbeitnehmer, die die Freistellung zur Teilnahme an Bildungsveranstaltungen in Anspruch nehmen, dürfen deswegen nicht benachteiligt werden.

§ 15 Anerkennung von Bildungsveranstaltungen

(1) Freistellung im Sinne dieses Gesetzes kann nur für Bildungsveranstaltungen beansprucht werden, die von der zuständigen Behörde oder in einem anderen Land der Bundesrepublik Deutschland nach mit den Bestimmungen dieses Gesetzes inhaltlich übereinstimmenden Kriterien anerkannt sind.

(2) Die Anerkennung setzt voraus, daß es sich um Veranstaltungen im Sinne des § 1 dieses Gesetzes handelt und daß die Veranstalter die Bildungsveranstaltungen selbst planen und durchführen sowie hinsichtlich ihrer Einrichtungen und materiellen Ausstattung, ihrer Lehrkräfte und ihrer Bildungsziele eine sachgemäße Bildung gewährleisten. Die Ziele der Veranstalter und der Bildungsveranstaltungen müssen mit der freiheitlichen demokratischen Grundordnung im Sinne des Grundgesetzes im Einklang stehen.

(3) Die Anerkennung kann versagt oder zurückgenommen werden, wenn der Veranstalter wiederholt schuldhaft gegen die Bestimmungen dieses Gesetzes und daraus erwachsene Verpflichtungen verstoßen hat.

(4) Die zur Ausführung der Absätze 1 und 2 notwendigen Vorschriften erläßt der Senat durch Rechtsverordnung.

§ 16 Übergangsvorschrift

(1) Für Arbeitnehmer, die bei Inkrafttreten dieses Gesetzes bereits seit Jahresanfang in einem Arbeitsverhältnis stehen, gilt das Jahr des Inkrafttretens als erstes Kalenderjahr des Zweijahreszeitraumes im Sinne von § 3.

(2) Für Arbeitnehmer, die erst nach Inkrafttreten dieses Gesetzes ein Arbeitsverhältnis eingehen, gilt das darauffolgende Kalenderjahr als das erste Jahr des Zweijahreszeitraumes im Sinne von § 3.

§ 17 Unabdingbarkeit

Von den vorstehenden Bestimmungen darf nicht zuungunsten des Arbeitnehmers abgewichen werden.

§ 18 Inkrafttreten

Dieses Gesetzes tritt am 1. April 1974 in Kraft.

e) Hessisches Gesetz über den Anspruch auf Bildungsurlaub

Vom 16. Oktober 1984 (GVBl. I S. 261)

(GVBl. II 73-11)

§ 1 Grundsätze

(1) Jeder in Hessen beschäftigte Arbeitnehmer und jeder in Hessen zu seiner Berufsausbildung Beschäftigte hat gegenüber seinem Arbeitgeber Anspruch auf bezahlten Bildungsurlaub. Als Arbeitnehmer gelten auch die in Heimarbeit Beschäftigten sowie ihnen Gleichgestellte und andere Personen, die wegen ihrer wirtschaftlichen Unselbständigkeit als arbeitnehmerähnliche Personen anzusehen sind.

(2) Bildungsurlaub dient der politischen Bildung oder der beruflichen Weiterbildung. Bildungsurlaub für zu ihrer Berufsausbildung Beschäftigte dient allein der politischen Bildung.

(3) Politische Bildung soll den Arbeitnehmer in die Lage versetzen, seinen eigenen Standort in Betrieb und Gesellschaft sowie gesellschaftliche Zusammenhänge zu erkennen und ihn befähigen, staatsbürgerliche Rechte und Aufgaben wahrzunehmen.

(4) Berufliche Weiterbildung soll dem Arbeitnehmer ermöglichen, seine berufliche Qualifikation zu erhalten, zu verbessern oder zu erweitern,

und ihm zugleich die Kenntnis gesellschaftlicher Zusammenhänge vermitteln, da mit er seinen Standort in Betrieb und Gesellschaft erkennt.

§ 2 Dauer des Bildungsurlaubs und Verhältnis zu sonstigen Freistellungen

(1) Der Bildungsurlaub beträgt jährlich fünf Arbeitstage. Wird regelmäßig an mehr als fünf Tagen in der Woche gearbeitet, so beträgt er sechs Arbeitstage.

(2) Freistellungen nach den im öffentlichen Dienst geltenden besonderen Rechtsvorschriften können dann auf den Anspruch nach diesem Gesetz angerechnet werden, wenn die Teilnahme an der Bildungsveranstaltung dem Arbeitnehmer uneingeschränkt die Erreichung der in § 1 dieses Gesetzes niedergelegten Ziele ermöglicht. Im übrigen sind sonstige Freistellungen zur Teilnahme an Bildungsveranstaltungen nur dann auf den Anspruch nach diesem Gesetz anrechenbar, wenn sie auf anderen Rechtsvorschriften, Tarifverträgen oder Betriebsvereinbarungen beruhen, dem Arbeitnehmer uneingeschränkt die Erreichung der in § 1 dieses Gesetzes niedergelegten Ziele ermöglichen und in den betreffenden anderen Rechtsvorschriften, Tarifverträgen oder Betriebsvereinbarungen die Anrechenbarkeit ausdrücklich vorgesehen ist.

(3) Der Anspruch auf Erholungsurlaub und sonstige Freistellungen von der Arbeit nach anderen Rechtsvorschriften oder vertraglichen Bestimmungen werden durch dieses Gesetz nicht berührt.

§ 3 Zusatzurlaub für pädagogische Mitarbeiter

(1)[1] *Für die pädagogische Mitwirkung in nach § 9 dieses Gesetzes anerkannten Bildungsveranstaltungen haben Arbeitnehmer Anspruch auf zusätzlich jährlich fünf Arbeitstage bezahlten Bildungsurlaub. § 2 Abs. 1 Satz 2 gilt entsprechend.*

(2) Hat ein Arbeitnehmer Anspruch auf Freistellung nach dem Gesetz über Sonderurlaub für Mitarbeiter in der Jugendarbeit in der Fassung vom 2. August 1983 (GVBl. I S. 130) für das laufende Kalenderjahr geltend gemacht, so ist die Freistellung auf den Anspruch aus Abs. 1 anrechenbar.

---

1 § 3 Abs. 1 ist insoweit mit Artikel 12 Abs. 1 Satz 2 GG unvereinbar, als er den Arbeitgebern Entgeltfortzahlungspflichten für den Zusatzurlaub pädagogischer Mitarbeiter auferlegt, ohne Ausgleichsmöglichkeiten vorzusehen (Beschluß des BVerfG v. 15. 12. 1987 – 1 BvR 563/85 – BGBl. I S. 508). Diese Entscheidung hat gemäß § 31 Abs. 2 BVerfGG Gesetzeskraft.

§ 4 Wartezeit

Der Anspruch auf Bildungsurlaub wird erstmals nach sechsmonatigem Bestehen des Arbeits- oder Ausbildungsverhältnisses erworben. Schließt sich ein Arbeitsverhältnis unmittelbar an ein Ausbildungsverhältnis beim selben Arbeitgeber an, so muß der Anspruch nicht erneut erworben werden.

§ 5 Zeitpunkt und Übertragung des Bildungsurlaubs

(1) Die Inanspruchnahme und die zeitliche Lage des Bildungsurlaubs sind dem Arbeitgeber so frühzeitig wie möglich, in der Regel vier Wochen vor Beginn der Freistellung, mitzuteilen. Der Bildungsurlaub kann unbeschadet des Abs. 2 nur dann nicht in der von dem Arbeitnehmer vorgesehenen Zeit genommen werden, wenn dringende betriebliche Erfordernisse entgegenstehen. Diese können bei zu ihrer Berufsausbildung Beschäftigten nicht geltend gemacht werden. Die Ablehnung ist dem Arbeitnehmer so frühzeitig wie möglich, in der Regel innerhalb von vierzehn Tagen nach der Mitteilung nach Satz 1, unter Darlegung der Gründe schriftlich mitzuteilen.

(2) Der Arbeitgeber kann die Freistellung ablehnen, sobald im laufenden Kalenderjahr mehr als die Hälfte der Arbeitnehmer des Betriebes an nach § 9 dieses Gesetzes anerkannten Bildungsveranstaltungen teilgenommen haben. Im übrigen gilt Abs. 1 Satz 3 und 4 entsprechend.

(3) Der Anspruch kann nur geltend gemacht werden für die Teilnahme an nach § 9 dieses Gesetzes anerkannten Bildungsveranstaltungen. Der Arbeitnehmer hat dem Arbeitgeber auf Verlangen die Anmeldung zur Bildungsveranstaltung, deren Anerkennung und die Teilnahme an der Bildungsveranstaltung nachzuweisen. Die dafür erforderlichen Bescheinigungen sind dem Arbeitnehmer vom Träger der Bildungsveranstaltung kostenlos auszustellen.

(4) Der Arbeitnehmer kann den Bildungsurlaub auf das nächste Kalenderjahr übertragen. Ist dem Arbeitnehmer die Freistellung innerhalb des laufen den Kalenderjahres trotz Verlangens nicht gewährt worden, so ist der Anspruch bei Fortbestand des Arbeitsverhältnisses auf das folgende Kalenderjahr übertragen.

(5) Eine Abgeltung des Bildungsurlaubs findet nicht statt.

§ 6 Ausschluß von Doppelansprüchen

(1) Der Anspruch auf Bildungsurlaub besteht nicht, soweit dem Arbeitnehmer für das laufende Kalenderjahr bereits von einem früheren Arbeitgeber Bildungsurlaub gewährt worden ist.

(2) Der Arbeitgeber ist verpflichtet, bei Beendigung des Arbeitsverhältnisses dem Arbeitnehmer eine Bescheinigung über den im laufenden Kalenderjahr gewährten Bildungsurlaub auszuhändigen.

§ 7 Verbot der Erwerbstätigkeit

(1) Während des Bildungsurlaubs darf der Arbeitnehmer keine Erwerbstätigkeit leisten.

§ 8 Wahlfreiheit, Benachteiligungsverbot und Bildungsurlaubsentgelt

(1) Der Arbeitgeber darf den Arbeitnehmer nicht in der freien Auswahl unter den anerkannten Bildungsurlaubsveranstaltungen behindern oder wegen der Inanspruchnahme des Bildungsurlaubs benachteiligen.

(2) Für die Berechnung des Bildungsurlaubsentgelts und die Fälle der Erkrankung während des Bildungsurlaubs gelten die §§ 9, 11 und 12 des Bundesurlaubsgesetzes.

§ 9 Anerkennung von Trägern und Bildungsveranstaltungen sowie Berichtspflichten

(1) Die Anerkennung von Bildungsveranstaltungen setzt vorbehaltlich des Abs. 9 voraus, daß die Eignung des Trägers für die Durchführung von Bildungsveranstaltungen im Sinne dieses Gesetzes anerkannt ist.

(2) Die Anerkennung der Eignung von Trägern der Jugend- und der Erwachsenenbildung für die Durchführung von Bildungsveranstaltungen im Sinne dieses Gesetzes und der Widerruf der Anerkennung erfolgen durch die zuständige Behörde nach Anhörung des Landeskuratoriums für Jugendbildung und des Landeskuratoriums für Erwachsenenbildung. Der Träger muß seinen Sitz in der Bundesrepublik Deutschland haben.

(3) Die Anerkennung der Eignung erfolgt auf Antrag des Trägers. Der Antrag ist zu begründen. Die für die Anerkennung erforderlichen Nachweise, insbesondere das Programm über die beabsichtigten Bildungsveranstaltungen im Sinne dieses Gesetzes, sind beizufügen.

(4) Die Anerkennung der Eignung setzt voraus, daß der Träger eine sachgemäße Bildung im Sinne des § 1 dieses Gesetzes gewährleistet, über die für die Durchführung der Bildungsveranstaltungen erforderliche personelle oder organisatorische Ausstattung verfügt und die Bildungsveranstaltungen an mindestens fünf aufeinanderfolgenden Tagen stattfinden. Die Dauer des täglichen Arbeitsprogrammes soll sechs Stunden nicht unterschreiten.

Anhang II

(5) Die zum Zeitpunkt des Inkrafttretens dieses Gesetzes nach dem Hessischen Gesetz über den Anspruch auf Bildungsurlaub vom 24. Juni 1974 (GVBl. I S. 300) als geeignet anerkannten Träger der Jugend- und Erwachsenenbildung sowie deren Mitgliedsorganisationen gelten weiter als anerkannt. Die nach dem Jugendbildungsförderungsgesetz in der Fassung vom 5. Juni 1981 (GVBl. 1 S. 200) oder nach dem Erwachsenenbildungsgesetz in der Fassung vom 9. August 1978 (GVBl. I S. 502) anerkannten Träger der Jugend- und Erwachsenenbildung, deren Mitgliedsorganistionen und die Volkshochschulen im Sinne des Gesetzes über Volkshochschulen in der Fassung vom 21. Mai 1981 (GVBl. I S. 198) sowie der Hessische Volkshochschulverband gelten ebenfalls als nach dieser Vorschrift anerkannt.

(6) Ausgeschlossen von der Anerkennung sind Unternehmen, die mit der Absicht der Gewinnerzielung betrieben werden, und Träger, deren Bildungsveranstaltungen der Gewinnerzielung dienen.

(7) Die Anerkennung von Bildungsveranstaltungen erfolgt durch die zuständige Behörde. Der Antrag auf Anerkennung einer Bildungsveranstaltung ist vom Träger der Veranstaltung in der Regel acht Wochen vor Veranstaltungsbeginn schriftlich bei der zuständigen Behörde einzureichen. Im übrigen gelten Abs. 3, 4 und 6 entsprechend.

(8) Auf Antrag des Trägers kann die zuständige Behörde für die Dauer eines Jahres Bildungsveranstaltungen anerkennen, die die Voraussetzungen des Abs. 7 erfüllen. Die Anerkennung wird unter der Auflage erteilt, daß der Träger spätestens mit dem Ablauf des Anerkennungszeitraums Zeitpunkt und Ort jeder Bildungsveranstaltung schriftlich mitteilt.

(9) Bildungsveranstaltungen, die auf Grund von Bildungsurlaubsgesetzen anderer Länder anerkannt sind, und Bildungsveranstaltungen der Bundeszentrale für politische Bildung und der Landeszentralen für politische Bildung gelten als nach dieser Vorschrift anerkannt, wenn sie an mindestens fünf aufeinanderfolgenden Tagen stattfinden.

(10) Die zuständige Behörde hat dem Landeskuratorium für Jugendbildung und dem Landeskuratorium für Erwachsenenbildung bis zum 1. April eines jeden Kalenderjahres eine Aufstellung über die anerkannten Bildungsveranstaltungen und deren Träger vorzulegen. Weiterhin hat die zuständige Behörde diesen Kuratorien 1987 und danach alle zwei Jahre jeweils bis zum 1. Oktober einen Erfahrungsbericht über die Durchführung dieses Gesetzes vorzulegen. Die Träger der anerkannten Bildungsveranstaltungen sind verpflichtet,

jeweils bis zum 1. April der zuständigen Behörde einen Erfahrungsbericht vorzulegen, der insbesondere auch Angaben über die Zahl und den Kreis der Teilnehmer enthalten muß.

(11) Die Landesregierung wird ermächtigt, durch Anordnung die für das Anerkennungs- und Berichtsverfahren zuständige Behörde zu bestimmen.

§ 10 Unabdingbarkeit

Von den vorstehenden Bestimmungen darf nur zu gunsten des Arbeitnehmers abgewichen werden.

§ 11 Inkrafttreten

(1) Dieses Gesetz tritt vorbehaltlich des Satz 2 am 1. Januar 1985 in Kraft. § 9 tritt bereits am 1. November 1984 in Kraft.

(2) Mit dem Inkrafttreten dieses Gesetzes wird das Hessische Gesetz über den Anspruch auf Bildungsurlaub vom 24. Juni 1974 (GVBl. I S. 300) aufgehoben.

f) Niedersächsisches Gesetz über den Bildungsurlaub für Arbeitnehmer und Arbeitnehmerinnen (Niedersächsisches Bildungsurlaubsgesetz – NBildUG)

In der Fassung vom 25. Januar 1991 (GVBl. S. 29)

Zuletzt geändert durch Gesetz vom 2. März 1994 (GVBl. S. 95)

§ 1 [Zweck der Freistellung]

Bildungsurlaub dient der Weiterbildung (Erwachsenenbildung) im Sinne von § 1 des Gesetzes zur Förderung der Erwachsenenbildung in der Fassung vom 30. Januar 1984 (Nieders. GVBl. S. 9).

§ 2 [Freistellungsanspruch. Berechtigte. Dauer. Anrechnung bei Arbeitsplatzwechsel]

(1) Arbeitnehmer und Arbeitnehmerinnen haben einen Anspruch auf Bildungsurlaub zur Teilnahme an nach § 10 dieses Gesetzes anerkannten Bildungsveranstaltungen. Ein Anspruch auf Bildungsurlaub nach diesem Gesetz besteht nicht, wenn dem Arbeitnehmer oder der Arbeitnehmerin für die Bildungsveranstaltung nach anderen Gesetzen, tarifvertraglichen oder betrieblichen Vereinbarungen Freistellung

von der Arbeit mindestens für die Zeitdauer nach Absatz 4 und unter Lohnfortzahlung mindestens in Höhe des nach § 5 zu zahlenden Entgelts zusteht. Dasselbe gilt, wenn dem Arbeitnehmer oder der Arbeitnehmerin Freistellung nach den anderen Regelungen nur deshalb nicht zusteht, weil diese bereits für andere Bildungsveranstaltungen in Anspruch genommen wurde.

(2) Arbeitnehmer und Arbeitnehmerinnen sind Arbeiter und Arbeiterinnen, Angestellte sowie die zu ihrer Berufsausbildung Beschäftigten. Als Arbeitnehmer oder Arbeitnehmerinnen gelten auch

1. die in Heimarbeit Beschäftigten und die ihnen gleichgestellten Personen,

2. andere Personen, die wegen ihrer wirtschaftlichen Unselbständigkeit als arbeitnehmerähnliche Personen anzusehen sind, und

3. Beschäftigte im Sinne von § 40 Abs. 2 des Bundessozialhilfegesetzes, die in Werkstätten für Behinderte tätig sind.

(3) Der Anspruch auf Bildungsurlaub kann erstmals nach sechsmonatigem Bestehen des Beschäftigungsverhältnisses geltend gemacht werden.

(4) Der Anspruch des Arbeitnehmers oder der Arbeitnehmerin auf Bildungsurlaub umfaßt fünf Arbeitstage innerhalb des laufenden Kalenderjahres. Arbeitet der Arbeitnehmer oder die Arbeitnehmerin regelmäßig an mehr oder an weniger als fünf Arbeitstagen in der Woche, so ändert sich der Anspruch auf Bildungsurlaub entsprechend.

(5) Bei einem Wechsel des Beschäftigungsverhältnisses wird auf den Anspruch der Bildungsurlaub angerechnet, der schon vorher in dem betreffenden Kalenderjahr gewährt wurde.

(6) Ein nicht ausgeschöpfter Bildungsurlaubsanspruch des vorangegangenen Kalenderjahres kann noch im laufenden Kalenderjahr geltend gemacht werden. Soweit der Arbeitgeber oder die Arbeitgeberin zustimmt, können im laufenden Kalenderjahr auch die nicht ausgeschöpften Bildungsurlaubsansprüche der beiden Kalenderjahre unmittelbar vor dem vorangegangenen Kalenderjahr geltend gemacht werden; dies gilt jedoch nur, wenn sie gemeinsam mit den Bildungsurlaubsansprüchen des laufenden und des vorangegangenen Kalenderjahres für eine zusammenhängende Bildungsveranstaltung geltend gemacht werden. Der Arbeitnehmer oder die Arbeitnehmerin kann verlangen, daß der Arbeitgeber oder die Arbeitgeberin eine Zustimmung nach Satz 2 in schriftlicher Form erklärt.

(7) Der Arbeitgeber oder die Arbeitgeberin ist verpflichtet, bei Beendigung des Beschäftigungsverhältnisses auf Verlangen eine Bescheinigung darüber auszustellen, ob und in welchem Umfange dem

Arbeitnehmer oder der Arbeitnehmerin in den vorangegangenen drei Kalenderjahren und im laufenden Kalenderjahr Bildungsurlaub nach diesem Gesetz gewährt worden ist.

§ 3 [Ablehnung durch Arbeitgeber]

Der Arbeitgeber oder die Arbeitgeberin kann die Gewährung von Bildungsurlaub ablehnen, sobald die Gesamtzahl der Arbeitstage, die im laufenden Kalenderjahr von den Arbeitnehmern und Arbeitnehmerinnen für Zwecke des Bildungsurlaubs nach diesem Gesetz in Anspruch genommen worden sind, das Zweieinhalbfache der Zahl der Arbeitnehmer und Arbeitnehmerinnen, die am 30. April des Jahres nach diesem Gesetz bildungsurlaubsberechtigt waren, erreicht hat. Beträgt der Bildungsurlaub, den der Arbeitgeber oder die Arbeitgeberin danach zu gewähren hat, weniger als fünf Tage, so entsteht für den Arbeitgeber oder die Arbeitgeberin in diesem Kalenderjahr keine Verpflichtung, Bildungsurlaub zu gewähren. Ergibt im übrigen die Teilung der errechneten Bildungsurlaubstage durch fünf Resttage, so gilt das gleiche für die Resttage. Die Bildungsurlaubstage, für die eine Verpflichtung zur Gewährung von Bildungsurlaub in einem Kalenderjahr nicht entstanden ist, werden bei der Berechnung im folgenden Kalenderjahr berücksichtigt.

§ 4 [Benachteiligungsverbot]

Arbeitnehmer und Arbeitnehmerinnen dürfen wegen der Inanspruchnahme von Bildungsurlaub nach diesem Gesetz nicht benachteiligt werden.

§ 5 [Entgeltfortzahlung]

Bildungsurlaub wird vom Arbeitgeber oder von der Arbeitgeberin ohne Minderung des Arbeitsentgelts gewährt. Das fortzuzahlende Entgelt für die Zeit des Bildungsurlaubs wird entsprechend den Bestimmungen des Gesetzes zur Regelung der Lohnzahlung an Feiertagen vom 2. August 1951 (Bundesgesetzbl. I S. 479), geändert durch Artikel 20 des Haushaltsstrukturgesetzes vom 18. Dezember 1975 (Bundesgesetzbl. I S. 3091), berechnet.

§ 6 [Anrechnungsverbot. Unabdingbarkeit]

(1) Der Anspruch auf Erholungsurlaub sowie der Anspruch auf Freistellung von der Arbeit nach anderen Gesetzen, tarifvertraglichen oder betrieblichen Vereinbarungen, werden durch dieses Gesetz nicht berührt.

(2) Von den Vorschriften dieses Gesetzes darf vom Arbeitgeber oder von der Arbeitgeberin nur zugunsten des Arbeitnehmers oder der Arbeitnehmerin abgewichen werden. Abweichungen von § 2 Abs. 6 Satz 2 Halbsatz 2 sind unzulässig.

§ 7 [Erkrankung während der Freistellung]

Erkrankt ein Arbeitnehmer oder eine Arbeitnehmerin während des Bildungsurlaubs und ist wegen der Erkrankung eine Teilnahme an der Bildungsveranstaltung nicht möglich, so ist die Zeit der Erkrankung auf den Bildungsurlaub nicht anzurechnen, wenn die Erkrankung und die dadurch bedingte Unfähigkeit, an der Bildungsveranstaltung teilzunehmen, dem Arbeitgeber oder der Arbeitgeberin durch eine ärztliche Bescheinigung nachgewiesen werden.

§ 8 [Zeitliche Lage der Freistellung]

(1) Die Inanspruchnahme und die zeitliche Lage des Bildungsurlaubs sind unter Angabe der Bildungsveranstaltung dem Arbeitgeber oder der Arbeitgeberin so früh wie möglich, in der Regel mindestens vier Wochen vorher, schriftlich mitzuteilen.

(2) Der Arbeitgeber oder die Arbeitgeberin kann unbeschadet der Regelung des § 3 die Gewährung von Bildungsurlaub für den mitgeteilten Zeitraum nur ablehnen, wenn zwingende betriebliche oder dienstliche Belange entgegenstehen; die Erholungswünsche anderer Arbeitnehmer und Arbeitnehmerinnen, denen unter sozialen Gesichtspunkten eine Verlegung des Erholungsurlaubs nicht zuzumuten ist, sind vorrangig zu berücksichtigen. Bei der Gewährung des Bildungsurlaubs haben diejenigen Arbeitnehmer und Arbeitnehmerinnen den Vorrang, die im Verhältnis zu den übrigen Arbeitnehmern und Arbeitnehmerinnen den Bildungsurlaub in geringerem Umfang in Anspruch genommen haben. Haben Arbeitnehmer und Arbeitnehmerinnen an Schulen oder Hochschulen ihren Erholungsurlaub in der unterrichtsfreien oder vorlesungsfreien Zeit zu nehmen, so gilt das gleiche für den Bildungsurlaub.

(3) Den zu ihrer Berufsausbildung Beschäftigten kann die Gewährung von Bildungsurlaub für den mitgeteilten Zeitraum nur abgelehnt werden, wenn besondere betriebliche oder dienstliche Ausbildungsmaßnahmen entgegenstehen.

(4) Hat der Arbeitgeber oder die Arbeitgeberin die nach Absatz 1 rechtzeitig mitgeteilte Teilnahme an einer Bildungsveranstaltung nicht spätestens zwei Wochen vor Beginn der Veranstaltung schriftlich abgelehnt, so gilt der Bildungsurlaub als bewilligt.

(5) Ist der Bildungsurlaub für das vorangegangene Kalenderjahr versagt worden, so können dem Anspruch auf Bildungsurlaub im laufenden Jahr Versagungsgründe nach Absatz 2 Satz 1 Halbsatz 1 nicht entgegengehalten werden.

(6) Die Teilnahme an der Bildungsveranstaltung ist dem Arbeitgeber oder der Arbeitgeberin nachzuweisen.

§ 9 *(aufgehoben)*

§ 10 [Anträge auf Anerkennung von Bildungsveranstaltungen]

(1) Die Anerkennung von Bildungsveranstaltungen spricht eine vom Landesministerium bestimmte Stelle aus. Das Landesministerium kann diese Aufgabe auch einer nichtstaatlichen Stelle übertragen, die zu deren Übernahme bereit ist. Die Stelle handelt dabei im Auftrage des Ministeriums für Wissenschaft und Kultur und ist an dessen Weisungen gebunden.

(2) Anträge auf Anerkennung von Bildungsveranstaltungen sind zu begründen. Das Landesministerium wird ermächtigt, durch Verordnung nähere Vorschriften über das Anerkennungsverfahren zu treffen. In der Verordnung kann insbesondere festgelegt werden, welche Angaben Anträge auf Anerkennung von Bildungsveranstaltungen enthalten müssen und welche Nachweise den Anträgen beizufügen sind.

(3) Zu den Anträgen auf Anerkennung von Bildungsveranstaltungen, die überwiegend der beruflichen Bildung dienen, sind in Zweifelsfällen die niedersächsischen Spitzenorganisationen der Gewerkschaften und Arbeitgeberverbände zu hören. Zu allen übrigen Anträgen ist in Zweifelsfällen dem nach §15 des Gesetzes zur Förderung der Erwachsenenbildung in der Fassung vom 30. Januar 1984 (Nieders. GVBl. S. 9) gebildeten Landesausschuß für Erwachsenenbildung Gelegenheit zur Stellungnahme zu geben.

§ 11 [Voraussetzungen zur Anerkennung von Bildungsveranstaltungen]

(1) Eine Veranstaltung wird anerkannt, wenn

1. sie ausschließlich der Weiterbildung im Sinne des § 1 dient,

2. sie jeder Person offensteht, es sei denn, daß eine bestimmte Auswahl des Teilnehmerkreises aus besonderen pädagogischen Gründen geboten ist,

3. ihr Programm veröffentlicht wird,

4. der Träger hinsichtlich seiner Einrichtungen und materiellen Ausstattung, seiner Lehrkräfte und Bildungsziele eine sachgemäße Bildungsarbeit gewährleistet und

5. die Ziele des Trägers und der Inhalt der Bildungsveranstaltung mit der freiheitlichen demokratischen Grundordnung im Sinne des Grundgesetzes für die Bundesrepublik Deutschland und der Vorläufigen Niedersächsischen Verfassung im Einklang stehen.

(2) Eine Veranstaltung darf nicht anerkannt werden, wenn

1. die Teilnahme von der Zugehörigkeit zu Parteien, Gewerkschaften, Religionsgemeinschaften oder ähnlichen Vereinigungen abhängig gemacht wird

oder wenn die Veranstaltung

2. unmittelbar der Durchsetzung politischer Ziele,

3. ausschließlich betrieblichen oder dienstlichen Zwecken,

4. der Erholung, der Unterhaltung, der privaten Haushaltsführung, der Körper- oder Gesundheitspflege, der sportlichen, künstlerischen oder kunsthandwerklichen Betätigung oder der Vermittlung entsprechender Kenntnisse oder Fertigkeiten,

5. dem Einüben psychologischer oder ähnlicher Fertigkeiten,

6. dem Erwerb von Fahrerlaubnissen oder ähnlichen Berechtigungen

dient oder wenn sie

7. als Studienreise durchgeführt wird.

(3) Abweichend von Absatz 2 Nrn. 4 bis 6 können Veranstaltungen anerkannt werden, die

1. der beruflichen Weiterbildung oder

2. der Aus- und Fortbildung ehrenamtlicher oder nebenberuflicher Mitarbeiter und Mitarbeiterinnen

auf dem betreffenden Gebiet dienen.

(4) Abweichend von Absatz 2 Nrn. 4 und 5 können Veranstaltungen anerkannt werden, wenn diese aus pädagogischen oder didaktischen Gründen Abschnitte der Betätigung auf den betreffenden Gebieten von insgesamt nicht mehr als einem Viertel der Veranstaltungsdauer enthalten.

(5) Abweichend von Absatz 2 Nr. 7 können Veranstaltungen anerkannt werden, die vom Presse- und Informationsamt der Bundesregierung durchgeführt werden und der politischen Bildung dienen; dies gilt entsprechend für Veranstaltungen am Sitz von Institutionen der Europäischen Gemeinschaft.

(6) Soweit Träger von Veranstaltungen nicht juristische Personen des öffentlichen Rechts sind, sollen sie die Anforderungen des Steuerrechts an die Gemeinnützigkeit erfüllen. Hiervon kann abgesehen werden, wenn ein Träger besonders qualifizierte Leistungen im Sinne von Absatz 1 Nr. 4 nachweist.

(7) Eine Bildungsveranstaltung soll in der Regel an fünf, mindestens jedoch an drei aufeinanderfolgenden Tagen stattfinden. Wenn die Art der Bildungsveranstaltung es erfordert, kann diese innerhalb von höchstens zwölf zusammenhängenden Wochen auch an nur einem Tag wöchentlich, insgesamt aber an mindestens fünf Tagen, durchgeführt werden.

(8) Das Landesministerium wird ermächtigt, die Anforderungen, die

1. an die Veröffentlichung von Programmen und

2. in pädagogischer Hinsicht an Dauer, Form und Teilnehmerzahl von Bildungsveranstaltungen

zu stellen sind, durch Verordnung näher festzulegen.

§ 12 [Bericht der Landesregierung]

(1) Die Landesregierung hat dem Landtag alle vier Jahre bis zum 1. Oktober, erstmals bis zum 1. Oktober 1987, über die Durchführung des Gesetzes zu berichten. Dem Bericht ist eine Übersicht über die Träger der Veranstaltungen mit Angaben über die Zahl der Veranstaltungen und Teilnehmer sowie über die Veranstaltungen, deren Anerkennung abgelehnt wurde, beizufügen.

(2) Die Träger anerkannter Bildungsveranstaltungen sind verpflichtet, der nach § 10 Abs. 1 zuständigen Stelle Auskunft über Gegenstand, Verlauf und Teilnehmer der anerkannten Veranstaltungen zu erteilen. Der Veranstalter oder die Veranstalterin hat Beauftragten der nach § 10 Abs. 1 zuständigen Stelle zu dem Zwecke, sich über den Verlauf anerkannter Veranstaltungen zu informieren, nach vorheriger Ankündigung den Zutritt zu diesen zu gestatten.

(3) Das Landesministerium wird ermächtigt, durch Verordnung nähere Vorschriften über das Berichtsverfahren nach Absatz 2 Satz 1 zu treffen.

§ 13 *(aufgehoben)*

§ 14 [Inkrafttreten]

Dieses Gesetz tritt am 1. Januar 1975 in Kraft.

Anhang II

Verordnung zur Durchführung des Niedersächsischen Bildungsurlaubsgesetzes (DVO–NBildUG)

Vom 26. März 1991 (GVBl. S. 167)

Geändert durch VO zur Änderung der VO zur Durchführung des NBildUG

vom 4. Dezember 1992 (GVBl. S. 319)

§ 1

(1) Anträge auf Anerkennung von Bildungsveranstaltungen nach § 10 NBildUG sollen spätestens drei Monate vor Beginn der Veranstaltung bei der Anerkennungsbehörde gestellt werden.

(2) Arbeitnehmer und Arbeitnehmerinnen können die Anerkennung von Bildungsveranstaltungen nur beantragen, wenn diese außerhalb Niedersachsens stattfinden, die Träger dieser Veranstaltungen nicht ihren Sitz in Niedersachsen haben und sie selbst die Anerkennung nicht beantragt haben.

§ 2

Bildungsveranstaltungen können unter folgenden Voraussetzungen anerkannt werden:

1. gleichbleibender Teilnehmerkreis mit in der Regel höchstens 50 Personen,
2. einheitliche Leitung,
3. einheitliches Thema,
4. Mindestarbeitsumfang von in der Regel acht Unterrichtsstunden täglich, je vier Unterrichtsstunden am An- und Abreisetag.

Bildungsveranstaltungen, die für Teilzeitbeschäftigte ausgeschrieben sind, deren Arbeitszeit die Hälfte oder weniger als die Hälfte der Arbeitszeit entsprechend voll beschäftigter Arbeitnehmer oder Arbeitnehmerinnen beträgt, können auch mit einem Mindestarbeitsumfang von vier Unterrichtsstunden täglich anerkannt werden.

§ 3

Bei einer Studienreise im Sinne von § 11 Abs. 5 NBildUG kann Bildungsarbeit bei beiden dort genannten Institutionen und bei unterschiedlichen Stellen durchgeführt werden.

§ 4

Die Träger der anerkannten Bildungsveranstaltungen haben spätestens bis zum Ablauf des auf die Beendigung der Veranstaltung folgenden Kalendervierteljahres der für die Anerkennung von Bildungsveranstaltungen zu ständigen Stelle Auskunft über Gegenstand, Verlauf sowie Teilnehmer und Teilnehmerinnen der Veranstaltungen nach amtlich eingeführtem Muster zu geben.

§ 5

(1) Diese Verordnung tritt mit Wirkung vom 1. Januar 1991 in Kraft.

(2) Gleichzeitig tritt die Verordnung zur Durchführung des Niedersächsischen Freistellungsgesetzes vom 27. Oktober 1984 (Nieders. GVBl. S. 247) außer Kraft.

g) Erstes Gesetz zur Ordnung und Förderung der Weiterbildung im Lande Nordrhein-Westfalen (Weiterbildungsgesetz – WbG)

in der Fassung der Bekanntmachung vom 7. Mai 1982

(GVBl. S. 276) – gilt ab 1. Januar 1982

I. Abschnitt: Grundsätze

§ 1 Recht auf Weiterbildung

(1) Jeder hat das Recht, die zur freien Entfaltung der Persönlichkeit und zur freien Wahl des Berufs erforderlichen Kenntnisse und Qualifikationen zu erwerben.

(2) Soweit Kenntnisse und Qualifikationen nach Beendigung einer ersten Bildungsphase in Schule, Hochschule oder Berufsausbildung erworben werden sollen, haben Einrichtungen der Weiterbildung die Aufgabe, ein entsprechendes Angebot an Bildungsgängen nach den Vorschriften dieses Gesetzes bereitzustellen.

(3) Einrichtungen der Weiterbildung erfüllen ihre Aufgaben im Zusammenwirken mit anderen Bildungseinrichtungen.

§ 2 Gesamtbereich der Weiterbildung

(1) Der Gesamtbereich der Weiterbildung ist gleichberechtigter Teil des Bildungswesens.

(2) Einrichtungen der Weiterbildung im Sinne dieses Gesetzes sind Bildungsstätten in staatlicher oder in kommunaler Trägerschaft und anerkannte Bildungsstätten in anderer Trägerschaft, in denen Lehrveranstaltungen zur Fortsetzung und Wiederaufnahme organisierten Lernens unabhängig vom Wechsel des pädagogischen Personals und der Teilnehmer geplant und durchgeführt werden. Diese Einrichtungen decken einen Bedarf an Bildung neben Schule oder Hochschule sowie der Berufsausbildung und der außerschulischen Jugendbildung. Als Bedarf im Sinne dieses Gesetzes gelten sowohl die Vertiefung und Ergänzung vorhandener Qualifikationen als auch der Erwerb von neuen Kenntnissen, Fertigkeiten und Verhaltensweisen.

(3) Zu den Einrichtungen der Weiterbildung im Sinne dieses Gesetzes gehören nicht Bildungsstätten, die überwiegend der Weiterbildung der Mitglieder des Trägers im Bereich der freizeitorientierten und die Kreativität fördernden Bildung oder die überwiegend der Weiterbildung der Bediensteten des Trägers dienen oder die überwiegend Lehrveranstaltungen in einem Spezialgebiet planen und durchführen.

(4) Die von Einrichtungen der Weiterbildung angebotenen Lehrveranstaltungen sind für jedermann zugänglich. Bei abschlußbezogenen Lehrveranstaltungen kann die Teilnahme von bestimmten Vorkenntnissen abhängig gemacht werden.

§ 3 Aufgaben der Weiterbildung

(1) Das von den Einrichtungen der Weiterbildung zu erstellende Angebot an Lehrveranstaltungen kann folgende gleichwertige, aufeinander bezogene Sachbereiche umfassen:

1. Bereich der nichtberuflichen, abschlußbezogenen Bildung,
2. Bereich der beruflichen Bildung,
3. Bereich der wissenschaftlichen Bildung,
4. Bereich der politischen Bildung,
5. Bereich der freizeitorientierten und die Kreativität fördernden Bildung,
6. Bereich der Eltern- und Familienbildung,
7. Bereich der personenbezogenen Bildung.

(2) Die in Absatz 1 genannten Sachbereiche sind nach dem Grundsatz der Einheit der Bildung zu planen und zu organisieren.

§ 4 Sicherung der Weiterbildung

(1) Die Sicherstellung eines bedarfsdeckenden Angebots an Lehrveranstaltungen zur Weiterbildung soll durch Einrichtungen des Landes, der Kreise, kreisfreien Städte, kreisangehörigen Gemeinden sowie anderer Träger gewährleistet werden.

(2) Das Land kann bei Bedarf Einrichtungen der Weiterbildung mit überregionaler Bedeutung errichten und unterhalten. Dies gilt insbesondere für Einrichtungen, denen ein Internat angegliedert ist.

(3) Die Einrichtungen der Weiterbildung haben das Recht auf selbständige Lehrplangestaltung. Die Freiheit der Lehre wird gewährleistet; sie entbindet nicht von der Treue zur Verfassung.

(4) Zur Sicherung einer bedarfsgerechten Planung und Durchführung von Lehrveranstaltungen räumt der jeweilige Träger einer Einrichtung der Weiterbildung den Mitarbeitern und Teilnehmern ein Mitwirkungsrecht ein. Art und Umfang dieses Mitwirkungsrechts sind in einer Satzung festzulegen. Hierzu kann der Kultusminister eine Mustersatzung erlassen.

§ 5 Zusammenarbeit

Schulen und Hochschulen sowie Einrichtungen der beruflichen Aus- und Weiterbildung und Schulen des Zweiten Bildungswegs arbeiten mit den Einrichtungen der Weiterbildung zusammen.

§ 6 Prüfungen

(1) Einrichtungen der Weiterbildung haben das Recht, staatliche Prüfungen durchzuführen, wenn die vorbereitenden Lehrgänge den entsprechenden staatlichen Bildungsgängen gleichwertig sind. Dies gilt insbesondere für Prüfungen zum nachträglichen Erwerb von Schulabschlüssen. Die Durchführung dieser Prüfungen und der vorbereitenden Lehrgänge unterliegt der Fachaufsicht des zuständigen Ministers und der von ihm durch Rechtsverordnung bestimmten Aufsichtsbehörde.

(2) Der zuständige Minister bestimmt durch Rechtsverordnung, inwieweit typisierte und kombinierbare Einheiten von Lehrveranstaltungen den Erwerb von Zeugnissen und Abschlußzertifikaten in Teilabschnitten ermöglichen.

(3) Für Prüfungen zum nachträglichen Erwerb von Schulabschlüssen erläßt der Kultusminister durch Rechtsverordnung Prüfungsordnungen; § 26 b Abs. 1 des Schulverwaltungsgesetzes gilt entsprechend.

Anhang II

II. Abschnitt: Aufgaben des Landes

§ 7 Förderung der Weiterbildung

Das Land ist nach Maßgabe dieses Gesetzes zur Förderung der Weiterbildung verpflichtet.

§ 8 Landesinstitut für Weiterbildung

(1) Das Land errichtet und unterhält ein Landesinstitut für Weiterbildung.

(2) Das Landesinstitut für Weiterbildung hat die Aufgabe, die Arbeit der Einrichtungen der Weiterbildung zu unterstützen.

(3) Das Landesinstitut für Weiterbildung nimmt insbesondere folgende Aufgaben wahr:

1. Fachliche Förderung der Erarbeitung von Lehrplänen für die Weiterbildung,

2. fachliche Förderung und wissenschaftliche Begleitung von Modellversuchen in den Bereichen der Weiterbildung,

3. Dokumentation der pädagogischen und organisatorischen Entwicklung in allen Bereichen der Weiterbildung,

4. Fortbildung von Mitarbeitern an Einrichtungen der Weiterbildung,

5. fachliche Förderung der Herstellung von Unterrichtsmedien für die Weiterbildung,

6. fachliche Förderung des Unterrichts im Medienverbund in der Weiterbildung.

(4) Zur Wahrnehmung seiner in Absatz 3 genannten Aufgaben arbeitet das Landesinstitut für Weiterbildung insbesondere mit den Einrichtungen der Weiterbildung im Lande Nordrhein-Westfalen, mit dem Landesverband der Volkshochschulen und den anderen Landesorganisationen der Weiterbildung, mit den Schulen des Zweiten Bildungswegs, mit den Hochschulen des Landes, dem Zentrum für objektivierte Lehr- und Lernverfahren in Paderborn, dem Deutschen Institut für Fernstudien, der Zentralstelle für Fernunterricht, dem Bundesinstitut für Berufsbildungsforschung, der Pädagogischen Arbeitsstelle des Deutschen Volkshochschulverbandes und den Rundfunk- und Fernsehanstalten zusammen.

(5) Einrichtungen der Weiterbildung entwickeln in Zusammenarbeit mit dem Landesinstitut für Weiterbildung typisierte und kombinierbare Einheiten von Lehrveranstaltungen, die den Erwerb von Zeugnissen und Abschlußzertifikaten in Teilabschnitten ermöglichen.

§ 9 Rahmenrichtlinien für die Entwicklungsplanung

(1) Die Landesregierung wird ermächtigt, spätestens zwei Jahre nach Inkrafttreten dieses Gesetzes durch Rechtsverordnung, die der Zustimmung des Ausschusses für Schule und Weiterbildung des Landtags bedarf, Rahmenrichtlinien für die Aufstellung kommunaler Weiterbildungsentwicklungspläne zu erlassen.
In der Rechtsverordnung ist insbesondere zu bestimmen, daß die Erstellung und die Geltungsdauer der Weiterbildungsentwicklungsplanung und der Koordinierungsplanung im Kreisgebiet zeitgleich erfolgen.

(2) Die Rahmenrichtlinien müssen insbesondere Regelungen treffen zur Abstimmung der kommunalen Weiterbildungsentwicklungsplanung mit

1. der Schulentwicklungsplanung,

2. dem Ausbau der anderen kommunalen Kultureinrichtungen,

3. der Ausbau- und Strukturplanung der am Ort befindlichen Hochschuleinrichtungen,

4 den Planungen der Einrichtungen der Weiterbildung in anderer Trägerschaft,

5. der kommunalen Förderungsplanung der Jugendhilfe.

§ 10 Ausbildung

An Hochschulen werden die Voraussetzungen für Forschung, Lehre und Studium auf dem Gebiet der Organisation und Didaktik der Weiterbildung geschaffen.

III. Abschnitt: Einrichtungen der Weiterbildung in der Trägerschaft von Gemeinden und Gemeindeverbänden

§ 11 Errichtung und Unterhaltung von Einrichtungen der Weiterbildung

(1) Kreisfreie Städte, große kreisangehörige Städte und mittlere kreisangehörige Städte sind verpflichtet, Einrichtungen der Weiterbildung zu errichten und zu unterhalten.

(2) Mittlere kreisangehörige Städte können diese Aufgabe auf den Kreis übertragen.

(3) Für den Bereich der übrigen kreisangehörigen Gemeinden ist der Kreis verpflichtet, Einrichtungen der Weiterbildung zu errichten und zu unterhalten, soweit nicht mehrere Gemeinden mit zusammen mindestens 25 000 Einwohnern diese Aufgabe nach den Vorschriften des Gesetzes über kommunale Gemeinschaftsarbeit gemeinsam wahrnehmen.

(4) Die Einrichtungen der Weiterbildung in der Trägerschaft von Gemeinden und Gemeindeverbänden heißen Volkshochschulen.

§ 12 Entwicklungsplanung

(1) Die kommunalen Träger von Einrichtungen der Weiterbildung sind verpflichtet, für ihren Zuständigkeitsbereich einen Weiterbildungsentwicklungsplan im Benehmen mit den in ihrem Bereich tätigen anderen Trägern von Einrichtungen der Weiterbildung und den am Ort befindlichen Hochschulen aufzustellen und fortzuschreiben. Diese Verpflichtung trifft die Kreise für diejenigen kreisangehörigen Gemeinden ihres Gebietes, die nicht Träger von Einrichtungen der Weiterbildung sind.
Die Kreise sind darüber hinaus verpflichtet, im Einvernehmen mit denjenigen kreisangehörigen Gemeinden ihres Gebiets, die Träger von Einrichtungen der Weiterbildung sind, Koordinierungspläne für das Kreisgebiet aufzustellen und fortzuschreiben.

(2) Die Weiterbildungsentwicklungspläne und die Koordinierungspläne müssen Angaben über die erforderliche Personalausstattung, den Raumbedarf sowie die notwendigen Investitions-, Sach- und Folgekosten enthalten.

(3) Durch die Weiterbildungsentwicklungspläne und die Koordinierungspläne ist in Abstimmung mit der Schulentwicklungsplanung die Mitbenutzung von Schulen, Schulzentren und anderen Kultureinrichtungen der betroffenen kommunalen Träger sicherzustellen.

§ 13 Grundversorgung

(1) Einrichtungen der Weiterbildung führen Lehrveranstaltungen zu den in § 3 Abs. 1 Nrn. 1 und 3 bis 7 genannten Sachbereichen durch.

(2) Die Mindestzahl der jährlich durchzuführenden Unterrichtsstunden (Mindestangebot) beträgt für Kreise, kreisfreie Städte und kreisangehörige Gemeinden, die Aufgaben nach § 11 wahrnehmen, ab 25 000 Einwohner 4800 Unterrichtsstunden.

(3) Das Mindestangebot erhöht sich ab 60 000 Einwohner je angefangene 40 000 Einwohner um 2400 Unterrichtsstunden.

§ 14 Personalstruktur

(1) Zur personellen Grundausstattung von Einrichtungen der Weiterbildung können gehören:

1. pädagogische Mitarbeiter für Planung und Durchführung von Lehrveranstaltungen,
2. Mitarbeiter für den Verwaltungsdienst,
3. sonstige Mitarbeiter.

(2) Sie sind Bedienstete des Trägers der jeweiligen Einrichtung.

(3) Einrichtungen der Weiterbildung werden von einem hauptamtlichen oder hauptberuflichen pädagogischen Mitarbeiter geleitet.

(4) Die Durchführung von Lehrveranstaltungen kann auch entsprechend vorgebildeten pädagogischen Mitarbeitern übertragen werden, die nebenamtlich oder nebenberuflich für die Einrichtung der Weiterbildung tätig sind.

§ 15 Sach- und Raumausstattung

(1) Der Träger einer Einrichtung der Weiterbildung ist verpflichtet, die erforderlichen Räume, Einrichtungen und Lehrmittel bereitzustellen und zu unterhalten.

(2) Zu diesem Zweck stellen die Träger den von ihnen unterhaltenen Einrichtungen der Weiterbildung entsprechend ausgestattete Unterrichts- und Fachräume sowie die erforderlichen Verwaltungsräume zur Verfügung.

(3) Andere Einrichtungen sind gemäß § 12 Abs. 3 mitzubenutzen.

§ 16 Zusammenarbeit

Die Träger treffen eine Regelung über die Zusammenarbeit zwischen den kommunalen Einrichtungen der Weiterbildung, den kommunalen Familienbildungsstätten und Jugendbildungsstätten sowie den kommunalen Büchereien und Bildstellen und den anderen kommunalen Kultureinrichtungen.

§ 17 Satzung

(1) Einrichtungen der Weiterbildung in kommunaler Trägerschaft sind Einrichtungen im Sinne des § 18 der Gemeindeordnung oder des § 16 der Kreisordnung. Kommunale Träger sind verpflichtet, für die jeweils von ihnen unterhaltenen Einrichtungen der Weiterbildung eine Satzung zu erlassen.

(2) Die Satzung regelt insbesondere Stellung und Aufgabenbereich des Leiters und der Mitarbeiter der Einrichtung der Weiterbildung.

(3) In der Satzung sind Art und Umfang der Mitwirkungsrechte festzulegen, die den Mitarbeitern und den Teilnehmern an Lehrveranstaltungen einzuräumen sind.

(4) Vor Verabschiedung einer Satzung oder deren Änderung ist die Stellungnahme der betroffenen Einrichtungen einzuholen und angemessen zu berücksichtigen.

§ 18 Gliederung

Einrichtungen der Weiterbildung sind nach Fachbereichen zu gliedern. Die Einrichtungen der Weiterbildung können Zweigstellen haben.

§ 19 Förderung der Einrichtungen der Weiterbildung in kommunaler Trägerschaft

Die Vorlage und Fortschreibung eines Weiterbildungsentwicklungsplans entsprechend den Rahmenrichtlinien ist Voraussetzung für die finanzielle Förderung nach Maßgabe dieses Gesetzes.

§ 20 Zuweisungen des Landes

(1) Das Land erstattet dem Träger die Personalkosten für die im Rahmen des Mindestangebots besetzten Stellen für hauptamtlich oder hauptberuflich tätige pädagogische Mitarbeiter, soweit je Stelle 2400 Unterrichtsstunden im Jahr durchgeführt werden; für die erste besetzte Stelle werden diese Personalkosten bereits erstattet, wenn 2400 Unterrichtsstunden im Jahr geplant werden. Die Kostenerstattung erfolgt nach einem Durchschnittsbetrag, der jährlich im Haushaltsplan festgesetzt wird und bei dessen Festsetzung durch einen Abschlag von 10 vom Hundert zu berücksichtigen ist, daß die Unterrichtstätigkeit dieser Mitarbeiter bereits durch die Bezuschussung der Unterrichtsstunden bzw. der Teilnehmertage erfaßt wird.

(2) Das Land erstattet dem Träger für über den Rahmen des Mindestangebots hinaus besetzte Stellen 60 vom Hundert der Personalkosten, soweit je Stelle 2400 Unterrichtsstunden oder 2000 Teilnehmertage im Jahr durchgeführt werden. Die Kostenerstattung erfolgt nach dem gemäß Absatz 1 Satz 2 festgesetzten Durchschnittsbetrag.

(3) Personalkosten im Sinne dieser Vorschrift sind Aufwendungen für Dienst- und Versorgungsbezüge, Vergütungen und Löhne, Weihnachtszuwendungen, Beiträge und Umlagen für eine zusätzliche

Alters- und Hinterbliebenenversorgung sowie bei einem Träger, der einer Versorgungskasse angehört, die Umlage nach Maßgabe der Satzung der Versorgungskasse.

(4) Die Kostenerstattung erfolgt nur, wenn der hauptamtlich oder hauptberuflich tätige pädagogische Mitarbeiter ausschließlich für die Einrichtung der Weiterbildung eingesetzt wird.

(5) Das Land gewährt für jede im Rahmen des Mindestangebots durchgeführte Unterrichtsstunde eine Zuweisung in Höhe eines Durchschnittsbetrages, der jährlich im Haushaltsplan festgesetzt wird. Die Höhe des Durchschnittsbetrages wird ermittelt aus der durchschnittlichen Stundenvergütung für einen nebenamtlichen oder nebenberuflichen pädagogischen Mitarbeiter, zuzüglich eines Zuschlages von 50 vom Hundert für Kosten für Verwaltungspersonal.

(6) Das Land gewährt für jede über den Rahmen des Mindestangebots hinaus durchgeführte Unterrichtsstunde einen Zuschuß in Höhe von 60 vom Hundert des gemäß Absatz 5 festgesetzten Durchschnittsbetrages. Bei Internatsbetrieb sowie bei Durchführung von Internatsveranstaltungen gewährt das Land einen Zuschuß zu den Kosten je Teilnehmertag nach einem Durchschnittsbetrag, der jährlich im Haushaltsplan festgesetzt wird.

(7) Lehrveranstaltungen, die nach bundesrechtlichen Regelungen mittelbar oder unmittelbar gefördert werden, dürfen auf die Zahl der durchgeführten Unterrichtsstunden nicht angerechnet werden. Das gleiche gilt für Lehrveranstaltungen nach § 3 Abs. 1 Nr. 2. Über Ausnahmen entscheidet der Regierungspräsident.

(8) Die Zuweisungen des Landes verringern sich, falls in der Jahresrechnung nach § 28 Abs. 3 Nr. 1 die Einnahmen die Ausgaben übersteigen, um den entsprechenden Überschußbetrag.

(9) Die Erstattung nach den Absätzen 1, 2, 5 und 6 erfolgt auf der Grundlage bzw. in Höhe der im Jahre 1980 durchgeführten und geförderten Unterrichtsstunden und Teilnehmertage, vermindert um 20 vom Hundert der in den Sachbereichen 1 und 4 durchgeführten und geförderten Unterrichtsstunden und Teilnehmertage sowie vermindert um 40 vom Hundert der in den Sachbereichen 2, 3, 5, 6 und 7 durchgeführten und geförderten Unterrichtsstunden und Teilnehmertage. Solange das Mindestangebot noch nicht erfüllt ist, kann die verminderte Zahl der durchgeführten und geförderten Unterrichtsstunden ab 1982 jährlich um 15 vom Hundert erhöht werden. Eine weitergehende Förderung kann nach Maßgabe der Bewilligung im Haushaltsplan gewährt werden.

Anhang II

(10) Der zuständige Minister regelt durch Rechtsverordnung,

1. welche Mindestanforderungen an eine Unterrichtsstunde und an einen Teilnehmertag, insbesondere im Hinblick auf Dauer und Teilnehmerzahl, zu stellen sind,

2. in welchem Umfang ganz- oder mehrtägige Lehrveranstaltungen als Unterrichtsstunden zählen,

3. inwieweit Leistungen für Teilnehmer bezuschußt werden können, die ihren Wohnsitz nicht im Land Nordrhein-Westfalen haben,

4. inwieweit außerhalb des Landes Nordrhein-Westfalen durchgeführte Lehrveranstaltungen förderungsfähig sind,

5. in welchen Fällen und nach welchen Bedingungen anstelle der Zahl der im Jahre 1980 durchgeführten und geförderten Unterrichtsstunden und Teilnehmertage die Festsetzung einer anderen Basiszahl erfolgt.

§ 21 Sachkosten

Die Sachkosten übernimmt der jeweilige Träger.

IV. Abschnitt: Einrichtungen der Weiterbildung in anderer Trägerschaft

§ 22 Allgemeines

(1) Bildungsstätten anderer Träger wie der Kirchen und freien Vereinigungen werden nach Maßgabe der §§ 23 und 24 als Einrichtungen der Weiterbildung gefördert.

(2) Das Angebot an Lehrveranstaltungen dieser Einrichtungen kann die in § 3 Abs. 1 genannten Sachbereiche umfassen.

§ 23 Anerkennungsvoraussetzungen

(1) Voraussetzung für die Förderung der Einrichtungen aus Mitteln des Landes ist die Anerkennung durch den zuständigen Minister.

(2) Die Anerkennung einer Bildungsstätte ist auf Antrag auszusprechen, wenn folgende Voraussetzungen erfüllt werden:

1. Sie muß nach Art und Umfang ihrer Tätigkeit die Gewähr der Dauer bieten.

2. Sie muß ein Mindestangebot auf dem Gebiet der Weiterbildung von 600 Unterrichtsstunden jährlich in ihrem Einzugsbereich innerhalb

des Landes Nordrhein-Westfalen durchführen. Abweichend von Satz 1 muß eine Einrichtung der Weiterbildung mit Internatsbetrieb (z.B. Heimvolkshochschule) 1500 Teilnehmertage im Jahr durchführen.

3. Sie muß ausschließlich dem Zweck der Weiterbildung dienen.
4. Ihr Angebot an Lehrveranstaltungen darf nicht vorrangig Zwecken einzelner Betriebe dienen.
5. Ihr Angebot an Lehrveranstaltungen darf nicht der Gewinnerzielung dienen.
6. Der Träger muß sich verpflichten, dem zuständigen Minister auf Anfrage Auskunft über die Lehrveranstaltungen zu geben.
7. Der Träger muß sich verpflichten, die Kapazitätsplanung im Benehmen mit betroffenen kommunalen Trägern aufzustellen.
8. Der Träger muß zur Kontrolle seines Finanzgebarens in bezug auf die Bildungsstätte durch den zuständigen Minister bereit sein.
9. Der Träger muß die Gewähr für die ordnungsgemäße Verwendung der Förderungsmittel bieten.
10. Die Bildungsstätte muß eine Satzung entsprechend § 17 haben.

(3) Die Anerkennung ist zu widerrufen, wenn ihre Voraussetzungen nicht mehr gegeben sind.

§ 24 Finanzierung von Einrichtungen der Weiterbildung in anderer Trägerschaft

(1) Die Träger der anerkannten Einrichtungen der Weiterbildung haben Anspruch auf Bezuschussung durch das Land.

(2) Für jeweils 2400 durchgeführte Unterrichtsstunden im Jahr erstattet das Land dem Träger 60 vom Hundert der Personalkosten für einen hauptberuflich tätigen pädagogischen Mitarbeiter. Bei Einrichtungen der Weiterbildung mit Internatsbetrieb sowie bei Durchführung von Internatsveranstaltungen erfolgt die Erstattung gemäß Satz 1 auf der Grundlage von 2000 durchgeführten Teilnehmertagen im Jahr. Die Kostenerstattung erfolgt nach dem gemäß § 20 Abs. 1 Satz 2 festgesetzten Durchschnittsbetrag.

(3) Die Erstattung der Personalkosten gemäß Absatz 2 Satz 1 für einen ersten hauptberuflich tätigen pädagogischen Mitarbeiter erfolgt für die Dauer von höchstens zwei Jahren bereits dann, wenn die Durchführung von 2400 Unterrichtsstunden im Jahr geplant wird.

(4) Das Land gewährt für jede durchgeführte Unterrichtsstunde einen Zuschuß in Höhe von 60 vom Hundert des gemäß § 20 Abs. 5

Anhang II

festgesetzten Durchschnittsbetrages. Bei Einrichtungen mit Internatsbetrieb sowie bei Durchführung von Internatsveranstaltungen gewährt das Land einen Zuschuß in Höhe des gemäß § 20 Abs. 6 Satz 2 festgesetzten Durchschnittsbetrages.

(5) Lehrveranstaltungen, die nach bundesrechtlichen Regelungen mittelbar oder unmittelbar gefördert werden, dürfen auf die Zahl der durchgeführten Unterrichtsstunden oder Teilnehmertage nicht angerechnet werden. Das gleiche gilt für Lehrveranstaltungen nach § 3 Abs. 1 Nr. 2. Über Ausnahmen entscheidet der Regierungspräsident.

(6) § 20 Abs. 3, 4, 8, 9 Satz 3 und 10 findet Anwendung. Die Erstattung nach den Absätzen 2 und 4 erfolgt auf der Grundlage bzw. in Höhe der 1980 durchgeführten und geförderten Unterrichtsstunden und Teilnehmertage, vermindert um 12 vom Hundert der in den Sachbereichen 1 und 4 durchgeführten und geförderten Unterrichtsstunden und Teilnehmertage sowie vermindert um 40 vom Hundert der in den Sachbereichen 2, 3, 5, 6 und 7 durchgeführten und geförderten Unterrichtsstunden und um 30 vom Hundert der in den Sachbereichen 2, 3, 5, 6 und 7 durchgeführten und geförderten Teilnehmertage. Die Erstattung erfolgt aber mindestens in Höhe von 2400 durchgeführten Unterrichtsstunden oder 2000 durchgeführten Teilnehmertagen, zuzüglich einer Steigerungsrate von jährlich 15 vom Hundert, solange die Zahl von 4800 Unterrichtsstunden oder 4000 Teilnehmertagen nicht erreicht ist.

In besonderen Fällen kann die Zuweisungsgrundlage mit Genehmigung des zuständigen Ministers aus dem Durchschnitt der Förderung der letzten drei Jahre, aus der höchsten früheren Jahresförderung oder aus der Erweiterung der Trägerkapazität errechnet werden.

V. Abschnitt: Ergänzende Bestimmungen

§ 25 Investitionskosten

(1) Die Mittel des Schulbauprogramms im jeweiligen Finanzausgleichsgesetz werden auch für Einrichtungen der Weiterbildung in kommunaler Trägerschaft zur Verfügung gestellt.

(2) Das Land kann Einrichtungen der Weiterbildung in anderer Trägerschaft Zuschüsse zu den notwendigen Investitionskosten gewähren.

§ 26 Einrichtungen der Weiterbildung mit Internatsbetrieb

Für Einrichtungen der Weiterbildung mit Internatsbetrieb in kommunaler und anderer Trägerschaft (z. B. Heimvolkshochschulen) sowie für die Durchführung von Internatsveranstaltungen gewährt das Land Zuweisungen bzw. Zuschüsse zu den Teilnehmerkosten nach Maßgabe eines jährlich im Landeshaushalt festzusetzenden Durchschnittsbetrages.

§ 27 Weiterförderung von Förderungsmaßnahmen

Die besondere Förderung von Einrichtungen und Maßnahmen der entsprechenden außerschulischen Jugendbildung, der politischen Bildung, der beruflichen Fort- und Weiterbildung und der Familienbildung durch das Land bleibt unberührt.

§ 28 Förderungsvoraussetzungen und -verfahren

(1) Die Zuschüsse werden auf Antrag des Trägers für die Dauer eines Haushaltsjahres gewährt. Der Antrag ist jeweils bis zum 1. April für das abgelaufene Haushaltsjahr zu stellen.

(2) Der Zuschuß wird vom Regierungspräsidenten festgesetzt, soweit nicht eine andere Zuständigkeit gesetzlich begründet ist. Auf Antrag werden Abschlagszahlungen auf den voraussichtlichen Zuschuß in vierteljährlichen Teilbeträgen gewährt.

(3) Dem Zuschußantrag sind beizufügen:

1. die Jahresrechnung,

2. die Angaben über die durchgeführten Lehrveranstaltungen, aufgegliedert nach den Sachbereichen gemäß § 3 Abs.1 sowie die für die Landesförderung maßgeblichen Unterrichtsstunden oder Teilnehmertage und deren Anteil an der Gesamtzahl der durchgeführten Unterrichtsstunden oder Teilnehmertage,

3. eine Aufstellung über das eingesetzte Personal, seine Ausbildung und Tätigkeit sowie die gezahlten Bezüge.

(4) Die Festsetzung der Abschlagszahlungen für das laufende Jahr erfolgt auf der Grundlage der Zuschußfestsetzung für das Vorjahr.

(5) Der Träger und der Leiter der Einrichtung der Weiterbildung sind verpflichtet, dem Regierungspräsidenten, soweit nicht eine andere Zuständigkeit gesetzlich begründet ist, jederzeit Einblick in den Betrieb der Einrichtung der Weiterbildung zu geben sowie die angeforderten Auskünfte zu erteilen und Nachweise zu erbringen, soweit dies für die Bemessung des Zuschusses erforderlich ist.

(6) Die Landesregierung regelt durch Rechtsverordnung die Einzelheiten der Förderungsvoraussetzungen und des Förderungsverfahrens.

Anhang II

§ 29 Bericht der Landesregierung

Die Landesregierung legt dem Landtag, erstmalig zum 1. Januar 1982, alle fünf Jahre einen Bericht über die Situation der Weiterbildung in Nordrhein-Westfalen vor.

VI. Abschnitt: Inkrafttreten

§ 30

(1) Das Gesetz tritt mit Ausnahme von § 19 am 1. Januar 1975 in Kraft; § 19 tritt am 1. Januar 1979 in Kraft.

(2) § 20 Abs. 9 und § 24 Abs. 6 Satz 2 treten am 1. Januar 1981 in Kraft.

Gesetz zur Freistellung von Arbeitnehmern zum Zwecke der beruflichen und politischen Weiterbildung – Arbeitnehmerweiterbildungsgesetz (AWbG)

Vom 6. November 1984 (GVBl. S. 678)

§ 1 Grundsätze

(1) Arbeitnehmerweiterbildung erfolgt über die Freistellung von der Arbeit zum Zweck der beruflichen und politischen Weiterbildung in anerkannten Bildungsveranstaltungen bei Fortzahlung des Arbeitsentgelts.

(2) Arbeitnehmerweiterbildung dient der beruflichen und der politischen Weiterbildung sowie deren Verbindung. Sie schließt Lehrveranstaltungen ein, die auf die Stellung des Arbeitnehmers in Staat, Gesellschaft, Familie oder Beruf bezogen sind.

§ 2 Anspruchsberechtigte

Anspruchsberechtigt nach diesem Gesetz sind Arbeiter und Angestellte, deren Beschäftigungsverhältnisse ihren Schwerpunkt in Nordrhein-Westfalen haben (Arbeitnehmer). Als Arbeitnehmer gelten auch die in Heimarbeit Beschäftigten sowie ihnen Gleichgestellte und andere Personen, die wegen ihrer wirtschaftlichen Unselbständigkeit als arbeitnehmerähnliche Personen anzusehen sind.

§ 3 Anspruch auf Arbeitnehmerweiterbildung

(1) Arbeitnehmer haben einen Anspruch auf Arbeitnehmerweiterbildung von fünf Arbeitstagen im Kalenderjahr. Der Anspruch von zwei Kalenderjahren kann zusammengefaßt werden.

(2) Wird regelmäßig an mehr oder weniger als fünf Tagen in der Woche gearbeitet, so erhöht oder verringert sich der Anspruch entsprechend.

(3) Ein Arbeitnehmer erwirbt den Anspruch nach sechsmonatigem Bestehen seines Beschäftigungsverhältnisses.

(4) Ist dem Arbeitnehmer innerhalb eines Kalenderjahres die ihm zustehende Arbeitnehmerweiterbildung unter Berufung auf § 5 Abs. 2 abgelehnt worden, so ist der Anspruch bei Fortbestand des Arbeitsverhältnisses einmalig auf das folgende Kalenderjahr übertragen.

(5) Erkrankt ein Arbeitnehmer während der Arbeitnehmerweiterbildung, so werden die durch ärztliches Zeugnis nachgewiesenen Tage der Arbeitsunfähigkeit auf die Arbeitnehmerweiterbildung nicht angerechnet.

(6) Der Anspruch besteht nicht, soweit der Arbeitnehmer für das laufende Kalenderjahr Arbeitnehmerweiterbildung in einem früheren Beschäftigungsverhältnis wahrgenommen hat.

§ 4 Verhältnis zu anderen Ansprüchen

Freistellung zur Teilnahme an Bildungsveranstaltungen, die auf anderen Rechtsvorschriften, tarifvertraglichen Vereinbarungen, betrieblichen Vereinbarungen oder Einzelverträgen beruhen, können auf den Anspruch nach diesem Gesetz angerechnet werden, soweit sie dem Arbeitnehmer uneingeschränkt das Erreichen der in § 1 niedergelegten Ziele ermöglichen und die Anrechenbarkeit vorgesehen ist.

§ 5 Verfahren

(1) Der Arbeitnehmer hat dem Arbeitgeber die Inanspruchnahme und den Zeitraum der Arbeitnehmerweiterbildung so frühzeitig wie möglich, mindestens vier Wochen vor Beginn der Bildungsveranstaltung, schriftlich mitzuteilen.

(2) Der Arbeitgeber darf die Arbeitnehmerweiterbildung zu dem vom Arbeitnehmer mitgeteilten Zeitpunkt nur ablehnen, wenn zwingende betriebliche oder dienstliche Belange oder Urlaubsanträge anderer Arbeitnehmer entgegenstehen. Die Ablehnung ist dem Arbeitnehmer unverzüglich, mindestens aber drei Wochen vor Beginn der Bildungsveranstaltung unter Darlegung der Gründe schriftlich mitzuteilen. Die Mitbestimmungsrechte der Betriebs- und Personalräte bleiben unberührt.

(3) Arbeitnehmerweiterbildung kann nur für anerkannte Bildungsveranstaltungen in Anspruch genommen werden, die in der Regel an mindestens fünf, in Ausnahmefällen an mindestens drei aufeinander-

folgenden Tagen stattfinden. Innerhalb zusammenhängender Wochen kann Arbeitnehmerweiterbildung auch für jeweils einen Tag in der Woche in Anspruch genommen werden, sofern bei der Bildungsveranstaltung inhaltliche und organisatorische Kontinuität gegeben ist.

(4) Der Arbeitnehmer hat dem Arbeitgeber die Teilnahme an der Arbeitnehmerweiterbildung nachzuweisen. Die für den Nachweis erforderliche Bescheinigung ist vom Träger der Bildungsveranstaltung kostenlos auszustellen.

(5) Für Betriebe mit weniger als 50 Arbeitnehmern kann durch Tarifvertrag vereinbart werden, die Freistellungsverpflichtung gemeinsam zu erfüllen und einen finanziellen oder personellen Ausgleich vorzunehmen.

(6) Kommt ein Tarifvertrag im Sinne von Absatz 5 nicht zustande, können sich die beteiligten Arbeitgeber auf eine solche Regelung einigen.

§ 6 Verbot der Erwerbstätigkeit

Während der Arbeitnehmerweiterbildung darf der Arbeitnehmer keine dem Zweck der Arbeitnehmerweiterbildung zuwiderlaufende Erwerbstätigkeit ausüben.

§ 7 Fortzahlung des Arbeitsentgeltes

Für die Zeit der Arbeitnehmerweiterbildung hat der Arbeitgeber das Arbeitsentgelt entsprechend den Bestimmungen des Gesetzes zur Regelung der Lohnfortzahlung an Feiertagen vom 2. August 1951 (BGBl. S. 479) in der jeweils geltenden Fassung fortzuzahlen. Günstigere vertragliche Regelungen bleiben unberührt.

§ 8 Benachteiligungsverbot

(1) Von den vorstehenden Bestimmungen darf nicht zuungunsten des Arbeitnehmers abgewichen werden.

(2) Der Arbeitnehmer darf wegen der Inanspruchnahme der Arbeitnehmerweiterbildung nicht benachteiligt werden.

§ 9 Anerkannte Bildungsveranstaltungen

Bildungsveranstaltungen gelten als anerkannt, wenn sie § 1 Abs. 2 entsprechen und durchgeführt werden gemäß den Bestimmungen des Weiterbildungsgesetzes (WbG)

a) von Volkshochschulen oder von anerkannten Einrichtungen der Weiterbildung in anderer Trägerschaft,

b) vom Bund, vom Land oder von anderen juristischen Personen des öffentlichen Rechts,

c) von Einrichtungen in anderen Ländern, soweit die Veranstaltungen auf Grund von Rechtsvorschriften zur Freistellung von Arbeitnehmern zum Zwecke der Weiterbildung anerkannt sind, oder

d) von anderen Einrichtungen auf Antrag und nach Genehmigung durch den zuständigen Minister.
Ausgenommen sind Bildungsveranstaltungen, die der Gewinnerzielung oder die überwiegend einzelbetrieblichen oder dienstlichen Zwecken dienen.

§ 10 Bericht

(1) In dem Bericht der Landesregierung gemäß § 29 WbG ist auch die Situation der Arbeitnehmerweiterbildung darzustellen.

(2) Die Träger anerkannter Bildungsveranstaltungen (§ 9) sind verpflichtet, dem zuständigen Minister Auskunft über den Gegenstand, die Dauer und die Teilnehmerstruktur zu erteilen.

§ 11 Inkrafttreten

Dieses Gesetz tritt am 1. Januar 1985 in Kraft.

h) Landesgesetz über die Freistellung von Arbeitnehmerinnen und Arbeitnehmern für Zwecke der Weiterbildung

(Bildungsfreistellungsgesetz – BFG)

Vom 30. März 1993 (GVBl. S. 157)

§ 1 Bildungsfreistellung, Anspruchsberechtigte

(1) Die im Lande Rheinland-Pfalz Beschäftigten haben gegenüber ihrem Arbeitgeber für Zwecke der Weiterbildung nach Maßgabe der nachfolgenden Bestimmungen einen Anspruch auf Freistellung von der Arbeit unter Fortzahlung ihres Arbeitsentgelts (Bildungsfreistellung).

(2) Beschäftigte im Sinne dieses Gesetzes sind Arbeiterinnen und Arbeiter, Angestellte, die in Heimarbeit Beschäftigten und die ihnen gleichgestellten Personen sowie andere Personen, die wegen ihrer wirtschaftlichen Unselbständigkeit als arbeitnehmerähnliche Personen anzusehen sind.

(3) Dieses Gesetz gilt auch für die Beamten im Sinne von § 1 des Landesbeamtengesetzes Rheinland-Pfalz und für die Richter im Sinne von § 1 Abs. 1 Satz 1 des Landesrichtergesetzes für Rheinland-Pfalz.

§ 2 Bildungsfreistellungsanspruch

(1) Der Anspruch auf Bildungsfreistellung beläuft sich auf zehn Arbeitstage für jeden Zeitraum zweier aufeinander folgender Kalenderjahre. Wird regelmäßig an mehr oder weniger als fünf Tagen in der Woche gearbeitet, so erhöht oder verringert sich der Anspruch entsprechend. Für nachgewiesene Tage der Arbeitsunfähigkeit während der Bildungsfreistellung bleibt der Anspruch bestehen.

(2) Der Anspruch auf Bildungsfreistellung wird durch einen Wechsel des Beschäftigungsverhältnisses nicht berührt. Bei einem Wechsel innerhalb des Zweijahreszeitraums wird eine bereits erfolgte Bildungsfreistellung auf den Anspruch gegenüber dem neuen Arbeitgeber angerechnet.

(3) Für die in Rheinland-Pfalz zu ihrer Berufsausbildung Beschäftigten gilt dieses Gesetz mit der Maßgabe, daß sich der Anspruch auf Bildungsfreistellung während der gesamten Berufsausbildung auf drei Arbeitstage zur Teilnahme an Veranstaltungen der gesellschaftspolitischen Weiterbildung beläuft, wenn dadurch das Ausbildungsziel nicht gefährdet wird.

(4) Der Anspruch auf Bildungsfreistellung besteht nicht, wenn der Arbeitgeber in der Regel nicht mehr als fünf Personen ständig beschäftigt; dabei werden Teilzeitbeschäftigte entsprechend ihrem jeweiligen Anteil an der üblichen Arbeitszeit berücksichtigt. In diesen Fällen soll unter Berücksichtigung der betrieblichen oder dienstlichen Belange Bildungsfreistellung gewährt werden.

(5) Die Bildungsfreistellung für die Beschäftigten in Schule und Hochschule soll in der Regel während der unterrichts- oder vorlesungsfreien Zeit erfolgen.

(6) Der Anspruch auf Bildungsfreistellung entsteht nicht vor Ablauf von zwölf Monaten nach Beginn des Ausbildungsverhältnisses oder nicht vor Ablauf von zwei Jahren nach Beginn eines Beschäftigungsverhältnisses.

§ 3 Anerkannte Veranstaltungen der Bildungsfreistellung

(1) Die Bildungsfreistellung erfolgt nur für anerkannte Veranstaltungen der beruflichen oder der gesellschaftspolitischen Weiterbildung oder deren Verbindung.

(2) Berufliche Weiterbildung dient der Erneuerung, Erhaltung, Erweiterung und Verbesserung von berufsbezogenen Kenntnissen, Fertigkeiten und Fähigkeiten. Sie ist nicht auf die bisher ausgeübte Tätigkeit beschränkt und schließt auch die Vermittlung von Schlüsselqualifikationen und Orientierungswissen ein.

(3) Gesellschafspolitische Weiterbildung dient der Information über gesellschaftliche, soziale und politische Zusammenhänge sowie der Befähigung zur Beurteilung, Teilhabe und Mitwirkung am gesellschaftlichen, sozialen und politischen Leben.

(4) Berufliche und gesellschaftspolitische Weiterbildung oder deren Verbindung dienen insbesondere auch der Gleichstellung von Mann und Frau.

§ 4 Verhältnis zu anderen Regelungen, Anrechnung

(1) Der nach diesem Gesetz bestehende Anspruch auf Bildungsfreistellung ist ein Mindestanspruch. Andere Rechts- oder Verwaltungsvorschriften, tarifvertragliche Regelungen, betriebliche Vereinbarungen sowie sonstige vertragliche oder betriebliche Regelungen über Freistellungen für Zwecke der Weiterbildung bleiben davon unberührt.

(2) Freistellungen, die auf Grund der in Absatz 1 Satz 2 genannten Regelungen erfolgen, werden auf den Anspruch nach diesem Gesetz angerechnet, soweit die Veranstaltungen den in § 3 niedergelegten Zielen entsprechen. Das Nähere regelt die Landesregierung durch Rechtsverordnung.

§ 5 Verfahren der Bildungsfreistellung

(1) Der Anspruch auf Bildungsfreistellung ist bei dem Arbeitgeber so früh wie möglich, in der Regel mindestens sechs Wochen vor Beginn der Veranstaltung, schriftlich geltend zu machen. Der Nachweis über die Anerkennung der Veranstaltung, der Information über Inhalt, Zeitraum und durchführende Einrichtung einschließt, ist beizufügen.

(2) Der Arbeitgeber kann die Bildungsfreistellung ablehnen, sobald die Gesamtzahl der Arbeitstage, die im laufenden Kalenderjahr für Bildungsfreistellungen nach diesem Gesetz in Anspruch genommen worden sind, die Zahl der am 30. April des Jahres anspruchsberechtigten Beschäftigten erreicht hat.

(3) Der Arbeitgeber kann die Bildungsfreistellung für den vorgesehenen Zeitraum ablehnen, wenn zwingende betriebliche oder dienstliche Belange entgegenstehen. Vor einer derartigen Ablehnung ist der Betriebs- oder Personalrat nach den jeweils dafür maßgeblichen

Bestimmungen zu beteiligen. Die Ablehnung ist so früh wie möglich, in der Regel mindestens drei Wochen vor Beginn der Veranstaltung, schriftlich mitzuteilen.

(4) Bei Ablehnung der Bildungsfreistellung nach Absatz 3 im laufenden Zweijahreszeitraum (§ 2 Abs. 1) gilt der Anspruch auf Bildungsfreistellung als auf den nächsten Zweijahreszeitraum übertragen; eine nochmalige Ablehnung nach Absatz 3 ist unzulässig. Im übrigen kann eine im laufenden Zweijahreszeitraum nicht erfolgte Bildungsfreistellung im Einvernehmen mit dem Arbeitgeber auf den nächsten Zweijahreszeitraum übertragen werden.

(5) Die ordnungsgemäße Teilnahme an der Veranstaltung ist dem Arbeitgeber nach deren Beendigung nachzuweisen.

(6) Der Arbeitgeber hat bei Beendigung des Beschäftigungsverhältnisses auf Verlangen eine Bescheinigung darüber auszustellen, ob und in welchem Umfang im laufenden Zweijahreszeitraum Bildungsfreistellung erfolgt ist.

§ 6 Fortzahlung des Arbeitsentgelts, Verbot von Erwerbstätigkeit, Benachteiligungsverbot

(1) Während der Bildungsfreistellung wird das Arbeitsentgelt entsprechend den §§ 11 und 12 des Bundesurlaubsgesetzes fortgezahlt.

(2) Während der Bildungsfreistellung darf keine dem Freistellungszweck widersprechende Erwerbstätigkeit ausgeübt werden.

(3) Niemand darf wegen der Inanspruchnahme von Bildungsfreistellung benachteiligt werden.

§ 7 Anerkennung von Veranstaltungen

(1) Veranstaltungen werden auf Antrag durch eine vom Minister für Wissenschaft und Weiterbildung zu bestimmende Stelle anerkannt, wenn sie folgende Voraussetzungen erfüllen:

1. Sie müssen der beruflichen oder gesellschaftspolitischen Weiterbildung oder deren Verbindung und dürfen nicht der Erholung, Unterhaltung oder der allgemeinen Freizeitgestaltung dienen.

2. Sie müssen im Einklang stehen mit der freiheitlich-demokratischen Grundordnung im Sinne des Grundgesetzes und mit der Verfassung für Rheinland-Pfalz.

3. Sie sollen mindestens drei Tage in Block- oder Intervallform und müssen in der Regel mindestens je Tag durchschnittlich sechs Unterrichtsstunden umfassen.

4. Sie müssen in der organisatorischen und fachlich-pädagogischen Durchführung der Einrichtung liegen, die die Anerkennung beantragt. Die Einrichtung hat hinsichtlich ihrer Ausstattung, Lehrkräfte, Bildungsziele und Qualität ihrer Bildungsarbeit eine sachgemäße Weiterbildung zu gewährleisten. Bildungseinrichtungen des Landes, Einrichtungen, die nach dem Weiterbildungsgesetz anerkannt sind, Einrichtungen der nach dem Berufsbildungsgesetz zuständigen Stellen und Einrichtungen von anerkannten Trägern der freien Jugendhilfe gelten als entsprechend qualifiziert.

5. Sie müssen offen zugänglich sein. Die offene Zugänglichkeit setzt eine Veröffentlichung der Veranstaltung voraus. Die Teilnahme an den Veranstaltungen darf nicht von der Zugehörigkeit zu einer Religionsgemeinschaft, Partei, Gewerkschaft oder sonstigen Vereinigung oder Institution abhängig gemacht werden. Dies schließt die Anerkennung von Veranstaltungen in der Trägerschaft derartiger Vereinigungen oder Institutionen nicht aus. Die Teilnahme muß freiwillig erfolgen können. Sie darf von pädagogisch begründeten Voraussetzungen sowie Zielgruppenorientierungen abhängig gemacht werden.

(2) In grundsätzlichen Fragen der Anerkennung werden Vertretungen der Spitzenorganisationen der Arbeitgeberverbände und der Gewerkschaften, der Kammern sowie des Landesbeirats für Weiterbildung nach dem Weiterbildungsgesetz beteiligt.

(3) Veranstaltungen, die auf Grund vergleichbarer Rechtsvorschriften anderer Bundesländer dort anerkannt worden sind, werden nach diesem Gesetz anerkannt, wenn auch die Anerkennungsvoraussetzungen nach Absatz 1 Satz 1 Nr. 1, 3 und 5 gegeben sind.

(4) Die Landesregierung regelt das Nähere der Anerkennungsvoraussetzungen und des Anerkennungsverfahrens (Absatz 1) sowie das Verfahren der Beteiligung in grundsätzlichen Fragen (Absatz 2) durch Rechtsverordnung.

§ 8 Ausgleich für Klein- und Mittelbetriebe

(1) Das Land erstattet Arbeitgebern – ausgenommen den Körperschaften, Anstalten und Stiftungen des öffentlichen Rechts sowie Vereinigungen, Einrichtungen oder Unternehmungen, deren Kapital (Grund- oder Stammkapital) sich unmittelbar oder mittelbar ganz oder überwiegend in öffentlicher Hand befindet oder die fortlaufend ganz oder überwiegend aus öffentlichen Mitteln unterhalten werden –, die in der Regel weniger als 50 Personen ständig beschäftigen, auf Antrag nach Maßgabe des Landeshaushalts einen pauschalierten Anteil des für den Zeitraum der Bildungsfreistellung fortzuzahlenden Arbeitsentgelts; § 2 Abs. 4 Satz 1 Halbsatz 2 gilt entsprechend.

(2) Die Pauschale nach Absatz 1 beträgt für jeden Tag der Bildungsfreistellung die Hälfte des im Lande Rheinland-Pfalz in dem jeweiligen Kalenderjahr durchschnittlichen Arbeitsentgelts je Tag. Öffentliche Mittel, die von anderer Seite zugewendet werden, sind auf die Erstattung nach Absatz 1 anzurechnen.

(3) Die Erstattung erfolgt nicht für Freistellungen, die nur nach § 4 Abs. 2 auf den Anspruch auf Bildungsfreistellung angerechnet werden und für die keine Anerkennung ausgesprochen worden ist.

(4) Soweit eine Erstattung nach Absatz 1 und 2 nicht mehr möglich ist, besteht kein Anspruch auf Bildungsfreistellung nach diesem Gesetz.

(5) Der Erstattungsantrag ist vor der Bildungsfreistellung zu stellen. Das Nähere über die Erstattung regelt der Minister für Wissenschaft und Weiterbildung durch Rechtsverordnung.

§ 9 Bericht der Landesregierung

Die Landesregierung legt dem Landtag alle zwei Jahre, erstmalig zum 1. April 1995, einen Bericht über Inhalte, Formen, Dauer und Teilnahmestruktur der Bildungsfreistellung vor. Einrichtungen, die auf Grund von § 7 anerkannte Veranstaltungen oder Veranstaltungen, bei denen die Freistellung nach § 4 Abs. 2 angerechnet wird, durchführen, sind verpflichtet, die für den Bericht notwendigen Informationen und Unterlagen zur Verfügung zu stellen.

§ 10 Inkrafttreten

Dieses Gesetz tritt am 1. April 1993 in Kraft.

i) Saarländisches Weiterbildungs- und Bildungsfreistellungsgesetz (SWBG)

Vom 17. Januar 1990 (ABl. S. 234)

Geändert durch Art. 4 des Gesetzes Nr. 1283 über die Haushaltsfinanzierung 1992

(Haushaltsfinanzierungsgesetz 1992) vom 12. Dezember 1991 (ABl. S.1402)

1. Abschnitt: Allgemeine Grundsätze

§ 1 Ziele und Aufgaben der Weiterbildung.

(1) Die Weiterbildung dient der Verwirklichung des Rechts auf Bildung.

Sie ist ein eigenständiger Teil des gesamten Bildungswesens und steht allen offen.

(2) Die Weiterbildung soll durch qualitatives und flächendeckendes Angebot zur Chancengleichheit beitragen, Bildungsdefizite abbauen, die Vertiefung und Ergänzung vorhandener oder den Erwerb neuer Kenntnisse, Fähigkeiten und Qualifikationen ermöglichen und zu selbständigem, eigenverantwortlichem Handeln im persönlichen, beruflichen und öffentlichen Leben befähigen.

(3) Die Weiterbildung dient der Integration allgemeiner, politischer und beruflicher Bildung.

(4) Träger der Weiterbildung erfüllen ihre Aufgaben in eigenen Einrichtungen, im Zusammenwirken untereinander und durch Kooperation mit anderen Institutionen des Bildungswesens, mit Betrieben sowie außer- und überbetrieblichen Einrichtungen.

§ 2 Begriff und Inhalt der Weiterbildung.

(1) Weiterbildung im Sinne dieses Gesetzes umfaßt alle Formen der Fortsetzung oder Wiederaufnahme organisierten Lernens außerhalb der Bildungsgänge des Schulwesens, der beruflichen Erstausbildung, der außerschulischen Jugendbildung und der Fortbildungseinrichtungen des öffentlichen Dienstes.

(2) Das von den Einrichtungen der Weiterbildung zu erstellende Angebot an Bildungsmaßnahmen kann die Bereiche der allgemeinen Weiterbildung, der politischen Weiterbildung und der beruflichen Weiterbildung sowie integrative Maßnahmen dieser Bereiche umfassen.

(3) Die allgemeine Weiterbildung fördert das selbständige und verantwortliche Urteil und regt zur geistigen Auseinandersetzung an. Sie dient der Bewältigung persönlicher, beruflicher und gesellschaftlicher Probleme.

(4) Die politische Weiterbildung ist Teil der allgemeinen Weiterbildung. Sie soll die Fähigkeit und Motivation fördern, politische und gesellschaftliche Zusammenhänge zu beurteilen und politische und gesellschaftliche Aufgaben wahrzunehmen.

(5) Die berufliche Weiterbildung fördert die berufliche und soziale Handlungskompetenz. Sie dient der Erhaltung, Erweiterung und Anpassung der beruflichen Kenntnisse und Fertigkeiten, der Wiedereingliederung Arbeitssuchender in das Berufsleben, dem Übergang in eine andere berufliche Tätigkeit und der Sicherung des vorhandenen Arbeitsplatzes. Die wissenschaftliche Weiterbildung ist Teil der beruflichen Weiterbildung.

§ 3 Träger der Weiterbildung, Landesorganisationen

(1) Träger der Weiterbildung im Sinne dieses Gesetzes sind juristische Personen des öffentlichen oder des privaten Rechts, die Maßnahmen der Weiterbildung in eigener Verantwortung durchführen.

(2) Landesorganisationen der Weiterbildung sind Zusammenschlüsse von Einrichtungen der Weiterbildung auf Landesebene. Sie fördern und koordinieren die Weiterbildungsarbeit ihrer Mitglieder. Die Landesorganisationen der allgemeinen Weiterbildung fördern darüber hinaus Entwicklungs- und Schwerpunktaufgaben, insbesondere im pädagogischen Bereich.

§ 4 Unabhängigkeit der Weiterbildung

Die staatliche Förderung der Weiterbildung läßt das Recht der Einrichtungen auf selbständige Lehrplangestaltung unberührt. Die Freiheit der Lehre und die unabhängige Auswahl der Leiter oder Leiterinnen und Mitarbeiter oder Mitarbeiterinnen werden gewährleistet.

2. Abschnitt: Staatliche Anerkennung

§ 5 Anerkennungsgrundsätze

(1) Einrichtungen und Landesorganisationen der Weiterbildung können staatlich anerkannt werden. Die Anerkennung ist beim zuständigen Ministerium zu beantragen.

(2) Die Anerkennung von Einrichtungen, die überwiegend Maßnahmen im Bereich der allgemeinen einschließlich der politischen Weiterbildung durchführen, sowie ihrer Landesorganisationen obliegt dem Ministerium für Bildung und Sport. Es entscheidet im Benehmen mit dem Ministerium für Wirtschaft nach Anhörung des Landesausschusses für Weiterbildung.

(3) Die Anerkennung von Einrichtungen, die überwiegend Maßnahmen im Bereich der beruflichen Weiterbildung durchführen, sowie ihrer Landesorganisationen obliegt dem Ministerium für Wirtschaft. Es entscheidet im Benehmen mit dem Ministerium für Bildung und Sport nach Anhörung des Landesausschusses für Weiterbildung.

(4) Die zuständigen Stellen nach dem Berufsbildungsgesetz sind den staatlich anerkannten Einrichtungen der beruflichen Weiterbildung nach diesem Gesetz gleichgestellt.

§ 6 Anerkennungsvoraussetzungen

(1) Die staatliche Anerkennung als Einrichtung der allgemeinen Weiterbildung setzt die Erfüllung folgender Anforderungen voraus:

1. Der Träger muß eine juristische Person sein und seine Einrichtungen im Einklang mit bestehenden Gesetzen und Tarifverträgen führen.

2. Die Einrichtung muß ihren Sitz und Arbeitsbereich im Saarland haben.

3. Einrichtungen, deren Träger nicht nur in der Weiterbildung tätig sind, können nur anerkannt werden, wenn sie als unselbständige Anstalten oder als Sondervermögen mit eigener Rechnung geführt werden und eine Satzung haben. Die Satzung muß einen Beirat vorsehen, der bei der Aufstellung des Arbeitsplanes der Einrichtung mitwirkt und dem Träger den Leiter oder die Leiterin und Mitarbeiter oder Mitarbeiterinnen zur Anstellung vorschlägt. Dem Beirat müssen in überwiegender Zahl Personen angehören, die durch ihre Berufstätigkeit oder ihre Mitwirkung im öffentlichen Leben mit den Fragen der Weiterbildung vertraut und vom Träger wirtschaftlich unabhängig sind.

4. Die Einrichtung muß allen offenstehen; die Teilnahme muß freigestellt sein. Die Teilnahme an Bildungsmaßnahmen für besondere Zielgruppen und an Bildungsmaßnahmen, die zu einem Abschluß führen, können von bestimmten bildungsbezogenen Teilnahmevoraussetzungen abhängig gemacht werden.

5. Die Einrichtung muß eine mindestens zweijährige Tätigkeit im Saarland nachweisen und in dieser Zeit Leistungen erbracht haben, die nach Inhalt und Umfang die Anerkennung rechtfertigen, sowie nach der räumlichen und sächlichen Ausstattung erwarten lassen, daß die Aufgaben der Weiterbildung angemessen erfüllt werden.

6. Die Einrichtung muß langfristig und pädagogisch planmäßig arbeiten und nach Art und Umfang der Tätigkeit die Gewähr von Dauer bieten.

7. Die Einrichtung muß die Rechte und Pflichten der Teilnehmer und Teilnehmerinnen in angemessenen Teilnahmebedingungen regeln und diese zur Grundlage von vertraglichen Vereinbarungen machen.

8. Die Einrichtung muß von einer nach Vorbildung und Werdegang geeigneten, in der Weiterbildung hauptberuflich tätigen Person geleitet werden. Abweichende Regelungen sind nur in begründeten Ausnahmefällen zulässig und bedürfen der Genehmigung des Ministeriums für Bildung und Sport. Die Einrichtung muß eine ausreichende Zahl fachlich und pädagogisch qualifizierter Personen als Lehr- und Ausbildungskräfte einsetzen.

Anhang II

9. Die Einrichtung muß eine qualifizierte berufliche Weiterbildung ihrer Mitarbeiter und Mitarbeiterinnen gewährleisten.
10. Die Einrichtung muß sich zur Offenlegung ihrer Weiterbildungsprogramme verpflichten.

(2) Die Anerkennung als Einrichtung der beruflichen Weiterbildung setzt mit Ausnahme des Absatzes 1 Nr. 3 Satz 2 und 3 und Nr. 8 Satz 2 zusätzlich die Erfüllung folgender Anforderungen voraus:

1. Die Einrichtung soll auch solche Maßnahmen durchführen, die zu Abschlüssen nach § 46 des Berufsbildungsgesetzes (BBiG), § 42 des Gesetzes zur Ordnung des Handwerks (Handwerksordnung) oder sonstigen öffentlich-rechtlichen Vorschriften führen. Sofern für eine bestimmte Maßnahme der beruflichen Weiterbildung keine Prüfung im Sinne der vorgenannten Vorschriften vorgesehen ist, ist eine Bescheinigung über die Dauer der Maßnahme, den Lehrgangsinhalt und die ordnungsgemäße Teilnahme auszustellen.
2. Die Einrichtung muß zur Durchführung ihrer Maßnahmen über eine Ausstattung verfügen, die dem jeweiligen Stand der Technik entspricht.
3. Die Einrichtung muß die Gewähr für wirtschaftliche Zuverlässigkeit bieten und darf innerhalb der letzten zwei Jahre keinen Abbruch einer Maßnahme der beruflichen Weiterbildung zu vertreten haben.

(3) Betriebe und Unternehmen, die in eigenen Bildungsstätten berufliche Weiterbildung durchführen, können als Einrichtungen der beruflichen Weiterbildung nur anerkannt werden, wenn sie die vorgenannten Voraussetzungen (ausgenommen Absatz 1 Nr. 3) erfüllen und zu ihren Weiterbildungsmaßnahmen Teilnehmern und Teilnehmerinnen, die nicht Angehörige des beantragenden Betriebes oder Unternehmens sind, gleichberechtigten Zugang gewähren.

(4) Landesorganisationen der Einrichtungen der Weiterbildung bedürfen der Rechtsfähigkeit. Ihr demokratischer Aufbau, ihre Unabhängigkeit und Selbstverwaltung müssen gesichert sein.

§ 7 Staatliche Anerkennung

(1) Die staatliche Anerkennung erfolgt auf schriftlichen Antrag.

(2) Die anerkannten Einrichtungen und Landesorganisationen der Weiterbildung dürfen neben ihrer Bezeichnung einen Zusatz führen, der auf die staatliche Anerkennung gemäß § 5 hinweist.

(3) Das Ministerium für Bildung und Sport und das Ministerium für Wirtschaft werden ermächtigt, im gegenseitigen Benehmen und nach Anhörung des Landesausschusses für Weiterbildung das Anerkennungsverfahren durch Rechtsverordnung zu regeln.

3. Abschnitt: Durchführung der Förderung

§ 8 Förderungsgrundsätze

(1) Das Land fördert die Weiterbildung im Rahmen dieses Gesetzes nach Maßgabe des staatlichen Haushaltsplans.

(2) Zuständig für die Förderung anerkannter Einrichtungen der allgemeinen Weiterbildung ist das Ministerium für Bildung und Sport, für anerkannte Einrichtungen der beruflichen Weiterbildung das Ministerium für Wirtschaft.

(3) Gemeinden und Gemeindeverbände sollen die Einrichtungen der allgemeinen Weiterbildung ihres Bereiches finanziell zusätzlich zu den Zuwendungen des Landes unterstützen.

§ 9 Staatliche Förderung

(1) Staatlich anerkannte Einrichtungen der Weiterbildung können aus öffentlichen Mitteln gefördert werden, wenn sie folgende Voraussetzungen erfüllen:

1. Der Träger muß im Sinne des Steuerrechts als gemeinnützig anerkannt sein.

2. Der Träger muß Gewähr für die ordnungsgemäße Verwendung der Fördermittel bieten und zur Offenlegung der Finanzen, der Arbeitsergebnisse sowie der Leistungen hinsichtlich Unterrichtsstunden, Teilnehmerzahl, Thematik und Zielsetzungen bereit sein.

3. Die Einrichtung darf nicht überwiegend Sonderinteressen dienen oder sich überwiegend Spezialgebieten widmen.

(2) Die auf Grund einer Anerkennung gewährten Zuwendungen sind zurückzuerstatten, sofern sie für einen Zeitraum gewährt wurden, in dem die Voraussetzungen nicht bestanden.

§ 10 Art der Förderung

(1) Das Land fördert staatlich anerkannte Einrichtungen der allgemeinen Weiterbildung durch Zuwendungen

1. zu den Kosten der Bildungsarbeit (§ 11),

2. zu den Personalkosten (§ 12),

3. freiwilliger Art (§ 13).

(2) Das Land fördert staatlich anerkannte Einrichtungen der beruflichen Weiterbildung durch Zuwendungen

1. zu Investitionen (§ 14),
2. zu zusätzlichen Personalkosten für innovative Bildungsmaßnahmen im Rahmen von Maßnahmen der beruflichen Weiterbildung (§ 15).

Die finanzielle Förderung der beruflichen Weiterbildung auf Grund anderer Regelungen wird durch dieses Gesetz nicht berührt.

(3) Doppelförderung ist ausgeschlossen.

§ 11 Zuwendungen zu den Kosten der Bildungsarbeit

(1) Für die Bildungsarbeit gewährt das Land nach Maßgabe des staatlichen Haushaltsplanes auf Antrag Zuwendungen für die den staatlich anerkannten Einrichtungen der allgemeinen Weiterbildung entstandenen und vom Ministerium für Bildung und Sport anerkannten Aufwendungen, einschließlich der Aufwendungen für nebenberuflich tätige Leiter und Leiterinnen, Lehr- und Verwaltungskräfte, soweit diese Aufwendungen weder unter § 12 noch unter § 13 fallen.

(2) Heimvolkshochschulen und ähnliche Einrichtungen erhalten abweichend von Absatz 1 auf Antrag Zuwendungen, deren Höhe abhängig ist von der Zahl der Teilnehmertage, Kursteilnehmer und Kursteilnehmerinnen und von der Zahl und Dauer der Veranstaltungen.

(3) Die geltend gemachten Aufwendungen können nur in der Höhe anerkannt werden, die sich aus der Bewertung der Bildungsarbeit nach Inhalt, Form, Umfang und gesellschaftlicher Bedeutung ergibt.

(4) Die Bewertungskriterien werden nach Anhörung der Landesorganisationen vom Landesausschuß für Weiterbildung erarbeitet und vom Ministerium für Bildung und Sport im Einvernehmen mit dem Ministerium der Finanzen durch Rechtsverordnung festgelegt.

§ 12 Zuwendungen zu den Personalkosten

(1) Das Land gewährt staatlich anerkannten Einrichtungen der allgemeinen Weiterbildung nach Maßgabe des staatlichen Haushaltsplans auf Antrag Zuwendungen zu den Personalkosten

1. bis zu 60 v. H. der Kosten der hauptberuflich tätigen pädagogischen Kräfte,
2. bis zu 40 v.H. der Kosten der hauptberuflich beschäftigten Verwaltungskräfte.

(2) Berechnungsgrundlage bildet ein Stellenschlüssel, der Inhalt und Umfang der Arbeit der Einrichtungen nach einheitlichen Kriterien berücksichtigt und stufenweise verwirklicht wird. Er wird nach Anhörung der Landesorganisationen vom Landesausschuß für

Weiterbildung erarbeitet und vom Ministerium für Bildung und Sport im Einvernehmen mit dem Ministerium der Finanzen durch Rechtsverordnung festgelegt.

§ 13 Freiwillige Zuwendungen

Das Land kann staatlich anerkannten Einrichtungen der allgemeinen Weiterbildung Zuwendungen für

1. die Errichtung und Einrichtung von Bauten und Räumen,
2. die Ausstattung mit Lehr- und Arbeitsmitteln sowie
3. die Entwicklung und Durchführung innovativer Bildungsmaßnahmen gewähren.

§ 14 Zuwendungen zu Investitionen

Zuwendungen zu Investitionen der staatlich anerkannten Einrichtungen der beruflichen Weiterbildung können gewährt werden, wenn diese der Schaffung, der Erweiterung oder der Ausstattung von beruflichen Weiterbildungseinrichtungen dienen, die bisher im Saarland nicht oder nur mit unzureichenden Kapazitäten oder unzureichender Ausstattung vorhanden und auch nicht im Wege der Kooperation zwischen anerkannten Einrichtungen der beruflichen Weiterbildung zu schaffen sind.

§ 15 Zuwendungen zu Personalkosten für innovative Bildungsmaßnahmen in der beruflichen Weiterbildung

Zur Entwicklung und Durchführung innovativer Maßnahmen der beruflichen Weiterbildung können staatlich anerkannten Einrichtungen der beruflichen Weiterbildung für die zusätzlichen Personalausgaben Zuwendungen gewährt werden.

§ 16 Zuwendungen an staatlich anerkannte Landesorganisationen der allgemeinen Weiterbildung

(1) Zur Erfüllung ihrer Aufgaben erhalten die anerkannten Landesorganisationen der allgemeinen Weiterbildung nach Maßgabe des staatlichen Haushaltsplans Zuwendungen bis zur vollen Höhe der Personalkosten für ihre hauptberuflich tätigen pädagogischen Mitarbeiter und Mitarbeiterinnen; Grundlage für die Gewährung der Zuwendungen bildet ein Stellenschlüssel, der Inhalt, Umfang und Bedeutung der pädagogischen Arbeit der Landesorganisation berücksichtigt. Er wird nach Anhörung des Landesausschusses für Weiterbildung vom Ministerium für Bildung und Sport im Einvernehmen

Anhang II

mit dem Ministerium für Wirtschaft und dem Minister der Finanzen durch Rechtsverordnung festgesetzt. Darüber hinaus kann das Land den Landesorganisationen Zuwendungen bis zur vollen Höhe der in ihrer Verwaltung entstehenden Personal-, Sach- und allgemeinen Ausgaben gewähren.

(2) Zur Fortbildung von pädagogischen Mitarbeitern und Mitarbeiterinnen der Landesorganisationen stellt das Land in seinem Haushalt Mittel in Höhe von mindestens 5 v. H. des jährlichen Haushaltsansatzes zur Erfüllung seiner Verpflichtungen aus § 11 bereit.

§ 17 Prüfungsrecht des Landesrechnungshofes

Die Verwendung der den Einrichtungen und den Landesorganisationen der Weiterbildung vom Land gewährten Zuwendungen unterliegt der Prüfung durch den Rechnungshof des Saarlandes.

4. Abschnitt: Beurlaubung

§ 18 Beurlaubung

Beamte und Beamtinnen des Landes, der Gemeinden, der Gemeindeverbände und der sonstigen der Aufsicht des Landes unterstehenden Körperschaften, Anstalten und Stiftungen des öffentlichen Rechts können unter Fortfall der Dienstbezüge zum Dienst bei anerkannten Einrichtungen oder Landesorganisationen der Weiterbildung als hauptberufliche Mitarbeiter und Mitarbeiterinnen beurlaubt werden. Die Beurlaubungen sollen insgesamt 10 Jahre nicht überschreiten. Die oberste Dienstbehörde kann im Einvernehmen mit dem Ministerium des Innern und dem Ministerium der Finanzen Ausnahmen von Satz 2 zulassen.

5. Abschnitt: Koordination und Kooperation

§ 19 Verpflichtung zur Zusammenarbeit

(1) Die anerkannten Einrichtungen der Weiterbildung arbeiten zur Förderung der Weiterbildung zusammen. Ihre Kooperation dient insbesondere der Herstellung eines Gesamtangebotes, der Arbeitsteilung und der Bildung von Schwerpunkten.

(2) Die Zusammenarbeit erfolgt im Rahmen des Landesausschusses für Weiterbildung.

§ 20 Aufgaben des Landesausschusses für Weiterbildung

(1) Der Landesausschuß für Weiterbildung hat die Aufgabe, bei der Verwirklichung dieses Gesetzes mitzuwirken.

(2) Der Landesausschuß für Weiterbildung ist zu hören, bevor auf Grund dieses Gesetzes Verordnungen und Verwaltungsvorschriften von grundsätzlicher Bedeutung erlassen werden oder über die Anerkennung von Einrichtungen und Landesorganisationen der Weiterbildung entschieden wird.

(3) Er hat außerdem die Aufgabe,

– durch Gutachten, Untersuchungen und Empfehlungen die Weiterbildung zu fördern;

– die Zusammenarbeit der anerkannten Einrichtungen der Weiterbildung im Sinne dieses Gesetzes mit anderen Institutionen des Bildungswesens und Betrieben zu fördern;

– die Weiterbildung der Mitarbeiter und Mitarbeiterinnen der Einrichtungen der Weiterbildung zu unterstützen.

(4) Zur Vorbereitung seiner Entscheidungen kann der Landesausschuß für Weiterbildung Fachausschüsse einrichten, insbesondere je einen Ausschuß für Fragen der allgemeinen einschließlich der politischen und der beruflichen Weiterbildung sowie der Integration dieser Bereiche.

(5) Der Landesausschuß für Weiterbildung ist zum Entwurf eines von der Landesregierung vorzulegenden Weiterbildungsberichtes gemäß § 34 zu hören.

§ 21 Zusammensetzung des Landesausschusses für Weiterbildung

(1) Der Landesausschuß für Weiterbildung besteht aus 18 ordentlichen Mitgliedern und 18 stellvertretenden Mitgliedern.

(2) Ihm gehören je zu gleichen Teilen

– Vertreter der anerkannten Einrichtungen der allgemeinen Weiterbildung;

– Vertreter der anerkannten Einrichtungen der beruflichen Weiterbildung;

– Sachverständige, die nicht Vertreter der anerkannten Einrichtungen der Weiterbildung sind;
an.

Auf Vorschlag der Landesorganisationen werden die Vertreter der anerkannten Einrichtungen der allgemeinen Weiterbildung durch das

Anhang II

Ministerium für Bildung und Sport, die Vertreter der anerkannten Einrichtungen der beruflichen Weiterbildung durch das Ministerium für Wirtschaft berufen. Die Sachverständigen werden durch das Ministerium für Kultus, Bildung und Wissenschaft im Einvernehmen mit dem Ministerium für Wirtschaft berufen. Die Berufung erfolgt jeweils für die Dauer von vier Jahren.

(3) Der Landesausschuß für Weiterbildung wählt aus seiner Mitte einen Vorsitzenden oder eine Vorsitzende und zwei stellvertretende Vorsitzende.

(4) Der Landesausschuß für Weiterbildung gibt sich eine Geschäftsordnung, die der Genehmigung des Ministeriums für Bildung und Sport im Einvernehmen mit dem Ministerium für Wirtschaft bedarf. Seine Sitzungen sind nicht öffentlich.

6. Abschnitt: Freistellung für die Teilnahme an Bildungsmaßnahmen

§ 22 Grundsätze

(1) Beschäftigte haben nach Maßgabe dieses Gesetzes Anspruch auf Freistellung von der Arbeit zur Teilnahme an Maßnahmen der beruflichen und politischen Weiterbildung (Bildungsurlaub). Dieser Anspruch besteht für Schichtarbeiter und Schichtarbeiterinnen auch dann, wenn die Teilnahme an der Weiterbildungsveranstaltung vor oder nach einer von dem Beschäftigten oder der Beschäftigten an diesem Tage zu leistenden Schicht möglich wäre.

(2) Beschäftigte im Sinne dieses Gesetzes sind Arbeiter und Arbeiterinnen, Angestellte, Beamte und Beamtinnen, Richter und Richterinnen sowie Auszubildende, deren Arbeitsstätte (Betrieb, Dienststelle) im Saarland liegt. Als Auszubildende gelten insbesondere auch alle Schüler und Schülerinnen, die nicht nach dem Berufsbildungsgesetz ausgebildet werden, sich jedoch in staatlich anerkannten, vergleichbaren, mindestens zweijährigen Vollzeitausbildungsgängen (z.B. Krankenpfleger/schwester, Altenpfleger/in, Krankengymnast/in) befinden. Als Beschäftigte gelten auch die in Heimarbeit Beschäftigten sowie ihnen Gleichgestellte und andere Personen, die wegen ihrer wirtschaftlichen Unselbständigkeit als arbeitnehmerähnliche Personen anzusehen sind. Zu den Beschäftigten im Sinne dieses Gesetzes zählen nicht die im Dienste des Bundes und der bundesunmittelbaren Körperschaften des öffentlichen Rechts stehenden Personen im Sinne des Artikels 73 Nr. 8 des Grundgesetzes.

§ 23 Dauer der Freistellung

(1) Der Anspruch auf Freistellung für Bildungszwecke beträgt fünf Arbeitstage innerhalb eines Kalenderjahres. Wird regelmäßig an mehr oder weniger als fünf Tagen in der Woche gearbeitet, so erhöht oder verringert sich der Anspruch auf Freistellung entsprechend.

(2) Mit Zustimmung des Arbeitgebers oder der Arbeitgeberin kann der Anspruch auf Freistellung für bis zu vier Kalenderjahren zusammengefaßt werden, um die Teilnahme an einer länger dauernden Bildungsmaßnahme zu ermöglichen. Bei der Beantragung der Zusammenfassung soll der Beschäftigte die Art der Bildungsveranstaltung näher bezeichnen, die er zu besuchen wünscht. Wenn und soweit der oder die Beschäftigte die Zustimmung dafür beantragt, daß im Jahre der Inanspruchnahme der Freistellung die Freistellung dieses Jahres selbst mit der Freistellung früherer Jahre zusammengefaßt werden soll (Ansparen), soll der Arbeitgeber oder die Arbeitgeberin seine bzw. ihre Zustimmung nur aus Gründen, die in der Person des Beschäftigten, der Art der Beschäftigungsverhältnisse oder aus den Gründen des § 27 Abs. 2 versagen. Die Gründe für die Versagung der Zustimmung sind dem Beschäftigten schriftlich mitzuteilen.

(3) Der Anspruch auf Freistellung für Bildungszwecke ist innerhalb des laufenden Kalenderjahres geltend zu machen. Beim Ansparen nach Absatz 2 können Freistellungsansprüche vergangener Kalenderjahre nicht rückwirkend geltend gemacht werden.

§ 24 Anrechnung

(1) Freistellungen nach diesem Gesetz dürfen auf den gesetzlichen, tariflichen oder durch Arbeitsvertrag vereinbarten Erholungsurlaub nicht angerechnet werden.

(2) Freistellungen zur Teilnahme an Bildungsveranstaltungen, die auf anderen Gesetzen, tarifvertraglichen, dienstlichen oder betrieblichen Vereinbarungen oder Regelungen und Einzelverträgen beruhen, werden angerechnet, soweit ein Anspruch auf Lohnfortzahlung besteht. Dies gilt jedoch insbesondere nicht, wenn es sich um eine Freistellung nach § 37 Abs. 6 oder 7 Betriebsverfassungsgesetz oder § 45 Abs. 5 Saarländisches Personalvertretungsgesetz handelt.

§ 25 Wartezeit

Der Anspruch auf Freistellung nach diesem Gesetz kann frühestens nach sechsmonatigem Bestehen des Arbeits- oder Dienstverhältnisses geltend gemacht werden.

Anhang II

§ 26 Gewährung der Freistellung

(1) In Arbeitsstätten mit bis zu 50 Beschäftigten kann eine Freistellung zu Bildungszwecken abgelehnt werden, sobald die Gesamtzahl der bereits im laufenden Kalenderjahr gewährten Freistellungstage das Zweifache der Zahl ihrer Beschäftigten, die am 30. April des Jahres Anspruch auf Freistellung geltend machen konnten, erreicht hat. Beträgt die Zahl der danach insgesamt für die Beschäftigten der Arbeitsstätte zu gewährenden Freistellungstage weniger als fünf Tage, so ist der Arbeitgeber in diesem Jahr nicht verpflichtet, Freistellung für Bildungszwecke zu gewähren. Dies gilt auch für die Tage, die sich bei einer Teilung der insgesamt zu gewährenden Freistellungstage durch die Zahl fünf als Rest ergeben. Die Freistellungstage, die nach der vorstehenden Regelung vom Arbeitgeber insgesamt zu gewähren sind, jedoch von den Beschäftigten der Arbeitsstätte in einem Kalenderjahr nicht in Anspruch genommen werden, werden bei der Errechnung der Zahl der Freistellungstage nur im folgenden Kalenderjahr berücksichtigt.

(2) Ein Anspruch auf Freistellung zu Bildungszwecken besteht nur für anerkannte Bildungsveranstaltungen, die in der Regel an mindestens fünf, in Ausnahmefällen an mindestens drei aufeinanderfolgenden Tagen stattfinden. Wenn die Art der Bildungsveranstaltung es erfordert, kann Freistellung innerhalb eines Zeitraums von höchstens 5 Wochen für jeweils einen Tag in der Woche gewährt werden.

(3) Der oder die Beschäftigte ist verpflichtet, dem Arbeitgeber oder der Arbeitgeberin auf Verlangen die Anmeldung zur Bildungsmaßnahme und die Teilnahme daran nachzuweisen. Die für den Nachweis erforderlichen Bescheinigungen sind den Beschäftigten von der Weiterbildungseinrichtung kostenlos auszustellen.

(4) Für Arbeitsstätten mit bis zu 50 Beschäftigten kann vereinbart werden, Ansprüche auf Freistellung zu Bildungszwecken gemeinsam zu erfüllen oder einen finanziellen oder personellen Ausgleich vorzunehmen oder eine Einigung der beteiligten Arbeitgeber oder Arbeitgeberinnen auf eine solche Regelung herbeizuführen.

§ 27 Antrag auf Freistellung

(1) Die Freistellung zu Bildungszwecken ist unter Angabe des Termins der Bildungsveranstaltung, die der oder die Beschäftigte zu besuchen wünscht, mindestens sechs Wochen vor ihrem Beginn zu beantragen.

(2) Unbeschadet der Regelung des § 26 Abs. 1 kann die Freistellung für den beantragten Zeitraum nur abgelehnt werden, wenn zwingende betriebliche oder dienstliche Belange oder Urlaubswünsche anderer Beschäftigter, die unter sozialen Gesichtspunkten Vorrang verdie-

nen, entgegenstehen. Die Ablehnung kann nur schriftlich erfolgen und ist mit einer Begründung zu versehen. Gesetzliche und vertragliche Mitbestimmungsregelungen bleiben unberührt.

(3) Ist dem oder der Beschäftigten Freistellung zu Bildungszwecken aus einem in Absatz 2 aufgeführten Grunde versagt worden und ist die Teilnahme an einer adäquaten Weiterbildungsveranstaltung während des laufenden Kalenderjahres nicht mehr möglich, so geht der Anspruch auf Freistellung auf das folgende Kalenderjahr über, es sei denn, der Arbeitgeber weist dem Arbeitnehmer eine adäquate Weiterbildungsveranstaltung nach.

§ 28 Ausschluß von Doppelansprüchen

(1) Der Anspruch auf Freistellung besteht nur, soweit dem oder der Beschäftigten für das laufende Kalenderjahr nicht bereits von einem früheren Arbeitgeber oder einer früheren Arbeitgeberin Freistellung gewährt worden ist.

(2) Der Arbeitgeber oder die Arbeitgeberin ist verpflichtet, bei Beendigung des Arbeits- oder Dienstverhältnisses auf Verlangen eine Bescheinigung über die im laufenden Kalenderjahr gewährten bzw. nicht gewährten Freistellungen auszustellen.

§ 29 Erkrankung

Erkrankt ein Beschäftigter oder eine Beschäftigte während der Freistellung, so wird bei Nachweis der Arbeits- oder Dienstunfähigkeit durch ärztliches Zeugnis diese Zeit auf den Freistellungsanspruch nicht angerechnet.

§ 30 Verbot der Erwerbstätigkeit

Während der Freistellung darf keine Erwerbstätigkeit ausgeübt werden.

§ 31 Fortzahlung des Arbeitsentgelts

(1) Für die Zeit, in der Beschäftigte zur Teilnahme an anerkannten Bildungsveranstaltungen freigestellt sind, ist ihnen das Arbeitsentgelt oder Gehalt ohne Minderung fortzuzahlen. Für die Bemessung der Bezüge gelten die tarifvertraglichen oder gesetzlichen Regelungen für den Erholungsurlaub entsprechend, ein Anspruch auf ein zusätzliches Urlaubsgeld besteht nicht.

(2) Hat ein Beschäftigter oder eine Beschäftigte nach erfüllter Wartezeit die gesamte ihm oder ihr im laufenden Kalenderjahr zustehende

Freistellung beansprucht und ist das Arbeits- oder Dienstverhältnis vor Ablauf dieses Kalenderjahres beendet worden, so kann eine teilweise Rückzahlung des für die Freistellung gezahlten Arbeitsentgelts oder Gehalts nicht verlangt werden.

(3) Der oder die Beschäftigte muß sich auf das Arbeitsentgelt oder Gehalt denjenigen Betrag anrechnen lassen, den er oder sie wegen der Teilnahme an der Bildungsveranstaltung von dem Bildungsträger oder von anderer Seite als Beihilfe oder Zuschuß auf Grund anderer Bestimmungen erhalten hat, soweit dieser Betrag als Ersatz für Einkommensverluste gezahlt wird.

§ 32 Verbot der Benachteiligung

Beschäftigte, die die Freistellung zur Teilnahme an Bildungsveranstaltungen in Anspruch nehmen, dürfen deswegen nicht benachteiligt werden.

§ 33 Anerkennung von Bildungsveranstaltungen

(1) Freistellung zu Bildungszwecken kann nur für nach diesem Gesetz anerkannte Bildungsveranstaltungen einschließlich deren Abschlußprüfungen beansprucht werden.

(2) Politische Bildungsveranstaltungen der nach diesem Gesetz staatlich anerkannten Einrichtungen der allgemeinen Weiterbildung und berufliche Bildungsveranstaltungen der nach diesem Gesetz staatlich anerkannten Einrichtungen der beruflichen Weiterbildung gelten als anerkannt. Dies gilt nicht für die in Absatz 4 umschriebenen Veranstaltungen.

(3) Bildungsveranstaltungen von Einrichtungen, die nicht nach diesem Gesetz anerkannt sind, können auf Antrag anerkannt werden. Eine Bildungsveranstaltung ist anzuerkennen, wenn

1. es sich um eine Veranstaltung der politischen (§ 2 Abs. 4) oder der beruflichen (§ 2 Abs. 5) Weiterbildung handelt,

2. sie allen Beschäftigten offensteht,

3. die Teilnahme an ihr freigestellt ist,

4. die personellen, sächlichen und räumlichen Rahmenbedingungen die Erreichung des angestrebten Lehrerfolges erwarten lassen und

5. die Einrichtung sich verpflichtet, die notwendigen Bescheinigungen im Sinne des § 26 Abs. 3 kostenlos auszustellen und die Angaben gemäß § 35 an die Weiterbildungsdatenbank mitzuteilen.

Die Anerkennung für Veranstaltungen der beruflichen Weiterbildung erfolgt durch das Ministerium für Wirtschaft, für solche der politischen Weiterbildung durch das Ministerium für Bildung und Sport.

(4) Berufliche und politische Bildungsveranstaltungen erfüllen nicht die Voraussetzungen des § 33 Abs. 3 SWBG, wenn es sich handelt um:

1. Veranstaltungen, die unmittelbar der Durchsetzung partei- und verbandspolitischer Ziele dienen,

2. Veranstaltungen der Berufsausbildung im Sinne des § 1 Abs. 2 Berufsbildungsgesetz oder der beruflichen Umschulung im Sinne des § 1 Abs. 4 Berufsbildungsgesetz,

3. Veranstaltungen im Rahmen der beruflichen Rehabilitation,

4. Veranstaltungen, die der Einarbeitung auf bestimmte betriebliche Arbeitsplätze dienen,

5. Veranstaltungen der beruflichen Weiterbildung im Rahmen betrieblicher Bildungsmaßnahmen, deren Inhalt überwiegend auf betriebsinterne Erfordernisse ausgerichtet ist,

6. Veranstaltungen von Fortbildungseinrichtungen des öffentlichen Dienstes,

7. Veranstaltungen, die ausschließlich der Fortbildung betrieblicher Interessenvertretungen dienen,

8. Veranstaltungen der beruflichen Weiterbildung, die im Ausland von Veranstaltern durchgeführt werden, deren Hauptsitz sich nicht im Saarland befindet.

(5) Das Ministerium für Bildung und Sport und das Ministerium für Wirtschaft regeln im gegenseitigen Benehmen das Anerkennungsverfahren durch Rechtsverordnung.

7. Abschnitt: Weiterbildungsinformationssystem

§ 34 Weiterbildungsbericht

(1) Die Landesregierung legt alle vier Jahre einen Bericht über die Lage und Entwicklung der Weiterbildung und des Bildungsurlaubs im Saarland vor.

(2) Das Statistische Landesamt führt jährlich eine statistische Erhebung bei den staatlich anerkannten Einrichtungen und Landesorganisationen der allgemeinen und beruflichen Weiterbildung durch.

(3) Erhoben werden folgende Merkmale:

1. Einrichtungen und Landesorganisationen: Name, Art, Zahl, Anschrift, Aufbau der Träger, Art und Umfang der von ihnen geleisteten Bildungsarbeit, finanzieller Aufwand (Mittelherkunft und -verwendung),

2. Lehr- und Verwaltungspersonal: Zahl, Funktion, Beschäftigungsart und -umfang,

3. Veranstaltungen: Zahl, Art und Themenbereiche, Unterrichtsstunden und Teilnehmertage,

4. Teilnehmer: Zahl der Teilnehmer, Zahl und Art der vermittelten Abschlüsse und Zertifikate.

(4) Hilfsmerkmale sind:

1. Name und Anschrift der Einrichtungen und Landesorganisationen,

2. Name und Telefonnummer der für eventuelle Rückfragen zur Verfügung stehenden Personen.

(5) Für die Erhebung sind die Träger und Leiter der Einrichtungen und der Landesorganisationen auskunftspflichtig. Sie haben die Angaben innerhalb der vom Statistischen Landesamt gesetzten Frist zu machen.

(6) Die Erhebung erfolgt als Totalerhebung und wird jährlich zum 30. April durchgeführt. Berichtszeitraum ist das Kalenderjahr.

§ 35 Übermittlung von Weiterbildungsdaten

Die staatlich anerkannten Einrichtungen der Weiterbildung sind verpflichtet, die vorgesehenen Bildungsveranstaltungen mit den veranstaltungsspezifischen ergänzenden Angaben (z. B. Bezeichnung, Ort, Zeitraum, verantwortlicher Leiter, Teilnahmeentgelt, Teilnahmevoraussetzung, Bildungsfreistellungsfähigkeit, Zertifizierung) zur Aufnahme in die bei der Arbeitskammer des Saarlandes gemäß § 2 Abs. 3 und 4 Arbeitskammergesetz eingerichteten Weiterbildungsdatenbank mitzuteilen.

8. Abschnitt: Übergangs- und Schlußvorschriften

§ 36 Erlaß von Verwaltungsvorschriften

Das Ministerium für Bildung und Sport, das Ministerium des Innern und das Ministerium für Wirtschaft erlassen die zur Durchführung dieses Gesetzes erforderlichen Verwaltungsvorschriften.

§ 37 Übergangsvorschriften

Die Einrichtungen und die Landesorganisationen, die bisher nach dem Gesetz zur Förderung der Erwachsenenbildung im Saarland (EBG) vom 8. April 1970 (Amtsbl. S. 338), geändert durch Gesetz vom 17. Dezember 1975 (Amtsbl. 1976 S. 1) anerkannt sind, gelten als staatlich anerkannt nach § 5 Abs. 2.

§ 38 **Änderungen von Vorschriften** *(nicht abgedruckt)*

§ 39 **Inkrafttreten**

(1) Dieses Gesetz tritt am 1. April 1990 in Kraft.

(2) Zum gleichen Zeitpunkt tritt das Gesetz zur Förderung der Erwachsenenbildung im Saarland außer Kraft.

j) Bildungsfreistellungs- und Qualifizierungsgesetz (BFQG) für das Land Schleswig-Holstein

Vom 7. Juni 1990 (GVBl. S. 364)

Geändert durch Art. 3 Haushaltsbegleitgesetz 1994 vom 8. Februar 1994 (GVBl. S. 124)

(GS Schl.-H. II, Gl. Nr. 11–223)

Übersicht
Abschnitt I: Grundsätze

§§

Geltungsbereich	1
Begriff der Weiterbildung	2
Aufgaben und Ziele der Weiterbildung	3
Recht auf Weiterbildung	4
Finanzierung	5

Abschnitt II: Freistellung

Anspruch auf Freistellung	6
Dauer der Freistellung	7
Gewährung der Freistellung	8
Erkrankung	9
Anrechenbarkeit anderweitiger Freistellungsansprüche	10
Ausschluß von Doppelansprüchen	11
Wartezeit	12
Fortzahlung des Arbeitsentgeltes	13
Verbot der Erwerbstätigkeit	14
Verbot der Benachteiligung	15

Abschnitt III: Finanzielle Förderung

(aufgehoben)	16
Förderung von Maßnahmen der Weiterbildung	17
Förderung von Modellvorhaben	18

Anhang II

Abschnitt IV: Teilnahmeschutz und Anerkennungsfragen

§§

Teilnahmeschutz 19
Anerkennung von Veranstaltungen des Bildungsurlaubs 20
Widerruf der Anerkennung 21
Anerkennung von Trägern und Einrichtungen 22
Wirkung der Anerkennung 23
Befristung und Widerruf der Anerkennung 24
Ermächtigung 25

Abschnitt V: Koordinierung und Planung

Grundsätze 26
Beratungsorgane 27
Berichtswesen 28

Abschnitt VI: Durchführungsvorschriften

Zuständige Behörden 29
Änderungsvorschrift 30
Inkrafttreten 31

Abschnitt I: Grundsätze

§ 1 Geltungsbereich

Das Bildungsfreistellungs- und Qualifizierungsgesetz gilt für die Weiterbildung in Schleswig-Holstein. Die durch besondere Rechtsvorschriften geregelte Weiterbildung bleibt hiervon unberührt. Das Recht der Träger und Einrichtungen der Weiterbildung auf selbständige Lehrplan- und Programmgestaltung sowie ihr Recht auf freie Wahl der Leiterinnen oder Leiter und der Mitarbeiterinnen oder Mitarbeiter wird gewährleistet.

§ 2 Begriff der Weiterbildung

(1) Die Weiterbildung ist gleichberechtigter Teil des Bildungswesens neben Schule, Berufsausbildung und Hochschule.

(2) Weiterbildung ist die Fortsetzung, Wiederaufnahme oder Ergänzung organisierten Lernens außerhalb der Bildungsgänge der allgemeinbildenden Schulen und der beruflichen Erstausbildung. Soweit die außerschulische Jugendbildung nicht anderweitig rechtlich geregelt ist, gehört sie zur Weiterbildung im Sinne dieses Gesetzes. Sie umfaßt gleichrangig die Bereiche der allgemeinen, der politischen und der beruflichen Weiterbildung.

§ 3 Aufgaben und Ziele der Weiterbildung

(1) Die Weiterbildung soll dazu beitragen, die einzelnen zu einem kritischen und verantwortlichen Handeln im persönlichen, öffentlichen und beruflichen Bereich zu befähigen. Die Weiterbildung soll auch die Gleichstellung von Frauen und Männern fördern.

(2) Ziel der Weiterbildung ist es, über den Erwerb von Kenntnissen, Fähigkeiten und Fertigkeiten hinaus übergreifende Qualifikationen zu vermitteln. Dazu gehört auch die Fähigkeit zur Kommunikation, zur Zusammenarbeit und zur rationalen Austragung von Konflikten.

(3) Die allgemeine Weiterbildung soll die Selbstentfaltung der Einzelnen fördern, indem sie zur Auseinandersetzung insbesondere mit kulturellen, sozialen, wirtschaftlichen und ökologischen Fragen befähigt und zum Handeln in diesen Bereichen anregt. Sie soll auch befähigen, soziale Entwicklungen mitzugestalten.

(4) Die politische Weiterbildung soll die Orientierung der einzelnen in Staat und Gesellschaft fördern, indem sie die Beurteilung gesellschaftlicher Zusammenhänge ermöglicht und zur Wahrnehmung staatsbürgerlicher Rechte und Pflichten befähigt.
Sie soll die Fähigkeit und Bereitschaft zur Teilhabe an der gesellschaftlichen und staatlichen Willensbildung fördern und dadurch die Demokratie sichern und den sozialen Rechtsstaat fortentwickeln.

(5) Die berufliche Weiterbildung soll der Erhaltung und Erweiterung der beruflichen Kenntnisse und Fertigkeiten und deren Anpassung an die sich wandelnden Anforderungen, dem beruflichen Aufstieg oder dem Übergang in eine andere berufliche Tätigkeit dienen. Sie soll dazu beitragen, vorhandene Arbeitsplätze zu sichern, die Arbeitslosigkeit abzubauen und den beruflichen Wiedereinstieg zu ermöglichen. Sie soll dazu befähigen, Arbeit und Technik mitzugestalten.

(6) Die verschiedenen Bereiche der Weiterbildung wirken auf der Grundlage der ihnen jeweils eigenen Zielsetzung zusammen (integrativer Ansatz).

§ 4 Recht auf Weiterbildung

Jeder Mensch hat das Recht, die zur freien Entfaltung der Persönlichkeit, zur Mitgestaltung von Gesellschaft und Politik und zur Wahl und Ausübung des Berufs erforderlichen Kenntnisse und Qualifikationen zu erwerben. Das Recht auf Weiterbildung steht jedem Menschen unabhängig von Geschlecht, Alter, Bildung, gesellschaftlicher oder beruflicher Stellung, politischer oder weltanschaulicher Orientierung und Nationalität zu.

Anhang II

§ 5 Finanzierung

Das Land fördert die Weiterbildung nach Maßgabe des Haushalts.

Abschnitt II: Freistellung

§ 6 Anspruch auf Freistellung

(1) Der Anspruch auf Freistellung von der Arbeit zur Teilnahme an anerkannten Veranstaltungen der allgemeinen, politischen und beruflichen Weiterbildung (Bildungsurlaub) steht allen Beschäftigten einschließlich derer, die sich in einer Berufsausbildung befinden, zu. Als Beschäftigte gelten auch die in Heimarbeit Beschäftigten sowie ihnen Gleichgestellte und andere Personen, die wegen ihrer wirtschaftlichen Unselbständigkeit als arbeitnehmerähnliche Personen anzusehen sind.

(2) Beschäftigte im Sinne dieses Gesetzes sind Arbeitnehmerinnen und Arbeitnehmer, deren Arbeitsverhältnisse ihren Schwerpunkt in Schleswig-Holstein haben, sowie die Beamtinnen und Beamten nach § 1 Abs. 1 des Landesbeamtengesetzes und die Richterinnen und Richter im Sinne des Landesrichtergesetzes. Dienstherren im Geltungsbereich des Landesbeamtengesetzes gelten als Arbeitgeberinnen oder Arbeitgeber im Sinne dieses Gesetzes.

(3) Das Beschäftigungsverhältnis von Seeleuten hat im Sinne dieses Gesetzes seinen Schwerpunkt in Schleswig-Holstein, wenn sich

1. der Sitz der Reederei, der Partenreederei, der Korrespondentenreederei oder der Vertragsreederei in Schleswig-Holstein befindet oder

2. der Heimathafen des Schiffes in Schleswig-Holstein befindet und das Schiff die Bundesflagge führt.

§ 7 Dauer der Freistellung

(1) Jeder Arbeitnehmerin und jedem Arbeitnehmer soll die Teilnahme an einer einwöchigen Weiterbildungsveranstaltung ermöglicht werden.

(2) Der Anspruch auf Freistellung umfaßt fünf Arbeitstage in einem Kalenderjahr. Wird regelmäßig an mehr als fünf Tagen in der Woche oder in Wechselschicht gearbeitet, so erhöht sich der Anspruch auf sechs Arbeitstage. Wird regelmäßig an weniger als fünf Tagen in der Woche gearbeitet, so verringert sich der Anspruch entsprechend.

(3) Der Anspruch auf Freistellung in einem Kalenderjahr kann mit dem des vorangegangenen Jahres bis zum Doppelten des Anspruchs nach Absatz 1 verbunden werden, soweit es für die Teilnahme an

Veranstaltungen der Weiterbildung erforderlich ist (Verblockung). Die Erforderlichkeit richtet sich nach der Art der Veranstaltung und ist vom Träger der Veranstaltung im Rahmen des behördlichen Anerkennungsverfahrens (§ 20) nachzuweisen. Mit Zustimmung der Arbeitgeberin oder des Arbeitgebers kann eine Verblockung auch im Vorgriff auf künftige Freistellungsansprüche oder über mehr als zwei Jahre erfolgen.

(4) Die Freistellung soll an aufeinanderfolgenden Tagen gewährt werden; sie kann auch an einzelnen Tagen gewährt werden.

§ 8 Gewährung der Freistellung

(1) Die Teilnahme an einer Weiterbildungsveranstaltung unterliegt der freien Wahl der Beschäftigten. Sie haben der Arbeitgeberin oder dem Arbeitgeber die Absicht, Freistellung zu beanspruchen, so früh wie möglich, in der Regel sechs Wochen vor Beginn der Weiterbildungsveranstaltung, mitzuteilen. Hierbei ist die Anerkennung der Veranstaltung nach § 20 nachzuweisen.

(2) Die Freistellung zu dem beantragten Zeitpunkt kann von der Arbeitgeberin oder dem Arbeitgeber versagt werden, wenn betriebliche oder dienstliche Gründe oder Urlaubswünsche anderer Beschäftigter, die unter sozialen Gesichtspunkten den Vorrang verdienen, entgegenstehen. Die Versagung ist der oder dem Beschäftigten unter Angabe des Grundes unverzüglich schriftlich mitzuteilen.

(3) Ist die Freistellung für das laufende Kalenderjahr versagt worden, ist der Freistellungsanspruch auf das folgende Jahr zu übertragen. In diesem Fall können im folgenden Jahr der Freistellung Versagungsgründe nicht entgegen gehalten werden.

(4) Die Teilnahme an der Weiterbildungsveranstaltung ist der Arbeitgeberin oder dem Arbeitgeber auf Wunsch nachzuweisen.

§ 9 Erkrankung

Erkranken Beschäftigte während der Freistellung, so wird die Zeit der Arbeitsunfähigkeit auf den Freistellungsanspruch nicht angerechnet, wenn die Arbeitsunfähigkeit durch ärztliches Zeugnis nachgewiesen wird.

§ 10 Anrechenbarkeit anderweitiger Freistellungsansprüche

(1) Freistellungen zur Teilnahme an Weiterbildungsveranstaltungen aufgrund anderer Gesetze oder von Tarifverträgen, Betriebs- oder Dienstvereinbarungen oder sonstigen Sonderregelungen können auf

den Freistellungsanspruch nach diesem Gesetz nur angerechnet werden, wenn sie den Grundsätzen der Weiterbildung nach dem Abschnitt 1 dieses Gesetzes entsprechen und die Anrechenbarkeit ausdrücklich bestimmt ist.

(2) Die Anrechnung von Freistellungsansprüchen auf den gesetzlichen, tariflichen oder durch Arbeitsvertrag vereinbarten Erholungsurlaub ist unzulässig.

§ 11 Ausschluß von Doppelansprüchen

(1) Der Anspruch auf Freistellung besteht nicht, soweit der oder dem Beschäftigten für das laufende Kalenderjahr bereits von einer früheren Arbeitgeberin oder einem früheren Arbeitgeber Freistellung gewährt worden ist.

(2) Die Arbeitgeberin oder der Arbeitgeber ist verpflichtet, bei Beendigung des Ausbildungs-, Arbeits- oder Dienstverhältnisses der oder dem Beschäftigten auf Verlangen eine Bescheinigung über die Freistellung auszustellen.

§ 12 Wartezeit

Der Freistellungsanspruch eines Kalenderjahres wird erstmalig nach sechsmonatigem Bestehen des Ausbildungs-, Arbeits- oder Dienstverhältnisses erworben.

§ 13 Fortzahlung des Arbeitsentgeltes

(1) Für die Zeit der Freistellung zur Teilnahme an anerkannten Weiterbildungsveranstaltungen ist das zustehende Arbeitsentgelt ohne Minderung fortzuzahlen. Für die Bemessung des fortzuzahlenden Arbeitsentgeltes sind die einzelvertraglichen, tarifvertraglichen oder gesetzlichen Regelungen für den Erholungsurlaub entsprechend anzuwenden.

(2) Ist für das laufende Kalenderjahr Freistellung beansprucht worden und endet das Ausbildungs-, Arbeits- oder Dienstverhältnis vor Ablauf dieses Kalenderjahres, kann die Rückzahlung des fortgezahlten Arbeitsentgeltes nicht verlangt werden.

(3) Ist eine Freistellung nicht in Anspruch genommen worden, kann eine Ausgleichszahlung nicht verlangt werden.

§ 14 Verbot der Erwerbstätigkeit

Während der Freistellung darf die oder der Beschäftigte keine dem Zweck dieses Gesetzes zuwiderlaufende Erwerbstätigkeit ausüben.

§ 15 Verbot der Benachteiligung

(1) Beschäftigte dürfen wegen der Inanspruchnahme der Freistellung nicht benachteiligt werden.

(2) Von den Bestimmungen dieses Gesetzes darf nicht zuungunsten der Beschäftigten abgewichen werden.

Abschnitt III: Finanzielle Förderung

§ 16 *(aufgehoben)*

§ 17 Förderung von Maßnahmen der Weiterbildung

Das Land kann Trägern und Einrichtungen der Weiterbildung nach Maßgabe des Haushalts für einzelne Maßnahmen der Weiterbildung Projektförderung gewähren. Dabei sind Weiterbildungsmaßnahmen zur Förderung des beruflichen Wiedereinstiegs nach einer familienbedingten Unterbrechung angemessen zu berücksichtigen

§ 18 Förderung von Modellvorhaben

Das Land fördert nach Maßgabe des Haushalts Modellvorhaben der Weiterbildung, für die eine Freistellung nach § 6 möglich ist, insbesondere

1. wenn in ihnen integrative Ansätze im Sinne des § 3 Abs. 6 enthalten sind oder

2. wenn sie darauf abzielen, die durch soziale Herkunft, Geschlecht, Nationalität oder durch Bildungsprozesse entstandenen Benachteiligungen abzubauen.

Abschnitt IV: Teilnahmeschutz und Anerkennungsfragen

§ 19 Teilnahmeschutz

(1) Die nachstehenden Regelungen des Teilnahmeschutzes ergänzen die Voraussetzungen für Anerkennungen nach den §§ 20 und 22.

(2) Weiterbildungsveranstaltungen sind der Verantwortung einer Leiterin oder eines Leiters zu unterstellen.

(3) Die Träger oder Einrichtungen der Weiterbildung, die Weiterbildungsveranstaltungen anbieten, haben diejenigen, die an einer Weiterbildungsveranstaltung teilnehmen wollen, schriftlich zu unterrichten über

Anhang II

1. die Person der Leiterin oder des Leiters nach Absatz 2,
2. das Thema, den Inhalt sowie den Arbeits- und Zeitplan der Veranstaltung,
3. die bei Veranstaltungsbeginn vorauszusetzende Vorbildung sowie eine sonst erforderliche oder vorteilhafte Vorbereitung auf die Veranstaltung,
4. die Zulassungsvoraussetzungen für eine öffentlich-rechtliche oder anderweitige Prüfung, wenn die Veranstaltung auf eine solche Prüfung vorbereitet,
5. die Zertifikate oder anderen Bescheinigungen, die durch die Teilnahme erworben werden können,
6. die Gebühren oder Kosten der Veranstaltung.

§ 20 Anerkennung von Veranstaltungen des Bildungsurlaubs

(1) Die Anerkennung einer Veranstaltung des Bildungsurlaubs durch die zuständige Behörde ist Voraussetzung für die Freistellung im Sinne von § 6. Bei der Anerkennung von Weiterbildungsveranstaltungen wird die zuständige Behörde von einem Ausschuß der Kommission Weiterbildung (§ 27) beraten.

(2) Die Anerkennung setzt voraus, daß es sich um eine Veranstaltung der Weiterbildung im Sinne von Abschnitt 1 handelt und daß die Träger hinsichtlich der Qualifikation ihrer Lehrkräfte, der verbindlichen Festlegung von Bildungszielen, der Qualität ihres Angebotes sowie der räumlichen und sachlichen Ausstattung eine sachgemäße und teilnehmerorientierte Bildung gewährleisten.

(3) Eine Veranstaltung darf nicht anerkannt werden, wenn

1. die Teilnahme von der Zugehörigkeit zu bestimmten Organisationen, Vereinigungen oder Institutionen abhängig gemacht wird,

   oder die Veranstaltung

2. unmittelbar zur Durchsetzung partei- oder verbandspolitischer Ziele,
3. überwiegend betrieblichen oder dienstlichen Zwecken, oder
4. mehr als geringfügig der Erholung, der eigenen privaten Lebensführung oder der eigenen Freizeitgestaltung

   dient.

Für die Anerkennung einer Veranstaltung ist es unschädlich, wenn die Teilnahme von der Zugehörigkeit zu einer pädagogisch begründeten Zielgruppe oder von bildungsbezogenen Voraussetzungen abhängig gemacht wird.

(4) Die Anerkennung kann mit der Auflage verbunden werden, daß der zuständigen Behörde Auskünfte über Zahl, Alter und Geschlecht der Teilnehmenden und die Teilnahmebeiträge zu erteilen sind.

(5) Der Träger einer Veranstaltung hat Vertreterinnen und Vertretern der zuständigen Behörde grundsätzlich den Zutritt zu der Veranstaltung zu gestatten.

§ 21 Widerruf der Anerkennung

Die Anerkennung von Veranstaltungen des Bildungsurlaubs kann widerrufen werden, wenn

1. die Voraussetzungen für eine Anerkennung nicht mehr vorliegen, oder
2. ein Träger die ihm nach diesem Gesetz entstehenden Pflichten nicht erfüllt.

§ 22 Anerkennung von Trägern und Einrichtungen

(1) Wer im Geltungsbereich dieses Gesetzes eine oder mehrere Einrichtungen der Weiterbildung im Sinne von Absatz 2 unterhält oder Weiterbildungsveranstaltungen im Sinne von Absatz 3 durchführt, kann auf Antrag von der zuständigen Behörde als Träger der Weiterbildung anerkannt werden. Gemeinden und Gemeindeverbände gelten als anerkannte Träger der Weiterbildung. Die Anerkennung setzt voraus, daß der Träger

1. in Schleswig-Holstein regelmäßig Veranstaltungen der Weiterbildung anbietet,
2. sein Weiterbildungsangebot veröffentlicht und grundsätzlich allen zugänglich macht, soweit nicht aus besonderen pädagogischen Gründen eine bestimmte Auswahl des Teilnehmerkreises geboten ist,
3. die Arbeits- und Beschäftigungsbedingungen seines hauptberuflichen Personals nach den arbeitsrechtlichen Anforderungen und den jeweils geltenden tarifvertraglichen Bestimmungen sozialverträglich ausgestaltet und darum bemüht ist, dem Gebot der Gleichstellung Rechnung zu tragen, und daß
4. von ihm in Schleswig-Holstein unterhaltene Einrichtungen den Anforderungen von Absatz 2 genügen.

(2) Bildungsstätten und andere Institutionen, die organisierte Veranstaltungen zur Weiterbildung anbieten und durchführen (Einrichtungen der Weiterbildung), können auf Antrag von der zuständigen Behörde anerkannt werden, wenn sie den Anforderungen von Absatz 1

entsprechen und die Qualifikation ihrer Lehrkräfte, die verbindliche Festlegung von Bildungszielen, die Qualität ihres Angebotes sowie die räumliche und sachliche Ausstattung eine sachgemäße und teilnehmerorientierte Bildung gewährleisten.

(3) Bieten Träger der Weiterbildung, die keine Einrichtung in Schleswig-Holstein unterhalten, Weiterbildungsveranstaltungen an, so müssen diese nach Art, Umfang, Dauer und Ausgestaltung geeignet sein, die vom Träger angegebenen Bildungsziele zu erreichen.

(4) Die Anerkennung kann mit der Auflage verbunden werden, daß der zuständigen Behörde Auskünfte über Art und Zahl der angebotenen Bildungsveranstaltungen, über Art und Umfang der Finanzierung, über Art, Zahl und Geschlecht des dort beschäftigten Personals und über die Verteilung der Teilnehmenden nach Alter und Geschlecht zu erteilen sind.

(5) Bei der Anerkennung von Trägern und Einrichtungen der Weiterbildung wirkt die Kommission Weiterbildung (§ 27) durch einen Ausschuß beratend mit.

§ 23 Wirkung der Anerkennung

(1) Die Anerkennung nach § 22 Abs. 1 berechtigt den Träger, neben seiner Bezeichnung den Hinweis „Staatlich anerkannter Träger der Weiterbildung" zu führen.

(2) Die Anerkennung nach § 22 Abs. 2 berechtigt die Einrichtung, neben ihrer Bezeichnung den Hinweis „Staatlich anerkannte Einrichtung der Weiterbildung" zu führen.

§ 24 Befristung und Widerruf der Anerkennung

(1) Die Anerkennung nach § 22 ist zu befristen. Die Frist kann auf Antrag verlängert werden, wenn die Voraussetzungen für die Anerkennung weiterhin vorliegen.

(2) Werden Mängel festgestellt, hat die zuständige Behörde, falls der Mangel zu beheben und eine Gefährdung des Weiterbildungszwecks im Sinne von § 3 nicht zu erwarten ist, den Träger oder die Einrichtung aufzufordern, innerhalb einer bestimmten Frist den Mangel zu beseitigen. Ist der Mangel nicht ausräumbar oder innerhalb der gesetzten Frist nicht beseitigt, so ist die Anerkennung zu widerrufen. Vor dem Widerruf ist die Kommission Weiterbildung (§ 27) anzuhören.

(3) Die anerkannten Träger und Einrichtungen der Weiterbildung sind grundsätzlich verpflichtet, Vertreterinnen und Vertretern der zustän-

digen Behörde den Zutritt zu der Einrichtung und den Veranstaltungen zu gestatten und die für die Durchführung des Verfahrens nach Absatz 2 notwendigen Auskünfte zu erteilen und Unterlagen vorzulegen.

§ 25 Ermächtigung

Die Landesregierung wird ermächtigt, durch Verordnung das Nähere zu regeln über

1. die Voraussetzungen und das Verfahren der Anerkennung nach §§ 20, 22 und des Widerrufs der Anerkennung nach §§ 21, 24 Abs. 2, die Dauer der Befristung und das Verfahren zur Verlängerung der Frist nach § 24 Abs. 1,
2. die Voraussetzungen und das Verfahren der Anerkennung der von anderen öffentlichen Stellen für eine Freistellung anerkannten Weiterbildungsveranstaltungen.

Abschnitt V: Koordinierung und Planung

§ 26 Grundsätze

Die anerkannten Träger und Einrichtungen der Weiterbildung im Sinne von § 22 wirken zur Förderung der Weiterbildung insbesondere mit Schulen, Hochschulen und Ausbildungseinrichtungen zusammen. Ihre Zusammenarbeit soll dazu dienen, ein umfassendes Gesamtangebot zu gewährleisten, Arbeitsteilung zu ermöglichen und Schwerpunkte zu bilden. Dabei sind die Grundsätze und Ziele des Landesentwicklungsplans Weiterbildung zu berücksichtigen.

§ 27 Beratungsorgane

(1) Die Landesregierung wird durch eine Kommission Weiterbildung beraten, deren Aufgabe es ist, die Entwicklung der Weiterbildung in Schleswig-Holstein zu fördern. Die Kommission unterbreitet der Landesregierung Vorschläge, Empfehlungen und Gutachten auf dem Gebiet der Weiterbildung und unterstützt das Zusammenwirken im Sinne von § 26. Sie erarbeitet auf der Grundlage einer Bestandsaufnahme der Weiterbildung in Schleswig-Holstein den Entwurf des Landesentwicklungsplans Weiterbildung, der die Bedürfnisse und die Förderung von Frauen in besonderer Weise berücksichtigt. Die Landesregierung regelt die Zusammensetzung der Kommission Weiterbildung und des Ausschusses nach § 20 Abs. 1 und § 22 Abs. 5 durch Beschluß. Dabei sollen Frauen und Männer in gleicher Anzahl

vertreten sein. Die Ministerin oder der Minister für Soziales, Gesundheit und Energie führt die Geschäfte der Kommission Weiterbildung.

(2) Zur örtlichen und regionalen Koordinierung und Kooperation im Bereich der Weiterbildung sollen Beratungsorgane in den Kreisen und kreisfreien Städten eingerichtet werden.

§ 28 Berichtswesen

Die Landesregierung berichtet dem Landtag alle zwei Jahre, erstmals im Jahre 1993, über die Durchführung dieses Gesetzes. Dem Bericht sind Übersichten über die im Berichtszeitraum anerkannten Träger, Einrichtungen und Veranstaltungen, über die Zahl und Struktur der durchgeführten Bildungsveranstaltungen und der Teilnehmenden sowie über Veranstaltungen, Einrichtungen und Träger, deren Anerkennung abgelehnt wurde, beizufügen.

Abschnitt VI: Durchführungsvorschriften

§ 29 Zuständige Behörden

(1) Zuständige Behörde für die Durchführung des § 20 Abs. 1 und 5, § 22 Abs. 1 und § 24 ist die Ministerin oder der Minister für Soziales, Gesundheit und Energie. Sie oder er entscheidet in den Fällen des § 20 Abs. 1 im Benehmen und in den Fällen des § 22 Abs. 1 im Einvernehmen mit der Ministerin oder dem Minister, deren oder dessen Geschäftsbereich durch die Entscheidung berührt wird.

(2) Die Ministerin oder der Minister für Soziales, Gesundheit und Energie koordiniert die Arbeit der zuständigen Ministerinnen und Minister.

(3) Die Zuständigkeiten der Ministerinnen und Minister und der übrigen Landesbehörden bleiben im übrigen unberührt.

§ 30 Änderungsvorschrift *(gegenstandslos)*

§ 31 Inkrafttreten

Das Gesetz tritt am 1. Juli 1990 in Kraft. Abweichend davon tritt § 16 am 1. Januar 1993 in Kraft[1].

---

[1] § 16 ist durch das Haushaltsbegleitgesetz vom 8. Februar 1994 gestrichen worden.

III. Bundesrahmentarifvertrag für das Baugewerbe (Auszug)

§ 8
Urlaub

1. Urlaubsanspruch und Urlaubsdauer

1.1 Der Arbeitnehmer hat in jedem Kalenderjahr (Urlaubsjahr) Anspruch auf bezahlten Erholungsurlaub, der möglichst zusammenhängend genommen und gewährt werden soll.

1.2 Der Urlaub beträgt 30 Arbeitstage. Er besteht für Arbeitnehmer nach vollendetem 18. Lebensjahr aus dem Jahresurlaub von 22 Arbeitstagen und dem Zusatzurlaub von 8 Arbeitstagen. Für das Lebensalter ist als Stichtag der 1. Januar des Urlaubsjahres maßgebend.

1.3 Für Schwerbehinderte im Sinne der gesetzlichen Vorschriften erhöht sich der Jahresurlaub um fünf Arbeitstage.

1.4 Samstage gelten nicht als Arbeitstage.

1.5 Die Urlaubsdauer richtet sich nach den in Betrieben des Baugewerbes zurückgelegten Beschäftigungstagen.

1.6 Erkrankt der Arbeitnehmer während des Urlaubs, so werden die durch ärztliches Zeugnis nachgewiesenen Tage der Arbeitsunfähigkeit auf den Urlaub nicht angerechnet. Der Arbeitnehmer hat sich jedoch nach terminmäßigem Ablauf seines Urlaubs oder, falls die Krankheit länger dauert, nach deren Beendigung dem Betrieb zur Arbeitsleistung zur Verfügung zu stellen. Der Antritt des restlichen Urlaubs ist gemäß Nr. 2.3 festzulegen.

2. Urlaubsantritt

2.1 Im Urlaubsjahr kann ein Teil des Jahresurlaubs erstmals angetreten werden, wenn der Anspruch darauf einschließlich des übertragenen Resturlaubs mindestens 9 Tage beträgt. In den Monaten Januar, Februar, März und Dezember kann ein Teil des Jahresurlaubs auch dann angetreten werden, wenn sich zusammen mit Zusatzurlaub mindestens 9 Urlaubstage ergeben.

2.2 Zusatzurlaub kann nur in den Monaten Januar, Februar, März und Dezember verwirklicht werden.

2.3 Der Zeitpunkt des Urlaubsantritts ist unter Berücksichtigung der Wünsche des Arbeitnehmers und der Bedürfnisse des Betriebes vom

Arbeitgeber unter Beachtung des Mitbestimmungsrechts des Betriebsrates festzulegen.

2.4 Bei Urlaubsantritt wird der Anspruch auf Urlaubsentgelt fällig.

2.5 Zunächst ist der aus dem Vorjahr übertragene Resturlaub zu gewähren. Nimmt der Arbeitnehmer Urlaub in den Monaten Januar bis März oder im Dezember, so ist zunächst der Restzusatzurlaub, dann der im laufenden Kalenderjahr erworbene Zusatzurlaub und schließlich der Restjahresurlaub zu gewähren.

3. Ermittlung der Urlaubsdauer

3.1 Bei Urlaubsantritt sind die dem Arbeitnehmer zustehenden Jahres- und Zusatzurlaubstage (Nr. 1.2) nach Maßgabe der Beschäftigungstage zu ermitteln; das Ergebnis wird nicht gerundet.

3.2 Der Arbeitnehmer erwirbt nach jeweils 16,5 – als Schwerbehinderter nach jeweils 13,5 – Beschäftigungstagen Anspruch auf einen Tag Jahresurlaub und nach jeweils 45,5 Beschäftigungstagen Anspruch auf einenTag Zusatzurlaub.

3.3 Beschäftigungstage sind alle Kalendertage des Bestehens von Arbeitsverhältnissen in Betrieben des Baugewerbes während des Urlaubsjahres. Ausgenommen hiervon sind Tage

– an denen der Arbeitnehmer der Arbeit unentschuldigt ferngeblieben ist,

– unbezahlten Urlaubs, wenn dieser länger als 14 Kalendertage gedauert hat,

– für die der arbeitsunfähig erkrankte Arbeitnehmer weder Arbeitsentgelt noch Ausgleichsbeträge gemäß Nr. 5 erhalten hat.

3.4 Volle Beschäftigungsmonate sind zu 30 Beschäftigungstagen zu zählen; die Beschäftigungstage eines angefangenen Beschäftigungsmonats sind auszuzählen.

3.5 Bei Beendigung des Arbeitsverhältnisses sind die während seiner Dauer zurückgelegten Beschäftigungstage zu ermitteln.

3.6 Die für bereits gewährten Urlaub berücksichtigten Beschäftigungstage sind verbraucht.

3.7 Zum Ende des Urlaubsjahres sind aus den unverbrauchten Beschäftigungstagen die Restansprüche auf Jahres- und auf Zusatzurlaub zu errechnen; Bruchteile von Urlaubstagen, die mindestens einen halben Urlaubstag ergeben, sind auf volle Urlaubstage aufzurunden. Die Restansprüche sind in das folgende Kalenderjahr zu übertragen

4. Höhe des Urlaubsentgelts

4.1 Das Urlaubsentgelt für den Urlaub gemäß Nr. 1.2 beträgt 11,4 v. H. des Bruttolohnes; für Schwerbehinderte im Sinne der gesetzlichen Vorschriften beträgt es 13,3 v. H. des Bruttolohnes.

4.2 Bruttolohn ist

a) der für die Berechnung der Lohnsteuer zugrunde zu legende und in die Lohnsteuerkarte oder die Lohnsteuerbescheinigung einzutragende Bruttoarbeitslohn einschließlich der Sachbezüge, die nicht pauschal nach § 40 EStG versteuert werden,

b) der nach §§ 40a und 40b EStG pauschal zu versteuernde Bruttoarbeitslohn mit Ausnahme des Beitrags für die tarifliche Zusatzversorgung der Arbeitnehmer (§ 24 Abs. 1 Satz 2, § 26 Abs. 1 des Tarifvertrages über das Sozialkassenverfahren im Baugewerbe) sowie des Beitrags zu einer Gruppen-Unfallversicherung.

Zum Bruttolohn gehören nicht die Urlaubsabgeltungen gemäß Nr. 7.1 Buchst. a), c), d) und i).

4.3 Wird der Urlaub nur teilweise geltend gemacht, so ist das gemäß Nr. 4.1 errechnete Urlaubsentgelt durch die Summe der gemäß Nr. 3.1 ermittelten Urlaubstage zu teilen und mit der Zahl der beanspruchten Urlaubstage zu vervielfachen. Das Ergebnis ist das Urlaubsentgelt für den Teilurlaub.

4.4 Am Ende des Urlaubsjahres unverbrauchte Restansprüche auf Urlaubsentgelt sind in das folgende Kalenderjahr zu übertragen.

5. Ausgleichsbeträge

5.1 Soweit der Lohnausfall nicht vergütet worden ist, ist ein das Urlaubsentgelt erhöhender Ausgleich zu gewähren für die durch

a) unverschuldete Arbeitsunfähigkeit infolge von Krankheit,

b) Zeiten einer Wehrübung,

c) witterungsbedingten Arbeitsausfall in der Zeit vom 1. November bis 31. März,

d) vorübergehenden Arbeitsausfall infolge von Kurzarbeit eingetretene Verminderung des der Urlaubsentgeltberechnung zugrunde liegenden Bruttolohnes.

5.2 Der Ausgleich ist im Falle der Nr. 5.1 Buchst. a) für eine Dauer der Krankheit bis zu 26 Wochen, bei Arbeitsunfähigkeit infolge Betriebsunfalls für eine Dauer bis zu 36 Wochen, im Falle der Nr. 5.1 Buchst. b) für die Dauer der Wehrübung zu gewähren und beträgt für jede volle Woche 89,00 DM.

5.3 Der Ausgleich gemäß Nr. 5.1 Buchst. c) bzw. d) ist für jede volle Ausfallstunde, höchstens jedoch für jeweils 400 Ausfallstunden im Urlaubsjahr, zu gewähren und beträgt 2,30 DM. Er ist anstelle des Ausgleichs gemäß Nr. 5.1 Buchst. a) auch für die Stunden zu gewähren, für die Anspruch auf Schlechtwettergeld-Leistungsfortzahlung im Krankheitsfall oder auf Krankengeld in Höhe des Schlechtwettergeldes bestand.

6. Zusätzliches Urlaubsgeld

Das zusätzliche Urlaubsgeld beträgt 30 v. H. des Urlaubsentgelts und wird mit diesem fällig. Es kann auf betrieblich gewährtes zusätzliches Urlaubsgeld angerechnet werden.

7. Urlaubsabgeltung

7.1 Anspruch auf Urlaubsabgeltung durch Auszahlung des Urlaubsentgelts und des zusätzlichen Urlaubsgeldes besteht,

a) nachdem der Arbeitnehmer länger als drei Monate in einem nicht von diesem Tarifvertrag erfaßten Betrieb beschäftigt gewesen ist,

b) nachdem der Arbeitnehmer dauernd erwerbsunfähig geworden ist und dies durch Rentenbescheid oder ärztliches Attest nachweist,

c) nachdem der Arbeitnehmer länger als drei Monate nicht in Betrieben des Baugewerbes beschäftigt gewesen ist und durch Rentenbescheid oder ärztliches Attest nachweist, daß er berufsunfähig oder auf nicht absehbare Zeit außerstande ist, seinen bisherigen Beruf im Baugewerbe auszuüben,

d) nachdem der Arbeitnehmer aus einem Betrieb des Baugewerbes ausgeschieden ist und durch Rentenbescheid nachweist, daß er Altersrente bezieht,

e) wenn der Arbeitnehmer in ein Angestellten- oder Ausbildungsverhältnis zu einem Betrieb des Baugewerbes überwechselt,

f) wenn der Arbeitnehmer auswandern will und eine amtliche Bescheinigung darüber vorlegt, daß die Ausreisepapiere ausgestellt sind,

g) wenn der ausländische Arbeitnehmer endgültig in sein Heimatland zurückkehrt,

h) wenn der Arbeitnehmer als Gelegenheitsarbeiter, Werkstudent, Praktikant oder in ähnlicher Weise beschäftigt war und das Arbeitsverhältnis endet,

i) nachdem der Arbeitnehmer in den Vorruhestand gegangen ist.

7.2 Eine Abgeltung in anderen als den in Nr. 7.1 aufgeführten Fällen ist ausgeschlossen.

7.3 Zur Auszahlung ist der Arbeitgeber verpflichtet, bei dem der Arbeitnehmer zuletzt gewerblich beschäftigt war.

8. Verfall der Urlaubs- und Urlaubsabgeltungsansprüche

Die Urlaubsansprüche und die Urlaubsabgeltungsansprüche gemäß Nr. 7 verfallen mit Ablauf des Kalenderjahres, das auf das Jahr der Entstehung der Urlaubsansprüche folgt. Mit Ablauf eines weiteren Kalenderjahres verfällt auch der Anspruch auf Eintragung in die Lohnnachweiskarte und deren Berichtigung. § 16 ist ausgeschlossen.

9. Entschädigung durch die Kasse

Soweit Urlaubsansprüche oder Urlaubsabgeltungsansprüche verfallen sind, hat der Arbeitnehmer innerhalb eines weiteren Kalenderjahres Anspruch auf Entschädigung durch die Kasse in Höhe des Urlaubsentgelts und des zusätzlichen Urlaubsgeldes sowie auf Ersatzeintragung gemäß § 6 Abs. 8 VTV.

10. Ansprüche bei Tod des Arbeitnehmers

Stirbt der Arbeitnehmer, so hat der Erbe oder derjenige, der nachweislich für die Bestattungskosten aufgekommen ist, Anspruch auf Auszahlung des noch nicht verfallenen Urlaubsentgelts und des zusätzlichen Urlaubsgeldes sowie der noch nicht verfallenen Urlaubsabgeltung. Der Anspruch besteht im Todesjahr gegenüber dem Arbeitgeber, bei dem der verstorbene Arbeitnehmer zuletzt beschäftigt war, binnen eines weiteren Kalenderjahres gegenüber der Kasse. Nicht verfallene Ansprüche gemäß Nr. 9 können im Todesjahr und im darauffolgenden Kalenderjahr gegenüber der Kasse geltend gemacht werden.

11. Urlaubs- und Lohnausgleichskasse der Bauwirtschaft

Die als gemeinsame Einrichtung der Tarifvertragsparteien bestehende „Urlaubs- und Lohnausgleichskasse der Bauwirtschaft" mit Sitz in Wiesbaden (Kasse) hat insbesondere die Aufgabe, die Auszahlung des Urlaubsentgelts und des zusätzlichen Urlaubsgeldes zu sichern. Die Arbeitgeber haben die dazu erforderlichen Mittel durch Beiträge aufzubringen. Auf die Beiträge hat die Kasse einen unmittelbaren Anspruch. Die Höhe der Beiträge, deren Einzahlung und Verwaltung sowie die Erstattung des Urlaubsentgelts und des zusätzlichen Urlaubsgeldes an die Arbeitgeber werden in besonderen Tarifverträgen, insbesondere im

Anhang III

Tarifvertrag über das Sozialkassenverfahren im Baugewerbe (VTV), geregelt.

12. Urlaub für volljährige Arbeitnehmer im Auslernjahr

12.1 Bei der Ermittlung der Urlaubsdauer für Arbeitnehmer, die spätestens am 1. Januar des Urlaubsjahres das 18. Lebensjahr vollendet haben und in diesem Jahr Auszubildende in einem Betrieb des Baugewerbes waren, gelten die Tage des Bestehens des Ausbildungsverhältnisses im Urlaubsjahr als Beschäftigungstage. Im Urlaubsjahr während des Ausbildungsverhältnisses gewährter Urlaub ist auf die Urlaubsdauer anzurechnen. Nr. 3.7 gilt nicht.

12.2 Für die Urlaubstage gemäß Nr. 12.1 bemißt sich das Urlaubsentgelt nach dem durchschnittlichen Arbeitsverdienst, den der Arbeitnehmer in den letzten dreizehn Wochen vor dem Beginn des Urlaubs erhalten hat. Bei Verdiensterhöhungen nicht nur vorübergehender Natur, die während des Berechnungszeitraums oder des Urlaubs eintreten, ist von dem erhöhten Verdienst auszugehen. Verdienstkürzungen, die im Berechnungszeitraum infolge von Kurzarbeit, Arbeitsausfällen oder unverschuldeter Arbeitsversäumnis eintreten, bleiben für die Berechnung des Urlaubsentgelts außer Betracht (§ 11 des Bundesurlaubsgesetzes). Nrn. 4 und 5 gelten nicht.

13. Urlaub für jugendliche Arbeitnehmer

Jugendliche Arbeitnehmer erhalten den Urlaub nach den gesetzlichen Vorschriften. Abweichend von § 19 Abs. 2 des Jugendarbeitsschutzgesetzes beträgt jedoch der Urlaub für alle Arbeitnehmer, die am 1. Januar des Urlaubsjahres das 18. Lebensjahr noch nicht vollendet haben, 30 Arbeitstage; er besteht aus dem Jahresurlaub von 25 Arbeitstagen und dem Zusatzurlaub von 5 Arbeitstagen.

Für das Urlaubsentgelt und für das zusätzliche Urlaubsgeld gelten Nr. 12.2 und Nr. 6.

14. Überleitungsanspruch

14.1 Arbeitnehmer, die am 1. Januar des Urlaubsjahres mindestens 18 Jahre alt sind und denen im Vorjahr der Urlaub nach Nrn. 12, 13 oder nach § 10 des Tarifvertrages über die Berufsbildung im Baugewerbe (BBTV) zu gewähren war, haben zusätzlich zu dem im Urlaubsjahr entstehenden Urlaubsanspruch einen Überleitungsanspruch auf 9 Tage Jahres- und 2 Tage Zusatzurlaub, wenn sie im Vorjahr mindestens sechs Monate in Betrieben des Baugewerbes beschäftigt waren. Das Urlaubsentgelt für den Überleitungsanspruch beträgt 11,4 v. H. des 744fachen Gesamttarifstundenlohnes der Berufsgruppe, die für den Arbeitnehmer bei Aufnahme der Beschäftigung im Urlaubsjahr maßgebend ist.

14.2 Ist der Arbeitnehmer im Vorjahr aus einem Ausbildungsverhältnis zu einem Betrieb des Baugewerbes ausgeschieden, so besteht der Anspruch gemäß Nr. 14.1 auch dann, wenn spätestens bis zum 1. Juli des Urlaubsjahres ein Arbeitsverhältnis begründet worden ist.

14.3 Hat der Arbeitnehmer im Urlaubsjahr in einem von diesem Tarifvertrag erfaßten Betrieb bereits Urlaub erhalten, so ist dieser auf den Überleitungsanspruch anzurechnen. Das Urlaubsentgelt hierfür mindert sich für jeden anzurechnenden Urlaubstag um ein Elftel des Betrages gemäß Nr. 14.1 Satz 2.

14.4 Im Urlaubsjahr wird zunächst der Urlaub gemäß Nr. 14.1 (Überleitungsanspruch) verwirklicht; danach können im Urlaubsjahr nur noch 13 Tage Jahres- und 6 Tage Zusatzurlaub verwirklicht werden.

Restansprüche auf Jahres- und Zusatzurlaub sind in das folgende Kalenderjahr zu übertragen. Hinsichtlich des Überleitungsanspruchs sind die Übertragung in das nächste Kalenderjahr, die Urlaubsabgeltung und die Entschädigung jedoch ausgeschlossen.

15. Erfüllungsort und Gerichtsstand

Erfüllungsort und Gerichtsstand für Ansprüche der Kasse gegen Arbeitgeber und Arbeitnehmer sowie für Ansprüche der Arbeitgeber und Arbeitnehmer gegen die Kasse ist Wiesbaden.

16. Beschäftigung in den alten und neuen Bundesländern

War der Arbeitnehmer im Urlaubsjahr sowohl in den alten als auch in den neuen Bundesländern beschäftigt, so setzen sich seine Ansprüche auf Urlaub, Urlaubsentgelt, Ausgleichsbeträge und zusätzliches Urlaubsgeld aus Teilansprüchen zusammen, die in den jeweiligen Arbeitsverhältnissen nach den für sie geltenden Bestimmungen des § 8 oder des § 8a erworben worden sind.

17. Sonderregelung für Bayern und Berlin

Die Bestimmungen dieses Paragraphen gelten nicht für das Gebiet des Freistaates Bayern und des Landes Berlin.

Anhang III

§ 8a

Für das Beitrittsgebiet wird § 8 durch folgende Regelung ersetzt:

1. Urlaubsanspruch und Urlaubsdauer

1.1 Der Arbeitnehmer hat in jedem Kalenderjahr (Urlaubsjahr) Anspruch auf bezahlten Erholungsurlaub, der möglichst zusammenhängend genommen und gewährt werden soll.

1.2 Der Urlaub beträgt
- in den Urlaubsjahren 1993 und 1994: 27 Arbeitstage,
- ab dem Urlaubsjahr 1995: 30 Arbeitstage.

Er besteht für Arbeitnehmer nach vollendetem 18. Lebensjahr
- in den Urlaubsjahren 1993 und 1994
aus dem Jahresurlaub von 22 Arbeitstagen und dem Zusatzurlaub von 5 Arbeitstagen,
- ab dem Urlaubsjahr 1995
aus dem Jahresurlaub von 22 Arbeitstagen und dem Zusatzurlaub von 8 Arbeitstagen.

Für das Lebensalter ist als Stichtag der 1. Januar des Urlaubsjahres maßgebend.

1.3 Für Schwerbehinderte im Sinne der gesetzlichen Vorschriften erhöht sich der Jahresurlaub um fünf Arbeitstage.

1.4 Samstage gelten nicht als Arbeitstage.

1.5 Die Urlaubsdauer richtet sich nach den in Betrieben des Baugewerbes zurückgelegten Beschäftigungstagen.

1.6 Erkrankt der Arbeitnehmer während des Urlaubs, so werden die durch ärztliches Zeugnis nachgewiesenen Tage der Arbeitsunfähigkeit auf den Urlaub nicht angerechnet. Der Arbeitnehmer hat sich jedoch nach terminmäßigem Ablauf seines Urlaubs oder, falls die Krankheit länger dauert, nach deren Beendigung dem Betrieb zur Arbeitsleistung zur Verfügung zu stellen. Der Antritt des restlichen Urlaubs ist gemäß Nr. 2.3 festzulegen.

2. Urlaubsantritt

2.1 Im Urlaubsjahr kann ein Teil des Jahresurlaubs erstmals angetreten werden, wenn der Anspruch darauf einschließlich des übertragenen Resturlaubs mindestens 9 Tage beträgt. In den Monaten Januar,

Februar, März und Dezember kann ein Teil des Jahresurlaubs auch dann angetreten werden, wenn sich zusammen mit Zusatzurlaub mindestens 9 Urlaubstage ergeben.

2.2 Zusatzurlaub kann nur in den Monaten Januar, Februar, März und Dezember verwirklicht werden.

2.3 Der Zeitpunkt des Urlaubsantritts ist unter Berücksichtigung der Wünsche des Arbeitnehmers und der Bedürfnisse des Betriebes vom Arbeitgeber unter Beachtung des Mitbestimmungsrechts des Betriebsrates festzulegen.

2.4 Bei Urlaubsantritt wird der Anspruch auf Urlaubsentgelt fällig.

2.5 Zunächst ist der aus dem Vorjahr übertragene Resturlaub zu gewähren. Nimmt der Arbeitnehmer Urlaub in den Monaten Januar bis März oder im Dezember, so ist zunächst der Restzusatzurlaub, dann der im laufenden Kalenderjahr erworbene Zusatzurlaub und schließlich der Restjahresurlaub zu gewähren.

3. Ermittlung der Urlaubsdauer

3.1 Bei Urlaubsantritt sind die dem Arbeitnehmer zustehenden Jahres- und Zusatzurlaubstage (Nr. 1.2) nach Maßgabe der Beschäftigungstage zu ermitteln; das Ergebnis wird nicht gerundet.

3.2 Der Arbeitnehmer erwirbt nach jeweils 16,5 – als Schwerbehinderter nach jeweils 13,5 – Beschäftigungstagen Anspruch auf einen Tag Jahresurlaub und

– in den Urlaubsjahren 1993 und 1994
  nach jeweils 73 Beschäftigungstagen,

– ab dem Urlaubsjahr 1995
  nach jeweils 45,5 Beschäftigungstagen

Anspruch auf einen Tag Zusatzurlaub.

3.3 Beschäftigungstage sind alle Kalendertage des Bestehens von Arbeitsverhältnissen in Betrieben des Baugewerbes während des Urlaubsjahres. Ausgenommen hiervon sind Tage

– an denen der Arbeitnehmer der Arbeit unentschuldigt ferngeblieben ist,

– unbezahlten Urlaubs, wenn dieser länger als 14 Kalendertage gedauert hat,

– für die der arbeitsunfähig erkrankte Arbeitnehmer weder Arbeitsentgelt noch Ausgleichsbeträge gemäß Nr. 5 erhalten hat.

Anhang III

3.4 Volle Beschäftigungsmonate sind zu 30 Beschäftigungstagen zu zählen; die Beschäftigungstage eines angefangenen Beschäftigungsmonats sind auszuzählen.

3.5 Bei Beendigung des Arbeitsverhältnisses sind die während seiner Dauer zurückgelegten Beschäftigungstage zu ermitteln.

3.6 Die für bereits gewährten Urlaub berücksichtigten Beschäftigungstage sind verbraucht.

3.7 Zum Ende des Urlaubsjahres sind aus den unverbrauchten Beschäftigungstagen die Restansprüche auf Jahres- und auf Zusatzurlaub zu errechnen; Bruchteile von Urlaubstagen, die mindestens einen halben Urlaubstag ergeben, sind auf volle Urlaubstage aufzurunden. Die Restansprüche sind in das folgende Kalenderjahr zu übertragen.

4. Höhe des Urlaubsentgelts

4.1 Das Urlaubsentgelt für den Urlaub gemäß Nr. 1.2 beträgt

– in den Urlaubsjahren 1993 und 1994: 10,26 v. H.,
 für Schwerbehinderte im Sinne der gesetzlichen Vorschriften 12,16 v. H.,

– ab dem Urlaubsjahr 1995: 11,4 v. H.,
 für Schwerbehinderte im Sinne der gesetzlichen Vorschriften 13,3 v. H.

des Bruttolohnes.

4.2 Bruttolohn ist

a) der für die Berechnung der Lohnsteuer zugrunde zu legende und in die Lohnsteuerkarte oder die Lohnsteuerbescheinigung einzutragende Bruttoarbeitslohn einschließlich der Sachbezüge, die nicht pauschal nach § 40 EStG versteuert werden,

b) der nach §§ 40a und 40b EStG pauschal zu versteuernde Bruttoarbeitslohn mit Ausnahme des Beitrages zu einer Gruppen-Unfallversicherung.

Zum Bruttolohn gehören nicht die Urlauhsabgeltungen gemäß Nr. 7.1 Buchst. a), c) und d).

4.3 Wird der Urlaub nur teilweise geltend gemacht, so ist das gemäß Nr. 4.1 errechnete Urlaubsentgelt durch die Summe der gemäß Nr. 3.1 ermittelten Urlaubstage zu teilen und mit der Zahl der beanspruchten Urlaubstage zu vervielfachen. Das Ergebnis ist das Urlaubsentgelt für den Teilurlaub.

4.4 Am Ende des Urlaubsjahres unverbrauchte Restansprüche auf Urlaubsentgelt sind in das folgende Kalenderjahr zu übertragen.

5. Ausgleichsbeträge

5.1 Soweit der Lohnausfall nicht vergütet worden ist, ist ein das Urlaubsentgelt erhöhender Ausgleich zu gewähren für die durch

a) unverschuldete Arbeitsunfähigkeit infolge von Krankheit,
b) Zeiten einer Wehrübung,
c) witterungsbedingten Arbeitsausfall in der Zeit vom 1. November bis 31. März,
d) vorübergehenden Arbeitsausfall infolge von Kurzarbeit

eingetretene Verminderung des der Urlaubsentgeltberechnung zugrunde liegenden Bruttolohnes.

5.2 Der Ausgleich ist im Falle der Nr. 5.1 Buchst. a) für eine Dauer der Krankheit bis zu 26 Wochen, bei Arbeitsunfähigkeit infolge Betriebsunfalls für eine Dauer bis zu 36 Wochen, im Falle der Nr. 5.1 Buchst. b) für die Dauer der Wehrübung zu gewähren und beträgt für jede volle Woche 65,00 DM.

5.3 Der Ausgleich gemäß Nr. 5.1 Buchst. c) bzw. d) ist für jede volle Ausfallstunde, höchstens jedoch für jeweils 400 Ausfallstunden im Urlaubsjahr, zu gewähren und beträgt 1,60 DM. Er ist anstelle des Ausgleichs gemäß Nr. 5.1 Buchst. a) auch für die Stunden zu gewähren, für die Anspruch auf Schlechtwettergeld-Leistungsfortzahlung im Krankheitsfall oder auf Krankengeld in Höhe des Schlechtwettergeldes bestand.

6. Zusätzliches Urlaubsgeld

Ab dem 1. Januar 1994 wird ein zusätzliches Urlaubsgeld gewährt.

Es beträgt für den

- in dem Urlaubsjahr 1994 entstehenden Urlaub: 5 v.H.,
- in dem Urlaubsjahr 1995 entstehenden Urlaub: 15 v.H.,
- nach dem 31. Dezember 1995 entstehenden Urlaub: 30 v.H.

des Urlaubsentgelts und wird mit diesem fällig. Es kann auf betrieblich gewährtes zusätzliches Urlaubsgeld angerechnet werden.

7. Urlaubsabgeltung

7.1 Anspruch auf Urlaubsabgeltung durch Auszahlung des Urlaubsentgelts und des zusätzlichen Urlaubsgeldes besteht,

a) nachdem der Arbeitnehmer länger als drei Monate in einem nicht von diesem Tarifvertrag erfaßten Betrieb beschäftigt gewesen ist,
b) nachdem der Arbeitnehmer dauernd erwerbsunfähig geworden ist und dies durch Rentenbescheid oder ärztliches Attest nachweist,

c) nachdem der Arbeitnehmer länger als drei Monate nicht in Betrieben des Baugewerbes beschäftigt gewesen ist und durch Rentenbescheid oder ärztliches Attest nachweist, daß er berufsunfähig oder auf nicht absehbare Zeit außerstande ist, seinen bisherigen Beruf im Baugewerbe auszuüben,

d) nachdem der Arbeitnehmer aus einem Betrieb des Baugewerbes ausgeschieden ist und durch Rentenbescheid nachweist, daß er Altersrente bezieht,

e) wenn der Arbeitnehmer in ein Angestellten- oder Ausbildungsverhältnis zu einem Betrieb des Baugewerbes überwechselt,

f) wenn der Arbeitnehmer auswandern will und eine amtliche Bescheinigung darüber vorlegt, daß die Ausreisepapiere ausgestellt sind,

g) wenn der ausländische Arbeitnehmer endgültig in sein Heimatland zurückkehrt,

h) wenn der Arbeitnehmer als Gelegenheitsarbeiter, Werkstudent, Praktikant oder in ähnlicher Weise beschäftigt war und das Arbeitsverhältnis endet.

7.2 Eine Abgeltung in anderen als den in Nr. 7.1 aufgeführten Fällen ist ausgeschlossen.

7.3 Zur Auszahlung ist der Arbeitgeber verpflichtet, bei dem der Arbeitnehmer zuletzt gewerblich beschäftigt war.

8. Verfall der Urlaubs- und Urlaubsabgeltungsansprüche

Die Urlaubsansprüche und die Urlaubsabgeltungsansprüche gemäß Nr. 7 verfallen mit Ablauf des Kalenderjahres, das auf das Jahr der Entstehung der Urlaubsansprüche folgt. Mit Ablauf eines weiteren Kalenderjahres verfällt auch der Anspruch auf Eintragung in die Lohnnachweiskarte und deren Berichtigung. § 16 ist ausgeschlossen.

9. Entschädigung durch die Kasse

Soweit Urlaubsansprüche oder Urlaubsabgeltungsansprüche verfallen sind, hat der Arbeitnehmer innerhalb eines weiteren Kalenderjahres Anspruch auf Entschädigung durch die Kasse in Höhe des Urlaubsentgelts und des zusätzlichen Urlaubsgeldes sowie auf Ersatzeintragung gemäß § 37 Abs. 7 VTV.

10. Ansprüche bei Tod des Arbeitnehmers

Stirbt der Arbeitnehmer, so hat der Erbe oder derjenige, der nachweislich für die Bestattungskosten aufgekommen ist, Anspruch auf Auszahlung des noch nicht verfallenen Urlaubsentgelts und des zusätzlichen Urlaubsgeldes sowie der noch nicht verfallenen Urlaubsabgeltung. Der

Anspruch besteht im Todesjahr gegenüber dem Arbeitgeber, bei dem der verstorbene Arbeitnehmer zuletzt beschäftigt war, binnen eines weiteren Kalenderjahres gegenüber der Kasse. Nicht verfallene Ansprüche gemäß Nr. 9 können im Todesjahr und im darauffolgenden Kalenderjahr gegenüber der Kasse geltend gemacht werden.

11. Urlaubs- und Lohnausgleichskasse der Bauwirtschaft

Die als gemeinsame Einrichtung der Tarifvertragsparteien bestehende „Urlaubs- und Lohnausgleichskasse der Bauwirtschaft" mit Sitz in Wiesbaden (Kasse) hat insbesondere die Aufgabe, die Auszahlung des Urlaubsentgelts und des zusätzlichen Urlaubsgeldes zu sichern. Die Arbeitgeber haben die dazu erforderlichen Mittel durch Beiträge aufzubringen. Auf die Beiträge hat die Kasse einen unmittelbaren Anspruch. Die Höhe der Beiträge, deren Einzahlung und Verwaltung sowie die Erstattung des Urlaubsentgelts und des zusätzlichen Urlaubsgeldes an die Arbeitgeber werden in besonderen Tarifverträgen, insbesondere im Tarifvertrag über das Sozialkassenverfahren im Baugewerbe (VTV), geregelt.

12. Urlaub für volljährige Arbeitnehmer im Auslernjahr

12.1 Bei der Ermittlung der Urlaubsdauer für Arbeitnehmer, die spätestens am 1. Januar des Urlaubsjahres das 18. Lebensjahr vollendet haben und in diesem Jahr Auszubildende in einem Betrieb des Baugewerbes waren, gelten die Tage des Bestehens des Ausbildungsverhältnisses im Urlaubsjahr als Beschäftigungstage. Im Urlaubsjahr während des Ausbildungsverhältnisses gewährter Urlaub ist auf die Urlaubsdauer anzurechnen. Nr. 3.7 gilt nicht.

12.2 Für die Urlaubstage gemäß Nr. 12.1 bemißt sich das Urlaubsentgelt nach dem durchschnittlichen Arbeitsverdienst, den der Arbeitnehmer in den letzten dreizehn Wochen vor dem Beginn des Urlaubs erhalten hat. Bei Verdiensterhöhungen nicht nur vorübergehender Natur, die während des Berechnungszeitraums oder des Urlaubs eintreten, ist von dem erhöhten Verdienst auszugehen. Verdienstkürzungen, die im Berechnungszeitraum infolge von Kurzarbeit, Arbeitsausfällen oder unverschuldeter Arbeitsversäumnis eintreten, bleiben für die Berechnung des Urlaubsentgelts außer Betracht (§ 11 des Bundesurlaubsgesetzes). Nrn. 4 und 5 gelten nicht.

13. Urlaub für jugendliche Arbeitnehmer

Jugendliche Arbeitnehmer erhalten den Urlaub nach den gesetzlichen Vorschriften. Abweichend von § 19 Abs. 2 des Jugendarbeitsschutz-

gesetzes beträgt der Urlaub für alle Arbeitnehmer, die am 1. Januar des Urlaubsjahres das 18. Lebensjahr noch nicht vollendet haben,
- in den Urlaubsjahren 1993 und 1994
27 Arbeitstage; er besteht aus dem Jahresurlaub von 25 Arbeitstagen und dem Zusatzurlaub von 2 Arbeitstagen,
- in dem Urlaubsjahr 1995
30 Arbeitstage; er besteht aus dem Jahresurlaub von 25 Arbeitstagen und dem Zusatzurlaub von 5 Arbeitstagen.

Für das Urlaubsentgelt und für das zusätzliche Urlaubsgeld gelten Nr. 12.2 und Nr. 6.

14. Überleitungsanspruch

14.1 Ab dem Urlaubsjahr 1994 haben Arbeitnehmer, die am 1. Januar des Urlaubsjahres mindestens 18 Jahre alt sind und denen im Vorjahr der Urlaub nach Nrn. 12, 13 oder nach § 10 a des Tarifvertrages über die Berufsbildung im Baugewerbe (BBTV) zu gewähren war, zusätzlich zu dem im Urlaubsjahr entstehenden Urlaubsanspruch einen Überleitungsanspruch auf 9 Tage Jahres- und 2 Tage Zusatzurlaub, wenn sie im Vorjahr mindestens sechs Monate in Betrieben des Baugewerbes beschäftigt waren. Das Urlaubsentgelt für den Überleitungsanspruch beträgt 10,5 v. H. des 817fachen Gesamttarifstundenlohnes der Berufsgruppe, die für den Arbeitnehmer bei Aufnahme der Beschäftigung im Urlaubsjahr maßgebend ist.

14.2 Ist der Arbeitnehmer im Vorjahr aus einem Ausbildungsverhältnis zu einem Betrieb des Baugewerbes ausgeschieden, so besteht der Anspruch gemäß Nr. 14.1 auch dann, wenn spätestens bis zum 1. Juli des Urlaubsjahres ein Arbeitsverhältnis begründet worden ist.

14.3 Hat der Arbeitnehmer im Urlaubsjahr in einem von diesem Tarifvertrag nicht erfaßten Betrieb bereits Urlaub erhalten, so ist dieser auf den Überleitungsanspruch anzurechnen. Das Urlaubsentgelt hierfür mindert sich für jeden anzurechnenden Urlaubstag um ein Elftel des Betrages gemäß Nr. 14.1 Satz 2.

14.4 Im Urlaubsjahr wird zunächst der Urlaub gemäß Nr. 14.1 (Überleitungsanspruch) verwirklicht;
danach können

- im Urlaubsjahr 1994 nur noch 13 Tage Jahres- und 3 Tage Zusatzurlaub,
- ab dem Urlaubsjahr 1995 nur noch 13 Tage Jahres- und 6 Tage Zusatzurlaub

verwirklicht werden. Restansprüche auf Jahres- und Zusatzurlaub sind in das folgende Kalenderjahr zu übertragen. Hinsichtlich des Überleitungsanspruches sind die Übertragung in das nächste Kalenderjahr, die Urlaubsabgeltung und die Entschädigung jedoch ausgeschlossen.

15. Allgemeiner Überleitungsanspruch im Urlaubsjahr 1993

15.1 Arbeitnehmer, die am 1. Januar 1993 in einem Arbeitsverhältnis zu einem von diesem Tarifvertrag erfaßten Betrieb im Beitrittsgebiet stehen und die an diesem Tage mindestens 18 Jahre alt sind, erhalten zusätzlich zu dem im Urlaubsjahr 1993 entstehenden Urlaubsanspruch einen Überleitungsanspruch von 8 Tagen Jahresurlaub. Das Urlaubsentgelt für den Überleitungsanspruch beträgt 1.065,00 DM.

15.2 Im Urlaubsjahr 1993 wird zunächst der Urlaub gemäß Nr. 15.1 (allgemeiner Überleitungsanspruch) verwirklicht; danach können im Urlaubsjahr 1993 nur noch 14 Tage Jahres- und 5 Tage Zusatzurlaub verwirklicht werden. Hinsichtlich des allgemeinen Überleitungsanspruches wird die Übertragung in das nächste Kalenderjahr, die Urlaubsabgeltung und die Entschädigung ausgeschlossen.

15.3 Ist der Arbeitnehmer im Vorjahr aus einem Ausbildungsverhältnis zu einem von dem räumlichen Geltungsbereich dieses Tarifvertrages erfaßten Baubetrieb ausgeschieden, so besteht der Anspruch gemäß Nr. 15.1 auch dann, wenn spätestens bis zum 1. Juli des Urlaubsjahres ein Arbeitsverhältnis zu einem Baubetrieb im Beitrittsgebiet begründet worden ist.

16. Erfüllungsort und Gerichtsstand

Erfüllungsort für Ansprüche der Kasse gegen Arbeitgeber und Arbeitnehmer sowie für Ansprüche der Arbeitgeber und Arbeitnehmer gegen die Kasse ist Wiesbaden. Gerichtsstand für diese Ansprüche ist Berlin.

17. Beschäftigung in den alten und neuen Bundesländern

War der Arbeitnehmer im Urlaubsjahr sowohl in den alten als auch in den neuen Bundesländern beschäftigt, so setzen sich seine Ansprüche auf Urlaub, Urlaubsentgelt, Ausgleichsbeträge und zusätzliches Urlaubsgeld aus Teilansprüchen zusammen, die in den jeweiligen Arbeitsverhältnissen nach den für sie geltenden Bestimmungen des § 8, der Urlaubsregelung für die gewerblichen Arbeitnehmer des Baugewerbes in Bayern (Urlaubsregelung Bayern) oder des § 8a erworben worden sind.

18. Sonderregelung für Berlin

Die Bestimmungen dieses Paragraphen gelten nicht für das Gebiet des Landes Berlin.

Entscheidungsverzeichnis

1. Bundesarbeitsgericht

Datum	Aktenzeichen	Fundstelle(n)
10-Nov-1955	2 AZR 591/54	BB 1956, 241 = AP Nr. 2 zu § 611 BGB Beschäftigungspflicht
13-Apr-1956	1 AZR 353/55	BB 1956, 498 = AP Nr. 2 zu § 4 TVG Ausschlußfrist = BAGE 2, 315 ff.
20-Apr-1956	1 AZR 448/54	BB 1956, 595 = AP Nr. 7 zu § 611 BGB Urlaubsrecht
20-Apr-1956	1 AZR 476/54	BB 1956, 595 f.
22-Jun-1956	1 AZR 296/54	BB 1956, 785 = AP Nr. 9 zu § 611 BGB Urlaubsrecht
22-Jun-1956	1 AZR 41/55	BB 1956, 753 = AP Nr. 10 zu § 611 BGB Urlaubsrecht
22-Jun-1956	1 AZR 187/55	BB 1956, 785 = AP Nr. 13 zu § 611 BGB Urlaubsrecht
11-Jun-1957	2 AZR 15/57	BB 1957, 749 = AP Nr. 1 zu § 629 BGB
18-Okt-1957	1 AZR 437/56	BB 1957, 1221 = DB 1957, 1180
29-Okt-1957	3 AZR 411/55	AP Nr. 10 zu § 611 BGB Lehrverhältnis
05-Dez-1957	1 AZR 603/56	BB 1958, 157 = AP Nr. 21 zu § 611 BGB Urlaubsrecht
08-Okt-1958	4 AZR 34/55	BB 1958, 1246 = AP Nr. 1 zu Art. 7 UrlG Bayern
12-Feb-1959	1 AZR 43/56	BB 1959, 340
16-Okt-1959	1 AZR 529/58	BB 1959, 1247 = AP Nr. 46 zu § 611 BGB Urlaubsrecht
27-Nov-1959	1 AZR 355/57	BB 1959, 1248 = AP Nr. 55 zu § 611 BGB Urlaubsrecht
18-Dez-1959	2 AZR 158/56	BAGE 8, 314, 322 ff.
29-Jan-1960	1 AZR 200/58	BB 1960, 782 = AP Nr. 12 zu § 123 GewO
26-Apr-1960	1 AZR 410/58	BB 1960, 782 = AP Nr. 1 zu § 3 UrlG Niedersachsen
26-Apr-1960	1 AZR 134/58	DB 1960, 819 = AP Nr. 58 zu § 611 BGB Urlaubsrecht = BAGE 9, 185
03-Jun-1960	1 AZR 251/59	BB 1960, 781 = DB 1960, 880
08-Dez-1960	5 AZR 304/58	BB 1961, 217 = DB 1961, 242
20-Jul-1961	5 AZR 343/60	BB 1961, 1163 = AP Nr. 3 zu § 10 UrlG Hamburg
12-Okt-1961	5 AZR 423/60	AP Nr. 84 zu § 611 BGB Urlaubsrecht
30-Nov-1961	5 AZR 96/61	BB 1962, 222 = AP Nr. 85 zu § 611 BGB Urlaubsrecht
22-Feb-1962	5 AZR 126/61	BB 1962, 598 = AP Nr. 1 zu § 8 UrlG Berlin
01-Mär-1962	5 AZR 191/61	BB 1962, 598
15-Mär-1962	5 AZR 172/61	BB 1962, 677 = AP Nr. 1 zu § 6 UrlG Niedersachsen

Entscheidungsverzeichnis

Datum	Aktenzeichen	Fundstelle(n)
05-Apr-1962	2 AZR 182/61	AP Nr. 28 zu § 63 HGB
07-Dez-1962	5 AZR 238/62	BB 1963, 271 = AP Nr. 6 zu § 3 UrlG Niedersachsen
13-Dez-1962	2 AZR 128/62	BB 1963, 310 = BAGE 14, 17
07-Feb-1963	5 AZR 32/62	BB 1963, 516, 604 = AP Nr. 2 zu § 611 BGB Urlaub und Fünf-Tage-Woche
07-Feb-1963	5 AZR 54/62	BB 1963, 516, 603 = AP Nr. 1 zu § 611 BGB Urlaub und Fünf-Tage-Woche
08-Feb-1963	1 AZR 391/62	BB 1963, 603
25-Apr-1963	5 AZR 44/62	AP Nr. 3 zu § 611 BGB Urlaub und Fünf-Tage-Woche
07-Mai-1963	5 AZR 215/62	BB 1963, 604 = AP Nr. 6 zu § 5 UrlG NRW
09-Mai-1963	5 AZR 91/62	AP Nr. 4 zu § 611 BGB Urlaub und Fünf-Tage-Woche
09-Mai-1963	5 AZR 411/62	AP Nr. 5 zu § 611 BGB Urlaub und Fünf-Tage-Woche
04-Jul-1963	5 AZR 53/62	BB 1963, 1260
01-Aug-1963	5 AZR 59/63	BB 1963, 1337 = DB 1963, 1579 – AP Nr. 1 zu § 12 ArbPlSchG
01 Aug 1963	5 AZR 74/63	BB 1963, 1339 = DB 1963, 1579 = AP Nr. 91 zu § 611 BGB Urlaubsrecht
04-Okt-1963	1 AZR 488/62	BB 1963, 1218 = AP Nr. 2 zu § 19 JArbSchG
14-Nov-1963	5 AZR 498/62	BB 1964, 223 = AP Nr. 2 zu § 3 ArbPlSchG
14-Mai-1964	5 AZR 239/63	AP Nr. 94 zu § 611 BGB Urlaubsrecht
15-Jun-1964	1 AZR 303/63	BB 1964, 760 = AP Nr. 35 zu Art. 9 GG Arbeitskampf
15-Jun-1964	1 AZR 356/63	BB 1964, 760 = AP Nr. 36 zu Art. 9 GG Arbeitskampf
09-Jul-1964	5 AZR 463/63	BB 1964, 1083 = AP Nr. 2 zu § 13 BUrlG
05-Nov-1964	5 AZR 405/63	BB 1965, 333, 334 = AP Nr. 1 zu § 3 BUrlG
26-Nov-1964	5 AZR 298/63	AP Nr. 2 zu § 611 BGB Urlaub und Kur
26-Nov-1964	5 AZR 502/63	BB 1965, 373
21-Jan-1965	5 AZR 228/64	AP Nr. 1 zu § 1 HAG
25-Feb-1965	5 AZR 59/64	BB 1965, 543 = AP Nr. 5 zu § 13 BUrlG
23-Sep-1965	5 AZR 335/64	AP Nr. 1 zu § 5 BUrlG
30-Sep-1965	5 AZR 115/65	BB 1965, 1456 = DB 1965, 1864
03-Nov-1965	5 AZR 157/65	BB 1966, 247
09-Dez-1965	5 AZR 175/65	BB 1966, 164 = DB 1966, 306
11-Jan-1966	5 AZR 383/65	BB 1966, 369 = DB 1966, 427 = EzA § 1 BUrlG Nr. 2
10-Feb-1966	5 AZR 408/65	BB 1966, 619 = DB 1966, 708 = AP Nr. 1 zu § 13 BUrlG Unabdingbarkeit
17-Feb-1966	5 AZR 447/65	BB 1966, 452 = AP Nr. 2 zu § 5 BUrlG
22-Feb-1966	5 AZR 431/65	BB 1966, 535 = AP Nr. 3 zu § 5 BUrlG
10-Mär-1966	5 AZR 498/65	BB 1966, 580 = AP Nr. 2 zu § 59 KO

Entscheidungsverzeichnis

Datum	Aktenzeichen	Fundstelle(n)
14-Mär-1966	5 AZR 468/65	BB 1966, 662 = DB 1966, 948
21-Apr-1966	5 AZR 510/65	BB 1966, 900 = AP Nr. 3 zu § 7 BUrlG
09-Mai-1966	5 AZR 432/65	BB 1966, 900 = AP Nr. 4 zu § 11 BurlG
16-Jun-1966	5 AZR 521/65	BB 1966, 983 = AP Nr. 4 zu § 5 BUrlG
23-Jun-1966	5 AZR 541/65	BB 1966, 944 = AP Nr. 2 zu § 3 BUrlG Rechtsmißbrauch
01-Aug-1966	5 AZR 106/66	BB 1966, 1229
23-Dez-1966	5 AZR 163/66	BB 1967, 207 = AP Nr. 1 zu § 7 BUrlG Abgeltung
26-Jan-1967	5 AZR 395/66	AP Nr. 1 zu § 4 BUrlG mit Anm. Meisel
09-Mär-1967	5 AZR 292/66	BB 1967, 629
08-Jun-1967	5 AZR 461/66	BB 1967, 959 = BAGE 19, 325
20-Okt-1967	3 AZR 467/66	BB 1968, 83 = AP Nr. 30 zu § 620 BGB Befristeter Arbeitsvertrag
21-Jun-1968	5 AZR 408/67	BB 1968, 996 = AP Nr. 1 zu § 9 BUrlG
28-Nov-1968	5 AZR 133/68	BB 1969, 274 = AP Nr. 6 zu § 5 BUrlG
26-Jun-1969	5 AZR 393/68	AP Nr. 1 zu § 7 BUrlG Urlaubsjahr
06-Nov-1969	5 AZR 29/69	BB 1970, 260 = AP Nr. 1 zu § 6 BUrlG
13-Nov-1969	5 AZR 82/69	BB 1970, 259 = AP Nr. 2 zu § 7 BUrlG Übertragung = NJW 1970, 679
29-Jan-1970	5 AZR 159/69	BB 1970, 708 = AP Nr. 2 zu § 48 BAT
05-Feb-1970	5 AZR 223/69	BB 1970, 581 = DB 1970, 787
17-Mär-1970	5 AZR 540/69	BB 1970, 802 = AP Nr. 8 zu § 5 BUrlG
21-Mai-1970	5 AZR 421/69	BB 1970, 925 = DB 1970, 2084
25-Jun-1970	5 AZR 483/69	AuR 1970, 248
17-Sep-1970	5 AZR 45/70	BB 1970, 1437 = AP Nr. 11 zu § 13 BUrlG
05-Nov-1970	5 AZR 154/70	BB 1971, 220 = AP Nr. 8 zu § 7 BUrlG Abgeltung
04-Dez-1970	5 AZR 242/70	BB 1971, 220
24-Feb-1972	5 AZR 414/71	BB 1972, 619 = AP Nr. 10 zu § 11 BUrlG
24-Aug-1972	5 AZR 184/72	BB 1972, 1503
03-Okt-1972	5 AZR 209/72	BB 1973, 89
28-Jun-1973	5 AZR 568/72	BB 1973, 1356
19-Jul-1973	5 AZR 73/73	BB 1973, 1260 = DB 1973, 1903 = AP Nr. 1 zu § 8 BUrlG
15-Nov-1973	5 AZR 166/73	BB 1974, 320 = EzA § 11 BUrlG Nr. 10
29-Nov-1973	5 AZR 105/73	BB 1974, 417
10-Jan-1974	5 AZR 208/73	BB 1974, 464 = DB 1974, 1023 = AP Nr. 6 zu § 7 BUrlG
01-Jul-1974	5 AZR 600/73	BB 1974, 1398 = DB 1974, 2114 = AP Nr. 5 zu § 9 BUrlG
30-Jul-1975	5 AZR 342/74	BB 1975, 1578 = AP Nr. 12 zu § 11 BUrlG
23-Jul-1976	5 AZR 474/75	BB 1976, 1464 = AP Nr. 1 zu § 123 VermBG
11-Aug-1976	5 AZR 422/75	BB 1976, 1663 = DB 1977, 119
04-Jun-1977	5 AZR 663/75	BB 1977, 1351
08-Jun-1977	5 AZR 97/76	BB 1977, 1605 = DB 1977, 2285

Entscheidungsverzeichnis

Datum	Aktenzeichen	Fundstelle(n)
21-Sep-1977	5 AZR 373/76	BB 1978, 761
30-Nov-1977	5 AZR 667/76	AP Nr. 4 zu § 13 BUrlG Unabdingbarkeit
27-Jun-1978	6 AZR 59/77	AP Nr. 12 zu § 13 BUrlG
27-Jun-1978	6 AZR 753/76	AP Nr. 15 zu § 11 BUrlG
02-Nov-1978	2 AZR 74/77	BB 1979, 1038 = AP Nr. 3 zu § 620 BGB
09-Jan-1979	6 AZR 647/77	BB 1979, 972 = DB 1979, 1138 = AP Nr. 4 zu § 1 BUrlG
18-Jan-1979	2 AZR 254/77	BB 1979, 1505
18-Jun-1980	6 AZR 328/78	BB 1980, 1691 = AP Nr. 6 zu § 13 BUrlG Unabdingbarkeit
16-Dez-1980	7 AZR 1148/78	BB 1981, 1030 = AP Nr. 11 zu § 130 BGB
28-Jul-1981	1 ABR 79/79	BB 1982, 616 = DB 1981, 2621 = SAE 1984, 114
08-Okt-1981	6 AZR 163/79	DB 1982, 807
08-Okt-1981	6 AZR 296/79	DB 1982, 911 = AP Nr. 3 zu § 47 BAT
28-Jan-1982	6 AZR 591/79	BB 1982, 862 = AP Nr. 11 zu § 3 BUrlG Rechtsmißbrauch
09-Feb-1982	1 AZR 567/79	BB 1982, 993 = AP Nr. 16 zu § 11 BUrlG
17-Mär-1982	5 AZR 1250/79	DB 1982, 2144
13-Mai-1982	6 AZR 360/80	BB 1982, 2111 = DB 1982, 2193 und 2470 = AP Nr. 4 zu § 7 BUrlG Übertragung = BAGE 39, 53
25-Nov-1982	6 AZR 1254/79	DB 1983, 1155 = AP Nr. 3 zu § 6 BurlG
08-Dez-1982	4 AZR 134/80	BB 1983, 314 = BAGE 41, 123
13-Jan-1983	5 AZR 149/82	BB 1983, 194 = NJW 1984, 1985
01-Jun-1983	5 AZR 536/80	BB 1983, 1097 = AP Nr. 52 zu § 1 LFZG
15-Jun-1983	5 AZR 598/80	AP Nr. 12 zu § 2 LFZG
23-Jun-1983	6 AZR 180/80	DB 1983, 2523
20-Okt-1983	6 AZR 590/80	AP Nr. 5 zu § 47 BAT
17-Nov-1983	6 AZR 346/80	AP Nr. 13 zu § 13 BUrlG
01-Dez-1983	6 AZR 299/80	BB 1984, 1299 = NZA 1984, 194 = AP Nr. 15 zu § 7 BUrlG Abgeltung
08-Mär-1984	6 AZR 600/82	BB 1984, 1618 = DB 1984, 1883 = NZA 1984, 197 = AP Nr. 14 zu § 3 BUrlG Rechtsmißbrauch = BAGE 45, 184
08-Mär-1984	6 AZR 442/83	BB 1984, 1489 = AP Nr. 15 zu § 13 BUrlG
08-Mär-1984	6 AZR 560/83	BB 1984, 1874 = AP Nr. 16 zu § 7 BUrlG Abgeltung
05-Apr-1984	6 AZR 443/81	BB 1984, 1809 = DB 1985, 48 = AP Nr. 16 zu § 13 BUrlG = EzA § 13 BUrlG Nr. 19 = BAGE 45, 314
09-Mai-1984	5 AZR 412/81	BB 1984, 1687 = DB 1984, 2099 = NZA 1984, 162 = AP Nr. 58 zu § 1 LFZG
28-Jun-1984	6 AZR 521/81	BB 1984, 2133 = NZA 1985, 156
29-Nov-1984	6 AZR 238/82	AP Nr. 22 zu § 7 BUrlG Abgeltung = BAGE 47, 268

317

Entscheidungsverzeichnis

Datum	**Aktenzeichen**	**Fundstelle(n)**
17-Jan-1985	6 AZR 268/82	BB 1985, 998 = AP Nr. 20 zu § 7 BUrlG Abgeltung
31-Jan-1985	2 AZR 486/83	AP Nr. 6 zu § 8a MuSchG 1968
20-Feb-1985	5 AZR 180/83	BB 1985, 2178 = EzA § 3 LFZG Nr. 5
07-Mär-1985	6 AZR 334/82	BB 1985, 1197 = NZA 1986, 132
21-Mär-1985	6 AZR 565/82	NZA 1986, 25 = AP Nr. 11 zu § 13 BUrlG Unabdingbarkeit = AR-Blattei (D) Auslandsarbeit: Entscheidung 10
22-Mai-1985	5 AZR 30/84	BB 1986, 193 = DB 1985, 2409
05-Sep-1985	6 AZR 86/82	AP Nr. 1 zu § 1 BUrlG Treueurlaub = BAGE 49, 299
05-Sep-1985	6 AZR 216/81	BB 1986, 667 = DB 1986, 597 = AP Nr. 1 zu § 4 TVG Besitzstand
19-Sep-1985	6 AZR 460/83	AP Nr. 21 zu § 13 BUrlG = BAGE 49, 370
07-Nov-1985	6 AZR 169/84	BB 1986, 735 = DB 1986, 973 = NZA 1986, 392 = NJW 1987, 150 = AP Nr. 16 zu § 3 BUrlG Rechtsmißbrauch
07-Nov-1985	6 AZR 62/84	BB 1986, 735 = AP Nr. 8 zu § 7 BUrlG Übertragung
07-Nov-1985	6 AZR 626/84	BB 1986, 1229 = AP Nr. 25 zu § 7 BUrlG Abgeltung = BAGE 50, 118
07-Nov-1985	6 AZR 202/83	DB 1986, 973 = NZA 1986, 391
14-Mai-1986	8 AZR 604/84	BB 1986, 2338 = EzA § 7 BUrlG Nr. 45
26-Jun-1986	8 AZR 266/84	BB 1986, 2337 = AP Nr. 6 zu § 44 SchwbG = NJW 1987, 1287
26-Jun-1986	8 AZR 75/83	BB 1986, 2270 = DB 1986, 2684 = AP Nr. 5 zu § 44 SchwbG
30-Jul-1986	8 AZR 241/83	BB 1986, 2337 = DB 1986, 2684 = NZA 1986, 835 = AP Nr. 7 zu § 44 SchwbG
30-Jul-1986	8 AZR 475/84	BB 1986, 2200 = DB 1986, 2394 = AP Nr. 22 zu § 13 BUrlG
27-Aug-1986	8 AZR 582/83	BB 1987, 405 = AP Nr. 29 zu § 7 BUrlG Abgeltung
31-Okt-1986	8 AZR 244/84	BB 1987, 1035 = DB 1987, 844
13-Nov-1986	8 AZR 212/84	BB 1987, 1036 = NZA 1987, 390 = AP Nr. 26 zu § 13 BUrlG = EzA § 7 BUrlG Nr. 47
13-Nov-1986	8 AZR 68/83	BB 1987, 903 = DB 1987, 1362 = NZA 1987, 426 = AP Nr. 28 zu § 13 BUrlG
13-Nov-1986	8 AZR 224/84	BB 1987, 828 = DB 1987, 843 = NZA 1987, 391 = AP Nr. 27 zu § 13 BUrlG
18-Dez-1986	8 AZR 502/84	BB 1987, 1044 = DB 1987, 1362 = NZA 1987, 379 = AP Nr. 10 zu § 7 BUrlG = EzA § 7 BUrlG Nr. 48
18-Dez-1986	8 AZR 481/84	NZA 1987, 633 = AP Nr. 19 zu § 11 BUrlG
27-Jan-1987	8 AZR 579/84	BB 1987, 1672 = DB 1987, 1151 = NZA 1987, 462 = AP Nr. 30 zu § 13 BUrlG = BAGE 54, 141

Entscheidungsverzeichnis

Datum	Aktenzeichen	Fundstelle(n)
27-Jan-1987	8 AZR 66/84	DB 1987, 1363 = NZA 1987, 598 = AP Nr. 29 zu § 13 BUrlG
10-Feb-1987	8 AZR 529/84	BB 1987, 1955 = DB 1987, 1693 = NZA 1987, 675 = AP Nr. 12 zu § 13 BUrlG Unabdingbarkeit
10-Mär-1987	8 AZR 610/84	BB 1987, 1814
25-Aug-1987	8 AZR 331/85	AP Nr. 37 zu § 7 BUrlG Abgeltung
25-Aug-1987	8 AZR 118/86	BB 1988, 631 = DB 1988, 447 = AP Nr. 15 zu § 7 BUrlG Übertragung
22-Okt-1987	8 AZR 324/86	AP Nr. 40 zu § 7 BUrlG Abgeltung
22-Okt-1987	8 AZR 172/86	NZA 1988, 256 LS = AP Nr. 39 zu § 7 BUrlG Abgeltung
24-Nov-1987	8 AZR 140/87	BB 1988, 631 = DB 1988, 447 = AP Nr. 41 zu § 7 BUrlG Abgeltung = BAGE 56, 340
15-Dez-1987	8 AZR 647/86	BB 1988, 1256 = EzA § 9 BUrlG Nr. 13
21-Jan-1988	2 AZR 581/86	BB 1988, 1533 = DB 1988, 1758
25-Feb-1988	8 AZR 596/85	BB 1988, 2246 = DB 1988, 1554 = NJW 1988, 2757 = AP Nr. 3 zu § 8 BUrlG
30-Mär-1988	5 AZR 42/87	BB 1988, 1464 = EzA § 1 LFZG Nr. 92
26-Mai-1988	8 AZR 774/85	BB 1989, 288 = NZA 1989, 362 = AP Nr. 19 zu § 1 BUrlG
31-Mai-1988	1 AZR 200/87	BB 1988, 2466 = NZA 1988, 887 = AP Nr. 58 zu § 1 Feiertagslohnzahlungsgesetz
09-Jun-1988	8 AZR 755/85	BB 1988, 2108 = DB 1988, 2467 = AP Nr. 10 zu § 9 BUrlG
21-Jul-1988	8 AZR 331/86	BB 1988, 2391
03-Nov-1988	8 AZR 409/86	BB 1989, 359 = AP Nr. 43 zu § 7 BUrlG Abgeltung
12-Jan-1989	8 AZR 404/87	BB 1989, 1698 = DB 1989, 2174 = AP Nr. 13 zu § 47 BAT
26-Jan-1989	8 AZR 730/87	BB 1989, 2189 = DB 1989, 2129 = NZA 1989, 756 = AP Nr. 13 zu § 5 BUrlG = EzA § 5 BUrlG Nr. 14
09-Feb-1989	8 AZR 310/87	BB 1989, 2112
20-Apr-1989	8 AZR 621/87	BB 1989, 2334 = AP Nr. 48 zu § 7 BurlG Abgeltung = BAGE 61, 362
20-Apr-1989	8 AZR 475/87	BB 1989, 1760 = EzA § 7 BUrlG Nr. 65
10-Mai-1989	7 AZR 450/88	BB 1989, 2403 = DB 1990, 280
22-Jun-1989	8 AZR 172/88	BB 1989, 2403 = DB 1990, 635 = AP Nr. 50 zu § 7 BUrlG Abgeltung = EzA § 7 BUrlG Nr. 69
18-Jul-1989	8 AZR 44/88	BB 1989, 2335 = DB 1989, 2490 = AP Nr. 49 zu § 7 BUrlG Abgeltung
26-Jul-1989	5 AZR 301/88	BB 1989, 2403 = EzA § 1 LFZG Nr. 112
24-Aug-1989	2 AZR 3/89	DB 1990, 1666
24-Okt-1989	8 AZR 253/88	BB 1990, 1279 = DB 1990, 991 = NZA 1990, 499
24-Okt-1989	8 AZR 5/89	BB 1990, 1414 = NZA 1990, 486

Entscheidungsverzeichnis

Datum	**Aktenzeichen**	**Fundstelle(n)**
11-Jan-1990	8 AZR 440/88	DB 1990, 2377 = NZA 1990, 938
25-Jan-1990	8 AZR 12/89	BB 1990, 712 = BAGE 64, 88
03-Apr-1990	3 AZR 258/88	BB 1990, 2271 = NZA 1991, 267 = EzA § 2 HAG Nr. 1
26-Apr-1990	8 AZR 517/89	BB 1990, 2490 = AP Nr. 53 zu § 7 BUrlG Abgeltung
31-Mai-1990	8 AZR 161/89	BB 1990, 2120 = AP Nr. 54 zu § 7 BUrlG Abgeltung
31-Mai-1990	8 AZR 132/89	BB 1990, 2046 = DB 1991, 392 = NZA 1990, 935 = AP Nr. 11 zu § 13 BUrlG Unabdingbarkeit
31-Mai-1990	8 AZR 296/89	BB 1990, 2408 = DB 1990, 2428 = EzA § 5 BUrlG Nr. 15
31-Mai-1990	8 AZR 184/89	BB 1990, 2051 = DB 1990, 2529 = NZA 1990, 945
31-Mai-1990	8 AZR 353/89	ZTR 1990, 479
16-Aug-1990	8 AZR 439/89	BB 1991, 762 = BAGE 65, 359
18-Okt-1990	8 AZR 490/89	BB 1991, 1048 = NZA 1991, 466
15-Nov-1990	8 AZR 283/89	BB 1991, 981 = BAGE 66, 220
28-Nov-1990	8 AZR 570/89	BB 1991, 764 = BAGE 66, 288
17-Jan-1991	8 AZR 644/89	BB 1991, 1412 = AP Nr. 30 zu § 11 BUrlG
31-Jan-1991	8 AZR 52/90	BB 1991, 1419 = AP Nr. 31 zu § 11 BUrlG
14-Feb-1991	8 AZR 166/90	BB 1991, 1418 = AP Nr. 10 zu § 3 TVG
14-Feb-1991	8 AZR 97/90	BB 1991, 1789 = DB 1991, 1987 = NZA 1991, 777 = AP Nr. 1 zu § 3 BUrlG Teilzeit = EzA § 13 BUrlG Nr. 50
28-Feb-1991	8 AZR 196/90	BB 1991, 1788 = DB 1991, 1987 = AP Nr. 4 zu § 6 BUrlG = EzA § 6 BUrlG Nr. 4
28-Feb-1991	8 AZR 89/90	BB 1991, 1200 = DB 1992, 97 = AP Nr. 21 zu § 550 ZPO
01-Okt-1991	9 AZR 421/90	BB 1992, 143 = DB 1992, 383 = NZA 1992, 284
01-Okt-1991	9 AZR 290/90	NZA 1992, 1078 = AP Nr. 12 zu § 7 BUrlG
01-Okt-1991	1 AZR 147/91	BB 1991, 2447 = NZA 1992, 163 f. = AP Nr. 121 zu Art. 9 GG Arbeitskampf
22-Okt-1991	9 AZR 433/90	BB 1992, 1793 = DB 1992, 2092 = NZA 1993, 28 f. = NJW 1992, 3317
22-Okt-1991	9 AZR 621/90	DB 1993, 841 f. = NZA 1993, 79 ff. = AP Nr. 6 zu § 3 BUrlG
22-Okt-1991	9 AZR 373/90	BB 1992, 1215 = NZA 1992, 797 f.
13-Nov-1991	7 AZR 31/91	NZA 1992, 1125
14-Jan-1992	9 AZR 148/91	BB 1992, 995 = DB 1992, 1889 = NZA 1992, 759 ff. = AP Nr. 5 zu § 3 BUrlG
29-Jan-1992	5 AZR 37/91	BB 1993, 143 f. = AP Nr. 1 zu § 74 SGB V
26-Mai-1992	9 AZR 172/91	BB 1992, 2003 = DB 1992, 2349 = NZA 1993, 29 = AP Nr. 58 zu § 7 BUrlG Abgeltung
26-Mai-1992	9 AZR 41/91	BB 1992, 2512 = DB 1993, 1523 f.

Entscheidungsverzeichnis

Datum	Aktenzeichen	Fundstelle(n)
26-Mai-1992	9 AZR 174/91	BB 1992, 1214 = DB 1993, 642 = NZA 1993, 67 f.
23-Jun-1992	9 AZR 111/91	BB 1992, 2004 = DB 1992, 2404 = NZA 1992, 1088
23-Jun-1992	9 AZR 57/91	BB 1993, 144 f. = NZA 1993, 360
23-Jun-1992	9 AZR 296/90	BB 1992, 2152 = NZA 1993, 85
28-Jul-1992	9 AZR 340/91	BB 1992, 1562 (Pressemitteilung 22/91) = DB 1993, 642 = NZA 1994, 27 f.
25-Aug-1992	9 AZR 329/91	BB 1992, 2296 = DB 1993, 1371 = NZA 1993, 759 = AuR 1992, 377 LS
25-Aug-1992	9 AZR 357/91	BB 1992, 2217 = NZA 1993, 322 f. = AP Nr. 1 zu § 22, 23 BAT Urlaubsgeld
22-Sep-1992	9 AZR 483/91	BB 1993, 76 = DB 1993, 891 LS = NZA 1993, 406 f.
05-Nov-1992	2 AZR 147/92	BB 1993, 434 = DB 1993, 486 f.
24-Nov-1992	9 AZR 549/91	BB 1992, 2508 (Pressemitteilung 36/92) und BB 1993, 654 f. = DB 1993, 1423 f. = NZA 1993, 472 ff. = ZAP 1993, Fach 17 R, S. 47 mit Anm. Hohmeister
24-Nov-1992	9 AZR 331/91	BB 1993, 584 LS = DB 1993, 641 f. = NZA 1993, 604 f.
24-Nov-1992	9 AZR 564/91	BB 1993, 584 = NZA 1993, 750 ff.
19-Jan-1993	9 AZR 8/92	BB 1993, 1516 f. = DB 1993, 1724 = NZA 1993, 798 f.
19-Jan-1993	9 AZR 53/92	BB 1993, 220 (Pressemitteilung 2/93) und BB 1993, 1148 f. = DB 1993, 1781 f. = NZA 1993, 988 ff.
19-Jan-1993	9 AZR 79/92	BB 1993, 1368 = NZA 1993, 1129 f.
11-Feb-1993	6 AZR 98/92	BB 1993, 1088 = NZA 1993, 1003 f.
26-Mai-1993	5 AZR 184/92	BB 1993, 2451 = NZA 1994, 413 ff.
21-Sep-1993	9 AZR 429/91	BB 1993, 2531 = NZA 1994, 454
07-Dez-1993	9 AZR 683/92	BB 1994, 723 = BB 1995, 309 = DB 1994, 1088 f. = NZA 1994, 802 ff.
07-Dez-1993	9 AZR 325/92	NZA 1994, 453 f.
12-Jan-1994	5 AZR 41/93	DB 1994, 2034 = NZA 1994, 694 ff.
20-Jan-1994	2 AZR 521/93	BB 1994, 868 LS = DB 1994, 1042 f. = NZA 1994, 548 ff.
25-Jan-1994	9 AZR 312/92	BB 1994, 289 (Pressemitteilung 2/94) und BB 1994, 1012 f. = DB 1994, 1243 = NZA 1994, 652 f.
08-Feb-1994	9 AZR 332/92	BB 1994, 1218 f. = DB 1994, 2632 LS = NZA 1994, 853 f.
08-Mär-1994	9 AZR 49/93	BB 1994, 649, 1224 = DB 1994, 1528 = NZA 1994, 1095 ff.
19-Apr-1994	9 AZR 462/92	BB 1994, 1360 LS = DB 1994, 1880 f.

Datum	Aktenzeichen	Fundstelle(n)
19-Apr-1994	9 AZR 713/92	BB 1994, 1569 f. = DB 1994, 263 LS = NZA 1994, 899 f.
19-Apr-1994	9 AZR 478/92	DB 1994, 2241
03-Mai-1994	9 AZR 165/91	BB 1995, 311
03-Mai-1994	9 AZR 522/92	BB 1994, 2281 f.
14-Jun-1994	9 AZR 284/93	BB 1994, 1230 (Pressemitteilung 26/94) und BB 1995, 154 f. = DB 1995, 832
09-Aug-1994	9 AZR 346/92	BB 1994, 1637 f. (Pressemitteilung 37/94) und BB 1995, 48 f. = DB 1995, 379
09-Aug-1994	9 AZR 384/92	BB 1995, 103
06-Sep-1994	9 AZR 672/92	BB 1994, 2493 = DB 1995, 152 LS
25-Okt-1994	9 AZR 339/93	BB 1995, 156 = BB 1995, 258 f. = DB 1995, 226
17-Jan-1995	9 AZR 664/93	BB 1995, 259 (Pressemitteilung 3/95) = DB 1995, 277
21-Feb-1995	9 AZR 675/93	BB 1995, 520 (Pressemitteilung 10/95) = DB 1995, 479
21-Feb-1995	9 AZR 746/93	BB 1995, 520 (Pressemitteilung 10/95) = DB 1995, 479
21-Feb-1995	9 AZR 866/93	BB 1995, 520 (Pressemitteilung 10/95) = DB 1995, 479
21-Feb-1995	9 AZR 166/94	BB 1995, 520 (Pressemitteilung 10/95) = DB 1995, 479

2. Landesarbeitsgerichte

Datum	Aktenzeichen	Fundstelle(n)

1. LAG Baden-Württemberg

Datum	Aktenzeichen	Fundstelle(n)
27-Jun-1956	V Sa 35/36 - Stuttg.	BB 1956, 690
04-Jun-1964	4 Sa 25/64	BB 1964, 1008
29-Okt-1968	4 Ta 14/68	BB 1968, 1330
30-Sep-1969	4 Sa 41/69	DB 1969, 2043
09-Mai-1974	6 Sa 137/73	BB 1974, 1300
27-Mär-1990	7 Sa 7/90	LAGE § 794 ZPO Nr. 5
20-Sep-1991	15 Sa 40/90	LAGE § 11 BUrlG Nr. 6

2. LAG Berlin

Datum	Aktenzeichen	Fundstelle(n)
28-Nov-1983	9 Sa 91/83	AuR 1984, 285
20-Mai-1985	9 Sa 38/85	AuR 1986, 217
24-Mai-1991	6 Sa 19/91	BB 1991, 2160 = LAGE § 13 BUrlG Nr. 1
22-Jul-1991	12 Sa 25/91	BB 1991, 2087 = NZA 1992, 122 ff.
05-Dez-1994	9 Sa 92/94	BB 1995, 679

Entscheidungsverzeichnis

Datum   Aktenzeichen   Fundstelle(n)

3. LAG Bremen

Datum	Aktenzeichen	Fundstelle(n)
03-Okt-1956	I Sa 78/56	DB 1956, 1087 = AP Nr. 17 zu § 611 BGB Urlaubsrecht mit Anm. Dersch
05-Nov-1958	I Sa 86/58	DB 1959, 58
14-Feb-1962	1 Sa 163/61	BB 1962, 522
15-Jan-1964	1 Sa 92/63	BB 1964, 390

4. LAG Düsseldorf

Datum	Aktenzeichen	Fundstelle(n)
22-Jun-1954	3 Sa 260/53	BB 1954, 806
23-Okt-1962	8 Sa 323/62	DB 1962, 1704
22-Jan-1963	8 Sa 435/62	DB 1963, 455
07-Jan-1966	(9) 4 Sa 605/65	BB 1966, 288
20-Dez-1966	8 Sa 286/66	DB 1967, 88
11-Mär-1968	10 Sa 36/68	BB 1968, 874
21-Mär-1968	2 Sa 6/68	BB 1968, 872
07-Mai-1968	8 Sa 77/68	BB 1968, 753
07-Jun-1968	11 (7) Sa 1025/67	DB 1968, 1912
08-Mai-1970	3 Sa 89/70	DB 1970, 1136
09-Nov-1979	13 Sa 454/79	BB 1980, 728 = DB 1980, 642
16-Dez-1980	24 Sa 1230/80	DB 1981, 900
29-Apr-1981	22 Sa 82/81	DB 1981, 1731
20-Sep-1989	12 Sa 945/89	LAGE § 7 BUrlG Übertragung Nr. 2
05-Apr-1991	10 Sa 105/91	LAGE § 2 BeschFG 1985 Nr. 7
12-Jun-1991	4 Sa 387/91	BB 1992, 1717 = LAGE § 3 TVG Nr. 3
05-Sep-1991	12 Sa 672/91	BB 1992, 143 = DB 1992, 224 = NZA 1992, 312 ff. = LAGE § 7 BUrlG Übertragung Nr. 3
03-Sep-1993	17 Sa 584/91	NZA 1994, 696 ff.
16-Sep-1993	12 Sa 969/93	DB 1994, 232 (LS 2)
09-Nov-1993	6 Sa 1152/93	DB 1994, 941 mit zust. Anm. Sibben

5. LAG Frankfurt/M.

Datum	Aktenzeichen	Fundstelle(n)
24-Feb-1949	III LA 10/49	BB 1949, 576
11-Sep-1957	II LA 199/57	BB 1958, 306
18-Aug-1964	5 Sa 577/63	DB 1965, 1863
08-Aug-1967	5 Sa 215/67	DB 1968, 943
03-Mai-1984	9 Sa 1190/83	AuR 1985, 130
09-Jul-1984	11 Sa 1361/83	BB 1985, 662 LS
26-Nov-1984	11 Sa 958/84	NZA 1985, 564 (LS) = AuR 1985, 291
12-Jul-1989	11 Sa 285/89	LAGE § 37 BetrVG 1972 Nr. 31
04-Okt-1991	13 Sa 11/91	NZA 1992, 692

Entscheidungsverzeichnis

Datum   Aktenzeichen   **Fundstelle(n)**

6. LAG Hamm

Datum	Aktenzeichen	Fundstelle(n)
19-Sep-1950	1 Sa 362/50	BB 1951, 113
19-Jun-1970	8 Ta 35/70	BB 1970, 885
19-Mai-1976	2 Sa 232/76	DB 1976, 1726
08-Aug-1979	12 Ta BV 44/79	DB 1979, 2236
29-Nov-1983	11 Sa 1681/83	DB 1984, 515
28-Sep-1992	11 Sa 735/82	ZIP 1983, 110

7. LAG Köln

Datum	Aktenzeichen	Fundstelle(n)
02-Feb-1983	5 Sa 1122/82	DB 1983, 1771
07-Sep-1983	5 Sa 651/83	DB 1985, 182
09-Okt-1986	10 Sa 267/86	LAGE § 7 BUrlG Nr. 15
28-Nov-1990	2 Sa 827/90	LAGE § 7 BUrlG Nr. 24
20-Feb-1993	7 Sa 488/92	DB 1993, 1931
29-Mär-1994	8 Sa 1152/93	BB 1994, 1504 (LS)

8. LAG München

Datum	Aktenzeichen	Fundstelle(n)
09-Nov-1988	5 Sa 292/88	BB 1989, 844 = LAGE § 63 HGB Nr. 8

9. LAG Niedersachsen

Datum	Aktenzeichen	Fundstelle(n)
19-Okt-1959	3 Sa 287/59	BB 1960, 825
30-Aug-1985	3 Sa 28/85	LAGE § 7 BUrlG Nr. 13
21-Apr-1986	14 Sa 167/85	LAGE § 7 BUrlG Nr. 14
10-Dez-1986	5 Sa 1382/86	BB 1987, 968 = NZA 1987, 427 = LAGE § 7 BUrlG Nr. 16

10. LAG Rheinland-Pfalz

Datum	Aktenzeichen	Fundstelle(n)
25-Jan-1991	6 Sa 829/90	BB 1991, 1050 = NZA 1991, 600
05-Jul-1993	8 Sa 399/93	BB 1993, 2533 = NZA 1993, 992 ff.

11. LAG Saarland

Datum	Aktenzeichen	Fundstelle(n)
23-Okt-1991	1 Sa 65/91	LAGE § 11 BUrlG Nr. 5

12. LAG Schleswig-Holstein

Datum	Aktenzeichen	Fundstelle(n)
16-Jul-1954	2 Sa 125/54	AP Nr. 3 zu § 611 BGB Urlaubsrecht
09-Feb-1988	1 Sa 814/87	BB 1988, 1531 = DB 1988, 1659
14-Aug-1991	5 Sa 288/91	DB 1992, 584 (LS) = LAGE § 11 BUrlG Nr. 3

3. Arbeitsgerichte

Arbeitsgericht	Datum	Aktenzeichen	Fundstelle(n)
Berlin	05-Jan-1977	40 Ca 333/76	DB 1977, 1657
Berlin	13-Jun-1988	27 Ca 51/88	DB 1988, 2316
Darmstadt	10-Okt-1963	2 Ca 267/63	BB 1963, 1376
Duisburg	09-Jul-1987	2 Ca 914/87	NZA 1988, 808
Frankfurt/M.	04-Jan-1979	5 Ca 452/78	AuR 1980, 218
Freiburg	14-Aug-1984	2 Ca 201/84	NZA 1985, 27 (LS)
Hagen	20-Jul-1973	2 Ca 708/73	DB 1973, 1808
Hamburg	22-Feb-1960	3 Ca 598/79	BB 1960, 1098
Kassel	09-Jan-1980	4 Ca 539/79	BB 1980, 1857
Stade	26-Aug-1985	2 Ca 313/85	ARSt 1986, 140 Nr. 94
Wilhelmshaven	09-Jun-1959	Ca 182/59	BB 1959, 813
Wuppertal	17-Sep-1970	4 Ca 1177/70	DB 1971, 1773
Wuppertal	03-Jun-1980	4 Ca 468/80	BB 1980, 1105

4. Bundessozialgericht

Datum	Aktenzeichen	Fundstelle(n)
14-Mai-1981	12 RK 11/80	BB 1981, 1581
27-Jun-1984	3 RK 9/83	DB 1984, Beilage Nr. 26, S. 4

5. Bundesverfassungsgericht

Datum	Aktenzeichen	Fundstelle(n)
15-Dez-1987	1 BvR 563/85 u. a.	DB 1988, 709

Literaturverzeichnis

Baumbach/Lauterbach/ Albers/Hartmann	ZPO, 53. Auflage 1995
Bickel, Dietrich	Anmerkung zu BAG vom 10. 1. 1974, 5 AZR 208/73, BB 1974, 464, in: SAE 1975, 88
Boewer, Dietrich	Die Durchsetzbarkeit des Urlaubsanspruchs, in: DB 1970, 632
Brox, Hans	Arbeitsrecht, 11. Auflage 1993
Buchner, Herbert	Urlaub und Rechtsmißbrauch – Fehlentwicklung der Rechtsprechung, in: DB 1982, 1823
Danne, Harald Th.	Urlaubsdauer bei unterschiedlicher Tagesarbeitszeit, in: DB 1990, 1965
Dersch/Neumann	Bundesurlaubsgesetz, 7. Auflage 1990
Engel, Hubert	Der Urlaubsanspruch des Heimarbeiters nach § 12 Ziff. 1 – 3 Bundesurlaubsgesetz, in: DB 1964, 1815
Färber, Peter	Die Übertragung des Urlaubsanspruchs und seine Abgeltung, in: DB 1984, 1826
Franke, Dietmar	Rechtsmißbräuchliches Urlaubsverlangen bei geringfügiger Arbeitsleistung, in: BB 1983, 1036
Gaul, Dieter	Besprechung der 3. Auflage des Kommentars zum BUrlG von Dersch/Neumann, in: NJW 1965, 98
Ders.	Die Rückzahlung überzahlten Urlaubsentgelts, in: BB 1965, 869
Ders.	Besprechung der 7. Auflage des Kommentars zum BUrlG von Dersch/Neumann, in: NZA 1991, 503
GK-BUrlG	Gemeinschaftskommentar zum Bundesurlaubsgesetz, 5. Auflage 1992 (zitiert: GK-BUrlG/Bearbeiter)
Gumpert, Jobst	Lohnzahlung an Feiertagen nach dem Stand vom 1. 3. 1956 im Bundesgebiet, in: BB 1956, 244
Ders.	Anspruch auf Teilurlaub und vollen Urlaub, in: BB 1966, 539

Literaturverzeichnis

Helml, Ewald	Entgeltfortzahlungsgesetz, 1995
Hiekel, Hans-Jürgen	Die Durchsetzung des Urlaubsanspruchs, in: NZA 1990, Beilage Nr. 2, S. 32
Hohmeister, Frank	Übertragung und Abgeltung von Erholungsurlaub und tarifliche Ausschlußfristen, in: ZAP 1993, Fach 17 R, S. 47 (zugleich Anm. zu BAG vom 24. 11. 1992, BB 1993, 654 f.)
Hohn, Hannsjosef	Zahltag des Urlaubsentgeltes, in: BB 1990, 492
Hueck/Nipperdey	Lehrbuch des Arbeitsrechts, Band 1, 7. Auflage 1963
Klein, Rüdiger	Urlaubsarbeit und Urlaubszweck, in: BB 1965, 712
Köst, Ewald	Ausgewählte Fragen des Urlaubsrechts, in: BB 1956, 564, 567
Künzl, Reinhard	Urlaubsabgeltung bei Erwerbsunfähigkeit, in: BB 1987, 687
Ders.	Befristung des Urlaubsanspruches, in: BB 1991, 1630
Leinemann, Wolfgang	Die neue Rechtsprechung des Bundesarbeitsgerichts zum Urlaubsrecht, in: NZA 1985, 137
Ders.	Gesetzliches und tarifliches Urlaubsrecht, in: AuR 1987, 193
Leinemann/Linck	Urlaubsrecht, 1995
Lepke, Achim	Die Gewährung gesetzlichen Erholungsurlaubs, in: DB 1988, Beilage Nr. 10, S. 2 ff.
Ders.	Die nachträgliche Änderung bereits erteilten Erholungsurlaubs, in: DB 1990, 1131
Löwisch, Manfred	Taschenkommentar zum Betriebsverfassungsgesetz, 3. Auflage 1994
Marburger, Horst	Neu geregelt: Entgeltfortzahlung im Krankheitsfall, in: BB 1994, 1417
Meisel, Peter G.	Die Änderungen des Bundesurlaubsgesetzes durch das Heimarbeitsänderungsgesetz, in: RdA 1975, 166
Natzel, Benno	Bundesurlaubsrecht, 4. Auflage 1988

Neumann/Pahlen	Schwerbehindertengesetz, 8. Auflage 1992
Ostrop, Markus H.	Verfall des Urlaubsanspruchs nach Ablauf des Übertragungszeitraums, in: NZA 1993, 208
Palandt, Otto	BGB, 54. Auflage 1995 (zitiert: Palandt/Bearbeiter)
Peterek, Reiner	Zum Ausschluß von Doppelansprüchen im Urlaubsrecht, insbesondere bei unterschiedlicher tariflicher Urlaubsdauer, in: DB 1966, 1729
Peters, Friedhelm	Anrechnung von Urlaub aus dem Vorarbeitsverhältnis, in: BB 1966, 1349
Petersmeier, Josef	Berechnung von anteiligem Urlaub im Ein- und Austrittsjahr, in: BB 1981, 375
Schäfer, Horst	Urlaubsabgeltung bei fortbestehender Arbeitsunfähigkeit, in: NZA 1993, 204
Schaub, Günter	Arbeitsrechts-Handbuch, 7. Auflage 1992
Schiefer, Bernd	Die Entwicklung der Rechtsprechung zum nordrhein-westfälischen Arbeitnehmerweiterbildungsgesetz (AWbG) von 1990 bis Anfang 1992, in: DB 1992, 943
Ders.	Die „Freistellung" nach den Bildungsurlaubsgesetzen, in: DB 1994, 1926
Siara, Berthold	Bundesurlaubsgesetz, 1970
Stahlhacke/Preis	Kündigung und Kündigungsschutz im Arbeitsverhältnis, 5. Auflage 1991
Stege/Schiefer	Bildungsurlaub auf dem Prüfstand, in: NZA 1992, 1061
Thomas/Putzo	ZPO, 19. Auflage 1995
Trappe, Hermann	Die Abgeltung von Urlaubsansprüchen, in: BB 1963, 45
Treutler, Rolf	Anmerkung zum Urteil des LAG Baden-Württemberg vom 19. 12. 1982, in: BB 1985, 594

Literaturverzeichnis

Wachter, Gustav	Entsteht bei Verstoß gegen § 8 BUrlG ein erneuter Urlaubsanspruch? in: AuR 1981, 303
Witting, Ulrich	Zum Wesen des Urlaubs und den §§ 7 Abs. 2 – 4 und 8 des Bundesurlaubsgesetzes, in: DB 1964, 806
Wuttke, Horst	Die Gleichheit der Wahl und der Urlaubsanspruch des Wahlbewerbers (Art. 48 Abs. 1 GG), in: DB 1974, 630
Zmarzlik, Johannes	Möglichkeiten des Bildungsurlaubs, in: NWB 1992, Fach 26, S. 2377
Zmarzlik/Anzinger,	Jugendarbeitsschutzgesetz, 4. Auflage 1993
Zmarzlik/Zipperer/ Viethen	Mutterschutzgesetz, Mutterschaftsleistungen, Bundeserziehungsgeldgesetz, 7. Auflage 1994
Zöller, Richard	ZPO, 19. Auflage 1995
Zöllner/Loritz	Arbeitsrecht, 4. Auflage 1992

Sachregister

Das Sachregister ist nach Paragraphen und Randnummern gegliedert. Paragraphenangaben ohne Gesetzesbezeichnung beziehen sich auf das Bundesurlaubsgesetz.

Abgeltung des Urlaubs Vorbem. Rn. 9, § 1 Rn. 13; § 7 Rn. 64 ff.
– Abänderungen der Urlaubsabgeltung § 7 Rn. 86 ff.
– Abtretbarkeit § 1 Rn. 13; § 7 Rn. 64
– Anrechenbarkeit bei Doppelansprüchen § 6 Rn. 2
– Aufhebungsvertrag § 7 Rn. 96
– Aufrundung § 5 Rn. 18
– befristetes Arbeitsverhältnis § 7 Rn. 64
– Höhe § 7 Rn. 82 f.
– kein Abfindungsanspruch § 7 Rn. 71
– Krankheit des Arbeitnehmers § 7 Rn. 72 ff.
– nachfolgendes Arbeitsverhältnis § 7 Rn 79 ff.
– öffentlicher Dienst § 7 Rn. 70
– persönliche Natur Vorbem. Rn. 5
– Pfändbarkeit § 7 Rn. 84
– Sinn und Zweck § 7 Rn. 65
– Surrogat des Urlaubsanspruchs § 1 Rn. 13; § 7 Rn. 65 ff.
– Teilurlaub § 7 Rn. 64
– teilweise Urlaubsabgeltung § 7 Rn. 65
– Vererblichkeit § 7 Rn. 84
– Verzicht § 7 Rn. 68

Abtretbarkeit des Urlaubsanspruchs Vorbem. Rn. 5; § 1 Rn. 11 f.; § 7 Rn. 84
Abweichungen vom Bundesurlaubsgesetz Vorbem. Rn. 8; § 13 Rn. 1 ff.
Abwicklung des Urlaubs im Urlaubsjahr § 1 Rn. 4; § 7 Rn. 50
Akzessorietät des Mehrurlaubs vom Grundurlaub § 3 Rn. 46
Angestellter § 2 Rn. 8
Annahmeverzug § 7 Rn. 13
Anrechnung auf Wartezeit
– Ausbildungszeit § 4 Rn. 10
– Zeiten eines Werkvertrages § 4 Rn. 10
– Zeiten in einem Rechtsverhältnis zu demselben Arbeitgeber § 4 Rn. 16
Anwartschaft auf den Vollurlaub während der Wartezeit § 4 Rn. 3
Arbeiter § 2 Rn. 8
Arbeitnehmer Vorbem. Rn. 1; § 1 Rn. 3; § 2 Rn. 5 ff.
Arbeitnehmerähnliche Personen
– Anwendbarkeit des Bundesurlaubsgesetzes § 2 Rn. 14 ff.
– Beginn der Wartezeit § 4 Rn. 9
Arbeitsbeschaffungsmaßnahmen
– Teilnehmer als Arbeitnehmer § 2 Rn. 11

Arbeitsplatzschutzgesetz
§ 3 Rn. 8 ff.; § 15 Rn. 2

Arbeitstage, siehe Werktage

Arbeitsverhältnisse
- Aushilfsarbeitsverhältnisse
  § 5 Rn. 6
- Auslandsberührung § 2 Rn. 3;
  § 3 Rn. 49
- Beendigung § 7 Rn. 89 ff.
- befristete § 7 Rn. 64
- Bemessungsgrundlagen für den
  Urlaubsanspruch § 6 Rn. 10
- Eintagsarbeitsverhältnisse
  § 5 Rn. 6
- faktische Arbeitsverhältnisse
  § 2 Rn. 15
- Hemmungen § 4 Rn. 12 ff.
- Kündigung § 7 Rn. 89 ff.
- Unterbrechungen § 4 Rn. 12 ff.
- zeitlich aufeinanderfolgende
  § 6 Rn. 3 ff.

Arbeitsverhinderungen
§ 1 Rn. 18 ff.
- Arztbesuch § 1 Rn. 19
- Aufsuchen einer neuen
  Arbeitsstelle § 1 Rn. 28
- Beerdigung § 1 Rn. 19
- betriebliche Gründe
  § 1 Rn. 23 ff.
- Eheschließung § 1 Rn. 19
- Erstkommunion eines Kindes
  § 1 Rn. 19
- gesetzliche Gründe § 1
  Rn. 25 ff.
- Glatteis § 1 Rn. 19

- persönliche Gründe
  § 1 Rn. 18 ff.
- Sonderaufgaben im Betrieb
  § 1 Rn. 25
- staatsbürgerliche Rechte und
  Pflichten § 1 Rn. 25 f.
- TÜV-Vorführung des PKW
  § 1 Rn. 19
- Umzug § 1 Rn. 19
- Werksbeurlaubungen
  § 1 Rn. 23 f.
- Zeugenvorladung § 1 Rn. 19

Aufrechnung
- mit und gegen den Urlaubsanspruch § 1 Rn. 14; § 13 Rn. 27
- unerlaubte Handlungen § 1
  Rn. 14

Aufrundung von Urlaubsbruchteilen § 5 Rn. 18 ff.
- Abweichungen von der Aufrundungsvorschrift § 5 Rn. 21
- Anrechenbarkeit auf Vorurlaub
  § 6 Rn. 2 ff.
- geringere Bruchteile als ein
  halber Tag § 5 Rn. 20
- Mehrurlaub § 5 Rn. 18
- nur bei Teilurlaub § 5 Rn. 19
- Urlaubsabgeltung § 5 Rn. 18
- Urlaubsgewährung § 5 Rn. 18

Aufteilung des Urlaubs
§ 7 Rn. 36 ff.

Aushilfsarbeitsverhältnisse
§ 5 Rn. 6

Ausland § 2 Rn. 3
- Anwendung des Bundesurlaubsgesetzes bei Arbeitsverhältnissen im Ausland
  § 2 Rn. 3; § 3 Rn. 49

Sachregister

Ausschlußfrist § 7 Rn. 59 ff.
– Ausnahmen von der Stichtagsregelung § 7 Rn. 62
– Übertragung des Urlaubs § 7 Rn 59 ff.

Aussperrung
– Berechnung des Urlaubsentgelts § 11 Rn. 25
– Einfluß auf Wartezeit § 4 Rn. 15

Auszubildende § 2 Rn. 13
– Beginn der Wartezeit § 4 Rn. 9

Baunebengewerbe § 13 Rn. 19 f.
– Lohnnachweiskarte § 13 Rn. 20

Beendigung des Arbeitsverhältnisses
– Einfluß auf Kündigungsschutzprozeß § 7 Rn. 97 ff.
– Einfluß auf Urlaub § 7 Rn. 89 ff.
– Urlaub in Kündigungsfrist § 7 Rn. 91 ff.

Befristung des Urlaubsanspruchs, siehe Urlaub

Behinderte, siehe Schwerbehinderte

Bemessungsgrundlage für den Urlaubsanspruch § 6 Rn. 10

Berechnung des Urlaubsentgelts § 11
– Arbeitsausfälle § 11 Rn. 24 ff.
– Aufwandsentschädigungen § 11 Rn. 39
– Aussperrung § 11 Rn. 24 f.
– Bedienungsprozente § 11 Rn. 34
– bei Heimarbeit § 12 Rn. 10
– Berechnungsformel § 11 Rn. 9, 19
– Berechnungszeitraum § 11 Rn. 8 ff.
– berücksichtigungsfähige Vergütungsbestandteile § 11 Rn. 21 ff.
– bezahlte Arbeitspausen § 11 Rn. 40
– Bezugsmethode, Bezugszeitraum § 11 Rn. 8
– einmalige Zuwendungen § 11 Rn. 38 ff.
– Gewinn- und Umsatzbeteiligungen § 11 Rn. 37
– Gleichbehandlungsgrundsatz § 11 Rn. 15
– Gratifikationen und sonstige einmalige Zuwendungen § 11 Rn. 38
– Krankheitszeiten § 11 Rn. 5
– Kurzarbeit § 11 Rn. 23
– Lebensstandardprinzip § 11 Rn. 6
– Mehrarbeit § 11 Rn. 22
– Naturallohn § 11 Rn. 32
– nichtberücksichtigungsfähige Vergütungsbestandteile § 11 Rn. 16
– Provisionen § 11 Rn. 30
– Referenzprinzip § 11 Rn. 6 ff.
– Rückzahlungsvereinbarungen § 11 Rn. 5
– Streik § 11 Rn. 25

- Teilzeitbeschäftigung § 11 Rn. 14
- Trinkgelder § 11 Rn. 34
- Troncsystem § 11 Rn. 34
- Überstundenvergütung § 11 Rn. 33
- Verdiensterhöhungen § 11 Rn. 21
- Verdienstkürzungen § 11 Rn. 23
- vermögenswirksame Leistungen § 11 Rn. 28
- Wegegeld § 11 Rn. 39
- Zulagen und Zuschläge § 11 Rn. 39

Berechnungsformel § 11 Rn. 9, 19
- Gleichbehandlungsgrundsatz § 11 Rn. 15
- Teilzeitbeschäftigung § 11 Rn. 14 ff.
- Urlaubsabgeltung § 11 Rn. 19
- Urlaubsentgelt § 11 Rn. 19

Berufliche Fortbildung
- Anwendung des Bundesurlaubsgesetzes § 2 Rn. 13

Besatzungsmitglieder, siehe Seeleute

Beschäftigungsmonat § 5 Rn. 3
- Aufrundung § 5 Rn. 4

Besondere Arbeitnehmergruppen § 3 Rn. 4 ff.

Betriebliche Belange § 7 Rn. 26 ff., 41 ff., 55 ff.
- Änderung des Urlaubszeitpunkts § 7 Rn. 23 ff.
- Kostenersatz bei Änderung des Urlaubszeitpunkts § 7 Rn. 24
- Rückruf aus dem Urlaub § 7 Rn. 24
- Unteilbarkeit des Urlaubs § 7 Rn. 44 f., 78

Betriebliche Übung Vorbem. Rn. 14

Betriebsausflug
- Nichtanrechnung auf den Urlaub § 3 Rn. 53

Betriebsferien, siehe Urlaubsgewährung

Betriebsrat
- Aufstellung allgemeiner Urlaubsgrundsätze § 7 Rn. 30
- Beteiligung bei Urlaubsfestlegung § 7 Rn. 13
- Beteiligung bei Urlaubsplänen § 7 Rn. 30

Betriebsvereinbarungen
- Rechtsgrundlage für Urlaub Vorbem. Rn. 14
- ungünstigere Regelungen für Mehrurlaub § 13 Rn. 1 ff.

Beurlaubungen § 1 Rn. 6
- Anrechnung auf Erholungsurlaub § 1 Rn. 6

Bezugsmethode zur Berechnung des Urlaubsentgelts § 11 Rn. 8

Bezugszeitraum § 11 Rn. 8

Bildungsurlaub Vorbem. Rn. 6, Anhang I
- Weiterbildungsgesetze der Länder Anhang I Rn. 5, Anhang II Nr. 7
- Weiterbildungsmaßnahmen siehe Bildungsurlaub

333

Sachregister

Bruchteile von Urlaub § 5 Rn 18 ff.

Bundesrahmentarifvertrag für das Baugewerbe § 13 Rn. 21 ff.

Dauer des Urlaubs, siehe Urlaub

Deutsche Bahn AG § 1 Rn. 4; § 13 Rn. 30

Deutsche Bundespost § 1 Rn. 4; § 13 Rn. 30

Doppelurlaubsansprüche § 4 Rn. 2

Doppelansprüche § 6

- Anrechnung von Urlaubsabgeltung § 6 Rn. 2
- Anrechnung von Vorurlaub 6 Rn 3 ff.

Ehegatten und Kinder

- Arbeitnehmereigenschaft § 2 Rn. 9

Einheitsanspruch Vorbem. Rn. 4, § 1 Rn. 1 f.

Einigungsvertrag

- Auswirkungen auf den Urlaub § 2 Rn. 2

Einstweilige Verfügung § 7 Rn. 35

Eintagsarbeitsverhältnisse § 5 Rn. 6

Entgeltfortzahlung

- im Krankheitsfall § 10 Rn.1ff., 10 ff.

Entwicklungshelfer

- Arbeitnehmereigenschaft § 2 Rn. 12

Erholungszweck Vorbem. Rn. 1; § 1 Rn. 1

Erholungsbedürfnis, Erholungsbedürftigkeit Vorbem. Rn. 2

Erholungsurlaub § 1 Rn. 8 ff.; siehe auch Urlaub

Erkrankung § 9

- abändernde Vereinbarungen § 9 Rn. 24
- ärztliches Attest § 9 Rn. 6
- amtsärztliches Attest § 9 Rn. 7 f.
- Arbeitsunfähigkeit § 9 Rn. 4
- eigenmächtige Urlaubsverlängerung § 9 Rn. 21
- Einfluß auf Wartezeit § 4 Rn. 7
- Entgeltfortzahlung § 10 Rn. 1 ff., 10 ff.
- keine automatische Verlängerung des Urlaubs § 9 Rn. 20
- langanhaltende Erkrankung im Urlaubsjahr § 9 Rn. 9 ff.
- Nachgewährung des Urlaubs § 7 Rn. 19 ff.; § 9 Rn. 2
- Neufestlegung des Urlaubs § 7 Rn. 20
- Rechtsmißbrauch § 9 Rn. 9
- tarifliche Regelungen § 9 Rn. 12
- Unmöglichkeit der Urlaubsgewährung § 9 Rn. 17
- Urlaubsabgeltung § 7 Rn. 88
- während des Übertragungszeitraumes § 9 Rn. 13
- während des Urlaubs Vorbem. Rn. 9; § 7 Rn. 13; § 9 Rn. 1 ff.

Erlöschen des Urlaubsanspruchs, siehe Übertragung des Urlaubs

Erwerbstätigkeit, urlaubszweckwidrige § 8
- Auskunftsanspruch § 8 Rn. 7
- Kündigungsgrund § 8 Rn. 2
- Kürzung der Urlaubsvergütung § 8 Rn. 2
- Schadensersatz § 8 Rn. 2
- Unterlassungsanspruch § 8 Rn. 2
- Urlaubsanschrift, Mitteilung an Arbeitgeber § 8 Rn. 7
- während des Urlaubs § 8 Rn. 1 ff.

Erziehungsurlaub § 3 Rn. 35 ff.; § 7 Rn. 18
- Einfluß auf Wartezeit § 4 Rn. 15

Faktisches Arbeitsverhältnis § 2 Rn. 15
- Entstehen des Urlaubsanspruchs § 2 Rn. 15
- Abgeltung des Urlaubsanspruchs § 2 Rn. 15

Feiertage, siehe Sonn- u. Feiertage und Wochenfeiertage

Festlegung des Urlaubs § 7 Rn. 2 ff.

Feststellungsklage § 7 Rn. 32

Firmenjubiläen § 3 Rn. 50

Fortzahlung der Arbeitsvergütung, siehe Urlaubsentgelt

Freie Mitarbeiter, siehe Arbeitnehmer

Freistellung Vorbem. Rn. 3
- Freistellungserklärung § 7 Rn. 2
- unter Fortzahlung der Vergütung Vorbem. Rn. 3; § 1 Rn. 1 ff.
- von der Arbeitsleistung Vorbem. Rn. 3; § 1 Rn. 1 ff.

Fürsorgepflicht
- des Arbeitgebers Vorbem. Rn. 4; § 4 Rn. 2

Geltendmachung des Urlaubsanspruchs, siehe Urlaubsgewährung

Geltungsbereich
- Arbeitnehmer § 2 Rn. 5 ff.
- arbeitnehmerähnliche Personen § 2 Rn. 14 ff.
- persönlicher § 2 Rn. 4 ff.
- räumlicher § 2 Rn. 1 ff.

Gestaltungsklage § 7 Rn. 34

Grundwehrdienst, siehe Wehrdienst

Günstigkeitsprinzip § 13 Rn. 9 ff.

Hausgewerbetreibender § 12 Rn. 1, 14

Heimarbeiter § 12

Hemmung der Wartezeit § 4 Rn. 14

Heuerverhältnis, siehe auch Seeleute
- Stichtag § 3 Rn. 28

Höchstpersönliche Natur des Urlaubsanspruchs, siehe persönliche Natur

335

Sachregister

Inkrafttreten § 16

Jugendarbeitsschutzgesetz
§ 3 Rn. 4 ff.; § 15 Rn. 4

Jugendliche
- Berufsschüler § 3 Rn. 5
- Berufsschulferien § 3 Rn. 6
- Berufsschulunterricht § 3 Rn. 6
- Erziehungsurlaub § 3 Rn. 7
- Gleichbehandlungsgrundsatz § 3 Rn. 9
- Grundwehrdienst § 3 Rn. 7 f.
- Seeleute § 3 Rn. 29
- Stichtag für den Jugendurlaub § 3 Rn. 5
- Wehrübungen § 3 Rn. 16
- Zivildienst § 3 Rn. 7 f.

Jugendurlaub, siehe Urlaub

Kalenderjahr § 1 Rn. 4 ff.
- erste Jahreshälfte § 5 Rn. 13
- Teilurlaub § 5 Rn. 1 ff.
- Urlaubsjahr § 1 Rn. 4
- Wartezeit § 1 Rn. 7; § 5 Rn. 7 ff.

Kernvorschriften Vorbem. Rn. 10; § 1 Rn. 30; § 2 Rn. 16; § 3 Rn. 60; § 13 Rn. 8, 18

Konkurrenz von Urlaubsansprüchen § 6 Rn 3 ff., 11 ff.
- konkurrierende Abgeltungsansprüche § 6 Rn. 12 ff.
- Verweisungsrecht auf Freizeitanspruch § 6 Rn. 12 f.

Konkurs
- Einfluß auf Abgeltungsanspruch § 1 Rn. 16
- Einfluß auf Urlaubsanspruch § 1 Rn. 16
- Einfluß auf Wartezeit § 4 Rn. 16

Krankheit, siehe Erkrankung

Kündigung, siehe Arbeitsverhältnisse

Kündigungsfrist, siehe Urlaubsgewährung

Kuren, siehe Maßnahmen der medizinischen Vorsorge und Rehabilitation

Kurzarbeit
- Auswirkung auf Urlaubsentgelt § 11 Rn. 23
- Nichtanrechnung auf Urlaub § 3 Rn. 54

Landgang, siehe Seeleute

Leistungsklage § 7 Rn. 33

Lernschwestern
- Arbeitnehmereigenschaft § 2 Rn. 13

Lohnausfallprinzip, siehe Urlaubsentgelt

Maßnahmen
- der medizinischen Vorsorge und Rehabilitation § 7 Rn. 29, 10

Mehrurlaub
- Anrechnung arbeitsfreier Tage § 3 Rn. 44 ff.

- Anrechnung bei Vorurlaub § 6 Rn. 6 ff.
- Aufrundung § 5 Rn. 18

Mindesturlaub § 3
- Mindestdauer des Urlaubs § 3 Rn. 1 ff.
  siehe auch Urlaub

Mindesturlaubsgesetz, siehe den vollständigen Gesetzestext in Anhang II 1, vgl. auch Vorbem. Rn. 8

Mutterschaftsurlaub § 7 Rn. 77

Nachgewährung von Urlaub, siehe Urlaub

Neue Bundesländer
- Urlaubsdauer Vorbem. Rn. 11, § 2 Rn. 2; § 3 Rn. 2, 58 ff.

Persönliche Natur
- der Urlaubsabgeltung Vorbem. Rn. 5
- des Urlaubsanspruchs Vorbem. Rn. 5; § 1 Rn. 10

Pfändbarkeit des Urlaubsanspruchs Vorbem. Rn. 5; § 1 Rn. 11 ff.

Pflegeversicherung § 3 Rn. 47

Praktikanten als Arbeitnehmer
- Arbeitnehmereigenschaft § 2 Rn. 10

Rechtsgrundlagen des Urlaubsanspruchs Vorbem. Rn. 8

Rechtsmißbrauch
- bei Geltendmachung des Urlaubs § 4 Rn. 5; § 9 Rn. 9 ff.

Referenzprinzip, modifiziertes § 11 Rn. 4

Rollierendes betriebliches Freizeitsystem § 3 Rn. 41

Rückforderungsverbot
- Ausnahmen vom § 5 Rn. 22 ff., 24 ff.
- Verzicht auf Rückforderung § 5 Rn. 22 ff.
- zuviel gezahltes Urlaubsentgelt § 5 Rn. 22 ff.

Rückruf aus dem Urlaub, siehe betriebliche Belange

Rückzahlungsklauseln
- bei als Vorschuß gewährtem Urlaub § 5 Rn. 22 ff.
- Unabdingbarkeit / Abdingbarkeit § 5 Rn. 27

Ruhen des Arbeitsverhältnisses
- Einfluß auf Wartezeit § 4 Rn. 15

Schichtplan § 3 Rn. 41

Schuldanerkenntnis § 3 Rn. 3

Schwerbehinderte § 3 Rn. 17 ff.
- Akzessorietät des Zusatzurlaubs vom Grundurlaub § 3 Rn. 23
- Bundesangestelltentarifvertrag § 3 Rn. 24
- Gleichgestellte § 3 Rn. 21
- Grad der Behinderung § 3 Rn. 19
- Heimarbeit § 3 Rn. 21
- Zusatzurlaub § 3 Rn. 17 ff.
- Zwölftelung des Zusatzurlaubs § 3 Rn. 23

Sachregister

Schwerbehindertengesetz
§ 3 Rn. 17 ff.; § 14 Rn. 3

Schwerbeschädigtengesetz
§ 14 Rn. 3

Seeleute § 3 Rn. 27 ff.

Selbstbeurlaubung Vorbem.
Rn. 6; § 1 Rn. 28; § 7 Rn. 9 ff.;
§ 9 Rn. 21

– bei Krankheit § 9 Rn. 21
– Kündigungsgrund § 7 Rn. 9 f.

Sonderaufgaben, Freistellung wegen

– Sonderaufgaben im Betrieb Vorbem. Rn. 6; § 1 Rn. 25
– staatsbürgerliche Pflichten Vorbem. Rn. 6; § 1 Rn. 25

Sonn- und Feiertage

– Arbeitsverhältnisse mit Auslandsberührung § 3 Rn. 49
– Nichtanrechnung § 3 Rn. 47 ff.
– regionales Brauchtum § 3 Rn. 52
– religiöse Feiertage § 3 Rn. 50

Sperrfrist

– nicht identisch mit Wartezeit § 4 Rn. 3

Staatsbürgerliche Rechte und Pflichten

– Freistellung wegen Vorbem. Rn. 6; § 1 Rn. 25

Stichtag

– am Beginn des Urlaubsjahres § 1 Rn. 6
– für den Urlaubsanspruch § 1 Rn. 6 f.
– Heuerverhältnis § 3 Rn. 28

– Jugendliche § 3 Rn. 5
– Seeleute, siehe Heuerverhältnis

Strafgefangene

– Arbeitnehmereigenschaft § 2 Rn. 10

Streiktage

– Einfluß auf Wartezeit § 4 Rn. 15
– Nichtanrechnung auf Urlaub § 3 Rn. 56

Surrogat des Urlaubs § 1 Rn. 13; § 7 Rn. 65

– Abgeltung des Urlaubs § 1 Rn. 13; § 7 Rn. 65

Tarifvertrag Vorbem. Rn. 8 ff.; § 13

– Tarifhohheit Vorbem. Rn. 10
– Vorrangprinzip Vorbem. Rn. 8; § 13 Rn. 8 f.

Tarifvorrang, siehe Tarifvertrag und Vorrangprinzip

Teilurlaub Vorbem. Rn. 9; § 4 Rn. 3; § 5 Rn. 1 ff.

– abändernde Regelungen § 5 Rn. 17
– abschließende Regelung § 5 Rn. 1
– Anwartschaft auf Vollurlaub § 5 Rn. 2
– Aufrundung § 5 Rn. 4, 18 f.
– Aushilfsarbeitsverhältnisse § 5 Rn. 6
– Ausscheiden nach erfüllter Wartezeit § 5 Rn. 11 ff.
– Ausscheiden vor erfüllter Wartezeit § 5 Rn. 9 f.

- Berechnung § 5 Rn. 3 ff.
- Beschäftigungsmonat § 5 Rn. 3
- Bruchteile von Urlaubstagen § 5 Rn. 18 ff.
- Eintagsarbeitsverhältnisse § 4 Rn. 6
- Entstehung § 5 Rn. 2 ff.
- enumerative Aufzählung § 5 Rn. 1
- erste Jahreshälfte § 5 Rn. 13 f.
- Fälligkeit § 5 Rn. 10
- Jugendliche § 5 Rn. 16
- Mindestteilurlaub § 5 Rn. 5
- Nichterfüllung der Wartezeit § 5 Rn. 7 f.
- Rückforderung überzahlten Urlaubsentgelts § 5 Rn. 22 ff.
- Rückzahlungsklauseln § 5 Rn. 24
- Rückzahlungsverbot § 5 Rn. 22 ff., 26

Teilzeitarbeitsverhältnisse § 5 Rn. 6

- Übertragung ins Folgejahr § 7 Rn. 62
- überzahltes Urlaubsentgelt § 5 Rn. 22 ff.
- Vollurlaub, gekürzter § 5 Rn. 2, 11
- Vorurlaub § 6 Rn. 3
- zwei Varianten § 5 Rn. 1

Teilzeitarbeitnehmer
- Anrechnung arbeitsfreier Tage auf den Urlaub § 3 Rn. 38 ff

- Umfang des Urlaubsanspruchs § 3 Rn. 38 ff.

Teilzeitarbeitsverträge § 5 Rn. 6

Übertragbarkeit des Urlaubs
- in das Folgejahr Vorbem. Rn. 9; § 7 Rn. 46 ff.
- über den 31. März des Folgejahres hinaus § 7 Rn. 54
- Übertragungsverbot § 7 Rn. 53
- Übertragungszeitraum § 7 Rn. 46 ff.

Übertragung des Urlaubs § 7 Rn. 46 ff.
- Ausschlußfristen § 7 Rn. 59 ff.
- dringende Gründe § 7 Rn. 47
- rechtzeitige Geltendmachung des Urlaubs § 7 Rn. 50 ff.
- Übertragungsgründe § 7 Rn. 55 ff.

Umschüler
- Arbeitnehmerbegriff § 2 Rn. 13

Unabdingbarkeit Vorbem. Rn. 10 ff.; § 13 Rn. 1 ff.

Unerlaubte Handlungen
- Ausnahme vom Aufrechnungsverbot § 1 Rn. 14

Unteilbarkeit des Urlaubs § 7 Rn. 37 ff., 44, 78
- Ausnahmen § 7 Rn. 43

Unterbrechung des Arbeitsverhältnisses
- Einfluß auf Wartezeit § 4 Rn. 12 ff.

Sachregister

- kurzfristige § 4 Rn. 13
- längerfristige § 4 Rn. 13

Urlaub
- Abgeltung, siehe Abgeltung des Urlaubs
- Abtretbarkeit, siehe Abtretbarkeit des Urlaubsanspruchs
- Abwicklung, siehe Abwicklung des Urlaubs im Urlaubsjahr
- Akzessorietät des Mehrurlaubs vom Grundurlaub § 3 Rn. 46
- als Schadensersatz § 7 Rn. 54, 59 f.
- Anwartschaft auf den Vollurlaub während der Wartezeit § 4 Rn. 3
- Arbeitslosengeld § 7 Rn. 80
- Aufrechnung § 1 Rn. 14; § 13 Rn. 27
- Aufrundung von Urlaubsbruchteilen § 5 Rn. 18 ff.
- Aufteilung § 7 Rn. 36 ff.
- aus sonstigen Günden, siehe Beurlaubung
- Befristung, siehe Übertragbarkeit, Übertragung, Übertragungszeitraum
- bei Beendigung des Arbeitsverhältnisses § 7 Rn. 89 ff.
- bei Erwerbsunfähigkeit § 7 Rn. 69
- betriebliche Übung Vorbem. Rn. 14
- Beurlaubungen § 1 Rn. 6
- Bildungsurlaub Vorbem. Rn. 6; Anhang I
- Bruchteile § 5 Rn. 18
- Direktionsrecht § 7 Rn. 1 ff., 3 ff., 27
- Durchsetzung § 7 Rn. 30 ff.
- eigenmächtige Verlängerung durch Arbeitnehmer § 7 Rn. 9
- Einheitsanspruch Vorbem. Rn. 4; § 1 Rn. 1 f.
- Einigungsvertrag § 2 Rn. 2
- Erfüllung § 7 Rn. 5
- Erziehungsurlaub § 3 Rn. 35 ff.; § 4 Rn. 15; § 7 Rn. 18
- Fälligkeit § 5 Rn. 10; § 7 Rn. 7, 20
- Festlegung § 7 Rn. 1 ff.
- Freistellungen Vorbem. Rn. 3; § 1 Rn. 1 ff.
- Geltendmachung, siehe Urlaubsgewährung
- Gewährung, siehe Urlaubsgewährung
- Jugendurlaub § 3 Rn. 7 ff.
- Krankengeld § 7 Rn. 80
- Kurzarbeit § 3 Rn. 54; § 11 Rn. 23
- Kündigungsschutzklage, -prozeß § 7 Rn. 97 ff.
- Mehrurlaub § 3 Rn. 44 ff.; § 5 Rn. 18; § 6 Rn. 6 ff.
- Mindestdauer § 3 Rn. 1 ff.
- Mutterschaftsurlaub § 7 Rn. 77
- Nachgewährung § 7 Rn. 13
- nachträgliche Anrechnung § 7 Rn. 15
- persönliche Natur Vorbem. Rn. 5; § 1 Rn. 10

- Pfändbarkeit Vorbem. Rn. 5, § 1 Rn. 11 ff.
- Rückruf § 7 Rn. 24
- Sommerurlaub § 7 Rn. 44
- Sonderurlaub § 3 Rn. 16
- Stichtag § 1 Rn. 6 f.
- Teilurlaub Vorbem. Rn. 9; § 4 Rn. 4; § 5 Rn. 1 ff.
- Teilzeitarbeit § 3 Rn. 38 ff., § 5 Rn. 6
- Treueurlaub § 7 Rn. 17
- Übertragung § 7 Rn. 46 ff.
- Unabdingbarkeit des Mindesturlaubs Vorbem. Rn. 10 ff.; § 13
- Unteilbarkeitsgrundsatz § 7 Rn. 37 ff., 44, 78
- Urlaubsanschrift § 8 Rn. 7
- Urlaubszeitpunkt, Änderung § 7 Rn. 24
- urlaubszweckwidrige Tätigkeit § 8
- Vererblichkeit § 1 Rn. 10
- Vergleich § 7 Rn. 102
- Verhinderungen, siehe Arbeitsverhinderungen
- Verjährung § 1 Rn. 15; § 13 Rn. 7
- Verwirkung § 1 Rn. 15, § 13 Rn. 5
- Verzicht Vorbem. Rn. 1; § 7 Rn. 68; § 13 Rn. 2
- Vollstreckung § 7 Rn. 33 f.
- Werksbeurlaubung § 3 Rn. 57
- Werksferien, siehe Betriebsferien
- Wesen des Urlaubsanspruchs Vorbem. Rn. 3
- Widerruf, siehe Urlaubsgewährung
- Winterurlaub § 7 Rn. 44
- Zusatzurlaub, siehe Schwerbehinderte

Urlaubsabgeltung, siehe Abgeltung des Urlaubs

Urlaubsanschrift, siehe Urlaub

Urlaubsanspruch, siehe Urlaub

Urlaubsbescheinigung § 6 Rn. 17 ff.
- Auskunftsanspruch § 6 Rn. 20
- Darlegungs- und Beweislast § 6 Rn. 17
- Einklagbarkeit § 6 Rn. 17
- gesonderte Urkunde § 6 Rn. 19
- Schadensersatz bei Nichtvorlage § 6 Rn. 18
- Sinn und Zweck § 6 Rn. 17
- Vollstreckung § 6 Rn. 17
- Zurückbehaltungsrecht bei Nichtvorlage § 6 Rn. 17

Urlaubsbestimmung, Urlaubsbewilligung, siehe Urlaubsgewährung

Urlaubsbruchteile, siehe Aufrundung von Urlaubsbruchteilen

Urlaubsentgelt § 11 Rn. 1 ff.
- Berechnung des Urlaubsentgelts, siehe Berechnung
- Berechnungsformel § 11 Rn. 14 f., 19
- Bezugsmethode § 11 Rn. 8

Sachregister

- Bezugszeitraum § 11 Rn. 8
- Fortzahlung der Arbeitsvergütung Vorbem. Rn. 3, 7; § 1 Rn. 2; § 11
- Lohnausfallprinzip § 3 Rn. 32
- Referenzprinzip, modifiziertes § 11 Rn. 4
- Rückforderung § 5 Rn. 22 ff.
- Rückzahlungsklauseln § 5 Rn. 22 ff.
- Zahlung vor Urlaubsantritt § 11 Rn. 41 ff.

Urlaubserteilung, siehe Urlaubsgewährung

Urlaubsfestlegung, siehe Urlaubsgewährung

Urlaubsgeld § 11 Rn. 1 ff.

Urlaubsgewährung § 7 Rn. 1 ff., 4

- Abdingbarkeit § 7 Rn. 21
- Aufrundung § 5 Rn. 18
- Aufteilung § 7 Rn. 36 ff.
- betriebliche Belange § 7 Rn. 26 ff., 41 ff., 55 ff.
- Betriebsferien bzw. -urlaub § 7 Rn. 13, 42
- Betriebsrat § 7 Rn. 13, 30
- Bruchteile, siehe Urlaub
- Direktionsrecht § 7 Rn. 1 ff., 3 ff., 27
- eigenmächtiges Antreten des Urlaubs § 7 Rn. 9 ff.
- einstweilige Verfügung § 7 Rn. 35
- Ermessen § 7 Rn. 4
- Erziehungsurlaub § 7 Rn. 18
- Fälligkeit § 5 Rn. 10; § 7 Rn. 7, 20
- gekündigtes Arbeitsverhältnis § 7 Rn. 6
- Geltendmachung des Urlaubsanspruchs § 7 Rn. 49
- gerichtliche Durchsetzung des Urlaubs § 7 Rn. 31 ff.
- Gestaltungsrecht § 7 Rn. 3
- Hochschule § 7 Rn. 43
- Kündigungsfrist § 7 Rn. 91 ff.
- Leistungsbestimmungsrecht § 7 Rn. 3
- Rechtsnatur § 7 Rn. 3
- richtige Klageart bei gerichtlicher Geltendmachung § 7 Rn. 2, 31 ff.
- Schadensersatzanspruch § 7 Rn. 11, 54
- Selbstbeurlaubung Vorbem. Rn. 6; § 1 Rn. 28; § 7 Rn. 9 ff.
- Urlaubsabgeltung, siehe Abgeltung des Urlaubs
- Urlaubsliste § 7 Rn. 12
- Urlaubsverlangen § 7 Rn. 11
- Urlaubswunsch § 7 Rn. 2, 28 ff.
- Verpflichtung des Arbeitgebers zur Urlaubsgewährung § 7 Rn. 3
- Widerruf § 7 Rn. 23 ff.
- Zeitpunkt § 7 Rn. 1 ff.

Urlaubsgrundsätze

- Beteiligung des Betriebsrats § 7 Rn. 30

Sachregister

Urlaubsjahr § 1 Rn. 4
- Ausnahmen § 1 Rn. 4; § 3 Rn. 27; § 13 Rn. 30
- Stichtag § 1 Rn. 6

Urlaubsliste, siehe Urlaubsgewährung

Urlaubsperiode § 1 Rn. 5

Urlaubsplan
- Beteiligung des Betriebsrats § 7 Rn. 30

Urlaubstage, siehe Urlaub

Urlaubsvergütung, siehe Urlaubsentgelt

Urlaubsverlangen, siehe Urlaubsgewährung

Urlaubsvorschriften
- bundesrechtliche § 15 Rn. 1 ff.
- der ehemaligen DDR § 15 Rn. 8
- Kernvorschriften Vorbem. Rn. 10; § 1 Rn. 30; § 2 Rn. 16; § 3 Rn. 60; § 13 Rn. 8, 18
- landesrechtliche § 15 Rn. 6 ff.

Urlaubswunsch § 7 Rn. 2, 28 ff.

Urlaubszeitpunkt, siehe Urlaub

Vererblichkeit des Urlaubsanspruchs § 1 Rn. 10

Verhinderungen der Arbeitsleistung
- betriebliche § 1 Rn. 17 ff., 23 ff.
- Einfluß auf Wartezeit § 4 Rn. 7
- gesetzliche § 1 Rn. 17 ff., 25 ff.; § 3 Rn. 54

- Nichtanrechnung auf Urlaub § 3 Rn. 50 ff., 54
- persönliche § 1 Rn. 17 ff., 18 ff.; § 3 Rn. 54
- tarifliche § 3 Rn. 54

Verjährung des Urlaubsanspruchs § 1 Rn. 15; § 13 Rn. 7

Vertragsfreiheit
- ungünstigere Regelungen für Mehrurlaub § 3 Rn. 46; § 13 Rn. 1 ff.
- ungünstigere Regelungen für Mindesturlaub § 13 Rn. 1 ff.

Verwandte und Verlobte
- Arbeitnehmereigenschaft § 2 Rn. 9

Verwirkung des Urlaubsanspruchs § 1 Rn. 15; § 13 Rn. 5

Verzicht
- auf Urlaub Vorbem. Rn. 1; § 7 Rn. 68; § 13 Rn. 2

Volksfeste
- Einfluß auf Urlaubsentgelt § 11 Rn. 24

Vollurlaub § 5 Rn. 1 f.
- gekürzter § 5 Rn. 1 ff. 11; § 6 Rn. 1
- Rechtsnatur § 5 Rn. 11

Volontäre
- Arbeitnehmereigenschaft § 2 Rn. 13

Vordienstzeiten § 4 Rn. 11

Vorgriff § 6 Rn. 4

Vorjahr § 6 Rn. 4

Vorrangprinzip Vorbem. Rn. 8; § 13 Rn. 8 f.

343

Sachregister

Vorurlaub, siehe Doppelansprüche

Wartezeit § 4 Rn. 1 ff.
- Abweichungen § 4 Rn. 4
- Anrechnung auf Wartezeit § 4 Rn. 10 ff.
- Anwartschaft § 4 Rn. 3
- Ausbildungszeiten § 4 Rn. 10
- Aussperrungen § 4 Rn. 15
- Berechnung § 4 Rn. 7 ff.
- Betriebsnachfolge § 4 Rn. 16
- Betriebsübergang § 4 Rn. 16
- Dauer § 1 Rn. 7; § 4 Rn. 2, 7
- einmalige Zurücklegung § 4 Rn. 5
- Entstehungsgeschichte des Gesetzes § 4 Rn. 13
- Erziehungsurlaub § 4 Rn. 15
- Hemmung § 4 Rn. 14
- keine Sperrfrist § 4 Rn. 3
- Konkurs § 4 Rn. 16
- Nichterfüllung der Wartezeit § 5 Rn. 7
- Streiks § 4 Rn. 15
- Unterbrechung § 4 Rn. 7, 12 ff.
- Verhinderung der Arbeitsleistung § 4 Rn. 7
- Vordienstzeiten § 4 Rn. 11
- Wechsel der Rechtsform § 4 Rn. 16
- Wehrdienst, Wehrübungen § 4 Rn. 15

Wehrdienst und Wehrübungen
- Einfluß auf Urlaubsdauer 3 Rn. 8 ff.
- Einfluß auf Wartezeit § 4 Rn. 15

Weisungsgebundenheit des Arbeitnehmers § 2 Rn. 6 ff.

Werksbeurlaubung
- Nichtanrechnung auf Urlaub § 3 Rn. 57
- siehe auch Betriebsferien

Werksferien, siehe Betriebsferien

Werktage § 3 Rn. 44 ff.
- Samstage als § 3 Rn. 44

Wochenfeiertage
- Nichtanrechnung bei Zusammenfallen mit arbeitsfreiem Tag § 3 Rn. 50 ff.

Zivildienst, siehe Wehrdienst

Zusatzurlaub
- Anrechnung auf Vorurlaub § 6 Rn. 6
- Schwerbehinderte § 3 Rn. 17 ff.

Zwischenmeister § 12 Rn. 2, 4, 15

Zwölftelung § 5 Rn 1 ff.
- Ausscheiden in der ersten Jahreshälfte § 5 Rn. 11 ff.
- Ausscheiden nach erfüllter Wartezeit § 5 Rn. 11 ff.
- Ausscheiden vor erfüllter Wartezeit § 5 Rn. 9 f.
- Nichterfüllung der Wartezeit § 5 Rn. 7 f.

Unentbehrlich für die Praxis: Betriebs-Berater. Diese Zeitschrift für Recht und Wirtschaft bietet jede Woche das Neueste aus dem Bereich Recht, Wirtschaft, Steuern — mit schneller Berichterstattung und aktueller Kommentierung. 3 kostenfreie Probehefte stehen zur Verfügung, bitte anfordern.

Betriebs-Berater
Zeitschrift für Recht und Wirtschaft

Wer sich täglich mit dem komplexen Recht der Wirtschaft auseinandersetzen muß, benötigt die Sicherheit, ständig auf dem neuesten Stand der juristischen Entwicklung zu sein. Der Betriebs-Berater ist dabei die kompetente und umfassende Unterstützung.

Mit den Schwerpunkten **Wirtschaftsrecht und Steuerrecht, Bilanzrecht und Wirtschaftsprüfung, Arbeits- und Sozialrecht** bietet diese Fachzeitschrift jede Woche das gesamte Recht der Wirtschaft — mit allem, was in der Praxis benötigt wird: Schnelle Berichterstattung über alle die Wirtschaft betreffenden Grundsatzentscheidungen der Gerichte, Erlasse und Verfügungen der Steuer- und Verwaltungsbehörden, außerdem aktuelle Kommentierung von neuen Gesetzen und Entscheidungen und Darstellung zusammenhängender Rechtsprobleme durch namhafte und anerkannte Experten aus Praxis, Verwaltung und Wissenschaft.

Mit detaillierten Literaturhinweisen wird die Bewältigung von Rechtsproblemen leicht gemacht. Und damit keine Zeit verloren wird, der Betriebs-Berater ist zweckmäßig gegliedert mit sachlich knapper Darstellung.

Bitte fordern Sie mit dieser Karte kostenfrei und unverbindlich 3 Probehefte an.

Bitte frankieren

Betriebs-Berater
Zeitschrift für Recht und Wirtschaft

Bitte senden Sie mir kostenfrei und unverbindlich 3 Probehefte.

Name/Vorname

Firma/Beruf

Straße/Postf.

PLZ/Ort

Bitte Ihrer Buchhandlung übergeben oder einsenden an:
Verlag Recht und Wirtschaft GmbH, Postfach 10 59 60,
69049 Heidelberg